HISTOIRE
DES FRANÇAIS.
TOME XVII.

Ouvrages du même Auteur, publiés par la Librairie Treuttel *et* Würtz.

Histoire des Français; in-8°. tomes 1 à 16. *Paris, 1821 à 1831*.......... 128 fr.
— Le même ouvrage, sur papier vélin superfin.. 256 fr.
Julia Severa, ou l'An quatre cent quatre-vingt-douze (Tableau des Mœurs et des Usages à l'époque de l'établissement de Clovis dans les Gaules). 3 vol. in-12. *Paris, 1822*.......... 7 fr. 50 c.
Histoire des Républiques Italiennes du moyen age; nouvelle édition, revue et corrigée. 16 vol. in-8°. *Paris, 1826*.......... 112 fr.
Histoire de la Renaissance de la Liberté en Italie, de ses Progrès, de sa Décadence et de sa Chute. 2 vol. in-8°. *Paris, 1832*.......... 12 fr.
Des Espérances et des Besoins de l'Italie. Brochure in-8°. *Paris, 1832*.......... 60 cent.
De la Littérature du Midi de l'Europe; *nouvelle édition*, revue et corrigée. 4 vol. in-8°. *Paris*, 1829. 28 fr.

HISTOIRE
DES FRANÇAIS,

PAR

J. C. L. SIMONDE DE SISMONDI,

Correspondant de l'Institut de France, de l'Académie impériale de Saint-Pétersbourg, de l'Académie royale des Sciences de Prusse; Membre honoraire de l'Université de Wilna, de l'Académie et de la Société des Arts de Genève, de l'Académie Italienne, de celles des Georgofili, de Cagliari, de Pistoia; de l'Académie Romaine d'Archéologie, et de la Société Pontaniana de Naples.

TOME DIX-SEPTIÈME.

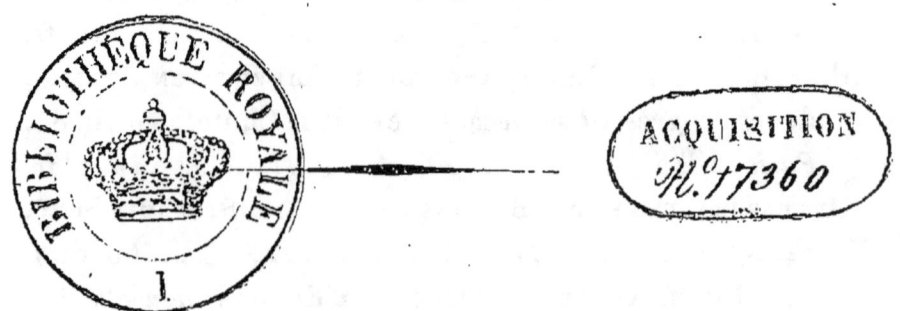

A PARIS,

Chez TREUTTEL et WÜRTZ, Libraires,
RUE DE LILLE, N° 17.

A Strasbourg et à Londres, même Maison de Commerce.

1833.

HISTOIRE DES FRANÇAIS.

SUITE DU RÈGNE DE FRANÇOIS Ier,

CHAPITRE VIII.

Nouveau système politique de François Ier. — Il veut s'unir à Charles-Quint contre tous ses anciens alliés. — L'empereur traverse pacifiquement la France, puis se brouille de nouveau avec le roi. — Procès de tous les anciens favoris de François. — Celui-ci se résout de nouveau à la guerre. — 1538-1541.

FRANÇOIS Ier accomplissoit, le 12 septembre 1538, sa quarante-quatrième année. Il auroit donc dû être encore dans toute la vigueur de l'âge; mais il régnoit depuis vingt-deux années; il étoit de six ans l'aîné de son rival, l'empereur Charles-Quint; dès le commencement de son règne, il avoit occupé l'Europe de sa jalousie contre ce prince, de ses projets, de son ambition et de ses malheurs ; aussi l'on oublioit son âge, et l'on s'accoutumoit à voir en lui un vieux roi. En effet, usé de bonne heure par les excès et les vices, il avoit revêtu le caractère et les habitudes d'un vieillard ; il étoit devenu capricieux, morose, timide, indolent ; il s'abandonnoit au favoritisme, il laissoit le connétable de Montmorency régner à sa place ; mais, après avoir adopté les plans qui lui étoient suggérés, et qu'il ne se donnoit pas la peine de comprendre, une idée fixe lui apparoissoit, une idée chérie dans sa première jeunesse, et qu'il ne vouloit point abandonner, encore qu'elle fût en contradiction avec le système qu'il avoit adopté depuis ; alors il bouleversoit tout ce qu'il avoit arrêté, et brisoit les instrumens dont il s'étoit servi ; il exhaloit contre les autres une colère conçue contre lui-même ; il sembloit se complaire à prouver par le caprice sa puissance absolue et l'énergie de sa volonté ; puis il retournoit à ses plaisirs accoutumés, et retomboit dans l'assoupissement.

La conquête du duché de Milan avoit été le premier exploit de son règne, le premier succès qui lui avoit donné confiance en lui-même. La possession du duché de Milan lui paroissoit encore le but auquel devoit tendre toute sa politique, l'avantage qui légitimeroit tous les moyens

qu'il prendroit pour y parvenir. Les grands
poètes de l'Italie distribuoient en quelque sorte
alors les couronnes de la gloire; ils avoient célébré avec une sorte d'enthousiasme les exploits
des paladins français de la cour de Charlemagne.
Le Roland furieux de l'Arioste, publié en 1516,
et déjà répandu dans le monde par quatre édi-
tions, lorsque le poète mourut le 6 juin 1533,
faisoit les délices de toutes les cours, aussi
bien que de tous les hommes de goût; mais la
passion qu'il sembloit le mieux exciter étoit
l'enivrement de la valeur française; il agissoit
comme un appel aux nouveaux paladins du roi
qui se disoient chevaliers, pour venir briller aux
yeux de ce peuple qui savoit si bien apprécier
et immortaliser leurs exploits. En même temps,
François étoit persuadé que le duché de Milan
étoit à lui et à ses enfans par droit héréditaire et
par l'investiture des empereurs; que ni les malheurs de la guerre ni les traités n'avoient pu le
dépouiller d'un bien qui lui appartenoit, et que
Charles-Quint lui-même devoit sentir qu'il ne
mettroit sa propre conscience en repos qu'en lui
restituant son héritage.

François, comme on l'a vu, avoit d'abord
cherché à recouvrer, par la force des armes, ce
qu'il croyoit être son bien; il s'étoit alors engagé
dans les détours de la politique, qu'il laissoit
poursuivre à ses ministres; il avoit recherché

l'alliance des bourgeois d'Italie et des peuples qu'il méprisoit; il s'étoit montré libéral envers les Suisses, quoique toute liberté lui parût une usurpation criminelle; il avoit contracté alliance avec les protestans d'Allemagne, quoiqu'il eût horreur de l'hérésie, et que, pour satisfaire sa conscience par une sorte de compensation, il fît brûler dans ses États ceux qui professoient la même religion; il avoit enfin recherché l'amitié du sultan des Turcs, bien qu'il crût que le devoir d'un roi français étoit de combattre sans relâche les infidèles. Mais toutes ces alliances, toutes ces amitiés, lui pesoient; il les avoit secouées avec joie dès qu'il avoit cru pouvoir le faire en sûreté. Par le traité de Cambrai, il sacrifia non seulement sans remords, mais avec une sorte de triomphe, les Florentins, les Vénitiens, qui, comme républicains, lui paroissoient ennemis de tous les trônes, et en même temps tous ceux qui s'étoient armés pour les libertés de l'Italie, pour les droits des peuples en Allemagne. La trève qu'il venoit de conclure à Nice lui donnoit occasion de repousser également les secours qu'il n'avoit recherchés ou acceptés qu'avec répugnance du roi schismatique de l'Angleterre, des protestans de l'Allemagne, du sultan enfin, le grand ennemi de la chrétienté. Il auroit voulu détruire à jamais ceux avec lesquels il avoit contracté une amitié qui lui sembloit honteuse, afin d'effacer en même temps la mémoire des services qu'il avoit reçus d'eux; tandis qu'il lui sembloit toujours honorable de se mettre sur une même ligne avec Charles-Quint, ou comme rival, ou comme ami, et que aussitôt qu'il cessoit de le combattre, son orgueil étoit flatté de se rapprocher de lui.

1538.

Le connétable Anne de Montmorency seconda les goûts et les prédilections de ce vieux enfant, avec lequel il avoit été élevé dès sa première jeunesse. Il lui proposa de s'unir à Charles-Quint pour élever leurs trônes au-dessus de toute la chrétienté, et faire disparoître devant eux ces corporations, ces assemblées populaires, qui prétendoient imposer des limites à la puissance royale en refusant au monarque ou les bras ou l'argent de ses sujets; ils devoient ensuite faire rentrer dans l'unité et l'obéissance de l'Église, tous ceux qui s'en étoient séparés par le schisme ou l'hérésie; et Montmorency, plus ignorant que François Ier, étoit aussi plus intolérant. Ils devoient enfin réunir leurs forces pour attaquer le sultan des Turcs, le chasser d'Europe, et peut-être établir pour François, à Constantinople, un empire d'Orient qui l'élevât en dignité au niveau de son rival. A ces projets, qui flattoient bien plus François par ce qu'ils avoient de grandiose et de romanesque, que n'auroient pu faire des combinaisons d'une nature plus sage et plus sévère, le roi ajouta celui de proposer une entrevue avec Charles-Quint, dans laquelle il contracteroit avec lui les liens plus intimes de l'hospitalité; et il l'entoureroit de tant de fêtes et de magnificences, il lui montreroit une prévenance si dévouée, qu'il jugeoit impossible que l'empereur des Romains, par pure courtoisie, et sans être sollicité, ne lui rendît pas son duché de Milan.

Charles-Quint formoit ses projets avec une connoissance plus complète des hommes et de l'intérêt des États; mais il n'étoit pas loin cependant d'être arrivé au même résultat que François Ier. Il n'admettoit point que celui-ci eût aucun droit au duché de Milan; et lors même qu'il auroit reconnu ces prétentions de Valentine Visconti, toujours niées par ses prédécesseurs, aussi-bien que par les États d'Italie, il regardoit les deux traités de Madrid et de Cambrai comme les ayant anéanties, et il ne permettoit pas qu'on parlât devant lui « de restitution de ce qui est détenu, comme de chose due » (1). Mais il eût volontiers acheté l'amitié et la coopération de François Ier par un grand sacrifice. Au moment où il venoit de conclure avec lui la trêve de Nice, il se trouvoit encore entouré d'obstacles et de difficultés, qui l'arrêtoient dans l'exé-

(1) Lettre des ambassadeurs au connétable. Ribier, T. I, p. 541.

cution de ses plans, et qui lui rendoient l'alliance
de François infiniment désirable. Il savoit que
les généraux qu'il avoit laissés à la tête de ses
troupes à Tunis, à Milan, à Naples, étoient sans
argent, et il commençoit déjà à redouter les
émeutes militaires, qui ne tardèrent pas à éclater.
Il ne pouvoit compter d'obtenir des subsides que
de ses États de Flandre ou de ceux d'Espagne,
et il rencontroit chez les uns et les autres une
opposition nationale et des droits populaires qui
ne lui étoient pas moins odieux qu'à François Ier. Il s'étoit vu contraint de tolérer le protestantisme, et de traiter d'égal à égal avec cette
ligue de Smalkalde qui lui paroissoit une conjuration de ses sujets révoltés; enfin il voyoit
toutes les côtes de ses royaumes d'Italie et d'Espagne constamment ravagées par la marine corsaire de Barberousse, tandis que le roi des Romains, son frère, étoit gravement menacé dans
l'orient de l'Europe par les conquêtes de Soliman; et l'appui récemment prêté par les Français aux infidèles lui révéloit de leur part un
nouveau danger. Il avoit donc les plus fortes
raisons de payer à un prix élevé l'alliance de
François Ier qui lui étoit offerte. Mais il falloit,
pour qu'il l'acceptât, que cette alliance fût
réelle; il falloit qu'en faisant une concession
importante au roi de France, il sanctionnât une
amitié durable, au lieu d'agrandir un rival.

L'empereur et le roi s'étoient éloignés l'un de l'autre à Nice, le 18 juin 1538, sans avoir voulu se voir, malgré les instances de Paul III, qui, en dépit de son grand âge, étoit venu de si loin pour les rapprocher. Ils avoient laissé et ce pape et tous les témoins des conférences entre leurs ministres, persuadés que leur réconciliation n'étoit pas sincère, puisqu'ils se refusoient tous deux à y mettre le sceau dans une entrevue. Il est cependant probable qu'ils étoient beaucoup plus d'accord qu'ils ne vouloient le faire supposer, et qu'ils craignoient au contraire les yeux scrutateurs du pape et des négociateurs si déliés de la cour de Rome. Paul III, en effet, s'étoit proposé de les remettre en paix; mais il ne désiroit pas les voir ligués contre les libertés de l'Europe, de l'Italie, et même de l'Église. Sandoval assure qu'immédiatement après les conférences de Nice, François envoya une galère à l'empereur, pour lui proposer, sur les côtes de France, une entrevue où ils n'auroient point d'incommodes témoins (1). Martin du Bellay assure, au contraire, que ce fut l'empereur qui invita le roi à ce rendez-vous (2). Un motif pour croire qu'une conférence étoit ménagée de plus

(1) *Hist. del Emper. Carlos V.* Lib. XXXIV, cap. 2. — Notes de l'Hist. de Languedoc. T. V, p. 627.
(2) Martin du Bellay. T. XX, p. 285.

longue main, c'est qu'on avoit eu le temps de réunir les deux flottes. Le baron de Saint-Blancard, qui avoit combattu dans le Levant de concert avec Barberousse, mais dont les écrivains français ne racontent pas volontiers les exploits entachés par une telle alliance, étoit revenu avec vingt et une galères se rallier à la flotte de l'empereur, que commandoit André Doria; celle-ci comptoit trente et une galères. L'empereur, après être parti de Gênes, fut retenu quatre jours aux îles d'Hières par le mauvais temps; il s'arrêta dans la rade de Marseille, mais il ne voulut pas entrer dans la ville, quoiqu'elle lui fût ouverte; il arriva enfin le dimanche 14 juillet, avec toute sa flotte, en vue d'Aigues-Mortes. Le roi, qui l'attendoit à l'abbaye de Vauvert ou Posquières, du diocèse de Nîmes, dès qu'il fut averti de son arrivée, accourut à cheval; il se fit aussitôt conduire dans une barque jusqu'auprès de la galère de l'empereur, qui lui donna la main pour l'aider à monter à son bord, et François lui dit en l'embrassant : « Mon « frère, me voici de nouveau votre prisonnier. » Le lendemain, l'empereur descendit à son tour à terre. Les deux cours se mêlèrent; et les deux monarques accueillirent avec bonne grâce les hommes qui leur avoient réciproquement fait le plus de mal. André Doria lui-même fut présenté à François Ier. Le connétable de Montmorency, les ducs de Lorraine, de Guise et de Wirtemberg, furent également présentés à l'empereur. La reine Éléonore, au comble de la joie, serroit en même temps dans ses bras son frère et son mari. Le roi de Navarre, le dauphin; le duc d'Orléans, son frère; la dauphine, Catherine de Médicis; Marguerite de France, fille du roi; la duchesse d'Étampes; le cardinal de Lorraine, furent également admis, avec la même familiarité, par les deux monarques, qui sembloient avoir l'un pour l'autre la plus entière confiance, et ne conserver aucun ressentiment des calomnies par lequelles ils avoient voulu, si peu de temps auparavant, se noircir l'un l'autre. On ne vouloit plus se souvenir qu'il s'étoit écoulé à peine dix-huit mois depuis que le roi avoit accusé l'empereur d'avoir fait empoisonner son fils aîné, et d'avoir voulu l'empoisonner lui-même avec toute sa famille; qu'il avoit même, sur ce soupçon, fait périr un malheureux par un supplice atroce. Au milieu de ces fêtes, qui durèrent quatre jours, les deux souverains eurent de longs et de secrets entretiens, auxquels ils admirent seulement, avec la reine, le cardinal de Lorraine et le connétable pour la France; le garde des sceaux Granvelle et le grand-commandeur Gouvea pour l'empereur. (1)

(1) Histoire de Languedoc. T. V, L. XXXVII, c. 53, p. 146, note 2. *Ib.*; avec la relation de Sandoval, et celle de

Le roi ayant, le 17 juillet, reconduit l'empereur jusqu'à sa galère, revint coucher à Nîmes, et presque aussitôt, comme si tous ses motifs pour ménager les protestans d'Allemagne avoient fini avec cette conférence, il ordonna de redoubler de sévérité dans la persécution de ceux qui en France partageoient leurs opinions. Un inquisiteur de Toulouse, nommé frère Louis Rochette, qui avoit été converti par ceux mêmes qu'il étoit chargé de persécuter, fut dégradé par les grands-vicaires, et livré au bras séculier, après quoi il fut brûlé, le 10 septembre, sur la place du Salin de Toulouse. Le 10 décembre suivant, le roi rendit contre les hérétiques luthériens et leurs fauteurs, un édit plus sévère que tous ceux qui avoient été publiés auparavant. (1)

1538.

Du Languedoc le roi étoit retourné dans la France septentrionale, et s'étoit arrêté à Compiègne. Bientôt on sut qu'il y étoit dangereusement malade; que sa maladie, honteuse dans son origine, dégoûtante dans ses symptômes, étoit encore considérée comme non moins con-

César Campana, p. 626; et dans les Preuves, p. 93, la relation d'Arch. de la Rivoire, chez qui logea l'empereur. — Martin du Bellay. T. XX, L. VIII, p. 286. — *Fr. Belcarii.* L. XXII, p. 703. — *Marco Guazzo, Istorie de' suoi tempi.* f. 190.

(1) Hist. de Languedoc. T. V, L. XXXVII, §. 54, p. 148. — *J. Sleidani.* L. XII, fol. 189, *verso.*

tagieuse que la peste ; mais un abcès redoutable, dont l'accroissement faisoit craindre pour ses jours, ayant crevé, l'avoit ainsi soulagé en partie (1). On racontoit, pour expliquer la cause de cette maladie, que le roi avoit séduit une femme, qu'on désigne seulement par le nom de la belle Ferronière, et que son mari, tourmenté de jalousie, s'étoit infecté à dessein d'une maladie qu'il lui avoit communiquée, pour qu'à son tour, sans le savoir, elle la donnât au roi. (2)

La maladie de François Ier n'apportoit aucun retard aux affaires, car tout le poids du gouvernement reposoit sur le connétable de Montmorency. La collection connue sous le nom de Mémoires de Ribier, qui se compose presque uniquement de papiers extraits des archives de ce connétable, contient des lettres qui lui étoient adressées par tous les ambassadeurs, les prélats, les gouverneurs de province, les parlemens et la chambre des comptes, sur toutes les affaires, soit de politique étrangère, soit d'administration intérieure (3). Tous, à la réserve du seul amiral Chabot, s'adressoient à lui comme à un supérieur, avec la plus respectueuse déférence.

(1) Martin du Bellay. T. XX, L. VIII, p. 286. — *Fr. Belcarii.* L. XXII, p. 703.

(2) Garnier. T. XIII, p. 106. — Mézeray. T. II, p. 1005.

(3) Mémoires de Ribier. *Paris,* 2 vol. in-folio, 1666 ; surtout L. II, III, IV.

Mais Chabot, se souvenant de leur égalité, l'appeloit dans ses lettres mon bon compagnon. Aucun homme en France n'avoit porté l'orgueil et le sentiment de sa supériorité si loin que le connétable. Brantôme, qui l'admiroit en cela même, le nommoit « grand rabroueur des per-
« sonnes », mais disoit que « cela n'étoit bon
« que à lui, qui avoit tant vu, pratiqué et re-
« tenu, que quand il voyoit faire des fautes,
« ou qu'on bronchoit devant lui, il le savoit
« bien relever avec belles raisons. Ah! comment
« il vous repassoit ses capitaines, et grands et
« petits, quand ils failloient à leurs charges, et
« qu'ils vouloient faire des suffisans, et vouloient
« encore répondre. Assurez-vous qu'il leur fai-
« soit boire de belles hontes, et non seulement à
« eux, mais à toutes sortes d'états ; comme à
« ces messieurs les présidens, conseillers, et
« gens de justice, quand ils avoient fait quelque
« pas de clerc. La moindre qualité qu'il leur
« donnoit, c'est qu'il les appeloit ânes, veaux,
« sots, et qu'ils n'étoient que des fats. Si bien
« que s'ils n'étoient bien habiles, mais je dis des
« plus subtils, assurez-vous qu'ils trembloient
« devant lui, et demeuroient quelquefois si
« étonnés, qu'ils ne savoient que dire ; et les
« renvoyoit ainsi qualifiés comme j'ai dit. » (1)

(1) Brantôme, Hommes illustres. T. II, Disc. 62, p. 375.

Cet homme si hautain et si rude n'étoit ni délicat sur les moyens d'amasser une immense fortune, ni très soigneux des intérêts de l'État. On en eut plus tard la preuve quand on apprit que Jean de Laval, comte de Chateaubriand, l'avoit nommé son héritier, et lui avoit laissé dix des plus belles terres du royaume. Chateaubriand étoit gouverneur de Bretagne, et croyoit encore pouvoir se mettre au-dessus des lois, comme du temps de la belle comtesse, sa femme, l'amie de François Ier. Il s'étoit approprié des fonds considérables votés par la province pour des travaux publics qu'il n'avoit point exécutés. Le connétable, en étant averti, envoya le président des comptes de Bretagne à Chateaubriand pour lui faire peur de la colère du roi. « Il mit ainsi, « disent les Mémoires de Vieilleville, le seigneur « de la maison en si grande frayeur que celui-ci « eût voulu être mort, cet envoyé lui répétant « que *qui mange de l'oie du roi, en cent ans il en* « *rend la plume.* » Après ce *précurseur*, comme l'appelle Vieilleville, le connétable arriva à son tour à Nantes « ayant fait entendre au roi qu'il « alloit faire une cavalcade par tout le royaume, « pour connoître des déportemens des gouver- « neurs et de l'état des frontières. » Il redoubla la frayeur de Chateaubriand par l'annonce de la sévérité qu'il vouloit apporter à rechercher les abus survenus depuis douze ans dans les finances

du roi. Puis il lui ferma sa porte. « Ainsi, conti-
« nuent les Mémoires, fut frappé le coup qui
« produisit le contrat ; car M. de Chateaubriand,
« perdant courage, ne cessa qu'il n'eût parlé à lui
« le lendemain au plus matin, ayant le président
« avec lui, et y furent trois bonnes heures ensem-
« ble ; et au sortir de là, ils partirent tous après
« dîner pour aller à Chateaubriand y consommer
« quelques jours en bonnes chères, durant les-
« quelles M. le connestable envoya devers le
« roi son secrétaire Berthereau, avec mille
« louanges du sieur de Chateaubriand ; qu'il
« avoit bien perdu son temps d'être descendu
« jusque-là ; car il n'y avoit province sous sa
« couronne mieux conduite, régie, ni policée
« que celle de Bretagne. » Une quittance universelle fut en retour envoyée à Chateaubriand,
avec l'ordre de Saint-Michel. (1)

Mais si Montmorency manquoit également et
d'aménité dans le caractère, et d'intégrité, et
de talens militaires distingués, et d'habileté en
politique, il avoit du moins une volonté ferme
et inflexible, et une capacité de travail et d'application qui jusqu'alors avoient manqué aux
conseils de François Ier. Ce qu'il avoit une fois
voulu, il le poursuivoit avec constance ; il rap-

(1) Mém. de la Vieilleville. T. XXVIII, c. 31 et 32, p. 218-
232. — Brantôme fait aussi allusion à cette manière dont le
connétable s'enrichissoit. T. II, p. 411 et 414.

portoit toutes ses actions à un même plan, et il maintenoit dans l'administration un ordre auquel on n'étoit point accoutumé. Ce fut lui qui prit à tâche de réconcilier le roi avec l'empereur; dans l'entrevue d'Aigues-Mortes, François avoit dit à Charles, « qu'il tenoit « pour une paix la trêve de dix ans qui venoit « d'être faite, et le reconfirmeroit expressé« ment; et qu'ils seroient et demeureroient tou« tes leurs vies vrais amis, encore que les diffé« rends restans entre les deux dites majestés ne « se pussent vuider. » Ce que l'empereur loua, approuva et promit de son côté.... « voulant « procurer l'honneur, bien et profit dudit sieur « roi et de messieurs ses enfans, éviter leur « dommage comme des siens propres; et que les « amis de l'un le soient de l'autre, et non autre« ment. » Ce furent les propres termes de la réponse que Charles-Quint fit dans Tolède, le 1er février 1539, à l'évêque de Tarbes et à M. de Brissac, qui lui avoient été envoyés par le connétable, pour l'engager à convertir cette trêve en une paix perpétuelle. (1)

Autant le connétable cherchoit à se rapprocher de Charles-Quint, autant il s'éloignoit du roi d'Angleterre, que la France avoit précé-

---

(1) Déclaration de l'empereur à Tolède. — Traités de Paix, T. II, §. 83, p. 214. — Frédér. Léonard. T. II, p. 417.

demment considéré comme son plus important allié. Henri VIII, il est vrai, n'étoit pas pour un roi catholique un associé moins à charge que le sultan des Turcs. Occupé à dépouiller les monastères, à s'enrichir par des confiscations qui lui rapportèrent cette année 100,000 livres sterling en argent monnoyé, et 30,000 livres de rente en fonds de terre (1), il ne pouvoit justifier cette violation de la propriété par les sentimens religieux ou par les vœux d'aucun parti. Exercé dans la controverse, il s'étoit fait une confession de foi qui représentoit ses seules opinions personnelles; et il livroit à des supplices cruels tous ceux qui s'en écartoient, soit qu'ils penchassent vers la réforme ou vers le catholicisme. De nombreuses révoltes éclatoient contre lui, il les avoit toutes domptées ; et, après chacune, il avoit rendu son despostime plus pesant; mais il excitoit ainsi la haine de toute l'Europe; la cour de Rome le signaloit comme le plus criminel des hérétiques, et les protestans comme le plus sanguinaire des persécuteurs.

D'après les traités conclus à Moore, en 1525, pendant la captivité de François Ier, la France s'étoit engagée à payer au roi d'Angleterre cent mille écus par année. Ce paiement avoit été suspendu lors de l'invasion de Charles-Quint en

---

(1) *Mackintosh's History of England.* T. II, p. 212.

Provence; et Henri, compatissant aux circonstances difficiles où se trouvoit le royaume, n'avoit pas insisté sur ce qui lui étoit dû. Toutefois François, lorsqu'il eut signé la trêve de Nice, s'adressa à Henri VIII, non plus pour obtenir une prolongation du terme qui lui étoit accordé, mais pour demander l'examen du titre même de la créance: il avoit lieu de croire, disoit-il, que les divers paiemens qu'il avoit effectués couvroient, et au-delà, ses dettes légitimes (1). Henri VIII, qui venoit de perdre sa troisième femme, Jeanne Seymour, morte en couche d'Édouard VI, le 13 octobre 1537, vouloit de nouveau se marier, et il offroit son alliance en même temps à la France et à l'empire. Il demandoit à la première cette même Marie de Guise, veuve du duc de Longueville, que le roi d'Écosse destinoit à remplacer Madelaine de France; d'autre part, il étoit en traité avec l'empereur pour épouser sa nièce Marie, fille de Christiern II, roi déposé de Danemark, et veuve de François Sforza, duc de Milan. L'empereur promettoit que, si ce mariage s'effectuoit, le duché de Milan seroit la dot de sa nièce. Il avoit encore été question de faire épouser à Henri VIII la sœur de l'empereur, Marie, veuve

(1) Garnier. T. XIII, p. 98. — P. Daniel. T. V, p. 711. — Rapin Thoyras. T. VI, L. XV, p. 414.

du roi de Hongrie, et gouvernante des Pays-
Bas (1). Henri VIII annonçoit lui-même à Castillon, ambassadeur de France auprès de lui,
que l'empereur lui avoit fait une autre proposition encore, celle de faire épouser Marie, fille
aînée de Henri VIII, à Don Louis, infant de
Portugal, qui étoit né, comme elle, d'une fille de
Ferdinand-le-Catholique. Dans ce cas, le duché
de Milan auroit été assuré à ces jeunes époux,
tandis que la duchesse douairière de Milan auroit apporté à Henri une dot de cent mille
ducats (2). Pendant que l'amitié du roi d'Angleterre flottoit entre ces deux potentats, et paroissoit dépendre de ces négociations contradictoires, il envoya son chapelain, le docteur
Edmond Bonner, comme son ambassadeur en
France, et il le recommanda lui-même d'une manière toute particulière au connétable (3). Mais
Bonner, le même qui avoit déjà signalé sa hauteur en signifiant à Clément VII, à Marseille,
l'appel de son roi à un concile général, se crut
négligé et traité avec dédain à la cour de France.
Henri VIII en témoigna du ressentiment à l'am-

---

(1) Lettre du nonce au connétable, du 16 mars 1538. Ribier.
T. I, p. 139.

(2) Lettre de Castillon au connétable, du 5 septembre 1538.
Ribier. T. I, p. 204.

(3) Lettre de Henri VIII au connét. du 23 juillet 1538. Ribier. T. I, p. 177.

bassadeur de France. « J'ai trouvé, dit celui-ci, « le roi si piqué et dédaigné du peu de compte « qu'on a fait dudit Bonner, qu'il m'a dit ouver- « tement qu'il n'avoit fait chose qu'il ne lui en eût « donné charge; et que c'étoit trop dépriser et « faire peu d'estime d'un roi tel que lui; et me « conta par le menu tout plein de méconnois- « sances que chacun faisoit dudit Bonner, et du « mauvais traitement de logis.... Il connoît bien, « ce dit-il, qu'on ne fait pas grand compte de « lui, mais que, par Dieu, il sera un jour re- « cherché ». (1)

Les querelles d'argent n'auroient pas suffi pour brouiller la France avec l'Angleterre; mais un manque d'égards étoit pour l'orgueilleux Henri VIII une offense impardonnable, et le connétable parut se plaire à l'humilier et à l'offenser. S'apercevant que les efforts de Charles-Quint et de François pour lui donner une femme pouvoient brouiller ces deux monarques, Montmorency signaloit à Charles-Quint les dangers de cette rivalité, tout en lui faisant remarquer que l'objet n'en valoit pas la peine. Henri VIII avoit déjà donné assez de preuves de son inconstance pour qu'on pût savoir qu'en s'unissant à lui par un mariage, loin d'acquérir une garantie

---

(1) Lettre de Castillon à François Ier, du 4 novembre 1538, p. 245. — Autre au connétable, du 5 novembre, *ib.* p. 247.

de son amitié, on pouvoit s'attendre à être enveloppé dans ses haines sanguinaires. Les deux souverains convinrent enfin de renoncer également à cette liaison intime avec Henri VIII. Marie de Guise fut envoyée en Écosse à Jacques V, et Charles rompit les traités commencés ; il répondit par écrit à Henri que, quant au projet de contracter une alliance plus intime entre eux, « les occasions pour lesquelles on « avoit tenu ces propos cessoient par l'amitié « indissoluble depuis faite entre sa majesté im- « périale et le roi très chrétien. » Quant au mariage avec la duchesse douairière de Milan, il ne pouvoit s'effectuer sans dispense du pape, à cause de leur parenté ; on savoit bien que Henri ne consentiroit point à la demander ; et Charles lui notifioit « qu'une dispensation par la supé- « riorité ecclésiastique qui est maintenant en « Angleterre ne mettroit point en repos d'es- « prit ladite duchesse même, ni ses parens et « alliés » (1). Les termes de cette réponse indiquoient assez à Henri VIII que c'étoit la France qui faisoit rompre une négociation que lui-même désiroit conclure. Bientôt il put apprendre qu'un traité avoit été signé à Tolède, le 10 janvier 1539, par lequel Charles et François,

(1) Réponse de l'empereur au roi d'Angleterre. Ribier, T. II, L. II, p. 248.

« considérant qu'ils sont sollicités et poursuivis
« par le roi d'Angleterre de faire nouveaux trai-
« tés et alliances, tant de mariage que autres
« avec lui.... s'engagent réciproquement à ne
« conclure avec lui ni alliance nouvelle, ni traité
« pour le mariage de lui-même, de son fils ou
« de sa fille, que du commun consentement de
« l'empereur et du roi. » (1)

L'empereur mettoit de même un grand prix à détacher de la France les protestans d'Allemagne; et Montmorency, à qui leur alliance étoit à charge, montroit de l'empressement à s'en délivrer. Le wayvode de Transylvanie, Jean, qui, sous la protection de Soliman et de la France, avoit été reconnu pour roi de Hongrie, s'étoit secrètement réconcilié avec Ferdinand, roi des Romains : le joug des Turcs lui pesoit, et il ne vouloit pas l'attirer sur les Allemands. Il avertit ceux-ci des immenses préparatifs que faisoit le sultan pour attaquer l'Autriche; et il fit recommander aux protestans, par l'électeur de Brandebourg, de mettre fin à leurs querelles avec les catholiques, et d'obtenir de Ferdinand la garantie de tous leurs droits, pour réunir ensuite leurs efforts, et sauver l'Allemagne de la fureur des musulmans. Le même

---

(1) Traités de Paix. T. II, §. 82, p. 213. — Léonard. T. II, p. 415.

avertissement fut aussi donné par le roi de Pologne (1). Ce fut dans ce moment que le connétable écrivit, au nom de François, à son allié le duc Ulrich de Wirtemberg, qu'il eût à se garder d'attaquer les évêques catholiques ses voisins, s'il ne vouloit pas attirer sur lui l'indignation de la France. C'étoit le commencement d'une querelle que la France vouloit chercher aux protestans pour se débarrasser de leur alliance. Mais les avertissemens du wayvode leur avoient déjà inspiré des dispositions toutes pacifiques, en sorte qu'Ulrich put répondre avec vérité que ni lui ni ses co-religionnaires n'avoient aucune intention de troubler la paix tant que les catholiques l'observeroient. (2)

L'alliance que François avoit contractée avec le Turc lui étoit plus à charge encore que celle qu'il avoit faite avec les protestans ; il savoit fort bien qu'elle le rendoit odieux à toute l'Europe, et il en rougissoit lui-même. Il étoit représenté auprès de Soliman par Antonio de Rincon, Espagnol réfugié en France, qu'il avoit fait gentilhomme de sa chambre : il avoit aussi envoyé à cette cour don César Cantelmo, Napolitain. Ce n'étoit guère que des aventuriers et des proscrits qu'on osoit charger de ces mis-

---

(1) *Jo. Sleidani.* L. XII, f. 191.
(2) *Jo. Sleidani.* L. XII, f. 196. — Ribier. T. 1, p. 423.

sions odieuses; et les humbles lettres que Rincon adressoit au connétable, et ses demandes d'argent, montrent assez dans quel rang cet envoyé se trouvoit placé (1). C'étoit au commencement du printemps de 1538 que Rincon s'étoit rendu, par Venise et Raguse, à Constantinople, en se concertant avec George d'Armagnac, évêque de Rodez, qui, comme ambassadeur à Venise, avoit la principale direction de la correspondance avec le Turc (2). Rincon étoit à peine arrivé à Constantinople, que la trêve de Nice avoit fait cesser le motif de sa mission. Non seulement le roi avoit abandonné l'alliance du sultan, il se vantoit de son désir de lui faire la guerre, et ne songeoit plus qu'à retirer du service du Turc le baron de Saint-Blancard, qu'il lui avoit envoyé avec douze galères, pour assister Barberousse (3). Soliman étoit profondément blessé de la manière dont la France en avoit agi envers lui; et Rincon fut quelque temps regardé de très mauvais œil. Cependant l'importance de celui-ci tenoit à la continuation de son rôle : il s'efforça de persuader à la Porte que, malgré les apparences, la France demeuroit fidèle à son ancienne amitié, en sorte que

---

(1) Ribier. T. I, p. 237.
(2) *Ibid.*, p. 141.
(3) *Ibid.*, p. 145.

les Turcs la retrouveroient au besoin; et il obtint enfin des ministres du sultan, le 26 décembre, la confirmation des priviléges dont les marchands français jouissoient dans le Levant, pourvu, étoit-il dit, « que le roi ne condescende « à chose qui leur redonde à plus grand préju- « dice et désavantage. » (1)

Mais tandis que les agens de la France s'efforçoient de conserver pour elle quelque bienveillance parmi ses anciens alliés, le connétable poursuivoit son projet, et cherchoit à l'unir toujours plus intimement à son ancien ennemi. Il avoit envoyé l'évêque de Tarbes, Castelnau, et M. de Brissac, à Tolède, auprès de Charles V, pour donner de nouvelles garanties à l'amitié contractée avec lui, en s'engageant à faire de concert *l'entreprise contre le Turc* (2). Ils proposoient en même temps d'unir les deux familles par des mariages; ils parloient de faire épouser à don Philippe, fils de Charles V, Marie, sa cousine, fille de la reine de France et du roi Emmanuel de Portugal, son premier époux; et, d'autre part, de faire épouser au duc d'Orléans, second fils du roi, ou l'infante de Castille ou la fille du roi des Romains. Charles agréa provisoirement ces propositions, et, par une

---

(1) Lettre de Rincon au connétable. *Andrinople*, 26 décembre. Ribier. T. I, L. II, p. 337.
(2) Traités de Paix. T. II, §. 83, p. 214.

déclaration donnée le 1ᵉʳ février 1539, il promit que ces deux mariages « s'accompliroient « en même année, lorsque les parties seroient « en âge à ce requis.... et qu'il disposeroit du « duché et Etat de Milan, réellement en faveur « et contemplation dudit mariage, tellement que « ledit sieur roi en devra être bien content » (1). Sur ces entrefaites, l'impératrice Isabelle de Portugal mourut le 1ᵉʳ mai 1539, et le marquis de Vasto, gouverneur du Milanez, accourut à Turin, le 18 mai, pour proposer au maréchal Montéjan, gouverneur français du Piémont, un mariage entre l'empereur et Marguerite de France, la seule fille qui restât au roi. Le pape fut consulté sur cette union, et M. de Brissac chargé d'en faire la proposition à l'empereur. (2)

Déjà l'on méditoit une première application de l'alliance nouvelle entre les deux grands monarques qui se croyoient maîtres de l'Europe. La cour de Rome voyoit avec indignation le schisme de Henri VIII, qui, s'écartant à peine de l'orthodoxie, et n'étant mu par aucun enthousiasme religieux, avoit dépouillé le sacerdoce pour son seul profit, et s'étoit attribué en même temps la suprématie du pape et les biens du clergé. Paul III ne prétendoit à rien moins

---

(1) Traités de Paix. T. II, §. 83, p. 215.
(2) Lettres de Montéjan et du card. de Boulogne au connétable. Ribier. T. I, L. III, p. 461.

qu'à précipiter Henri VIII de son trône, et il comptoit faire tourner au profit de cette révolution l'union inattendue du roi de France et de l'empereur. Le cardinal Réginald Pole dirigeoit les intrigues anglaises, et se flattoit d'en recueillir le fruit. Il n'étoit que diacre, et il pouvoit encore se marier. On prétend qu'il étoit aimé de sa cousine, la princesse Marie d'Angleterre; il n'étoit âgé que de trente-neuf ans, et jouissoit d'une haute réputation de science et de vertu. Comme issu de la maison d'York, il avoit lui-même quelque prétention à la couronne d'Angleterre; et le projet de la cour de Rome étoit de le faire monter sur le trône de Henri VIII, en l'unissant à la fille de ce roi : dans ce but, elle l'avoit nommé légat dans les Pays-Bas, d'où il étoit plus à portée de correspondre avec ses partisans d'Angleterre (1). Cependant Castillon, ambassadeur de France en Angleterre, uniquement occupé de flatter le connétable, lui avoit suggéré un projet plus bizarre, mais qu'il croyoit plus fait pour lui plaire. Il assuroit que le mécontentement en Angleterre étoit si général, qu'il seroit très facile, non seulement de chasser le roi, mais de conquérir le royaume, dès qu'on pouvoit compter

1539.

―――――

(1) Rapin Thoyras. L. XV, p. 415. — Hume. T. VI, c. 31, p. 61. — Garnier. T. XIII, p. 101.

sur le concours de l'empereur, du roi de France et du roi d'Écosse. Il proposoit d'anéantir cette nation, dont la rivalité avoit si souvent humilié la France, et de partager l'île entre les trois dominations voisines. Au roi d'Écosse seroit demeuré tout le pays au nord de l'Humber; à l'empereur, tout celui qui s'étend de l'Humber à la Tamise; à la France, tout le midi de l'île, du comté de Kent jusqu'au pays de Galles. Il affirmoit que six semaines suffiroient pour accomplir cette conquête et ce partage. (1)

Toutefois, l'empereur ne se laissa point séduire par cet étrange projet : il répondit au roi de France que, tant que Henri VIII pourroit tirer à volonté des landsknechts d'Allemagne, il seroit impossible de le vaincre chez lui ; qu'avant de l'attaquer, il falloit réduire sous l'obéissance de l'Église et de l'empire ces luthériens qui bravoient également l'autorité de Dieu et celle des rois, et que, lorsqu'on les auroit fait plier sous le joug, on viendroit aisément à bout de ce roi schismatique (2). Il paroît que le connétable ne fit pas d'objection à cette modification de ses premiers projets. L'évêque de Tarbes, ambassadeur en Espagne, lui écrivit, le 1ᵉʳ mars,

---

(1) Lettre de Castillon au connétable, 30 décembre 1538. Ribier, p. 341. Dudit, 16 janvier, p. 357. Dudit, 26 janvier, p. 363.

(2) Garnier, p. 102.

« que l'empereur a été très aise d'entendre le
« devoir que le roi veut faire à la réduction des
« affaires d'Allemagne, desquelles il espère, par
« le moyen dudit seigneur, quelque pacifica-
« tion, au grand repos de toute la chrétienté.
« A cette cause, il ordonne que les mêmes in-
« structions qui ont été baillées à l'archevêque
« de Lunden (envoyé par Charles aux diètes
« de l'empire), pour cet effet, nous seront
« communiquées. » (1)

Le cardinal Pole, qui avoit été visiter Charles V en Espagne, se préparoit à traverser la
France pour retourner dans sa légation des Pays-
Bas. Il écrivit, le 16 mars, de Girone, au connétable, qu'il étoit envoyé par le pape vers
l'empereur et le roi pour les exhorter à se réunir et mettre un terme à l'impiété du roi d'Angleterre. « Le pape, disoit-il, voyant que l'em-
« pereur est occupé aujourd'hui de préparatifs
« de guerre contre les Turcs, a voulu que je
« me rendisse en toute diligence auprès de lui
« pour l'exhorter à s'efforcer d'abord, de con-
« cert avec le roi très chrétien, de porter re-
« mède à ces maux internes de l'Église, surtout
« en Angleterre, et pour l'inviter à laisser, pour
« à présent, les maux extérieurs, en faisant
« quelque trêve avec les Turcs. » Mais l'empe-

(1) Lettre de Castelnau. Ribier. T. I, p. 391.

reur avoit déclaré à Pole que l'inquiétude que lui causoient les Turcs et les luthériens ne lui permettoit pas, pour le moment, de s'occuper des affaires d'Angleterre, qu'il verroit toutefois avec plaisir le roi, qui n'avoit pas les mêmes motifs de crainte, se charger de cette expédition (1). Quel que fût l'aveuglement du connétable, il ne se laissa point tenter de s'engager seul dans une guerre aussi impolitique contre l'Angleterre. Dans le même temps, Henri VIII écrivoit de sa main au roi pour le requérir, en vertu des traités existans, de ne point recevoir dans son royaume un homme déclaré traître et rebelle à la couronne d'Angleterre comme l'étoit Pole (2). La plupart des correspondans, des parens, des amis du cardinal Pole, avoient été arrêtés en Angleterre, condamnés et exécutés : sa mère elle-même, la comtesse de Salisbury, étoit dans les prisons de Henri, sous le poids d'une sentence capitale (3). Le cardinal céda aux circonstances, et jugea convenable d'ajourner ses projets.

Tous les anciens alliés de la France avoient compris le changement de politique du connétable; ils voyoient qu'au lieu de pouvoir comp-

---

(1) Lettre du card. Pole au connétable, en italien. Ribier. T. I, p. 461.

(2) Ribier. T. I, p. 401.

(3) Rapin Thoyras. L. XV, p. 415 et 422.

ter davantage sur l'appui des Français, c'étoient eux désormais qu'ils devoient craindre; et ils commencèrent à se mettre en défense. Marillac, qui avoit remplacé Castillon à Londres, écrivoit, le 15 avril, que Henri VIII faisoit des armemens extraordinaires et par terre et par mer, pour se préparer à résister à l'attaque de la France et de l'empire, qu'il croyoit en ligue contre lui (1). L'ambassadeur français auprès des Suisses écrivoit de son côté, de Soleure, le 31 mai, qu'il apprenoit de toutes parts combien les princes allemands étoient mécontens d'une déclaration faite par l'archevêque de Lunden à la diète de Francfort, que le roi étoit prêt à seconder l'empereur pour le rétablissement de son autorité et de la religion catholique. Cette annonce, qui avoit signalé leur danger, les avoit déterminés à envoyer proposer leur alliance au roi d'Angleterre contre le roi (2). Enfin, ces projets nouveaux de la France étoient également connus des Turcs, et ne les avoient pas moins irrités. Rincon écrivoit d'Andrinople, le 7 février, que, depuis l'entrevue d'Aigues-Mortes, il n'avoit plus d'instructions de France, et ne savoit comment se conduire; que cependant on annonçoit l'alliance de François Ier avec

---

(1) Ribier. T. I, p. 437.
(2) *Ibid.*, p. 464.

l'empereur; qu'on disoit que leur projet étoit de faire déclarer le premier empereur d'Orient, et d'élever son trône à Constantinople; qu'enfin ces bruits, malgré leur absurdité, avoient fait une impression profonde sur les Turcs. (1)

Il est aisé de voir, par toute la correspondance des ambassadeurs français, qu'ils désapprouvoient la nouvelle voie dans laquelle le connétable étoit entré, qu'ils ressentoient toujours la même jalousie, la même défiance de l'empereur, qu'ils regrettoient les alliés que la France perdoit, et dont jusqu'alors ç'avoit été leur affaire de cultiver la bienveillance. Il est probable que cette disposition de toute la diplomatie dut contribuer à produire la réaction qui s'opéra plus tard, et à grossir le parti qui se formoit contre le connétable. Mais, pour le moment, celui-ci, qui ne consultoit ni ne vouloit écouter personne, n'en tint aucun compte; il envoya l'évêque élu d'Avranches en Espagne, pour resserrer davantage encore la ligue avec l'empereur, et lui rendre compte de toutes les négociations de la France. Cet ambassadeur devoit lui dire que César Cantelmo étoit revenu de Constantinople sans avoir pu déterminer le sultan à faire une trêve avec l'empereur, et

---

(1) Ribier. T. I, p. 371; et de nouveau, le 27 mars, *ibid.* p. 419.

donner en même temps à ce dernier tous les renseignemens qu'il pourroit désirer sur les négociations de la France en Turquie. Il devoit l'assurer que le roi rejetoit toutes les ouvertures qui lui étoient faites de la part du roi d'Angleterre et lui dire que, « le roi est si sûr et si
« ferme en l'amitié qu'il porte au seigneur em-
« pereur, son meilleur frère, que le duché de
« Milan ni autres choses particulières ne lui
« pourroient faire changer d'opinion. Et ne sera
« omis de dire aussi audit empereur, que si son
« passage se fût adonné par la France, le roi y
« eût pris plaisir comme à une des choses de ce
« monde que plus il désiroit; mais puisque les
« affaires dudit seigneur empereur ne le portent
« pas ainsi, ledit sieur roi est et sera toujours
« très content de tout ce qui lui plaira, et ne le
« voudra rechercher de faire plus avant que sa
« volonté et commodité » (1). Ainsi cette instruction, qui est du 5 août, nous apprend que précédemment déjà le roi avoit invité l'empereur à traverser la France pour se rendre dans les Pays-Bas, et que cette invitation avoit été réfusée.

L'élu d'Avranches ne séjourna que peu de jours en Espagne; il étoit de retour au mois de

---

(1) Instruction en date de Chantilly, 5 août 1539, donnée à l'élu d'Avranches. Ribier. T. I, p. 467.

septembre, et il rapporta les remercîmens de l'empereur, « disant que si ses affaires le peu-
« vent porter, il sera très aise de passer par la
« France, auquel lieu il sait bien qu'il aura au-
« tant de sûreté qu'en ses propres pays, et beau-
« coup plus de plaisir et de contentement....
« mais qu'il n'étoit pas encore résolu du temps
« de son voyage, attendant ce que fera le Turc;
« et encore qu'il passât en Italie, qu'il ne le fera
« que pour mettre fin à ce qui est à conclure
« entre le roi et lui.... Sur ce ledit élu ayant
« fait entendre, de la part du roi, audit empe-
« reur, que ledit seigneur n'est aucunement pas-
« sionné de la reddition du duché de Milan, et
« que pour dix duchés il ne voudroit perdre son
« amitié, ledit sieur empereur a répondu que
« ladite reddition étoit sûre, et du tout conclue
« et arrêtée. » L'empereur, en même temps, demandoit au roi de continuer de négocier à Constantinople pour obtenir une trève générale, même dût-il pour cela consentir à l'abandon de Castel-Novo de Dalmatie, que Barberousse assiégeoit alors. Mais si la trève ne pouvoit s'obtenir, il demandoit au roi d'entrer dans une ligue pour la défense de la chrétienté contre le Turc, et de charger M. de Lavaur de se présenter avec l'archevêque de Lunden à la première diète en Allemagne, pour bien convaincre les protestans que l'empereur et le roi agissoient

désormais de concert pour la pacification de l'Église. (1)

L'empereur, auquel le connétable de Montmorency désiroit allier si étroitement la France, et auquel il faisoit tant d'avances, étoit loin de se croire dans une position aussi brillante que la cour de France paroissoit le supposer, et ses instances pour obtenir à tout prix une trêve avec les Turcs en faisoient foi. Les Milanais lui avoient adressé leurs plaintes sur les horribles vexations qu'ils éprouvoient de la part des soldats espagnols et allemands qui occupoient leur pays, et qui, ne touchant point de solde, s'étoient jetés en ennemis sur les habitans, pour leur arracher par des supplices tout ce que ceux-ci pouvoient avoir sauvé de leurs anciennes richesses. Charles fut obligé d'envoyer ces troupes en Illyrie, aux frontières des Turcs, pour rétablir parmi elles quelque discipline (2). Quatre mille de ces vieux soldats furent passés au fil de l'épée, ou attachés aux bancs des galères, à Castel-Novo, lorsque cette ville fut reprise par Barberousse sur les impériaux, au milieu d'août 1539 (3). Six mille soldats espagnols qui étoient

---

(1) Relation de l'évêque d'Avranches, septembre 1539. Ribier. T. I, p. 468.

(2) *Fr. Belcarii.* L. XXII, p. 701. — *Pauli Jovii.* L. XXXVII, p. 362.

(3) *Paolo Paruta, Stor. Venez.* L. X, p. 710.

en garnison à la Goletta, s'étoient soulevés en même temps pour le même motif de la suspension de leur paie. On les fit passer d'Afrique en Sicile, au risque de perdre la première province par leur éloignement, la seconde par leurs désordres ; mais Fernand de Gonzaga, vice-roi de Sicile, les trompa par de faux sermens, leur promit non seulement une amnistie complète, mais des récompenses ; et ayant enfin réussi à les disperser, il fit périr tous les chefs, et un grand nombre des soldats dans les supplices. (1)

Dans le reste de ses vastes États, les troupes de Charles-Quint n'étoient pas mieux payées, et menaçoient également de se révolter. Pour les satisfaire il ne pouvoit guère espérer de lever des subsides dans l'Italie, dévastée par tant de guerres, et l'Allemagne suffisoit à peine à sa propre défense. Tout son espoir étoit dans les cortès de ses monarchies espagnoles, et dans les subsides des Pays-Bas. Mais les cortès de Castille, qu'il avoit assemblées à Tolède, n'opposèrent à ses demandes que des remontrances et des plaintes amères sur les exactions auxquelles leur pays étoit exposé. Charles-Quint fut obligé de les congédier sans en avoir rien obtenu. Ce-

---

(1) *Pauli Jovii Histor.* L. XXXVII, p. 366. — *Muratori, Annali d'It.* T. XIV, p. 317. — *Alfonso de Ulloa, Vita di Carlo V.* L. III, f. 153, 154.

pendant cet échec même tourna plus tard au profit de la puissance absolue. L'empereur trouva le moyen d'exciter la rivalité entre les ordres, et d'engager les députés des villes à se rassembler, lors même qu'il ne convoquoit point ceux de la noblesse et du clergé. Dès-lors, les trente-six commissaires des dix-huit cités de Castille formèrent une assemblée sans dignité et sans indépendance, qui n'a jamais été soutenue par l'attention et l'intérêt du pays, et qui a laissé perdre entre ses mains les libertés nationales. (1)

L'Allemagne étoit divisée entre les deux ligues protestante et catholique, et Ferdinand, qui cherchoit à maintenir la paix entre elles, pour demeurer en mesure de résister à l'attaque des Turcs, n'osoit prendre sur lui aucune décision, et s'attachoit seulement à gagner du temps pour éviter une explosion. Les Pays-Bas, enfin, éprouvoient, depuis l'an 1536, une grande fermentation. La reine de Hongrie, gouvernante de ces provinces, leur avoit demandé des subsides extraordinaires pour faire la guerre à la France. Les États-Généraux lui avoient accordé douze cent mille florins; et ils avoient mis le tiers de cette somme à la charge de la province de Flandre. Toutefois les Flamands, et surtout

---

(1) *Robertson's.* B. VI, p. 168-171. — *P. Miniana, Historia de España.* L., III, c. 7, p. 164.

les Gantois, prétendoient que la levée de ce subside n'étoit pas légale, parce que leurs députés n'y avoient pas consenti, et que de tout temps leurs priviléges leur assuroient le droit de se taxer eux-mêmes. Pour les forcer à l'obéissance, la reine de Hongrie donna l'ordre d'arrêter comme otages, dans toutes les villes des Pays-Bas, tous les bourgeois de Gand qui s'y trouvoient établis. Les Gantois, loin de se laisser effrayer par cette violence, adressèrent à leurs confédérés un appel pour la défense de leurs priviléges; et, en même temps, recoururent à la justice de Charles V, auquel ils envoyèrent des députés en Espagne. Le monarque refusa de les entendre, et les renvoya au jugement du grand conseil de Malines, qui les condamna. Les Gantois prirent alors les armes; ils chassèrent la noblesse de leur ville, firent prisonniers les officiers impériaux, instituèrent un nouveau gouvernement pour diriger leur défense, et envoyèrent des députés à Paris pour réclamer la protection du roi, qu'ils nommoient leur seigneur suzerain, et qui avoit, de son côté, fait valoir ses droits sur eux dans son dernier lit de justice du 15 janvier 1537. (1)

(1) *Robertson's.* B. VI, p. 173. — *Pontus Heuterus, Rerum Austriac.* L. XI, p. 262. — *Alfonso de Ulloa, Vita di Carlo V.* L. III, p. 159, verso. — *Gio. Batt. Adriani, Storia de' suoi tempi.* L. II, p. 111. — *Daniel,* Hist. de France. T. V, p. 711.

On ne peut méconnoître que l'acceptation de l'offre des Gantois n'eût été une violation flagrante des derniers traités, un acte éclatant de mauvaise foi. Cependant les historiens contemporains, ou célèbrent le refus de François d'accepter leur soumission comme un acte de désintéressement héroïque, ou le blâment comme une duperie. Beaucaire dit que le roi, toujours plongé dans les voluptés, et aveuglé par elles, laissoit échapper les bonnes occasions, et poursuivoit celles qui ne lui offroient point de chances (1). Personne, en effet, n'approuvoit l'alliance intime que le roi vouloit contracter avec l'empereur; personne ne perdoit de vue la rivalité qu'on s'attendoit à voir renaître. Si le connétable avoit accepté la proposition des Gantois, et, par eux, entraîné toute la Flandre, comme ceux-ci promettoient de le faire, non seulement il auroit violé la foi récemment donnée, mais il auroit rendu vains tous les projets nouvellement formés, et inutiles ou préjudiciables tous les sacrifices faits à son nouveau système. Il étoit d'un homme d'honneur de refuser l'offre faite par les Gantois; mais il eût été d'un cœur généreux, aussi-bien que d'une bonne politique, de s'intéresser à eux, au moment où ils montroient tant de confiance envers

---

(1) *Fr. Belcarii.* L. XXII, p. 704.

la France, et de les aider à maintenir leurs priviléges, plutôt que de leur nuire. François, toutefois, ne se croyoit appelé à la générosité qu'envers des souverains, non envers des peuples. Il ne se contenta pas de rejeter l'offre des Gantois, qui se disoient prêts à le remettre en possession de la Flandre et de l'Artois, provinces qu'il prétendoit n'avoir jamais eu le droit d'aliéner, il les dénonça à l'empereur, et lui fit connoître tout ce que les députés gantois lui avoient, sous le sceau du secret, révélé sur leurs forces et sur leurs alliances (1). En même temps il lui renouvela l'invitation qu'il lui avoit déjà faite depuis plus de six mois, de traverser la France pour se rendre plus rapidement en Belgique.

Tous les historiens, sans exception, ont regardé François comme ayant rendu à Charles, dans cette occasion, un service d'une grande importance, et ils ont accusé le dernier de fausseté et d'une noire ingratitude, pour ne l'avoir pas reconnu. Ils disent que l'empereur sentoit la nécessité de réprimer, avec une grande promptitude, la révolte des Gantois, pour qu'elle n'entraînât pas le soulèvement de tous les Pays-Bas.

---

(1) Martin du Bellay. T. XX, L. VIII, p. 288. — *Fr. Belcarii Hist.* L. XXII, p. 704. — Bouchet, Annales d'Aquit. T. IV, f. 283, verso.

Tous ont accordé une confiance implicite à Martin du Bellay, lequel s'exprime ainsi : « Les « Gantois envoyèrent secrètement devers le roi, « lui offrir de se mettre entre ses mains comme « leur souverain seigneur; ils lui offrirent pareil- « lement de faire faire le semblable aux bonnes « villes de Flandre. Chose que le roi refusa, « pour n'être infracteur de foi envers l'empe- « reur son bon frère, attendu la trève jurée « entre eux depuis deux ans. Il en avertit l'em- « pereur, lequel connoissant par cet avertisse- « ment et autres qu'il avoit de ses serviteurs, « que ses Pays-Bas, qui étoient sa force, « étoient en hasard d'être perdus; ne pouvant « trouver moyen d'y pourvoir si prompte- « ment qu'il en étoit besoin; car, passant par « Allemagne, il n'étoit pas assuré des protestans, « lesquels lui pourroient empêcher son passage, « et se mettant par mer, se mettroit au hasard « des vents, qui le pourroient aussi bien jeter « en Angleterre comme en Flandre contre son « vouloir, car il n'étoit assuré du roi du pays, « pour les divisions qu'avez entendues par ci- « devant, qu'ils avoient eues à cause du divorce « de la reine Catherine, sa tante; il résolut de « se mettre sur la foi du roi, et, pour cet effet, « envoya ses ambassadeurs devers lui, étant « encore malade à Compiègne, lui offrir, au cas « qu'il lui baillât passage sûr, de grandes choses,

1539.

« et entre autres d'investir lui ou l'un de ses
« enfans du duché de Milan. » (1)

Il s'en faut bien toutefois que ce récit soit vrai dans toutes ses circonstances : la discussion avec les Gantois duroit déjà depuis trois ans; et, comme ces peuples n'avoient point réussi à soulever le reste de la Flandre, comme ils n'avoient pris eux-mêmes aucune mesure militaire pour se défendre, il n'y avoit rien d'urgent dans le péril dont étoit menacée la Belgique. Charles V avoit prouvé, et devoit prouver encore qu'il osoit se confier à la mer en toute saison; et tous les ports de Flandre, vers lesquels il se dirigeoit, étoient toujours pleinement dans sa dépendance. Le divorce de Catherine d'Aragon, qui l'avoit brouillé avec Henri VIII, étoit oublié; dès-lors il s'étoit rapproché de ce monarque ; il avoit été sur le point de s'unir à lui par un double mariage, et il étoit sans cesse sollicité de renouer leur ancienne amitié. Les protestans d'Allemagne montroient alors les dispositions les plus pacifiques à son égard; et, six mois plus tard, il n'éprouva aucune difficulté à traverser

---

(1) Martin du Bellay. T. XX, L. VIII, p. 288. — Copié par *Fr. Belcarius*, L. XXII, p. 704. — *Ferronius*, L. VIII, p. 201, se rapproche un peu plus de la vérité. — *Robertson's* copie du Bellay. T. III, B. VI, p. 180. — *Giovio* semble confirmer son récit. L. XXXIX, p. 416. — Et *Muratori* l'adopte aussi. T. XIV, p. 320.

leur pays. Enfin le duché de Milan, qu'il étoit supposé promettre pour récompense si on l'aidoit à recouvrer la ville de Gand, étoit d'une valeur fort supérieure à cette ville, et, comme clef de l'Italie, d'une valeur surpassant de beaucoup celle de toute la Belgique. Aussi avons-nous cherché à faire comprendre comment cette concession, promise en effet conditionnellement, étoit le prix d'un accord bien plus important, d'une fusion complète des intérêts de François avec ceux de Charles V, d'une alliance intime destinée à repousser le Turc, à subjuguer les protestans, et à déterminer une révolution en Angleterre.

Quoi qu'il en soit, Charles V accepta l'invitation qui lui fut faite de nouveau par Antoine de Castelnau, évêque de Tarbes, ambassadeur auprès de lui, de traverser la France pour se rendre en Belgique, et de donner à François l'occasion de le recevoir avec hospitalité à Paris. En même temps, Montmorency lui envoya la promesse qu'on ne lui parleroit ni d'un second mariage, ni d'un traité pendant tout le temps qu'il seroit sur le territoire de France, de peur qu'on ne parût abuser de l'hospitalité qu'on lui offroit, en lui imposant des conditions (1). Le roi étoit encore malade; il s'arrêta à Chatellerault;

---

(1) *Pauli Jovii Histor.* L. XXXIX, p. 421.

mais ses deux fils et le connétable allèrent recevoir l'empereur à Bayonne. Ils lui offrirent de rester pour lui en otage en Espagne, pendant qu'il traverseroit la France. Charles V ne voulut point y consentir; il dit que la parole du roi lui suffisoit, et il les retint avec lui.

Les princes voyageoient alors lentement, et la marche de l'empereur étoit encore retardée par les entrées triomphales qu'on lui préparoit dans chaque ville; là, toute la noblesse et toute la milice bourgeoise se présentoient à lui en habits de fête. C'étoit au mois d'octobre qu'il avoit fait son entrée à Bayonne, où il avoit été reçu par les princes, accompagnés de plus de quatre cents seigneurs (1). Cependant il s'étoit arrêté si long-temps à Bordeaux, au château de Lusignan et en plusieurs endroits de la route, où il prenoit le plaisir de la chasse à l'oiseau, qu'il n'arriva que le 9 décembre à Poitiers. Toute la noblesse de Poitou s'étoit rassemblée pour cette occasion. Comme il entroit dans la ville, cinq cents gentilshommes, richement vêtus, allèrent au-devant de lui, et ils étoient suivis par deux mille bourgeois, divisés en six compagnies, habillés de velours et satin, avec passemens d'or et d'argent. A Orléans, où il arriva le 20 décembre, on avoit commandé, pour le recevoir,

---

(1) *Marco Guazzo, Storia de' suoi tempi*, f. 215.

quatre cent cinquante gentilshommes et toute la milice de la province; mais ce qu'on admira le plus, ce fut un corps « de quatre-vingt-douze
« jeunes marchands de la ville montés sur bons
« coursiers, tous habillés de casaques de velours
« noir, et le pourpoint de satin blanc, fermé à
« boutons d'or. Le bonnet de velours couvert
« de pierreries et brodé d'orfévrerie, et brode-
« quins de maroquin blanc, chiquetés, et tous
« éperons dorés, et la hacquebutte à l'arçon de
« la selle, et y eut un bonnet qui fut prisé deux
« mille écus; et n'y avoit celui qui n'eût sur soi
« plus de deux mille francs en bagues » (1). Ce luxe extravagant, déployé successivement dans toute la France, fut tel, qu'on assura que le voyage de l'empereur avoit coûté deux millions de francs au pays. C'étoit plus qu'il n'en eût fallu pour lui faire la guerre pendant toute une campagne; mais ce luxe atteste en même temps combien le commerce avoit répandu d'opulence dans les provinces. Toute l'industrie n'étoit point alors concentrée dans Paris; et chaque ville contenoit un nombre d'hommes indépendans par leur fortune peut-être plus grand que celui qu'on y trouveroit aujourd'hui. D'autre part, il étoit difficile que cette opulence se

---

(1) Extrait de deux relations imprimées dans le temps. Observations sur du Bellay. T. XX, p. 483.

maintînt long-temps devant les habitudes de despotisme que François Ier introduisoit tous les jours davantage. Il sembloit vouloir établir que tous les biens et la vie de ses sujets dépendoient de son seul caprice; et il en disposoit dans sa colère, sans faire seulement mention des tribunaux. Au passage de l'empereur à Bordeaux, les courtisans qui vouloient faire partie de son cortége, et qui manquoient de chevaux, prirent ceux des particuliers malgré eux; plusieurs ne les rendirent point, et n'en payèrent jamais la valeur; mais le roi ne fit qu'en rire. A Amboise, un parfumeur entreprit de remplir l'appartement où devoit coucher l'empereur d'une vapeur odorante; mais l'encens qu'il brûla produisit une fumée plus épaisse et plus irritante qu'il n'avoit compté; l'empereur s'en trouva fort incommodé. « Le roi, qui en fut in-
« formé, dit Ferron, voulant s'excuser auprès
« de l'empereur, ordonna qu'on saisît le mal-
« heureux artisan, et qu'on le traînât au supplice.
« Charles, averti de l'erreur de cet infortuné,
« demanda sa grâce avec beaucoup de prières.
« Les deux princes disputèrent long-temps sur
« sa mise en liberté; et le roi ne céda aux priè-
« res de Charles, que parce que celui-ci répé-
« toit que ce n'étoit pas pour voir des supplices
« qu'il étoit venu en France. » (1)

(1) *Arnoldi Ferronii*. L. VIII, p. 201. — *Fr. Belcarii*.

Le roi étoit allé au-devant de l'empereur jusqu'à Châtellerault ; ils se donnèrent réciproquement des marques d'une tendre amitié, et François voulut dès-lors n'occuper que la seconde place. Les deux monarques firent ensemble leur entrée à Paris le 1ᵉʳ janvier 1540. Les prisons avoient été ouvertes, et les prisonniers délivrés au nom et de la part de sa majesté impériale. Pendant les sept ou huit jours que l'empereur passa à Paris, les deux monarques ne parurent occupés que de fêtes et de réjouissances (1). Cependant il étoit impossible de voir ensemble ces deux rivaux, sans penser au sang qui avoit été versé pour leurs longues querelles, aux outrages qu'ils s'étoient faits réciproquement, et à la tentation que pouvoit ressentir François d'abuser de ce que son rival étoit entre ses mains. Cette idée, qui occupoit toutes les têtes, reparoît dans toutes les anecdotes racontées sur cette réunion; anecdotes si souvent répétées, et auxquelles il est difficile cependant de trouver une autorité historique. On dit que François lui-même, en présentant la duchesse d'Étampes à l'empereur, lui dit : « Voyez-vous cette belle dame, elle me « conseille de ne point vous laisser partir d'ici « que vous n'ayez révoqué le traité de Madrid.

1539.

1540.

L. XXII, p. 704. — Martin du Bellay. T. XX, L. VIII, p. 293.

(1) Hist. de la Ville de Paris. L. XX, p. 1007.

« —Eh bien ! lui répondit l'empereur froidement, « si l'avis est bon, il faut le suivre. » Cependant il trouva bientôt le moyen de faire accepter à la belle dame un diamant de grande valeur, pour qu'elle ne donnât plus de tels conseils (1). On rapporte que le duc d'Orléans, prince gai, folâtre et très agile, sauta sur la croupe du cheval de l'empereur, et, le tenant embrassé, s'écria : « Votre « majesté impériale est à présent mon prisonnier », et que ce mot fit tressaillir l'empereur (2). On prétend que le dauphin, le roi de Navarre et le duc de Vendôme avoient pris des mesures pour arrêter effectivement Charles à Chantilly, dans une visite qu'il faisoit à ce superbe château du connétable, et que celui-ci eut quelque peine à les faire renoncer à leur projet (3). On répète enfin que Brusquet, le fou de François Ier, avoit placé l'empereur dans son calendrier des fous, parce qu'il osoit passer dans les États d'un prince qu'il avoit maltraité, se réservant d'effacer son nom et de mettre celui de François à la place, s'il le laissoit sortir en liberté (4). Et, en même temps, Brantôme assure que « tandis que l'empereur « passa par France, on ne lui fit que parler et

---

(1) Garnier. T. XIII, p. 118. — Gaillard. T. V, L. V, p. 127. — Rœderer. L. II, p. 87.
(2) Gaillard, p. 126.
(3) Garnier, p. 119.
(4) Biographie universelle. T. VI, p. 162.

« importuner de ce Milan; si bien que tant « d'honneurs et bonnes chères qu'on lui fit, ne « valoient pas, disoit-il, les importunités qu'on « lui en donnoit. (1)

L'empereur, en sortant de Paris, alla visiter, comme on l'a dit, le magnifique château du connétable; le roi l'accompagna avec toute sa cour jusqu'à Saint-Quentin; ses deux fils et le connétable le suivirent jusqu'à Valenciennes. Charles V avoit mis au moins trois mois à traverser la France (2). Cependant les Gantois n'avoient fait aucun préparatif de guerre; ils ne songèrent pas même à lui opposer quelque résistance; ils le reçurent avec toutes les marques du respect et de l'obéissance qu'ils devoient à leur souverain, mais sans que leurs chefs parussent croire qu'ils avoient mérité son courroux, ou songeassent à se dérober au châtiment, en sorte qu'ils ne sortirent pas même de la ville. Dans les premiers jours de février, Charles-Quint destitua tous les magistrats populaires, et les remplaça par des hommes qui lui étoient dévoués; il supprima ensuite tous les anciens priviléges de la ville, et y traça une forteresse qui dut être construite aux frais des habitans.

(1) Brantôme. T. II, Disc. 46, p. 254.
(2) L'empereur arriva à Mons le 27 janvier 1540. Ribier. T. I, L. IV, p. 494. Il étoit arrivé à Bayonne en octobre.

Se jugeant alors assez fort pour pouvoir sévir, il fit trancher la tête d'abord à neuf des hommes qui s'étoient montrés les plus zélés pour la défense des libertés de leur pays, et bientôt après à seize autres. (1)

Les deux ambassadeurs français, de Selve et Hellin, qui suivoient l'empereur, ne lui eurent pas plus tôt vu mettre le pied sur le territoire des Pays-Bas, qu'ils lui demandèrent pour le roi l'investiture du duché de Milan, comme si c'eût été le prix convenu de son passage. Charles, quelque peu impatienté, répondit qu'on voulût bien le laisser songer à ses affaires, qui suffisoient pour le préoccuper tout entier, avant de le forcer à songer à celles des autres. D'ailleurs, ajouta-t-il, s'agissant de la concession d'un fief de l'empire, il ne pouvoit rien faire avant l'arrivée du roi des Romains, son frère, auquel il avoit donné rendez-vous dans les Pays-Bas. Du Bellay assure que, pressé davantage, « il déclara entièrement n'avoir rien promis. » (2)

L'empereur cependant ne songeoit nullement à rompre la négociation; mais, partant toujours de l'idée première, également poursuivie par

---

(1) Lettres des ambassadeurs français, de Gand, 16 février 1540. Ribier, p. 501. — *J. Sleidani.* L. XII, fol. 198, et L. XIII, f. 206. — *F. Belcarii.* L. XXII, f. 707. — *Pauli Jovii.* L. XXXIX, p. 422.

(2) Mart. du Bellay. T. XX, L. VIII, p. 296.

lui et par le connétable de Montmorency, d'une alliance intime des deux plus grands souverains de l'Europe contre tous les autres, il cherchoit en même temps à affermir cette alliance, et à offrir à François, pour l'y résoudre, une compensation suffisante. Après s'être entendu avec son frère le roi des Romains, il avertit les ambassadeurs français que, quant au mariage qui lui avoit été proposé à lui-même avec la fille du roi, il persistoit à ne vouloir point se remarier; mais qu'il comptoit unir les deux familles par le mariage de son fils D. Philippe avec Jeanne d'Albret, héritière de Navarre, et fille de la sœur de François Ier, et par celui de Charles, duc d'Orléans, second fils du roi, avec sa fille. Comme il comprenoit que le roi de France verroit avec chagrin l'héritière de Navarre porter au roi de Castille les principautés de Béarn et de la Basse-Navarre, situées en France, il avoit consenti à ce que le roi pût les racheter de lui; mais il les estimoit au moins à deux millions (1). D'autre part, sa fille porteroit pour dot au duc d'Orléans, ou le duché de Milan, ou mieux encore les Pays-Bas et les comtés de Bourgogne et de Charolois. Toutefois « l'empereur feroit « difficulté de donner si grande dot à sa fille, si « le roi ne faisoit au prince plus grand partage

(1) Lettres des ambassadeurs français au connétable, de Gand, 11 avril 1540. Ribier. L. IV, p. 514.

« que celui qu'il avoit » (1). Enfin, en retour pour un si riche mariage et un si grand démembrement de la monarchie espagnole, l'empereur demandoit les assurances les plus positives de la coopération du roi à la guerre contre les Turcs, et à l'abaissement des protestans d'Allemagne. (2)

On pourroit être surpris de la grandeur de l'offre que faisoit l'empereur; elle n'alloit à rien moins qu'à se dessaisir, en faveur d'un fils de France, de tout l'héritage de la maison de Bourgogne, héritage bien supérieur en valeur au duché de Milan. Autant qu'il peut être permis de deviner sa politique, il nous semble qu'il avoit reconnu que ses possessions disséminées sur toute l'Europe ne se prêtoient point un mutuel appui, et que, pour en former une puissante monarchie, il falloit abandonner celles qui étoient détachées des autres, et agrandir celles qui pouvoient faire corps ensemble. Dans cet esprit, il avoit déjà séparé de sa monarchie les provinces héréditaires d'Autriche qu'il tenoit de son aïeul Maximilien, et il les avoit données à son frère Ferdinand pour les lier à l'empire d'Allemagne, qu'il lui avoit assuré d'avance en le faisant nommer roi des Romains. D'après

---

(1) Ribier. L. IV, p. 509 et 514.
(2) *Ibid.* p. 514. Nous n'avons point la note de l'empereur, et nous ne la connoissons que par les réponses des ambassadeurs français.

le même système, il vouloit encore détacher de
sa monarchie tout l'héritage de son aïeule mater-
nelle, Marie de Bourgogne, et en former, en
faveur de sa fille de prédilection, un nouveau
royaume, qui, avec le temps, pourroit s'étendre sur une grande partie de l'Occident. En
même temps, il réservoit à son fils, non seulement l'Espagne, mais l'Italie, qui, d'après ses
arrangemens avec la France, lui seroit demeurée sans partage ; il auroit été maître des îles
Baléares, de la Corse, de la Sardaigne et de la
Sicile ; il avoit rendu son tributaire le royaume
de Tunis ; il comptoit bientôt attaquer celui
d'Alger ; et la Méditerranée n'auroit presque été
qu'un grand lac au milieu de ses possessions qui
les auroit réunies les unes avec les autres. Les
liens du sang lui faisoient espérer que, pendant
un certain temps, son frère et sa fille pourroient
demeurer attachés à lui et à son fils, et que
l'union même avec la France pourroit durer :
avec l'aide de celle-ci, il se flattoit d'arrêter
tout au moins les conquêtes des Turcs, de subjuguer les protestans, de détruire le reste des
libertés de l'Italie, de l'Espagne et de l'Allemagne ; mais il comprenoit aussi que l'époque
viendroit où les liens du sang seroient mécon-
nus, où la reconnoissance ne seroit plus enten-
due, et où les traités demeureroient sans force ;
même alors cependant il croyoit probable que

les deux fils de France se brouilleroient l'un avec l'autre, au lieu de s'allier contre la maison d'Autriche. Ainsi, l'on avoit vu les anciens ducs de Bourgogne, quoique princes français, devenir les premiers rivaux de la France.

Charles-Quint tenoit à ce projet fortement conçu, et dont l'exécution auroit entraîné la destruction des libertés de l'Europe, et arrêté peut-être pour long-temps les progrès de l'esprit humain. Il ne se figuroit point que la France pût le rejeter, car il offroit à François Ier, qui avoit paru montrer de la prédilection pour son jeune fils, de plus grands avantages encore que celui-ci n'avoit songé à demander. Il fut donc fort surpris, quand François en témoigna son mécontentement, et quand au lieu de venir lui rendre sa visite à Bruxelles, comme il l'avoit annoncé, il s'éloigna de la frontière. François ne considéroit pas si l'établissement offert à son second fils étoit plus considérable que celui qu'il avoit demandé ; il vouloit le duché de Milan, et il le vouloit pour lui-même. C'étoit le sieur de Peloux qui lui avoit apporté les propositions de l'empereur ; il lui fit répondre par de Selve, évêque de Lavaur, et par Hellin, ses ambassadeurs auprès de Charles, en déclarant que le duché de Milan auroit dû être rendu en héritage perpétuel au roi et à ses enfans sans aucune condition, tandis que l'empereur offroit seulement de donner les Pays-

Bas, le comté de Bourgogne et le Charolois à la princesse d'Espagne sa fille, en la mariant au duc d'Orléans, en sorte que si elle mouroit sans enfans, ces États retourneroient à l'empereur ; toutefois, en vue du bien de la paix, le roi consentoit, « si le duc d'Orléans étoit impatronisé « de l'héritage de Bourgogne, pour en avoir « pleine et entière jouissance, incontinent après « le mariage consommé, à ne faire autre de- « mande pour le présent dudit duché de Milan. « Mais au cas que le duc d'Orléans décédât « avant sa femme, soit qu'il eût des enfans de « ce mariage ou non, le roi rentreroit dans tous « ses droits sur le duché de Milan ; si, au con- « traire, c'est la princesse d'Autriche qui meurt « avant le duc, soit que leurs enfans soient mi- « neurs ou majeurs, leur père, et non point eux, « demeureroit seul possesseur des états de Bour- « gogne, jusqu'à ce que le duché de Milan lui « eût été restitué. » En même temps, le roi déclaroit ne consentir à la suspension de l'hommage de la Flandre et de l'Artois que pendant la durée de ce mariage ; il regardoit les traités de Madrid et de Cambrai comme non avenus, et refusoit de les ratifier : il se défendoit de prendre aucun engagement sur les trois autres mariages dont il avoit été question, de sa fille avec l'empereur, de la fille de sa femme ou de celle de sa sœur avec D. Philippe ; enfin il déclaroit vouloir retenir la possession des états du duc de Savoie jusqu'à ce que tous ces arrangemens fussent conclus, et il offroit seulement d'accorder à ce duc des compensations en France. (1)

L'empereur s'étoit attendu à ce que sa proposition reçût un accueil bien différent. « M. du « Peloux nous a dit, écrivoient les ambassa- « deurs, que les articles avoient été lus tant par « l'empereur que par MM. de Granvelle et Du- « prat, et qu'ils trouvoient les choses un peu « amères, et mêmement en deux points, l'un « étoit de la souveraineté de Flandre, dont le « roi rompoit la broche, ensemble de la ratifi- « cation des traités de Madrid et de Cambrai, « et qu'il leur sembloit que le roi maintenant « dénioit ce qui par ci-devant n'avoit point été « révoqué en doute. L'autre point étoit tou- « chant les affaires publiques de la chrétienté, « dont la réponse du roi avoit été trouvée fort « froide, disant seulement que les députés y « adviseront, sans montrer d'avoir la matière « affectée. »

L'empereur s'étoit plaint encore que le roi désiroit beaucoup et vouloit faire peu; que l'aide qu'il promettoit contre les Turcs ne seroit jamais requise, s'il arrivoit, comme on com-

---

(1) Instruction aux Ambassadeurs du 24 avril 1540. Ribier, t. IV, p. 509.

mençoit à le croire probable, que l'empereur fît une longue trêve avec eux. Les ambassadeurs avoient répondu que les choses d'Allemagne ne seroient pas apaisées pour cela, donnant à entendre que l'assistance du roi contre les protestans seroit la compensation des concessions faites par l'empereur. (1)

Il semble que les ambassadeurs eux-mêmes étoient embarrassés de la froideur avec laquelle leur cour repoussoit des offres qui leur paroissoient satisfaisantes. Ils pressoient le roi de ne point s'éloigner de la frontière, de ne point donner cet éclat à son mécontentement, d'attendre au moins cinq ou six jours pour donner le temps à l'empereur d'envoyer sa réponse définitive, afin de ne pas justifier les bruits de guerre qui déjà commençoient à se répandre. « Quand on nous
« remontre, disoient-ils, combien l'empereur
« fait grand'chose pour le roi, de lui bailler ou
« l'état de Milan ou celui de deçà, et que l'on
« nous demande ce que l'empereur en amen-
« dera; après que nous avons mis en avant la
« sûreté qu'il aura acquise pour ses États et aide
« en ses entreprises, et que l'on nous rebat cela
« en nous disant que tout cela ne sera que cho-
« ses réciproques, et que pareille sûreté ac-

---

(1) Lettre des ambassadeurs au connétable, p. 514-515. Il y a probablement une erreur dans la date. Gand 11 avril 1540.

« querra le roi, et que, s'il se fait entreprise, « l'on veut qu'il ait part au butin.... Nous ne « savons à quelle autre raison nous ranger. » Pour obtenir ce délai, les ambassadeurs envoyèrent un courrier au connétable, en étant sollicités par du Peloux. « Mêmement il nous a dit « que M. de Granvelle le trouvoit bon ainsi, « nous donnant assez à entendre qu'il parloit du « su et du vouloir de l'empereur » (1). Ce courrier, à son retour, rapporta une note du connétable, qui rompit toute négociation. La voici :

« Je vous avertis, messieurs, que M. de Saint-
« Vincent et le sieur du Peloux m'ont fort sol-
« licité de savoir du roi son intention et der-
« nière volonté sur deux choses : la première,
« qu'ils disent que l'empereur est résolu, s'il
« venoit à donner le duché de Milan, de ne le
« donner qu'à monseigneur d'Orléans, et aux
« enfans descendans de lui, sans qu'il puisse
« retourner au roi et à messeigneurs ses enfans;
« l'autre est qu'en donnant les Pays-Bas à mon-
« seigneur d'Orléans, pour le mariage de ma-
« dame la princesse avec l'empereur, il n'entend
« ni ne veut que le roi retienne le Piémont, ni
« les pays de monsieur de Savoie, afin qu'il n'ait
« point de pied en Italie. Sur quoi le roi m'a ré-
« pondu pour toute résolution, afin de vous le

(1) Dernière lettre des ambassadeurs au connétable, p. 540.

« mander; c'est à savoir, quant au duché de
« Milan, qu'il ne veut avoir ledit duché, sinon
« en la même forme que contient l'investiture
« du feu empereur Maximilien, grand-père
« dudit seigneur empereur; et quant à la resti-
« tution des pays du duc de Savoie, il est ré-
« solu de les retenir, pour ne faire tort à son
« royaume, auquel il seroit grandement préju-
« diciable qu'intervenant la mort de mondit sei-
« gneur d'Orléans, il eût abandonné les pays et
« États que contient ledit Piémont et Savoie;
« par quoi, si l'on vous parle desdits deux points,
« vous leur répondrez résolûment, selon ce que
« je vous écris ci-dessus, sans leur donner espé-
« rance d'en tirer davantage; car je vous assure
« que de deçà ne se fera autre chose. » (1)

Cette note paroît refuser même fort au-delà de ce que l'empereur étoit disposé à offrir; mais ce fut plus encore au ton dont elle étoit écrite qu'on dut juger que toute négociation étoit rompue. François recommençoit à se défier de Charles, à prendre contre lui des précautions hostiles; il ne pouvoit plus être question d'union intime, d'abandon réciproque, il n'y avoit donc plus d'avantage à payer à un si haut prix une alliance incertaine. Cependant les deux monarques restoient toujours liés par la trêve de Nice,

---

(1) Résolution du Roi. Ribier. L. IV, p. 542.

qui avoit encore huit ans à courir. François ne vouloit pas reconnoître les traités de Madrid et de Cambrai; il prétendoit conserver tous ses droits sur le Milanez, sur la Flandre et l'Artois; mais il déclaroit aussi qu'il n'avoit point violé le dernier traité, et qu'il ne le violeroit pas; il cessoit seulement de demander comme une faveur, comme un acte de galanterie royale, la concession d'une grande souveraineté.

L'empereur, après avoir attendu quelques mois, comme pour lui donner le temps de renouer les négociations, investit à Bruxelles, le 11 octobre 1540, son fils don Philippe, du duché de Milan. (1)

C'est aux intrigues du palais et aux caprices du roi qu'il faut attribuer une détermination si peu attendue et le changement qui en résulta dans la politique de la France; mais il s'en faut bien que nous ayons des documens suffisans pour pouvoir l'expliquer. Les écrivains français s'accordent tous à en rejeter toute la faute sur la mauvaise foi de l'empereur; les impériaux ne se sont donné aucune peine pour laver Charles de ce reproche (2), et les actes originaux publiés par Ribier ont été cités souvent

---

(1) *Muratori, Annali d'Ital.* T. XIV, p. 325. L'acte est dans Dumont, Corps diplomatique.

(2) *Pauli Jovii.* L. XXXIX, p. 424. — *Mariana.* L. III, c. 8, p. 170. — *Ferreras.* T. XIII, p. 258.

sans être analyés ou compris par personne, pas même par leur éditeur.

Pendant que la France changeoit si complétement le système de sa politique et de ses alliances extérieures, son administration intérieure éprouvoit aussi de grands changemens. Le chancelier Antoine du Bourg, renversé de son cheval à Laon au milieu de la foule, et meurtri sous les pieds des chevaux, étoit mort au mois de novembre 1538 (1); et Guillaume Poyet, fils d'un avocat d'Angers, et président du parlement de Paris, lui avoit été donné pour successeur (2). Poyet étoit un très savant jurisconsulte; mais il avoit été formé à l'école du chancelier Duprat, et il croyoit, à son exemple, que le savoir n'étoit utile que comme moyen de rendre plausibles les caprices du pouvoir. Il avoit déjà été employé par le roi dans plusieurs négociations, dans celle entre autres qui avoit pour but de brouiller la France avec la maison de Savoie, et de fournir un prétexte pour l'attaquer. Il s'attacha au connétable, dont il voyoit le crédit tout puissant auprès du roi; il nous reste un grand nombre de ses lettres, où il l'appelle toujours monseigneur, et lui demande ses or-

---

(1) Garnier. T. XIII, p. 103. — Ribier. L. II, p. 356.

(2) Lettres de provision du 12 novembre 1538. Isambert. T. XII, p. 547. — *Arnoldi Ferronii.* L. VIII, p. 200. — *Belcarii.* L. XXII, p. 701.

dres de la manière la plus humble (1). Il reconnut bientôt que Montmorency n'étoit jaloux que du seul amiral Philippe de Brion-Chabot, qui, comme lui, étoit dès son enfance attaché à François Ier, et qui, autant que lui, pouvoit passer pour son favori. Ils avoient été élevés ensemble au château d'Amboise, et ils en avoient conservé des habitudes de familiarité et d'égalité, qu'aucun autre ne se permettoit avec le connétable. En même temps Chabot, enrichi plus que personne des bienfaits du roi, offusquoit Montmorency par son faste. Celui-ci, pour perdre l'amiral, rappeloit comment il s'étoit arrêté devant Verceil, par respect pour la neutralité du Milanez et pour les injonctions du cardinal de Lorraine. Il répétoit au roi que, si l'amiral avoit alors montré plus de résolution, la Lombardie entière auroit été conquise. On ne pouvoit cependant faire un procès à un général d'armée pour n'avoir pas dépassé ses ordres et violé les traités; mais le chancelier Poyet entreprit de le perdre d'une autre manière. Le 23 septembre 1538, il ordonna des informations secrètes sur la conduite de Chabot, tant comme amiral de France que comme gouverneur de province. Il étoit impossible, dans ce temps de désordre général, qu'aucun des grands fonctionnaires

---

(1) Dans Ribier. L. III et IV.

publics échappât au reproche de malversation ; et en effet, Poyet affirma qu'il trouvoit dans les informations qu'il avoit prises, les preuves de vingt-cinq délits, qui tous méritoient la peine de mort. L'amiral Chabot fut arrêté en vertu de secondes lettres-patentes du 16 février 1539, qui ordonnèrent que son procès lui seroit fait criminellement. Il fut enfermé au château de Melun, et de nouvelles informations eurent lieu en vertu de lettres du 8 août 1540. (1)

Tandis que ces informations se poursuivoient, le chancelier Poyet signaloit la direction qu'il donnoit à tout l'ordre judiciaire par des ordonnances importantes, soit quant aux finances, soit quant à l'administration de la justice. Ce fut lui qui, au mois de mai 1539, introduisit pour la première fois la loterie en France, « pour
« fournir, est-il dit dans son édit, jeux et ébat-
« temens honorables et permis, aux nobles,
« bourgeois, marchands et autres, appliqués
« par ci-devant, et s'appliquant encore à plu-
« sieurs autres jeux dissolus.... Nous proposant
« entre autres celui de la blanque, long-temps
« permis ès villes de Venise, Florence, Gênes et
« autres villes et cités bien policées, fameuses
« et de grande renommée » (2). Il auroit, avec

(1) Isambert, Lois françaises. T. XII, p. 547.
(2) Isambert. T. XII, p. 560.

plus de vérité, pu justifier la loterie par sa maxime connue, qui lui fut vivement reprochée par Duchâtel, que tous les biens des Français appartenoient au roi seul, et qu'en conséquence tout moyen étoit bon pour les faire revenir à leur maître (1). Dans le même mois, il rendit un édit pour réunir au domaine, à la mort du donataire, tout don fait par le roi, déclarant que, dans aucun cas, ils ne seront continués en la personne de leurs enfans ou autres successeurs; et pour obvier aux importunités de ces successeurs qui obtiendroient ou continuation ou nouveau don des choses ainsi données, l'édit porte, « que ceux qui auront ainsi « obtenu lesdites continuations, seront tenus de « restituer non seulement ce que par vertu « d'icelles ils en auroient levé, mais aussi tout ce « qui en auroit été levé et perçu en vertu des au- « tres dons précédens » (2). Par une ordonnance du 30 juin 1539, Poyet déclara le domaine de la couronne inaliénable, et soustrait à la prescription même centenaire (3). Le 26 juillet suivant, il publia une ordonnance pour remédier à l'abus scandaleux du don que faisoit le roi des amendes et confiscations à ses courtisans. Souvent, en

---

(1) Biographie universelle. *Poyet.* T. XXXV, p. 594; et *Duchâtel.* T. XII, p. 115.

(2) Isambert, p. 565.

(3) *Ibid.* p. 567.

effet, les biens des prévenus étoient ainsi distribués d'avance à leurs ennemis, à leurs accusateurs, à leurs juges, ou au moins à des gens intéressés à les faire condamner. Mais la toute-puissance du roi, qui fait des lois contre elle-même, n'en est pas moins un spectacle bizarre. « Si, par importunité, « dit cet édit, surprise ou autrement, tels dons « étoient par nous accordés, faits et octroyés, et « par nos secrétaires signés, expédiés en forme « et scellés, avons statué qu'ils soient néanmoins « déclarés nuls et de nul effet.... et les impétrans « indignes et incapables non seulement desdits « dons, mais de toute autre munificence qu'ils « pourroient attendre de nous » (1). Enfin, par un édit du 10 août 1539, Poyet, en confirmant la peine de confiscation pour tout crime de lèse-majesté, l'étendit « aux biens féodaux et allo- « diaux, roturiers et meubles, même aux biens « substitués, afin qu'aucun héritier mâle ou fe- « melle, parens en ligne directe ou collatérale, « ne puissent jamais rien recouvrer de ce qui « aura appartenu aux conspirateurs. » (2)

En même temps, quelques unes des ordonnances civiles du chancelier Poyet ont servi de base à la jurisprudence de France, telle qu'elle se renouveloit à cette époque, et qu'elle a duré de-

---

(1) Isambert. T. XII, p. 573.
(2) *Ibid.* p. 590.

puis le règne de François Ier jusqu'à celui de Louis XVI. Telle est entre autres celle de Paris en juillet 1539, sur la juridiction du grand conseil. Son but est de remédier aux lenteurs provenant des défauts, aux irrégularités résultant du manque de copies ou du manque de rôles et de registres ; elle trace en même temps des règles nombreuses pour la conduite des procureurs et des avocats (1). L'ordonnance de Villers-Cotterets, rendue au mois d'août 1539, est plus importante encore : dans le silence des autres lois, elle est considérée, aujourd'hui même, comme toujours en vigueur. C'est elle qui a déterminé les limites précises entre la juridiction ecclésiastique et la juridiction séculière, qui a institué les registres civils, pour constater les naissances et les décès ; qui a ordonné que les actes notariés, procédures et jugemens seroient écrits en français, qu'en matière criminelle, l'accusé répondroit lui-même aux interpellations qui lui seroient faites, que les parties, en matière criminelle, ne pourroient faire usage d'avocats, qu'enfin l'accusé ne pourroit entendre les dépositions avant de proposer ses récusations contre les témoins produits à sa charge. Cette ordonnance est composée de cent quatre-vingt-douze articles, et à elle seule elle forme presque tout un code de

---

(1) Isambert, p. 575, en 45 articles.

lois ; mais les sujets les plus divers y sont introduits au hasard et sans ordre, en sorte qu'il est fort difficile de la comprendre. (1)

Indépendamment de la rivalité entre les grands personnages qui gouvernoient l'État, le connétable, l'amiral, le chancelier, on attribue aussi les révolutions de la politique à la jalousie entre les deux fils du roi, et à l'inimitié entre la duchesse d'Étampes, maîtresse du roi, et Diane de Poitiers, maîtresse du dauphin. Les écrivains contemporains ne nous permettent pas de douter que François Ier ne fût souvent le jouet d'intrigues de femmes, mais il s'en faut de beaucoup qu'ils nous montrent clairement la coexistence de deux factions avec leurs intérêts opposés, comme les écrivains postérieurs, dans un siècle où on faisoit consister la plus grande habileté à découvrir des dessous de cartes, ont prétendu l'avoir reconnu.

Le dauphin Henri étoit né le 31 mars 1519, et son frère Charles en 1521. Leur maison fut formée en 1536, lorsqu'ils avoient, l'un dix-sept, et l'autre quinze ans. Tavannes raconte que le premier « choisit les braves Dampierre, « Saint-André, Descars, Andouin, La Noue; « que M. d'Orléans refusa le reste que son frère « n'avoit voulu, et obtint permission de son

(1) Isambert. T. XII, p. 600 à 640.

« père de dresser son état des plus galans
« hommes de France, et qu'il choisit les sieurs
« de Tavannes, Castel Paix, San Pietro Corse,
« Castelnau, Jarnac, et quelques autres qui
« avoient réputation dans les provinces, et
« étoient connus par leur valeur. » (1)

Il ajoute que « fols jeunes sont quelquefois les
« plus sages vieux. D'une bande enragée sui-
« vant les enfans de France, s'en fit une de
« grands capitaines..... Le temps étoit employé
« en exercices ; sauter, ruer la barre, lutter,
« combattre, éprouver les périls en paix pour
« ne les craindre en guerre...... Ils avoient
« promis un temps de ne marcher aux villes que
« par-dessus les maisons, sautant de toit à autre
« les rues étroites, se précipitant dans les puits,
« faisant passer les chevaux au travers les flam-
« mes..... se battant à coups d'épée à inconnus,
« faisant embuscade aux siens propres pour
« s'éprouver ; blessés et blessant en se jouant ;
« faillant à étrangler Jarnac, sans qu'on lui cou-
« pât la corde ; se moquant des dames, mépri-
« sant l'amour, et laissant un pendu couché avec
« madame de Crussols, feignant l'entretenir » (2)

Dans cette gaîté désordonnée, nous ne devons
guère chercher une ambition, une rivalité qu'on

---

(1) Mém. de Gaspard de Tavannes. T. XXVI, c. 4, p. 38.
(2) *Ibid*. p. 43.

ne peut attendre de l'âge des deux jeunes princes. Le Dauphin ne méprisa pas toujours tellement l'amour, qu'il ne se soit laissé uniquement dominer par une favorite. « On dit que le roi François son « père, qui, le premier, avoit aimé Diane de « Poitiers, lui ayant un jour témoigné quelque « déplaisir, après la mort du dauphin François « son fils, du peu de vivacité qu'il voyoit en ce « prince Henri, elle lui dit qu'il falloit le rendre « amoureux, et qu'elle en vouloit faire son ga- « lant. » En admettant sur la foi de le Laboureur cette anecdote (1), on ne laisse pas d'être embarrassé sur l'époque à laquelle se peut rapporter le commencement de leur liaison. Diane étoit née le 3 septembre 1499; elle étoit fille de Jean de Poitiers, seigneur de Saint-Vallier, condamné à mort comme complice du duc de Bourbon, et qu'on prétendit avoir obtenu sa grâce à cause d'elle. Elle perdit son mari, Louis de Brezé, le 23 juillet 1531, et elle porta son deuil, en noir et blanc, toute sa vie (2). Elle avoit trente-sept ans à la mort du premier dauphin, et vingt ans de plus que le dauphin Henri. Cet âge étoit pour la duchesse d'Etampes un objet de railleries souvent amères. Cependant son influence se maintint entière sur Henri II, qui portoit en-

---

(1) Addition aux mémoires de Castelnau. T. I, p. 270.
(2) Biogr. universelle. T. XI, p. 292.

core ses couleurs au tournoi du 29 juin 1559, où il fut blessé mortellement. Ce fut probablement quand elle devint la favorite reconnue de l'héritier présomptif qu'elle excita la jalousie de la duchesse d'Étampes, et non en 1540, lorsqu'elle partageoit avec deux autres maîtresses, les dames de Leviston et de Conï, les attentions d'un étourdi de vingt ans.

Cet étourdi, qui avoit choisi une vieille maîtresse, s'étoit aussi donné un vieil ami, le connétable de Montmorency, et il fut fidèle à tous les deux. « Auparavant qu'il n'étoit que dauphin,
« dit Brantôme, il l'aimoit bien fort, aussi M. le
« connétable le recherchoit fort, dont le roi en
« eut jalousie, et cela lui aida bien un peu à être
« renvoyé de la cour » (1). On en voit aussi quelque indication dans la correspondance du connétable; Montéjan lui écrivoit de Turin, le 12 avril 1540 : « Je suis merveilleusement marri
« des propos qui se tiennent ici ; c'est qu'il se
« dit de plusieurs endroits que le roi est mal
« content contre vous, à cause de quelques
« propos que vous avez avec monsieur le dau-
« phin, et que vous en étiez allé à Chantilly. » (2)

Montmorency, à cette époque, n'étoit cependant pas encore disgracié; mais le roi se mon-

---

(1) Brantôme, Disc. 62. T. II, p. 418.
(2) Ribier. L. IV, p. 516.

troit mécontent et de l'administration intérieure du royaume, qu'il avoit jusqu'alors confiée sans partage au connétable, et de la politique étrangère, qui l'avoit brouillé avec tous ses anciens alliés et laissé en froid avec l'empereur; il se regardoit comme joué par celui-ci; il sentoit qu'aux yeux de l'Europe, il passoit pour dupe; peut-être se reprochoit-il à lui-même de n'avoir pas voulu accepter les offres brillantes qui lui étoient faites, parce qu'il ne recouvroit pas la souveraineté pleine et entière du duché de Milan, à laquelle il attachoit son amour-propre. Dans son humeur contre l'empereur, contre ses alliés, contre l'Europe entière, François s'en prit à ses courtisans et à ses ministres des conseils qu'il avoit suivis. Son caractère paroissoit aigri et par les souffrances continuelles de ses honteuses maladies, et par le manque de succès de ses projets, et par la défiance propre à l'âge; et comme son pouvoir devenoit tous les jours plus despotique, et qu'il ne rencontroit aucune résistance à ses volontés, il rendoit tour à tour responsables tous ceux qui l'approchoient du mécontentement qu'il éprouvoit en lui-même.

La poursuite de ses propres favoris, et de tous ceux auxquels il avoit confié du pouvoir, étoit d'ailleurs, aux yeux de François Ier, un moyen de remplir ses coffres. Par un édit rendu à Fontainebleau, le 28 décembre 1540, il avoit enjoint à tout possesseur de biens dépendans de la couronne, de le révéler dans les trois mois, sous peine d'amende arbitraire ; promettant d'autre part à ceux qui viendroient ainsi se dénoncer eux-mêmes, qu'il leur laisseroit, pendant leur vie, le dixième des revenus de ce que le fisc leur reprendroit (1). Il résolut ensuite de rechercher la conduite et d'examiner les comptes de tous ceux qui avoient eu quelque maniement des deniers publics. Les financiers furent arrêtés en effet, et condamnés, pour la plupart, à des amendes considérables (2). Les recherches ne s'arrêtèrent pas là ; le roi voulut demander compte à ses propres favoris de la fortune qu'ils avoient acquise. Le premier qu'il songea à dépouiller, fut Galiot de Genouillac, grand-écuyer, et grand-maître de l'artillerie ; on le lui représenta comme ayant fait bâtir dans le Quercy le château d'Assier avec une telle magnificence, qu'il devoit avoir beaucoup volé dans ses charges pour pouvoir suffire à tant de dépense. Genouillac, alors âgé de soixante et seize ans, étoit retiré du service. François le fit venir à la cour, pour lui demander compte de ses richesses. Genouillac reconnut avec empressement qu'il étoit né pauvre ; qu'il avoit amassé

---

(1) Isambert. T. XII, p. 703.
(2) Garnier. T. XIII, p. 132.

toute sa fortune par ses emplois, par les faveurs
du roi, enfin par ses mariages avec deux femmes
riches, qu'il avoit dues aussi, disoit-il, aux
bontés du roi. « Bref, ajouta-t-il, c'est vous qui
« m'avez fait tel que je suis, c'est vous qui m'a-
« vez donné les biens que je tiens ; vous me les
« avez donnés librement, aussi librement me les
« pouvez-vous ôter, et suis prêt à vous les ren-
« dre tous. Pour quant à aucun larcin que vous
« aie fait, faites-moi trancher la tête si je vous
« en ai fait aucun. » Le roi fut touché cependant. « Oui, mon bon homme, reprit-il, vous
« dites vrai de tout ce que vous avez dit ; aussi
« ne vous veux-je reprocher et ôter ce que je
« vous ai donné. Vous me le redonnez, et moi
« je vous le rends de bon cœur ; aimez-moi, et
« me servez bien, toujours, comme vous avez
« fait, et je vous serai toujours bon roi. » (1)

L'amiral Chabot étoit toujours en prison à
Melun ; et plus Montmorency s'apercevoit que
sa politique avoit échoué, que son crédit diminuoit auprès du roi, plus il désiroit se défaire
d'un rival qu'il redoutoit. Le chancelier Poyet,
qui avoit dirigé les informations contre l'amiral,
avoit plus encore d'intérêt de l'achever. Une
commission judiciaire fut formée par lettres

---

(1) Brantôme, Hommes illustres. T. II, n° 34, p. 167. —
Biogr. univ. T. XVI, p. 335.

du 3 novembre 1540, et définitivement réglée par lettres du 3 décembre (1). Elle étoit composée de maîtres des requêtes et de conseillers des divers parlemens ; mais Poyet lui-même s'en fit nommer président, et en même temps il se fit expédier des lettres-patentes qui lui assuroient une partie de la confiscation des biens du prévenu.

Malgré l'étalage qu'avoit fait le chancelier des vingt-cinq délits capitaux dont il chargeoit le prisonnier, l'accusation ne rouloit guère que sur des malversations obscures, qui pouvoient être le fait des subalternes de l'amiral, sans qu'il en eût aucune connoissance. Les principales de ces charges étoient, quant à son gouvernement de Bourgogne, de n'avoir pas employé aux fortifications des places de guerre des sommes qu'il avoit levées dans ce but, et de s'être fait faire des présens considérables par les États, toutes les fois que ceux-ci avoient été assemblés ; quant à ses fonctions de grand-amiral, d'avoir haussé les droits qu'il percevoit sur les pêcheurs qui sortoient des ports pour la pêche du hareng. Il paroît que le roi étoit piqué contre Chabot de ce que celui-ci avoit protesté trop hautement de son innocence, et avoit paru braver la justice, en sorte que François avoit demandé au chancelier, contre son ami, une condamnation à mort. En même temps, il déposa lui-même devant la

(1) Isambert. T. XII, p. 547.

commission, pour charger davantage l'amiral. Quoique les juges eussent été choisis par le chancelier parmi les plus dociles, quoiqu'il cherchât encore à exercer sur eux toute sorte d'influence par des menaces et des promesses, il ne put cependant en obtenir une sentence capitale. Ils condamnèrent seulement Chabot à autant d'amendes qu'il y avoit de chefs d'accusation ; réunies, elles formoient la somme de 1,500,000 livres, applicables aux différentes provinces ou aux particuliers auxquels l'amiral avoit fait tort; ils le condamnoient de plus à la confiscation de ses biens et au bannissement. Poyet s'étant fait apporter l'arrêt, y ajouta quelques phrases de blâme, plus fortes que celles dont les juges avoient fait usage. Il introduisit les commissaires auprès du roi, qui leur dit, « que, bien qu'ils « eussent usé de beaucoup d'indulgence, il étoit « content de leur conduite. » (1)

Cependant François ne se contenta pas d'avoir ainsi influencé les juges, et d'avoir déposé devant eux contre son sujet, il reprit leur sentence comme si elle n'étoit qu'un avis et conseil dont il pouvoit profiter, et il prononça lui-même la sentence par lettres royales, données à Fontainebleau le 8 février 1541. Dans cette pièce étrange, et qui bouleversoit toutes les lois, il

(1) Garnier. T. XIII, p. 137.

nous apprend lui-même comment les informations avoient été prises, comment Chabot avoit été ouï, aussi-bien que son secrétaire, mais sans qu'on lui allouât un avocat; comment une déclaration avoit été faite par le roi sur aucuns faits dudit procès; comment enfin les conclusions du procureur général, et l'avis et conseil des juges avoient été envoyés par-devers lui, pour qu'il prononçât lui-même son arrêt et jugement définitif. Cet arrêt étoit en effet celui des juges; mais le roi, entremêlant sa puissance législative avec la puissance judiciaire, prenoit occasion de chacun des articles dispositifs du jugement, pour changer à son sujet les lois, la constitution même de l'État. Après avoir condamné Chabot pour ses malversations à l'amirauté, il défend à tous amiraux à venir de percevoir aucun droit sans expresse commission du roi. Après l'avoir condamné à la restitution au triple des présens qu'il avoit reçus de l'étranger, il prohibe à l'avenir à tout conseiller de recevoir de tels présens; à l'occasion de quelques profits induement faits sur des ventes de blés en Bourgogne, il ôte aux gouverneurs de province le droit de régler la traite des blés; enfin, à l'occasion des présens obtenus par le gouverneur des États de Bourgogne, il « ordonne que dorénavant les assem-
« blées des États dudit pays et duché de Bour-
« gogne ne se feront plus séparément en trois

« diverses chambres, ainsi que l'on a par ci-de-
« vant accoutumé faire, mais se assembleront
« lesdits États en une seule et même chambre,
« et délibéreront ensemble en ladite chambre,
« pour obvier à tous abus. » (1)

Au reste, quelle qu'eût été la solennité de ce jugement, et quelque acharnement que le roi y eût fait paroître, la condamnation de l'amiral Chabot ne fut pas long-temps maintenue. La duchesse d'Étampes étoit dans ses intérêts, et elle ne cessa d'intercéder auprès du roi en sa faveur; Chabot lui-même avoit été introduit devant François Ier, et celui-ci lui ayant demandé s'il se targuoit toujours de son innocence, Chabot répondit qu'il avoit trop appris que nul n'est innocent devant Dieu et devant son roi. Il obtint d'abord des lettres qui le déclaroient exempt des crimes de lèse-majesté et d'infidélité au premier chef; puis, au mois de mars 1542, d'autres lettres qui déclaroient « abolies et
« éteintes toutes les offenses, peines, confisca-
« tions et amendes contenues audit procès » (2).
Il mourut lui-même le 1er juin 1543, par suite, à ce qu'assure Brantôme, de l'émotion que lui avoit donnée sa sentence. (3)

---

(1) Lettres royales, dans Isambert. T. XII, p. 721-743.
(2) Isambert. T. XII, p. 773 et 777.
(3) Brantôme, Hommes illustres. T. II, §. 50, p. 283. —

L'indulgence montrée par le roi à Chabot, après sa sentence, parut à Poyet comme un avertissement formidable du danger qui le menaçoit lui-même, en sorte qu'il se hâta d'entrer dans les ordres sacrés au moment où l'on s'y attendoit le moins. De son côté le connétable, au commencement de l'année 1541, se retira à Chantilly, et de là à Ecouen, où il vécut six ans dans une complète disgrâce; mais assuré, d'autre part, de l'affection et de toute la confiance du dauphin.

La dernière lettre officielle du connétable au roi est du 31 décembre 1540 (1), rien n'y indique encore l'approche de sa disgrâce; cependant il est probable qu'il ne revint pas à la cour. Le roi ne le poursuivit point (2), mais il ne tarda guère à attaquer sa créature, le chancelier Poyet, qui, le 1er août 1542, fut arrêté et enfermé dans la tour d'Argilly; son procès, qui dura plus de trois ans, commença aussitôt; et

---

Pasquier, Recherches de la France. L. VI, c. 9, p. 549. — *Fr. Belcarii.* L. XXII, p. 717. — *J. Sleidani.* L. XIII, p. 213, verso. — *Arn. Ferronii.* L. VIII, p. 202. — Biogr. univ. T. VII, p. 601.

(1) Ribier. L. IV, p. 555.

(2) Giovio assure que François fut pressé par les courtisans et par la duchesse d'Étampes de le faire périr, et de supprimer en même temps la charge dangereuse de connétable. Mais Giovio mérite le moins de confiance alors qu'il prétend être le plus au fait des secrets des cours. L. XLI, p. 492.

le premier motif allégué pour sa disgrâce, fut qu'il s'étoit fait céder quelques restes de la succession de Louise de Savoie, en prétendant qu'ils ne valoient pas plus de huit à neuf mille livres, tandis qu'en effet ils en valoient dix-neuf mille. Il se vit remplacé par François de Montholon, qui n'eut que le titre de garde des sceaux. (1)

Ainsi, Montmorency avoit continué près de neuf mois à diriger les affaires après la rupture des négociations avec l'empereur pour le mariage du duc d'Orléans, et il éprouva combien il étoit difficile de revenir en arrière au sujet de la politique qu'il avoit fait adopter à son maître. Pendant que l'empereur traversoit la France, Montmorency avoit chargé les ambassadeurs français, non seulement d'en donner avis à toutes les puissances étrangères, mais de les bien convaincre de l'union intime qui régnoit désormais entre ces deux souverains. Il avoit en particulier chargé le maréchal d'Annebault, gouverneur du Piémont, de se rendre à Venise avec le marquis del Guasto, gouverneur du Milanez, pour annoncer à la république que les deux plus grands monarques de l'Europe étant désormais amis, s'uniroient avec elle contre les

---

(1) *Arn. Ferronii*. L. VIII, p. 202. — *F. Belcarii*. L. XXII, p. 717. — Isambert. T. XII, p. 785. — Ribier. L. V, p. 560.

Turcs, en sorte qu'il ne convenoit point au sénat de faire avec le sultan une paix désavantageuse (1). Les Vénitiens ne prêtèrent pas une foi entière à cette réconciliation, et n'en continuèrent pas moins leurs négociations. Bientôt les conseils de France, entrés en défiance de l'empereur, jugèrent utile pour eux de hâter cette paix de Venise avec les Turcs, que pour plaire à l'empereur ils avoient voulu retarder. L'évêque de Montpellier, ambassadeur de France à Venise, et Rincon, agent des Français à Constantinople, se prêtèrent à ces vues nouvelles avec empressement (2), mais ils se montrèrent peu délicats sur les moyens d'y réussir.

La seigneurie, profitant de la trève qu'elle avoit auparavant obtenue des Turcs, envoya Louis Badoero, en ambassade à la Porte, pour traiter de la paix. L'évêque de Montpellier, qui avoit gagné des traîtres jusque parmi les secrétaires du conseil des Dix, eut communication de l'instruction secrète donnée par le conseil à l'ambassadeur, et des dernières concessions que celui-ci étoit autorisé à faire aux Turcs; c'étoit l'abandon de Napoli de Romanie et de Malvagie, les deux dernières forteresses qui restoient

---

(1) Mart. du Bellay. T. XX, L. VIII, p. 290. — *Paolo Paruta, Hist. Venet.* L. X, p. 725. — *Pauli Jovii.* L. XXXIX, p. 419.

(2) Ribier. L. IV, p. 503 et 540.

aux chrétiens dans le Péloponèse, et le paiement de 300,000 florins pour les frais de la guerre. L'évêque de Montpellier envoya aussitôt cette instruction à Rincon, qui la communiqua au sultan ; et celui-ci, en montrant à Badoero qu'il savoit son secret, le força de se soumettre à des conditions beaucoup plus dures que celles que les Turcs comptoient demander. C'est ainsi que la paix fut signée entre les Vénitiens et le sultan (1). Les premiers cependant ne tardèrent pas à découvrir par qui leur secret avoit été vendu. Les traîtres allèrent demander un asile à l'ambassadeur de France, mais le conseil des Dix l'avertit que s'il ne les livroit pas on les arracheroit de force, et il fit avancer du canon. Les coupables furent arrêtés, condamnés et pendus. Le roi montra d'abord beaucoup de ressentiment de la violence faite à son ambassadeur, et refusa pendant deux mois de recevoir celui de la république ; il sentit enfin que son intérêt devoit le rapprocher des Vénitiens, et il accepta l'apologie adroite que l'ambassadeur lui présenta. (2)

Montmorency ne se trouvoit pas moins embarrassé à l'égard de ses anciens alliés d'Allemagne, qu'il avoit voulu sacrifier à l'empereur.

(1) *Paolo Paruta, Storia Veneta.* L. X, p. 728. — *F. Belcarii.* L. XXII, p. 708. — *J. Sleidani.* L. XII, f. 199. — *Pauli Jovii.* L. XXXIX, p. 420.

(2) *Paolo Paruta.* p. 729.

On savoit qu'il avoit communiqué à Charles-Quint, pendant son passage en France, toutes les lettres qu'il avoit reçues des confédérés de Smalkalde (1). Aussi Guillaume, duc de Clèves, paroissoit seul disposé à écouter encore les propositions de la France, non qu'il prît confiance en elle, mais parce qu'il ne pouvoit trouver que là quelque protection contre l'empereur, qui lui disputoit l'héritage du duché de Gueldres. Il étoit sur le point de se soumettre aux prétentions de Charles-Quint, lorsqu'il fut averti que les négociations entre les deux monarques étoient rompues (2). Pour l'attacher à la France, et lui donner la garantie qu'on ne l'abandonneroit point de nouveau, on résolut de l'unir à une princesse française. Le roi jeta les yeux sur Jeanne d'Albret, princesse de Navarre et fille de sa sœur; en la mariant à Guillaume de la Marck, duc de Clèves, il atteignoit encore un second but. La demande que Charles-Quint avoit faite de cette princesse, pour son fils don Philippe, avoit alarmé la France. Si ce mariage s'étoit effectué, l'usurpation du royaume de Navarre, par les Espagnols, se seroit trouvée légitimée; ils auroient même acquis des

---

(1) *Fr. Belcarii.* L. XXII, p. 708.
(2) *Fr. Belcarii.* L. XXII, p. 709. — Paradin, Histoire de notre temps. L. IV, p. 118.

possessions importantes en deçà des Pyrénées. 1540.
Mais ce mariage proposé étoit le sort le plus
brillant que pût prétendre Jeanne d'Albret. Son
père et sa mère le désiroient vivement; un grand
nombre de leurs sujets qui réclamoient les biens
de leurs ancêtres, dans la Navarre espagnole, ne
le désiroient pas moins. Le cardinal de Gram-
mont, archevêque de Bordeaux, et lieutenant
du gouvernement de Guienne, surprit la correspondance du roi de Navarre avec l'empereur,
et l'envoya au roi. Dès-lors celui-ci ne désiroit
pas moins ôter Jeanne à Philippe que la donner
au duc de Clèves; malgré l'opposition du
père et de la mère, il fit arriver ce prince à
Châtellerault, et célébrer la cérémonie du mariage, le 15 juillet 1540 (1), en exigeant, pour
rendre l'union indissoluble, que l'époux, en
présence de témoins, entrât dans le lit de l'épousée. Tout ce que la reine de Navarre put obtenir
pour sa fille, qui, née le 7 janvier 1528, n'avoit
que douze ans et demi, fut que des matrones
entourassent le lit pendant tout le temps qu'ils y
seroient ensemble, en sorte que cette prétendue
consommation ne fut qu'une vaine cérémonie.
Le traité d'alliance entre la France et le duc de

(1) Les auteurs du temps parlent avec admiration des tournois, des joûtes aux flambeaux, des fêtes magnifiques célébrées à cette occasion à Châtellerault. Paradin, p. 119. —
Annales d'Aquitaine. P. IV, fol. 287, verso.

Clèves fut signé le 17 juillet; après quoi ce duc repartit seul pour l'Allemagne. (1)

Pendant ce temps, une diète de l'empire s'étoit rassemblée à Haguenau, et le roi, sur la demande de l'empereur, y avoit envoyé un député; car ces deux souverains déguisoient encore leur mécontentement, et continuoient à exprimer dans leurs actes officiels leur affection l'un pour l'autre. Le roi Ferdinand s'étoit rendu à cette diète, qui s'ouvrit le 25 juin; et il y annonça son empressement à adopter les mesures les plus conciliatrices envers les protestans, dont il désiroit le concours pour la défense de l'empire. Il savoit qu'il auroit bientôt besoin d'eux pour faire valoir ses droits sur la Hongrie. Par un traité signé en 1536 avec son concurrent à cette couronne, Jean Scépus, wayvode de Transylvanie, Ferdinand devoit lui succéder. Ce traité même étoit une violation du droit des Hongrois, dont la couronne étoit élective. Malgré cet engagement, Scépus épousa, en 1539, Elisabeth, fille de Sigismond-Auguste, roi de Pologne; et celle-ci venoit de lui donner un fils, lorsque ce roi mourut le 21 juillet 1540. L'enfant, âgé de peu de semaines, fut couronné par les Hon-

---

(1) *Arnoldi Ferronii*. L. VIII, p. 202. — *Belcarii*. L. XXII, p. 716. — *Sleidani*. L. XIII, f. 209. — Ribier. L. IV, p. 539. — Garnier. T. XIII, p. 128.

grois, et mis sous la protection de Soliman. Ferdinand, de son côté, prétendit à la couronne que son concurrent lui avoit garantie ; les armées turques et autrichiennes envahirent de nouveau la Hongrie ; mais la guerre qui recommençoit fut malheureuse pour Ferdinand ; l'année suivante, le 30 juillet, ayant été défait devant Buda, la Hongrie entière fut occupée par les Turcs, et l'Autriche se vit menacée. (1)

1540.

C'étoit avec le pressentiment des embarras et des dangers qui commençoient pour lui, que Ferdinand faisoit la cour aux protestans. L'idée de la coexistence des deux églises et du maintien de leurs droits mutuels n'avoit point été de part ni d'autre admise comme pouvant présenter la solution convenable des querelles qui s'étoient élevées. On cherchoit la réunion des chrétiens en une seule croyance, et pour se faire illusion au moins par des mots, on s'étudioit à trouver une confession de foi qui pût être également adoptée par les docteurs des deux églises. Quelques théologiens des plus modérés dans les deux partis furent chargés de ce travail, commencé à Haguenau, continué dans une conférence tenue à Worms au milieu de l'hiver, et repris de nouveau dans une diète à Ratisbonne,

(1) *Pauli Jovii Histor.* Lib. XXXIX, p. 425. — *J. Sleidani.* L. XIII, f. 211 ; et L. XIV, f. 222.

au printemps de l'année 1541 (1). Mais, quelque zèle qu'apportassent et Charles-Quint et Ferdinand son frère, à la pacification de l'Église, quelque désir de s'entendre que fissent paroître plusieurs des théologiens, la confession à laquelle ils travailloient ne pouvoit être qu'une œuvre de déception. En évitant les questions, en les voilant sous des paroles ambiguës, on ne réussissoit point à s'accorder, et le dissentiment fondamental reparoissoit toujours. Quelques points moins importans avoient été décidés, ou plutôt encore dissimulés, mais il devenoit chaque jour plus évident qu'on ne s'entendroit jamais sur les autres points. Charles-Quint, long-temps détourné de ses affaires par ces controverses religieuses, désiroit retourner en Italie et en Espagne; et il commençoit à proposer une tolérance réciproque, qui étoit repoussée par le pape et par ses légats avec la plus violente indignation. Ceux-ci répétoient avec les ducs de Bavière que c'étoit par les armes, non par des conférences, qu'on pouvoit extirper les luthériens (2). Le temps pressoit cependant : les Turcs s'avançoient en Hongrie; l'Allemagne étoit en danger; et Charles-Quint prit le parti de dissoudre la diète de

---

(1) *Sleidani Conventus Haganoæ.* L. XIII, f. 210. *Wormat.* L. XIII, f. 212. *Ratisbonn.* f. 213. v.

(2) *Raynaldi Ann. Eccles.* 1541, §. 3.

Ratisbonne par un rescrit, en date du 28 juillet 1541, par lequel il ordonnoit que la paix de Nuremberg, du 23 juillet 1532, serviroit encore de règle à tout l'empire, jusqu'à ce qu'un concile œcuménique eût été convoqué en Allemagne, ou, à son défaut, un concile national; et, si le pape se refusoit à convoquer l'un ou l'autre avant dix-huit mois, jusqu'à ce qu'une diète de l'empire eût décidé les questions controversées. (1)

Ainsi, le droit des protestans en Allemagne étoit reconnu; ils traitoient d'égal à égal avec les catholiques : loin d'éprouver aucune persécution, ils étoient admis aux diètes de l'empire; et, en présence de l'empereur, ils pratiquoient leur culte et ouvroient leurs églises au public. Leur confédération, ménagée par l'empereur et le roi des Romains, promettoit en retour à la patrie commune des secours contre les Turcs. Mais, en raison même de cette indépendance, ils s'écartoient chaque jour davantage du roi de France, qui leur avoit autrefois donné son appui, et qui, depuis que la ligue proposée par lui à l'empereur contre eux n'avoit pu se conclure, re-

---

(1) *Raynaldi Annal. eccles.* T. XXI, an. 1541, §. 1, ad 34. — *J. Sleidani.* L. XIV, f. 221. — Schmidt, Hist. des Allem. T. VII, L. VIII, c. 28, p. 80-102. — *Robertson's.* B. VI, p. 209-214. — *Fra Paolo, Concilio di Trento.* L. I, p. 95-102.

cherchoit de nouveau leur amitié. Les Allemands savoient que, dans chaque province de France, les persécutions continuoient, non pas avec violence et d'une manière uniforme, en exécution d'un plan général, mais avec des alternatives continuelles d'acharnement et d'indolence, selon qu'un frère dominicain ou un évêque se trouvoient plus ou moins ardens, ou qu'un parlement, un présidial, ou même un lieutenant criminel ou un juge-mage étoient plus ou moins empressés à faire preuve de zèle. Les victimes n'étoient pas nombreuses, mais chaque supplice présentoit des circonstances remarquables d'atrocité de la part des juges, de constance et de foi de la part des martyrs. Leurs noms répétés voloient de bouche en bouche. On racontoit comment le jacobin Jérôme Vindocin avoit été brûlé à Agen, André Berthelin à Annonay, Étienne Brun à Gap, Aymon de la Voye à Sainte-Foi en Agénois, Constantin et trois de ses compagnons à Rouen, et Guillaume Husson à Blois (1). On faisoit passer de mains en mains l'arrêt effroyable rendu par le parlement de Provence, le 18 novembre 1540, contre les Vaudois du bourg de Mérindol. Il portoit « que « les villages de Mérindol, Cabrière, les Aigues, « et autres lieux qui ont été la retraite et le ré-

---

(1) Théod. de Bèze, Hist. ecclés. L. I, p. 25 à 34.

« ceptacle des hérétiques, seront détruits, les
« maisons rasées jusqu'aux fondemens, les ca-
« vernes et les autres endroits souterrains qui
« leur servent de refuge démolis, les forêts
« coupées, les arbres fruitiers arrachés, les chefs
« et principaux révoltés exécutés à mort, et
« leurs femmes et enfans bannis à perpétuité de
« ces lieux » (1). Lorsque cet arrêt fut connu des
princes protestans de l'empire, ils profitèrent des
avances que leur faisoit le roi de France pour
lui écrire en faveur de leurs co-religionnaires,
demander même qu'on n'exigât plus leur abjuration pour les recevoir en grâce, puisque c'étoit
une bien fausse conversion que celle qu'on obtenoit aux dépens de la conscience (2). François,
qui, à cette époque, avoit résolu de ménager
les Allemands, chargea le sieur de Langey, qui
commandoit pour lui en Piémont, de faire une
enquête sur les Vaudois. D'après cette enquête,
des lettres de grâce furent expédiées, le 8 février 1541, aux habitans de Mérindol, et à tous
ceux qui étoient persécutés en Provence pour
cause de religion. Ce répit, il est vrai, dura à
peine quatre années. (3)

(1) Isambert. T. XII, p. 698. — Théod. de Bèze. L. I,
p. 37.
(2) *J. Sleidani.* L. XIII, f. 207.
(3) Théod. de Bèze. L. I, p. 38.

1541.

A l'époque même où les protestans d'Allemagne obtenoient de l'empereur la reconnoissance de leurs droits et la garantie d'une paix de conscience qu'on n'osoit plus leur disputer, tandis que leur influence sur le roi de France engageoit celui-ci à suspendre les arrêts persécuteurs d'une de ses cours souveraines, on voyoit naître l'ordre qui étoit destiné à les combattre par les armes du raisonnement et de l'adresse, et qui se proposoit d'enrôler les génies supérieurs, et de faire servir leurs talens à la défense de l'obscurantisme. Ignace de Loyola, qui de soldat vaillant étoit devenu moine fanatique, vint à Rome pour y faire approuver par le pape l'institut des jésuites, dont le plan étoit arrêté dans sa pensée. Dès la fin de l'année 1539, il avoit exposé son projet au pape Paul III par le cardinal Contarini; et ce pape s'étoit écrié en le lisant : « C'est bien « l'esprit de Dieu que nous voyons ici » (1). Cependant il renvoya à une commission de trois cardinaux l'examen de cette règle nouvelle; et ceux-ci, frappés surtout du vœu d'obéissance implicite et absolue au saint-siége, par lequel les jésuites devoient se distinguer des autres ordres monastiques, lui donnèrent leur approbation le 27 septembre 1540. Au commencement de l'année 1541, l'ordre n'étoit encore

---

(1) *Raynaldi Annal*, 1539, *art. ultimus*.

composé que de dix membres ; mais l'avenir lui réservoit des succès éclatans et rapides. (1)

Dans le temps où François Ier et Montmorency mettoient toute leur étude à plaire à l'empereur, et à former avec lui une étroite alliance, ni les ambassadeurs qu'ils envoyoient à des puissances étrangères, ni les commandans militaires qu'ils chargeoient du gouvernement des provinces, ne croyoient à la sincérité de cette réconciliation. La plupart n'avoient acquis leurs honneurs et leurs richesses qu'en combattant l'empereur, et ils s'étoient accoutumés à le haïr, et à suspecter ses intentions ; ce qui contribua probablement beaucoup à inspirer à leur maître la même défiance. « De sa nature, l'empereur « est malicieux », disoit du Bellay (2). Grignan, ambassadeur à Rome ; Marillac, ambassadeur en Angleterre ; Boisrigault, ambassadeur en Suisse, et Rincon, à Constantinople, avoient travaillé de tout leur pouvoir à rendre suspectes les intentions de Charles V (3). Dans le Piémont, où les troupes qui avoient récemment combattu étoient toujours en présence, l'animosité entre

---

(1) *Raynaldi Annal.* 1540, §. 67. — *Robertson's.* B. VI, p. 189-209. — *Miñana.* L. III, c. 9, p. 172. — *Ferreras.* T. XIII, p. 266.

(2) Mart. du Bellay. L. VIII, p. 290.

(3) *Voyez* leurs lettres dans Ribier, p. 477, 486, 495, 503, 518, 540.

elles étoit encore plus prononcée, et les généraux croyoient devoir se préparer à la guerre future. Malheureusement cette situation critique ne leur inspiroit point le désir de gagner l'affection du peuple par plus de sagesse et plus de ménagemens. Le maréchal de Montéjan avoit été nommé gouverneur et lieutenant-général de ce pays, tandis que du Bellay-Langey avoit eu le commandement de Turin (1). Montéjan, non moins noté pour son imprudence que pour son courage, joua l'argent qu'il avoit reçu pour deux mois de paye de ses soldats, et le perdit. Les soldats, qu'il laissoit privés de tout, se soulevèrent, et le tinrent quelques heures assiégé dans son logis; le roi, disposé à pardonner les fautes dont il eût été lui-même capable, promit de lui envoyer 80,000 écus pour réparer sa perte (2); on ne dit point s'il effectua cette promesse. Heureusement pour le Piémont, Montéjan mourut au bout d'une année, et le maréchal d'Annebault lui fut donné pour successeur. (3)

Toutefois, pendant que Montéjan étoit resté lieutenant en Piémont, il fut contraint, dit du Bellay « de permettre aux soldats de vivre à « discrétion; et mangèrent ce qui étoit demeuré.

---

(1) Mart. du Bellay. T. XX, p. 279.
(2) Mém. de Vieilleville. T. XXVIII, c. 20, p. 175.
(3) Mart. du Bellay, p. 286.

« A cette occasion le peuple même, désespéré 1541.
« de faim, n'avoit semé, en ladite année, qui
« fut cause que la famine survint, telle qu'un
« sac de blé à Turin, qui n'avoit accoutumé
« être vendu qu'un écu, se vendit dix et douze
« écus; et s'il y avoit du blé au marché, il fal-
« loit y mettre garde, à ce que le peuple ne
« s'entretuât pour en avoir. A ce moyen les
« terres demeurèrent inutiles et incultivées.
« Langey, considérant que c'étoit la perte du
« pays, car l'année subséquente, si l'ennemi se
« mettoit en campagne, rompant la trêve, on
« seroit contraint de lui livrer les places par
« faute de vivres, ou d'en amener de France,
« qui étoit chose impossible, pour fournir les
« places, nourrir le peuple, et semer les terres....
« trouva moyen, par dons et autres choses, d'ob-
« tenir congé du seigneur André Doria d'en
« amener par mer à Savone, et de là par terre
« en Piémont. » Il y avoit des blés en abondance en Bourgogne; il les fit descendre par la
Saône et le Rhône, et il put les fournir à raison
de trois écus le sac en Piémont; non sans avoir
avancé pour les charrois une somme assez considérable, qui ne lui fut jamais rendue. (1)

Langey faisoit en même temps fortifier les
places qui étoient de l'obéissance du roi, comme

---

(1) Martin du Bellay. T. XX, L. VIII, p. 299.

Turin, Pignerol, Cental et Bene; le marquis del Guasto de son côté munissoit Asti, Verceil, Ivrée, Volpian, Fossan, Coni, Quiers, Quierasque, et autres lieux que tenoient les impériaux (1). Pendant ce temps, le duc de Savoie demeuroit dépouillé de tout son patrimoine, François Ier le pressoit même d'échanger le comté de Nice contre des terres situées en France de la valeur de 20,000 livres de rente, en reconnoissant que le roi retenoit, par forme de prêt, Turin, Montcallier, Pignerol et Savignan, jusqu'à la paix avec l'empereur (2). Plutôt que d'y consentir, le duc se rendit à la diète de Ratisbonne; il s'y fit reconnoître comme prince de l'empire, et il demanda aux princes et électeurs de lui faire obtenir justice des mains du roi de France. La diète lui promit, nonobstant les empêchemens qu'y apportèrent les ambassadeurs français, de lui donner une assistance efficace. (3)

Tout se préparoit à la guerre, et le marquis del Guasto et le seigneur de Langey firent assaut d'intrigues pour se surprendre mutuellement. Langey se piquoit d'être mieux servi en espions qu'aucun autre des officiers du roi. Il

---

(1) Guichenon. T. II, p. 222.
(2) *Ibid.*, p. 220.
(3) Guichenon, p. 221. — *F. Belcarii.* L. XXII, p. 716.

s'entouroit d'hommes poursuivis pour de mauvaises affaires ou perdus de dettes, il les trouvoit plus prêts au besoin; lorsqu'il avoit quelque coup de main à ordonner, et qu'il ne vouloit être arrêté par aucun scrupule de délicatesse; del Guasto ne lui cédoit pas dans le choix de ces honteux instrumens. Il avoit toujours sous sa main un grand nombre de ces *bravi*, aventuriers et assassins dont le gouvernement des Espagnols avoit introduit l'usage en Italie, et qui, sous prétexte de servir leurs maîtres dans les affaires d'honneur, se trouvoient toujours prêts pour le meurtre ou la violence, assurés d'être ensuite dérobés par eux aux poursuites des tribunaux. Les deux gouverneurs étoient sans cesse aux aguets pour faire arrêter et dévaliser les courriers l'un de l'autre; et Langey, en accusant son adversaire de cette violence, laissa assez deviner que lui-même en avoit fait autant (1). De part et d'autre, ils tentoient aussi de se surprendre des places : del Guasto avoit compté s'emparer de Turin par escalade, au moment où un traître mettroit le feu à la ville. Langey avoit surpris Marano, ville du Friuli, au fond du golfe Adriatique, appartenant à Ferdinand, roi des Romains. Les Français qui se

---

(1) Manifeste de Langey adressé aux États de l'empire. Du Bellay. T. XX, p. 334, 337.

rendoient auprès de Soliman avoient à plusieurs reprises été interceptés par la garnison de Marano. Langey gagna un nommé Bertrand Sacchia, d'Udine, ami intime du gouverneur de Marano, qui, sous prétexte d'introduire deux vaisseaux chargés de blés dans cette ville, y conduisit des soldats français à la tête desquels il s'élança sur les gardes au moment où on lui ouvrit les portes, en tua un grand nombre, et envoya le reste prisonnier en France avec le gouverneur. Les étendards de France furent aussitôt déployés à Marano (1). Cependant Langey, dans son manifeste, prétendit que les Français n'étoient entrés à Marano que pour y ramener la paix, après une insurrection, et pour empêcher que les révoltés ne livrassent la ville aux Turcs. (2)

L'invention des gazettes et la publicité européenne des grands événemens, ont seules mis des bornes à l'effronterie des mensonges diplomatiques.

En effet, les Français songeoient de nouveau à s'allier aux Turcs, et Soliman offroit son assistance à la France contre la maison d'Autriche; Antonio de Rincon l'avoit assuré que le roi étoit

---

(1) *Arnoldi Ferronii.* L. IX, p. 223.
(2) Manifeste de Langey. T. XX, p. 339 et 341. — Ribier. L. II, p. 270.

plus irrité que jamais contre elle. Soliman proposa donc à Rincon de faire un voyage en France pour mettre la dernière main au traité, en exigeant de lui qu'il fût de retour dans trois mois. Il s'agissoit d'engager non seulement la France, mais la république de Venise, dans une alliance avec les Turcs contre Charles-Quint et son frère Ferdinand. Rincon vint à Venise au mois d'avril 1541 ; il trouva le sénat décidé à ne pas s'écarter de la neutralité; toutefois il en obtint une escorte de chevau-légers pour le conduire jusqu'aux confins du territoire de la république, du côté des Grisons (1). Mais Rincon étoit fort chargé d'embonpoint, le voyage par les montagnes étoit très fatigant pour lui; aussi lorsqu'il eut accompli la commission dont il étoit chargé auprès du roi, et qu'il voulut retourner à Venise et à Constantinople, il résolut de s'y rendre en descendant le Pô, avec César Frégose, chevalier de l'ordre du roi, qui devoit l'accompagner jusqu'à Venise. (2)

Du Bellay-Langey connoissoit bien le marquis del Guasto; il ne doutoit pas que ce vieux politique ne fût informé du voyage de Rincon, et ne fût capable de tout pour découvrir les secrets

---

(1) *Paolo Paruta, Storia Veneta.* L. XI, p. 735. — *Pauli Jovii.* L. XL, p. 476.

(2) Mart. du Bellay. T. XX, L. IX, p. 305.

de cet envoyé. D'ailleurs il ne regardoit les deux agens de la France que comme très imparfaitement garantis par la trève; ils n'étoient Français ni l'un ni l'autre, Frégose étoit Génois et déclaré rebelle à Gênes; Rincon étoit Espagnol, né à Médina del Campo, et proscrit par l'empereur; leur tête à tous deux étoit mise à prix, et ils comptoient traverser la Lombardie sans passeport, sans sauf-conduit, en se dérobant aux autorités impériales (1). Du Bellay, qui, le 1er juillet 1541, vint les trouver à minuit à Rivoli, car ils se cachoient soigneusement même en Piémont, voulut les dissuader de passer à travers la Lombardie, ou au moins les engager à se mettre sous la conduite d'Hercule Visconti, capitaine milanais, qui les eût conduits de nuit sous une forte escorte jusqu'à Plaisance, en les faisant reposer de jour dans des châteaux appartenant à sa famille (2). Mais Rincon, qui avoit une grande difficulté à monter à cheval, et qui, accoutumé à voyager dans des pays barbares, se fioit à son bonheur, repoussa les avertissemens de du Bellay, et ne se détermina qu'avec peine à lui laisser ses dépêches pour les faire tenir à Venise par une voie plus sûre : il entraîna Frégose, qui

---

(1) *Muratori*, *Annali d'It.* T. XIV, p. 327. — *Pauli Jovii*. L. XL, p. 477. — *Ferreras*. T. XIII, p. 265.

(2) Martin du Bellay. T. XX, L. IX, p. 307.

commençoit à s'alarmer, et ils partirent à la nuit tombante, le 2 juillet, dans deux bateaux ayant chacun quatre rameurs. Le lendemain, vers midi, comme ils n'étoient plus qu'à trois milles de l'embouchure du Tésin, et à la même distance de Pavie, ils furent attaqués soudainement par deux barques chargées de gens armés : le bateau que montoient Frégose et Rincon fut abordé ; ces deux malheureux furent tués, et leurs bateliers enfermés dans les cachots du château de Pavie. L'autre bateau, qui portoit les hommes de la suite, eut le temps de venir s'échouer sur l'autre rive, et les passagers s'échappèrent dans les bois. (1)

Ce ne fut qu'après s'être procuré toutes les preuves de cet attentat, et en avoir avéré toutes les circonstances, que du Bellay en accusa formellement le marquis del Guasto : celui-ci nia, et voulut faire croire que les envoyés avoient été assassinés par des voleurs. Des mémoires furent publiés en latin et en français par du Bellay et del Guasto, et envoyés aux princes de l'Empire, pour s'accuser réciproquement et se défendre. Del Guasto se déclaroit prêt à prouver, ou juridiquement, ou par les armes contre tout chevalier, qu'il n'avoit donné aucune atteinte à la trêve, tandis qu'il accusoit les Fran-

(1) Martin du Bellay. L. IX, p. 309.

çais de l'avoir fréquemment violée ; et les mémoires de l'un et de l'autre prouvent également de quels lâches moyens les chevaliers de ce temps ne rougissoient pas de se servir. Le capitaine Paulin, depuis célèbre sous le nom de baron de La Garde, fut présenté au roi par du Bellay, pour remplacer Rincon et être envoyé à Constantinople. (1)

Le meurtre de Rincon et de Frégose étoit un lâche assassinat, mais il ne pouvoit guère être considéré, malgré les plaintes de la France, comme une violation de la paix publique; au lieu d'exciter l'indignation contre l'empereur, il faisoit connoître à tous les liaisons de la France avec les Turcs, et il rendoit par là le roi plus odieux, aux yeux des protestans, aussi-bien que des catholiques. François ne prenoit pas un intérêt très vif aux deux agens d'intrigues qui venoient d'être sacrifiés; toutefois, déterminé comme il l'étoit à renouveler la guerre, il voulut profiter de cet événement pour soulever l'opinion publique contre l'empereur, ainsi qu'il l'avoit fait précédemment à l'occasion, soit du supplice de l'écuyer Maraviglia, soit de la mort du dauphin. Il savoit que Charles-Quint prépa-

(1) Les mémoires en note à du Bellay. T. XX, p. 319. — *J. Sleidani.* L. XIV, p. 222. — *Alfonso da Ulloa, Vita di Carlo V.* L. VIII, f. 161. — *Pauli Jovii.* L. XL, p. 472 et 476. — *Belcarii.* L. XXII, p. 716.

roit alors dans ses vastes États une expédition
contre les corsaires d'Afrique; il voyoit que ce
monarque se présentoit aux peuples du Midi
comme le champion de l'Europe et de la civilisation, le rédempteur des captifs, et le vengeur
des souffrances de la chrétienté. C'étoit la gloire
que François cherchoit à lui disputer, en l'accusant d'un crime honteux, au milieu de ses préparatifs de conquête. Il fit arrêter à Lyon,
George d'Autriche, archevêque de Valence,
fils naturel de l'empereur, qui retournoit d'Espagne en Belgique, et il déclara qu'il le garderoit
comme otage, jusqu'à ce que Rincon et Frégose,
s'ils étoient encore vivans, lui fussent rendus (1). Sachant aussi que l'empereur et le pape
devoient avoir une entrevue à Lucques, il voulut que son ambassadeur se présentât à eux,
dans cette conférence solennelle, pour réclamer
de nouveau ses deux envoyés, ou pour exiger
le châtiment de leurs assassins. (2)

L'empereur s'annonçoit en effet comme prêt à
diriger une nouvelle croisade contre les Musulmans; et si l'enthousiasme qui avoit armé les
chrétiens dans les anciennes croisades étoit à peu
près éteint, un sentiment nouveau, plus rationnel
et plus légitime, associoit les vœux de l'Europe

---

(1) *J. Sleidani.* L. XIV, f. 222, v.
(2) *Pauli Jovii.* L. XL, p. 477.

aux efforts de Charles contre les infidèles; ce n'étoit plus le tombeau du Christ qu'il s'agissoit de reconquérir, c'étoit la civilisation, la liberté, la vie des chrétiens qu'il s'agissoit de défendre. Les forces turques étoient dirigées par deux hommes doués de rares talens pour la guerre, deux hommes qu'armoit le fanatisme religieux des Musulmans, qui prétendoient porter dans toute l'Europe les drapeaux triomphans du croissant, et qui ne connoissoient d'autre droit de la guerre que la mort ou l'esclavage pour les vaincus. Soliman le magnifique avoit, chaque année, attaqué l'Europe orientale, la Transylvanie, l'Illyrie, la Hongrie, l'Allemagne même, et presque toujours avec succès; toujours du moins sa marche avoit-elle été signalée par d'épouvantables dévastations. En même temps Barberousse, son vassal, son grand-amiral, et le chef de tous les pirates de la Méditerranée, s'étoit montré non moins grand homme de mer que le sultan étoit grand capitaine; mais il joignoit les mœurs, la férocité et la cupidité d'un pirate à l'ambition d'un conquérant, et il avoit paru plus impitoyable que son maître. Des extrémités de la Sicile et de l'Italie à celles de l'Espagne, il n'y avoit pas une côte qui eût été à l'abri de ses ravages, pas une famille domiciliée à quinze ou vingt lieues de la Méditerranée, qui ne dût trembler chaque soir de voir sa demeure envahie pendant la nuit par les pirates africains.

Alors les jeunes garçons et les jeunes filles que ces pirates enlevoient étoient vendus dans les harems des Maures; les hommes plus robustes étoient traînés en esclavage en Afrique; les vieillards, dont la vie étoit jugée moins précieuse, étoient menacés d'affreux supplices pour les forcer à renier leur foi.

Charles-Quint crut devoir à ses peuples d'Italie et d'Espagne et à l'honneur de l'Europe entière de mettre un terme à ces brigandages. Il avoit annoncé cette expédition avant de traverser la France pour aller à Gand; et pendant les dix-huit mois qui s'étoient écoulés dès lors, il avoit fait rassembler ses soldats et ses vaisseaux, en même temps que son frère Ferdinand, avec l'armée de l'empire, devoit tenir tête aux Turcs en Hongrie. Après avoir présidé la diète de Ratisbonne, Charles-Quint étoit parti de cette ville à la fin de juillet 1541. Il fut reçu à Trente au mois d'août par le marquis de Guasto, gouverneur du Milanez, par le duc de Ferrare, et Octave Farnèse, petit-fils du pape. Le 18 septembre, il rencontra le pape lui-même à Lucques, et il le pressa de nouveau d'assembler un concile général. Après avoir passé trois jours avec lui, il s'embarqua à la Spezzia pour Majorque, où il avoit donné rendez-vous à toutes les forces qu'il vouloit conduire contre Barberousse. Mais dès avant de quitter Lucques, il reçut la triste nouvelle que son frère Ferdinand avoit été battu devant Bude, par les Turcs, et que Soliman étoit entré le 30 juillet dans cette ville.

Sans se laisser décourager par ce revers, et sans écouter les conseils des marins, qui lui représentoient que la saison étoit beaucoup trop avancée, Charles-Quint mit à la voile de Majorque le 18 octobre : sa flotte portoit vingt mille hommes de pied et deux mille chevaux, qu'on pouvoit regarder comme la fleur de ses armées italiennes, espagnoles et flamandes. Dès le lendemain ces malheureux entassés à l'étroit dans les vaisseaux furent en butte à une tempête furieuse; elle se renouvela les deux jours suivans. Cependant, le 20 octobre, la flotte impériale put prendre terre entre Alger et la rivière d'El Harach; mais à peine l'armée étoit-elle débarquée, et ses munitions restoient toujours à bord, quand une tempête plus épouvantable encore s'éleva sur cette mer orageuse, en même temps qu'une trombe terrible vint crever sur le camp de l'empereur. C'étoit le 25 octobre. Quinze vaisseaux de guerre, cent quarante transports, et huit mille marins, furent en moins d'une heure engloutis par les vagues. Avec le reste, André Doria trouva un refuge derrière le cap Métafuz, et il réussit à en informer Charles. Toutes les munitions de celui-ci avoient été détruites par les eaux ; une partie des soldats avoit été noyée ; les autres sans nourriture, harcelés par les troupes légères d'Assan-Aga, gouverneur d'Alger, pouvoient à peine se traîner dans la boue. Ce ne fut que le 31 octobre qu'ils rejoignirent leur flotte, éloignée seulement de quatre lieues. L'armée, vaincue par les élémens, ne pouvoit plus rien entreprendre, il fallut la rembarquer ; mais de nouvelles tempêtes l'attendoient au retour, et dispersèrent la flotte impériale. Le 3 décembre seulement, l'empereur arriva presque seul à Carthagène. Chacun des vaisseaux qui avoient échappé à tant de désastres, regagna un port différent. (1)

La nouvelle d'une si grande calamité répandit la terreur et la désolation sur toutes les côtes de la Méditerranée, dont les habitans se virent plus exposés que jamais aux ravages des Barbaresques. Mais la cour de France accueillit cette nouvelle avec des transports de joie. Le rival qu'elle haïssoit et qu'elle craignoit avoit été vaincu par la tempête, François Ier sentit que le moment étoit venu de l'attaquer à son tour, et de poursuivre une victoire qu'il n'avoit pas remportée.

(1) *Pauli Jovii Hist.* L. XL, p. 479-491. — *Alf. de Ulloa.* L. III, p. 162. — *G. B. Adriani.* L. III, p. 153. — *F. Belcarii.* L. XXII, p. 717. — *A. Ferronii.* L. VIII, p. 205. — *Muratori.* T. XIV, p. 329. — *Robertson's.* B. VI, p. 222-231. — *Miñana.* L. III, c. 12, p. 186. — *Ferreras.* T. XIII, p. 269.

CHAPITRE IX.

Dernière guerre de François Ier. — Campagnes de Luxembourg et de Roussillon. — Barberousse, appelé en Provence, assiège Nice avec les Français. — Abandon du duc de Clèves. — Défense de Landrecies. — Victoire de Cérisoles. — Danger de Paris, menacé par Charles V et Henri VIII. — Paix de Crépy. — 1542-1544.

1542.

FRANÇOIS Ier étoit résolu à exposer de nouveau son royaume à toutes les horreurs de la guerre. Depuis la rupture des négociations des Pays-Bas, qui suivirent le passage de l'empereur au travers de la France, le renouvellement des hostilités étoit arrêté dans sa pensée : il voyoit dans Charles-Quint son éternel ennemi ; il avoit fait des vœux contre lui : il avoit essayé de lui nuire ; il avoit même en quelque sorte commencé les hostilités ; car la surprise de Marano, le massacre d'une partie de sa garnison, la captivité du reste et de son gouverneur, auroient pu à peine s'excuser au milieu de la guerre ; et si cet acte de brigandage n'avoit pas fait plus de bruit, c'est qu'il fut commis loin de la France, dans un pays demi-barbare, en sorte qu'on avoit pu le voiler quelque temps par des mensonges officiels. C'étoit aussi par de semblables mensonges que l'empereur voiloit à son tour le crime pour lequel François affectoit tant de ressentiment. Avoir fait dévaliser et assassiner Antonio Rincon étoit un grand acte de cruauté ; mais il y avoit de l'absurdité à prétendre que c'étoit une violation des franchises des ambassadeurs, un outrage au droit des gens. Si Rincon se croyoit sous la garantie de ce caractère sacré, ou même sous celle du droit public de tous les Français, que ne traversoit-il la Lombardie publiquement et en annonçant ses titres ? Lorsqu'il entroit, au contraire, sans passeports dans le pays d'un souverain rival contre lequel il machinoit une attaque, qu'il s'y glissoit de nuit et furtivement, il ne pouvoit prétendre à la garantie du gouvernement auquel il avoit cherché à se dérober.

La guerre ne convenoit point à l'empereur, qui se sentoit à peine en mesure pour lutter avec son redoutable ennemi Soliman II, et qui voyoit les États de son frère envahis par les Turcs et toutes les côtes de ses propres royaumes ravagées par les Barbaresques. En conséquence, il étoit forcé d'ajourner d'année en année ses grands projets pour le rétablissement de l'autorité impériale en Allemagne, tandis qu'il faisoit la cour aux princes protestans, qu'il regardoit secrètement comme des ennemis et des rebelles; aussi dissimuloit-il les outrages qu'il recevoit des Français, ou les repoussoit-il par les mêmes armes sans porter de plaintes et sans demander de réparations. Il auroit vivement désiré l'union intime des deux grandes monarchies contre toutes les puissances secondaires, et il s'étoit montré prêt à l'acheter par de grands sacrifices. François Ier, au contraire, n'avoit jamais voulu comprendre le système de politique arrêté entre l'empereur et ses propres ministres; il avoit compté sur l'acquisition du Milanez, comme récompense de la galanterie avec laquelle il avoit traité l'empereur à son passage en France et des fêtes qu'il lui avoit données. Irrité d'être déçu des espérances déraisonnables qu'il avoit formées, il avoit boudé ensuite contre l'empereur et avoit changé avec dépit tout son ministère : cela ne suffisoit point encore pour dissiper le sentiment d'humiliation qu'il éprouvoit; il avoit besoin de conquêtes pour se relever à ses propres yeux. Il avoit attendu le premier revers qu'éprouveroit Charles-Quint pour en profiter; et lorsque, dans la même année, le roi des Romains, Ferdinand, vit son armée détruite par Soliman devant Bude, et que l'empereur son frère perdit sa flotte et son armée devant Alger, François crut que le moment de la vengeance étoit arrivé. La marine de Charles V étoit presque anéantie, le matériel de guerre englouti par les flots, le trésor impérial épuisé, la confiance enfin du monarque en lui-même ébranlée; car c'étoit en bravant les conseils de tous ses capitaines qu'il s'étoit exposé à un si grand revers.

Cependant François, qui avoit l'expérience de la guerre, qui trois fois déjà, depuis le commencement de son règne, avoit mis sa couronne et son royaume en danger par son ambition ou ses ressentimens, auroit dû mieux connoître la force de l'empereur et la sienne; il auroit dû voir que, demeuré comme il l'étoit sans alliés, n'accordant que peu de confiance à l'infanterie française, et obligé de tirer des soldats d'Allemagne, éprouvant dans ses finances une gêne habituelle et ne sachant pas modérer ses dépenses, il pouvoit tout au plus se défendre, mais qu'il ne devoit pas songer à faire des conquêtes; son rôle étoit donc de se préparer à repousser une agression s'il en étoit menacé, mais non de commencer lui-même les hostilités. Mais François, en se précipitant dans la guerre, sembla n'écouter que son dépit ou sa colère; il est difficile de démêler, ou un but dans ses actions, ou un plan dans sa conduite.

L'empereur avoit convoqué la diète de l'empire germanique, à Spire, pour le mois de janvier 1542; mais, débarqué en Espagne à son retour de l'expédition d'Alger, il ne put s'y rendre lui-même, et il la laissa présider par son frère Ferdinand. Celui-ci, dans son discours d'ouverture, le 8 février, parla uniquement des dangers que l'Allemagne entière couroit de la part des Turcs, qui, maîtres de Bude et de Pest, et y ayant conduit un immense parc d'artillerie, avoient évidemment le dessein d'y réunir une nombreuse armée au printemps suivant, et de pousser leurs conquêtes en Allemagne, où ils ne trouveroient plus de forteresses qui arrêtassent leur marche. Il supplioit donc les princes de l'empire de voter les secours d'hommes et d'argent nécessaires pour la défense de la patrie commune (1). A cette diète, le roi de France avoit député François Olivier, qui fut depuis chancelier de France; celui-ci prit la parole, dans la séance du 14 février, pour affirmer que son maître, ayant appris l'intention de Soliman d'attaquer la Hongrie, lui avoit envoyé son ambassadeur Rincon dans le seul but de l'en détourner; car il prenoit autant d'intérêt à la patrie allemande que les Allemands eux-mêmes. L'arrestation, peut-être le massacre de cet envoyé par des soldats impériaux, étoit une violation non pas seulement de la trêve, mais du droit des gens; cependant il croyoit encore devoir offrir à la nation allemande ses conseils. Il

---

(1) *Sleidani*. L. XIV, f. 225, verso.

lui sembloit que celle-ci feroit sagement d'éviter une guerre avec les Turcs, d'abandonner à leur sort les Hongrois, nation inconstante et déjà portée pour les Musulsans, et de se contenter de couvrir de forteresses les frontières orientales de la Bohême et de l'Autriche ; puis de s'occuper d'apaiser dans l'intérieur de leur pays leurs dissensions religieuses. Ce discours ne servit qu'à décréditer la France et son roi auprès des Allemands ; on le considéra comme une preuve de l'intelligence de François avec Soliman II. (1)

En effet, François avoit déjà dépêché auprès de Soliman un autre émissaire pour remplacer Rincon : c'étoit le capitaine Paulin, dont Langey avoit démêlé le talent, et qu'il avoit fait accepter au roi comme négociateur. On dit que celui-ci, dont le vrai nom étoit Antoine Escalin, n'étoit qu'un pauvre paysan du village de la Garde en Dauphiné, qui s'étoit engagé à suivre comme valet un caporal logé dans son village. Arrivé à l'armée, il y avoit fait son chemin par sa bravoure, son adresse dans les armes, et l'adresse plus grande encore de son esprit. Il étoit capitaine, lorsque Langey le distingua en Piémont et le fit connoître à François Ier (2). Paulin se

---

(1) *Sleidani.* L. XIV, f. 226. — *Belcarii.* L. XXIII, p. 725.
(2) Gaillard. T. V, p. 298 et 407. — Biogr. univ. T. XVI, p. 453.

rendit à Venise, d'où il traversa la Dalmatie pour arriver à Bude auprès de Soliman, qui, à la fin de la campagne, le ramena à Constantinople. Il étoit chargé de concerter avec ce prince le plan de la prochaine campagne; mais il le trouva dégoûté de l'alliance française; blessé de ce que le roi renioit son amitié, avoit honte de ses secours, et se déclaroit en toute occasion prêt à tourner ses armes contre les Turcs. Ce fut par son talent remarquable pour l'intrigue, par sa souplesse à se conformer aux mœurs étrangères, sa finesse et sa ruse pour connoître les hommes, et son adresse à les flatter, que Paulin gagna d'abord l'aga des janissaires, et qu'il fut introduit par lui à des conférences privées avec le sultan. Il y a lieu de croire qu'il lui proposa de faire attaquer par la flotte turque, commandée par le redoutable Cheir Eddyn Barberousse, les côtes de Catalogne, dans le temps même où François pénétreroit avec son armée dans le Roussillon : mais Soliman vouloit auparavant détacher la république de Venise de l'empereur, et l'engager à concourir aux plans de la France. Le capitaine Paulin fut renvoyé à Paris par le sultan, pour faire connoître au conseil du roi ce qui avoit été concerté; de là il retourna à Venise, où il fit de vains efforts pour engager cette république à s'allier aux Turcs, puis il alla de nouveau à Constantinople, où il éprouva de nouvelles lenteurs. L'été s'écoula ainsi, et la coopération des Turcs fut remise à l'année suivante. (1)

François chercha aussi des alliances jusque dans la Scandinavie, qui jusqu'alors avoit pris peu de part à la politique du midi de l'Europe. il envoya son ordre de Saint-Michel à Christiern III, roi protestant de Danemark, qui occupoit le trône de Christiern II, le beau-frère de l'empereur, et qui retenoit son prédécesseur dans une prison de Norwége. Le roi danois, en retour, envoya des ambassadeurs en France, avec lesquels François conclut, le 29 novembre 1541, à Fontainebleau, une alliance offensive et défensive. Christiern s'engageoit à permettre à la France de lever des landsknechts dans son pays, et à fermer le Sund aux vaisseaux de ses ennemis. L'aide mutuelle promise en cas d'attaque étoit de douze vaisseaux de la part de la France, de six de la part du Danemark. Les négociateurs pour la France avoient été le cardinal de Tournon, le chancelier Poyet, l'amiral Chabot et le maréchal d'Annebault; c'étoient eux qui formoient, à cette époque, le conseil intime du roi, et qui dirigeoient toutes les affaires (2). L'empereur n'étoit point nommé dans

(1) *Belcarii.* L. XXIII, p. 734. — *Pauli Jovii.* L. XLI, p. 505. — Flassan, Diplomat. franç. T. II, L. IV, p. 11. — Brantôme. T. III, Discours, 75, p. 138.

(2) Traités de Paix. T. II, p. 221. — Mallet, Hist. de Danemark. T. VI, L. VIII, p. 361.

ce traité, la France n'étant point encore en guerre avec lui; mais il n'est pas nommé non plus dans une ligue offensive et défensive signée à Ragny le 10 juillet 1542, avec Gustave Ier, roi de Suède, quoique, à cette époque, les hostilités fussent commencées. (1)

François Ier se proposa enfin de se donner des alliés dans les îles Britanniques : mais, en négociant à la fois avec Henri VIII et avec Jacques V, roi d'Écosse, il ne fit que provoquer le ressentiment du premier. Henri VIII auroit voulu que son neveu Jacques V suivît son exemple, se déclarât le chef de l'Église écossaise, et s'emparât des biens du clergé. Il lui avoit donné rendez-vous à York, et il étoit venu l'y attendre. Les agens français en Écosse, se concertant avec le parti des prêtres, représentèrent à Jacques qu'en allant se mettre, à York, entre les mains de son oncle, il alarmeroit et l'Église et la France, et il aliéneroit peut-être sa propre liberté. Jacques manqua au rendez-vous sans en prévenir Henri, et redoubla ses persécutions contre les réformés. Henri VIII sut bientôt que c'étoit à l'influence de la France qu'il étoit redevable de cet affront; il repoussa toutes les avances qui lui étoient faites par François Ier,

---

(1) Traités de Paix. T. II, p. 222. — Flassan, Diplom. franç. T. II, p. 6.

et il laissa voir, au contraire, que tous ses vœux étoient pour Charles-Quint. (1)

Malgré les espérances que donnoient le sultan et les rois de Danemark et de Suède, les conseillers de François Ier ne pouvoient compter sur une coopération bien active de la part d'alliés si éloignés ; mais ils fondoient plus d'espérance sur un petit prince d'Allemagne qui s'étoit donné à eux sans réserve : c'étoit Guillaume de La Marck, qui, le 6 février 1539, avoit succédé à son père Jean III dans les duchés de Clèves, de Berg et de Juliers, où la religion protestante étoit établie depuis 1533. Déjà, le 27 janvier 1538, ce même Guillaume avoit été appelé, par les États de Gueldre et de Zutphen assemblés à Nimègue, à recueillir la succession de leur vieux duc Charles d'Egmont, alors âgé de soixante et onze ans, et qui n'avoit point d'enfans. Celui-ci mourut le 30 juin suivant. D'anciens contrats lioient les deux familles, et les peuples de Gueldre ne voulurent point reconnoître un traité que leur duc avoit été forcé de faire pour transmettre son héritage à la maison d'Autriche (2). D'autre part, Charles V, qui

(1) Rapin Thoyras. T. VI, L. XV, p. 451 et 456. — Hume. T. VI, c. 32, p. 89. — *Buchanani Rerum Scotic.* L. XIV, p. 472.

(2) Art de vérifier les dates. T. III, p. 186. — *Sleidani.* L. XIV, f. 222.

prétendoit aux duchés de Gueldre et de Zutphen, regardoit Guillaume comme un usurpateur et un rebelle, et menaçoit de le dépouiller par les armes. Le mariage de Guillaume, duc de Clèves, avec l'héritière de Navarre, le 15 juillet 1540, avoit été le premier acte par lequel François s'étoit préparé à une nouvelle guerre contre l'empereur. Après le désastre de Charles V devant Alger, François fit passer de l'argent au duc de Clèves. Celui-ci avoit à son service un vaillant capitaine, Martin Van Rossem, maréchal de Gueldre, qui, désireux de marcher sur les traces de François de Sickingen ou des condottieri italiens, résolut de faire en sorte que la guerre nourrît la guerre. Il eut bientôt rassemblé sous ses ordres douze mille landsknechts et deux mille reitres, ou cavaliers allemands, auxquels il laissoit commettre tous les excès, toutes les voleries, tous les crimes, dans les pays où il portoit la guerre, en même temps qu'il les soumettoit à une rigoureuse discipline envers leurs officiers (1). La reine de Hongrie, gouvernante des Pays-Bas, effrayée de cette réunion de brigands sur les frontières de ses provinces, fit demander au duc de Clèves quel étoit son dessein : celui-ci assura que l'armée n'étoit point à lui, et qu'il croyoit que ces soldats aventu-

---

(1) *Pauli Jovii Histor*. L. XLI, p. 496.

riers ne s'étoient rassemblés que pour marcher contre les Turcs. De son côté, François donnoit à la même reine l'assurance de ses intentions pacifiques, et la prioit de faire évacuer Saint-Pol, qui, disoit-il, ne devoit, d'après la trève, être occupé ni par les Français ni par les impériaux (1). Tout à coup Van Rossem se jeta sur le pays de Liége, et se présentant devant la ville, il demanda d'y passer la Meuse : les bourgeois lui fermèrent courageusement leurs portes. Son but étoit de surprendre Anvers, où il se flattoit déjà de piller les magasins du commerce de l'Occident. Il lui fallut remonter quelque temps la Meuse avant de trouver des bateaux sur lesquels il pût la traverser. Il avançoit cependant en pillant le pays, et en y exerçant d'atroces cruautés. A Hoch-Straet, il fut rencontré par René de Nassau, prince d'Orange, qui avoit rassemblé toutes les troupes des Pays-Bas pour l'arrêter. Le prince d'Orange fut défait; il y perdit quatorze cents hommes et six drapeaux : néanmoins, avec les débris de son armée, il mit Louvain et Anvers, où la terreur étoit extrême, en état de résister à cette bande de brigands. (2)

La levée de boucliers du maréchal de Gueldre détermina le roi à commencer de son côté les

---

(1) *Arnoldi Ferronii*. L. IX, p. 208.
(2) *Pauli Jovii Histor*. L. XLI, p. 496-499. — *Arn. Ferronii*. L. IX, p. 209.

1542. hostilités. Le 10 mai, il écrivit au parlement de Paris d'ordonner, dans toutes les églises, des prières publiques pour obtenir de Dieu qu'il maintînt en France la vraie religion, et y ramenât ceux qui s'égaroient; pour qu'il inspirât à ses ennemis le désir de lui rendre, à des conditions équitables, les États qu'ils lui retenoient, ou, s'il étoit forcé de les répéter par la guerre, pour qu'il donnât à cette guerre une heureuse issue, et vengeât par la victoire le meurtre inique de ses envoyés. Plus tard seulement, et au mois de juillet, après qu'elle étoit commencée, il dénonça la guerre à l'empereur dans les termes les plus virulens. (1)

Des troupes se rassembloient de tous les côtés, pour laisser l'empereur incertain sur le point où il seroit attaqué. Indépendamment de l'armée de Van Rossem, que Nicolas de Bossu, sieur de Longueval, alla joindre, pour le faire agir sous la direction française (2), et d'une autre armée, presque de même nature, que Pierre Strozzi, émigré florentin, alla lever à la Mirandole, Annebault et du Bellay-Langey avoient réuni en Piémont huit mille Suisses, six mille

---

(1) *Belcarii.* L. XXIII, p. 729. — *Sleidani.* L. XIV, f. 236, recto. — Proclamation du 12 juillet, pour mettre en garde les sujets de France. Bouchet, Annales d'Aquitaine. P. IV, f. 290, verso. — Paradin, Hist. de notre temps. L. IV, p. 120, verso.

(2) Martin du Bellay. L. IX, p. 374.

Français, six mille Italiens et deux mille quatre cents chevaux ; enfin on annonçoit que le dauphin et le duc d'Orléans seroient mis à la tête de deux armées qui se rassembloient, l'une dans le Midi, l'autre dans le Nord. Ces deux princes, Henri et Charles, l'un âgé de vingt-trois, l'autre de vingt et un ans, désiroient la guerre avec passion, pour y signaler leur bravoure, seul titre de gloire qu'ils connussent ou qui fût l'objet de leur ambition. Henri, dont le naturel étoit taciturne, le visage pâle et les yeux pesans, avoit quelque ressemblance avec Louis XII, son aïeul maternel ; Charles ressembloit plus à son père par l'éclat de son teint de rose, la vigueur, la libéralité de son esprit, son instruction et ses manières ouvertes : il cherchoit à se faire aimer plus qu'à se faire craindre (1). On remarquoit déjà entre eux une profonde jalousie. La duchesse d'Étampes, favorite du roi, cherchoit à faire valoir le duc d'Orléans, par opposition à son frère : elle comptoit ainsi humilier la femme qu'elle haïssoit le plus, Diane de Poitiers, maîtresse du dauphin. La jalousie de ces deux princes et la haine de ces deux femmes divisoient la cour en deux factions. (2)

Le rassemblement d'une armée dans le Midi

---

(1) *Pauli Jovii Histor.* L. XLI, p. 494, 495.
(2) *Belcarii.* L. XXIV, p. 762.

fit concevoir à Marguerite, sœur du roi, l'espoir que cette armée seroit employée à reconquérir pour son mari le royaume de Navarre : elle sollicita vivement le roi de le permettre ; mais Montpesat, lieutenant au gouvernement de Guienne, consulté sur les chances que pourroit espérer une division de dix mille hommes destinée à cette expédition, y fit renoncer, par le souvenir du mauvais succès du sire de l'Esparre (1). Il fut résolu, dans le conseil du roi, que le dauphin, avec l'armée du Midi, attaqueroit le Roussillon, d'autant qu'on supposoit que l'empereur, ne s'y attendant point, réuniroit toutes ses forces dans le Milanez (2). C'étoit plutôt, en effet, dans le Milanez qu'il eût convenu à l'armée française de porter la guerre, pour profiter de la possession du Piémont, dont on n'avoit encore tiré aucun parti ; de l'impatience qu'excitoit chez les peuples la domination espagnole, de l'armée que Pierre Strozzi avoit levée à la Mirandole, et de la supériorité qu'Annebault avoit déjà sur le marquis del Guasto, qui lui étoit opposé ; car ce dernier avoit à peine dix mille hommes, qui même n'étoient pas payés. Mais François Ier se flatta de surprendre son adversaire ; et cependant il ne sut ni presser ses mouvemens, ni ca-

---

(1) *Arnoldi Ferronii.* L. IX, p. 207.
(2) *Pauli Jovii.* L. XLI, p. 495. — Gaillard. T. V, p. 201.

cher ses desseins. Ce ne fut pas avant le milieu d'août que son armée entra en Roussillon, et, depuis deux mois, la France et l'Italie savoient que cette province étoit menacée. (1)

1542.

Le duc d'Orléans avoit été plus tôt prêt à entrer en campagne : dès le 10 juin, il avoit pris congé du roi à Ligny en Barrois, et dès-lors il cessoit d'être exposé aux lenteurs et aux incertitudes de la cour. Le roi lui avoit donné pour le diriger le cinquième fils de René II, duc de Lorraine, Claude, duc de Guise, alors âgé de quarante-six ans, et l'un des meilleurs généraux qu'eût la France : mais Gaspard de Tavannes, âgé seulement de trente-trois ans, et qui s'étoit donné tout entier au duc d'Orléans, eut plus de part aux décisions de ce jeune prince, et se plut souvent à contrarier Guise, avec lequel il fut sur le point de se battre. D'après les Mémoires de Tavannes, rédigés par son fils : « M. d'Or-
« léans, assisté de M. de Guise, se fie au sieur
« de Tavannes, qui lui élève le cœur aux hon-
« neurs et couronnes. L'émulation de M. le dau-
« phin lui sert d'aiguillon : son naturel ouvert à
« la française surpassoit celui de son frère » (2).
Nous entrons dans une période où les Mémoires se multiplient ; mais ils ne servent souvent qu'à

(1) Martin du Bellay. T. XX, L. IX, p. 372.
(2) Mém. de Tavannes. T. XXVI, ch. 5, p. 53.

obscurcir la vérité, chacun de leurs auteurs s'attribuant à lui seul tout l'honneur des événemens.

Le duc d'Orléans, comme il entroit en campagne, avoit avec lui six cents hommes d'armes, huit mille landsknechts, et six mille fantassins français; le comte d'Aumale, fils aîné du duc de Guise, le comte d'Enghien, frère du duc de Vendôme; les sires de Jametz, de Sedan, de la Roche du Maine, de la Guiche, étoient les plus distingués entre les jeunes seigneurs qui l'accompagnoient (1). Étant arrivé devant Danvilliers, première place du duché de Luxembourg, il y fut rejoint par dix ou douze mille landsknechts que conduisoient le baron de Heideck, le Rhingrave, le comte de Mansfeld et le colonel Reckrod (2). L'empereur ne s'étoit nullement attendu à une attaque sur le Luxembourg; la province n'étoit point pourvue de troupes; Danvilliers parlementa après les premiers coups de canon : mais, tandis qu'on traitoit, les soldats français pénétrèrent dans la place et la saccagèrent; Guise la fit ensuite brûler; après quoi l'armée investit Yvoy, place très forte et munie d'une bonne garnison; mais la chute d'un pan de mur, qui tomba de lui-même, quoiqu'il ne fît

---

(1) Martin du Bellay. T. XX, L. IX, p. 368.
(2) *Ibid.*, p. 375.

point brèche, alarma les assiégés; ils capitu- 1542.
lèrent après quinze jours de résistance. Arlon,
attaqué à son tour, capitula aussi ; mais, au
mépris de la capitulation, la ville fut pillée et
brûlée par des soldats indisciplinés. Luxembourg, où il y avoit trois mille hommes de pied
et quatre cents chevaux de garnison, se rendit
vie et bagues sauves; et là, du moins, la capitulation fut respectée; Montmédy envoya ensuite sa soumission avant d'avoir été attaqué, et
dans tout le Luxembourg il ne resta plus à
l'empereur que Thionville. (1)

Ces conquêtes avoient été accomplies dans les
mois de juillet et d'août; le duc d'Orléans n'apprenoit point qu'il s'assemblât d'armée impériale
pour lui tenir tête; il soupiroit après une bataille, et il portoit envie à son frère, qu'il supposoit appelé à en livrer une à l'empereur;
Tavannes dit : « La difficulté d'argent, mais
« plutôt la jeunesse de M. d'Orléans, et les piques
« de ses gouverneurs, malgré le sieur de Tavan-
« nes, l'emportent à trouver le roi, sur le bruit
« d'une bataille qui se devoit donner en Lan-
« guedoc. Il perd l'occasion de faire de beaux
« effets, et cause la perte de partie de la con-

(1) Martin du Bellay. T. XX, L. IX, p. 374-381. — Tavannes. T. XXVI, p. 52. — *Sleidani.* L. XIV, f. 232. —
Pauli Jovii. L. XLI, p. 495.

« quête, où il met ordre précipitamment » (1). Le duc d'Orléans licencia en effet son armée à Verdun, laissant toutefois quelques troupes au duc de Guise pour couvrir la Champagne, tandis que Longueval et Van Rossem devoient couvrir la Picardie. Il partit ensuite en poste, et arriva le 16 septembre auprès du roi, qui lui témoigna assez d'humeur de cette étourderie (2). C'étoit cependant la faute que François Ier avoit lui-même faite à plusieurs reprises, dans les guerres précédentes; il attiroit, par son attaque, l'attention de l'ennemi sur un point, et il licencioit son armée au moment où celui-ci alloit s'avancer pour défendre le point attaqué. La reine de Hongrie, en effet, ayant eu le temps de rassembler ses troupes, fit attaquer Luxembourg et Montmédy, qui furent repris en peu de jours. (3)

L'armée que le duc d'Orléans étoit venu rejoindre n'étoit pas plus près de livrer bataille, que celle qu'il avoit abandonnée. Le roi avoit envoyé dès le mois de juin, le dauphin à Avignon, pour y rassembler ses soldats; il avoit ensuite ordonné au maréchal d'Annebault de lui conduire la fleur de l'armée de Piémont, huit

---

(1) Tavannes, c. 5, p. 57.
(2) Du Bellay, p. 382. — Annales d'Aquitaine. P. IV, f. 294, verso. — Hist. du Languedoc. T. V, p. 152.
(3) Du Bellay, p. 382. — *Belcarii.* L. XXIII, p. 730.

mille Suisses, six mille Français des vieilles bandes, commandés par Charles de Cossé-Brissac, six mille Italiens, quatre cents hommes d'armes et seize cents chevaux légers commandés par M. de Termes (1). Six semaines avant de se mettre en marche, les officiers de toutes ces troupes savoient qu'ils étoient destinés à entrer en Roussillon, en sorte que la nouvelle en fut bientôt portée de Piémont, à André Doria à Gênes. Le dauphin, arrivé à Narbonne, y fut joint par Montpesat, avec la légion de Languedoc, partie de celle de Guienne, six mille landsknechts, et bon nombre de Suisses récemment levés ; l'armée comptoit alors quarante mille hommes de pied, deux mille hommes d'armes et deux mille chevaux légers. C'étoit Montpesat qui avoit fait adopter le plan d'une attaque sur Perpignan ; il représentoit cette ville comme mal fortifiée, et il demanda que le roi se rendît maître de la mer, et fît occuper le Pertuis, seule communication avec la Catalogne, pour ôter au Roussillon les secours de l'Espagne (2). Mais le roi donna l'ordre à son fils de l'attendre avant d'agir ; il étoit venu à Lyon, puis à Montpellier, puis à Béziers, et le luxe de la cour retardoit ses voyages. Pendant ces lenteurs, André Doria avoit transporté par mer, en Roussillon, l'artil-

(1) Mart. du Bellay, p. 385.
(2) *Ibid.* T. XX, L. IX, p. 387.

1542.

lerie et les munitions nécessaires pour la plus vigoureuse défense; un corps d'Aragonais avoit traversé le Pertuis, et s'étoit jeté dans Perpignan. Enfin, le 26 août, le dauphin investit cette place, et de Termes occupa le Pertuis; il étoit trop tard, l'occasion étoit perdue. (1)

Perpignan est bâti sur la pente d'un coteau, entre lequel et un ruisseau sujet à s'enfler par les pluies, il n'y avoit alors qu'un chemin très étroit pour arriver à la ville : celle-ci étoit défendue par deux citadelles, Castel-Majour, très forte place dans le haut de la ville; Castel-Minor, dans le bas; elles étoient liées par un long mur que défendoit une église avancée sur une plate-forme.

La garnison comptoit au moins six mille hommes, dont deux mille cinq cents étoient de vieux soldats commandés par Don Juan Cerbelloni : Maciucca, Pietro de Guevara, et d'autres capitaines illustres se trouvoient encore dans Perpignan. « La ville, dit du Bellay, étoit si bien « pourvue de plates-formes garnies d'artillerie, « qu'il sembloit d'un porc-épic qui, de tous côtés « étant courroucé, montre ses pointes. » Paul de Céri, de la maison des Orsini, et fils du célèbre

---

(1) Annales d'Aquitaine. P. IV, f. 291, 292. — Hist. de Languedoc. T. V, L. XXXVII, p. 151. — *F. Belcarii.* L. XXIII, p. 731. — *Arn. Ferronii.* L. IX, p. 211. — *Pauli Jovii.* L. XLI, p. 501.

Renzo, reconnut le côté foible des fortifications et l'indiqua au dauphin. Montluc, qui, six ans auparavant, étoit entré dans la ville déguisé en cuisinier, pendant les négociations de Leucate, l'indiqua aussi ; mais Annebault, qui n'avoit que de l'honnêteté, et aucun talent militaire, s'obstina à repousser leurs avis, et à faire attaquer la ville du côté de la longue muraille qui unissoit les deux châteaux. Il y étoit dominé par Castel-Majour ; il essaya vainement de couvrir les assiégeans par des tranchées ; le vent, qui soulevoit ce sol sablonneux, les eut bientôt comblées ; la première pluie menaçoit d'inonder le camp, situé dans une plaine où les torrens des montagnes voisines se réunissoient. Montpesat et Annebault se faisoient des reproches mutuels. François, qui, avec les cardinaux de Lorraine et de Ferrare, et un grand nombre de seigneurs, s'étoit avancé, le 5 septembre, jusqu'à Salléles, à deux lieues de Narbonne et à douze de Perpignan, averti que le siége ne faisoit pas de progrès, et qu'il n'y avoit aucune espérance de succès, envoya au dauphin l'ordre de le lever. Cette armée française, la plus belle et la plus nombreuse qu'on eût vue de tout ce règne, effectua sa retraite le 4 octobre : trois jours plus tard, l'inondation de toute la plaine du Roussillon l'auroit mise dans le plus grand danger. (1)

(1) Martin du Bellay. T. XX, L. IX, p. 390. — Annal.

1542.

Ainsi, la campagne pour laquelle François Ier avoit fait des efforts prodigieux, y épuisant en une fois presque toutes ses ressources, se terminoit sans avoir procuré aucun avantage, si ce n'est tout au plus la réduction de quelques petites places dans le voisinage de Calais et de Boulogne, opérée par le duc de Vendôme, gouverneur de Picardie (1), et celle de quelques autres places en Piémont par du Bellay-Langey. Ce dernier, qui avec des forces inférieures, avoit réussi à tenir tête au marquis del Guasto, vit avec chagrin revenir en Piémont, au mois d'octobre, Annebault, dont il estimoit peu la capacité. Sa santé étoit détruite; étant perclu de tous ses membres, il demanda au roi son congé, et repartit pour la France, en litière; mais il ne put aller plus loin que Saint-Saphorin, sur le mont de Tarare, où il mourut le 9 janvier 1543 (2). Annebault, de son côté, licencia son armée à la fin de décembre, et quitta le Piémont pour retourner à la cour, où le roi le

---

d'Aquitaine. P. IV, f. 293. — Blaise de Montluc. T. XXII, L. I, p. 125. — *Pauli Jovii.* L. XLI, p. 503. — Lettres de Termes et Saint-Julien sur la levée du siége. — *Lett. de' Principi.* T. III, f. 76.

(1) Mart. du Bellay. L. IX, p. 383. — *A. Ferronii.* L. IX, p. 209.

(2) Mart. du Bellay. L. IX, p. 391-405. — *A. Ferronius.* L. IX, p. 214.

nomma peu de mois après amiral, à la place de Chabot, mort le 1ᵉʳ juin 1543.

La réputation d'intégrité d'Annebault, son assiduité au travail, et l'ordre qu'il s'efforçoit d'introduire dans les dépenses militaires, justifioient la préférence que François Ier lui accordoit; mais les vertus ne remplacent pas le talent, et il est probable que l'échec reçu à Perpignan étoit une conséquence de ses fautes. François, à qui il falloit une victime à punir, s'en prit au collègue d'Annebault, qui lui avoit reproché ses erreurs. Montpesat fut disgracié parce qu'on n'avoit pas voulu suivre ses conseils (1). Le cercle des amis de François Ier, et de ceux dont il écoutoit les avis, se resserroit toujours davantage; ses forces se détruisoient; il éprouvoit des souffrances presque continuelles; il étoit devenu défiant, jaloux, morose; on trouvoit difficilement le moment de lui parler d'affaires, et cependant il ne prenoit plus de plaisir à aucun des délassemens de l'esprit. Son aversion pour son ancien favori le connétable de Montmorency alloit croissant; son autre favori, Philippe de Brion-Chabot, étoit mourant; et, le 1ᵉʳ août 1542, il avoit fait arrêter son chancelier Guillaume Poyet. Cet homme avoit suffisamment mérité un

---

(1) *Arn. Ferronii.* L. IX, p. 211. — Note de du Bellay. T. XX, p. 513.

1542.

châtiment par l'abus qu'il avoit fait des lois, par la manière dont il avoit sacrifié la justice à la faveur, et prêté la main à l'oppression du peuple et à la spoliation des contribuables : mais ce ne fut pas pour ses méfaits, c'est pour avoir fait son devoir qu'il fut puni. La reine de Navarre demandoit au chancelier la grâce d'un de ses domestiques, coupable d'un rapt; en même temps la duchesse d'Etampes vouloit qu'il signât des lettres d'évocation dans un procès de Jean de la Renaudie, Poitevin qu'elle protégeoit, contre Du Tillet, greffier au parlement. Poyet refusa l'une et l'autre de ces grâces, qu'il croyoit injustes; la duchesse lui écrivit alors pour lui intimer l'ordre de signer sans retard l'évocation qu'elle demandoit. Poyet montra cet ordre arrogant à la reine de Navarre, en s'écriant qu'un royaume étoit bien malheureux lorsque les femmes prétendoient le gouverner; qu'avec elles il n'y auroit bientôt plus ni lois ni ordre public. La reine se crut insultée elle-même par ce propos; elle alla le dénoncer à son frère, qui déclara qu'il falloit destituer Poyet et le chasser. « Ce n'est pas même faire assez, dit à son tour le roi de Navarre; il est dépositaire de tous les secrets de l'État, il y auroit du danger à laisser libre un tel ennemi » : ce propos décida le roi; il ordonna aussitôt de l'arrêter, et de l'enfermer dans la tour d'Argilly. Dès que la nouvelle en fut connue du peuple, elle excita une joie universelle. (1)

1542.

Les dépenses toujours croissantes du roi l'obligeoient à rechercher de nouveaux moyens d'amasser de l'argent : celui que lui suggérèrent les deux conseillers qui lui restoient, Annebault et le cardinal de Tournon, avoit une apparence de justice et de régularité qui pouvoit séduire ces deux ministres honnêtes mais peu clairvoyans. Il consistoit à augmenter les produits de la gabelle du sel, en rendant le prix du sel égal pour tout le royaume.

Les provinces de l'intérieur payoient le sel à raison de 45 liv. le muid; celles qui étoient situées le long de l'Océan, au contraire, et où se trouvoient exploités tous les marais salans, ne payoient qu'un droit du quart de la valeur du sel, au moment où il sortoit des mains du fabricant; après quoi le commerce en étoit libre. Indépendamment de cette inégalité entre les sujets du royaume, que les ministres prétendoient corriger, ils annonçoient qu'en prélevant un droit de 24 livres seulement par muid de sel, aux marais salans et au moment même de la fabrication, ils augmenteroient considérablement les produits de la gabelle, en même temps qu'ils diminue-

---

(1) *Arn. Ferronii.* L. IX, p. 210. — Annales d'Aquitaine. P. IV, f. 289, verso. — *J. Sleidani.* L. XIV, f. 234, v. — Gaillard. T. V, p. 190.

roient les frais de perception; car ils devoient supprimer tous les préposés qui gênoient la circulation de province à province, tous les gardiens des greniers à sel, et toutes les lois vexatoires qui contraignoient le contribuable à acheter une certaine quantité de sel par année, et qui le punissoient rigoureusement pour une fraude supposée (1). Il ne paroît pas néanmoins que les ministres aient mis immédiatement à exécution leur projet d'égaliser dans tout le royaume le prix du sel; l'édit de Châtellerault, du 1er juin 1541, établissoit seulement aux marais salans une augmentation de moitié en sus, ou la perception du droit de quart et demi sur la valeur pour les provinces exemptes, et celle de 45 francs par muid pour les provinces gabellées; un autre édit donné à Tonnerre en avril 1542, rendoit cette perception plus sévère. C'étoit en vertu de ce dernier que 24 livres par muid étoient exigées de tout sel sortant des marais salans. Enfin, l'on annonçoit de nouveaux changemens encore. Cependant les provinces exemptes, la Guienne, la Bretagne, le Poitou, la Saintonge et la ville et gouvernement de la Rochelle en éprouvoient le plus grand mécontentement. Elles représentoient que leurs

(1) Garnier. T. XIII, p. 166. — Édit de Châtellerault, du 1er juin 1541. — Isambert. T. XII, p. 745. — Bouchet, Annales d'Aquitaine. P. IV, f. 288.

privilèges, jurés par les rois, les maintenoient exemptes de la gabelle; que ce privilége étoit compensé par l'augmentation de la taille, qui pesoit sur elles d'une manière plus onéreuse; que leur industrie s'étoit réglée d'après la nature de leurs impositions; que le commerce du sel d'une grande partie de l'Europe, celui des pêcheries et des salaisons, se faisoient dans leurs ports; que déjà cette industrie éprouvoit une gêne extrême par l'obligation d'avancer le montant de l'impôt, et qu'elle seroit ruinée si le roi le rendoit uniforme dans tout le royaume (1).

1542.

La ville la plus riche au milieu des provinces mécontentes étoit La Rochelle, où il se faisoit un grand commerce maritime; cette cité avoit prospéré sous la garantie de ses libertés municipales, car les Rochelois se gouvernoient presque en république, sous la direction d'un conseil supérieur de cent citoyens élus par le peuple, et qui élisoient à leur tour leurs échevins. La garde de leurs murailles leur étoit confiée, et aucun soldat ne pouvoit, sans leur consentement, entrer dans la ville. Charles de Chabot, sire de Jarnac, gouverneur du pays d'Aunis, profita de quelque dissentiment entre les bourgeois pour enfreindre leurs libertés; il cassa le conseil

---

(1) Annales d'Aquitaine. P. IV, p. 298, verso. — Fontanon. T. I, p. 1001.

supérieur et les échevins, et les remplaça par un conseil de vingt bourgeois seulement, présidés par un maire et un sous-maire nommés par lui. Comme ce bouleversement des institutions anciennes causoit une fermentation extrême dans la ville, le gouverneur obtint du roi un ordre, en date du 6 août 1542, pour introduire dans La Rochelle une garnison de trois cents aventuriers, sous prétexte qu'il ne s'y trouvoit pas en sûreté (1). Cette nouvelle violation des priviléges augmenta le ressentiment des Rochelois, d'autant que les soldats introduits dans la ville commencèrent bientôt à s'y conduire avec une extrême insolence. Plusieurs querelles privées furent enfin suivies d'un combat général entre les bourgeois et les aventuriers; ces derniers furent vaincus, et Jarnac, effrayé, consentit à ce que les soldats qui s'étoient rendus coupables de violences ou de crimes fussent traduits en justice et condamnés par les magistrats de La Rochelle. (2)

Mais les gouverneurs royaux ne se faisoient jamais scrupule de tromper les populations par des promesses ou des amnisties qu'ils n'avoient aucune intention d'observer. Tandis que Jarnac consentoit au désarmement et à la punition de

---

(1) Annales d'Aquitaine. P. IV, p. 290, recto.
(2) *Ibid.*, p. 295, recto.

ces aventuriers, il accusoit secrètement les Rochelois auprès du roi, et demandoit leur châtiment. Tavannes raconte que son père, avec la compagnie de M. d'Orléans, y fut envoyé pour y être en garnison. « Ils le refusent, dit-il en
« gros, non la communication des siens, qui
« entrent par diverses portes en divers temps;
« les gendarmes se glissent dans les hôtelleries,
« s'assemblent en un logis où le sieur de Jarnac
« avoit coulé des armes, lequel prie ceux de la
« ville de laisser entrer la garnison. Sur leur
« refus, le sieur de Tavannes sort en la rue avec
« cent cuirasses, montre qu'il étoit dedans sans
« leur su. A même temps s'approchent de la
« ville huit cents arquebusiers; l'alarme sonne :
« il déclare que vif ou mort il demeureroit dans
« la ville, ou qu'il brûleroit tout et s'enseveliroit
« dans les cendres. Le combat douteux et la
« crainte du roi fit accorder que les Rochelois
« poseroient les armes entre les mains du sieur
« de Jarnac, entretiendroient la compagnie de
« gendarmes et quatre cents arquebusiers jus-
« ques à la venue du roi. » (1)

Ce fut à Cognac que le roi, à son retour de l'expédition de Roussillon, fut informé des mouvemens de La Rochelle et de leur répression, et en même temps de la fermentation qui régnoit

(1) Mém. de Tavannes. T. XXVI, c. 6, p. 58.

sur le rivage de la mer et dans les îles, où les habitans s'étoient armés et avoient repoussé à force ouverte les commissaires du roi qui venoient contrôler leurs marais salans. François annonça qu'il puniroit avec la dernière rigueur les coupables; il défendit sous peine de la corde aux habitans de La Rochelle ou à ceux des îles de paroître hors de leurs maisons de sept heures du soir à sept heures du matin; il fit élever un grand amphithéâtre à La Rochelle, près de l'hôtel qui lui étoit destiné, et il annonça qu'il y siégeroit lui-même en jugement, le 31 décembre, avec les grands-officiers de sa couronne, en sommant les habitans de La Rochelle et des îles de s'y trouver. Vingt-cinq habitans de La Rochelle lui furent envoyés en députation; il les fit mettre aux fers, ainsi que ceux des îles, et les fit marcher devant lui, lorsque, le 30 décembre, il entra dans La Rochelle. Les habitans, qui étoient désarmés, et auxquels on avoit défendu de se présenter devant lui ou de sonner les cloches à son approche, faisoient des processions et des prières publiques à Dieu, pour qu'il daignât mitiger la colère du roi (1). Déjà François avoit donné à Chizay, le 27 décembre, une ordonnance par laquelle il déclaroit tous les marais salans de toute la côte, depuis Libourne

(1) **Bouchet**, Ann. d'Aquitaine. P. IV, p. 295, verso.

jusqu'à Oléron, confisqués en punition de la rébellion des habitans. (1)

Le 31 décembre, à une heure après midi, le roi, revêtu de tous les ornemens royaux, s'assit sur le trône qui lui étoit préparé au milieu de l'amphithéâtre qu'il avoit fait construire. Les ducs d'Orléans et de Vendôme, le comte de Saint-Pol et d'autres princes, étoient à sa droite; les cardinaux de Lorraine, de Ferrare et de Tournon, à sa gauche; le garde des sceaux Montholon, à ses pieds; les principaux membres de ses conseils, derrière lui. Guillaume-le-Blanc, avocat au parlement de Bordeaux, devoit plaider pour les îles, dont les habitans étoient rangés à sa suite; Étienne Noyau, lieutenant de La Rochelle, pour la ville. Mais ni l'un ni l'autre n'essaya de justifier ses cliens; au contraire, ils ne firent « que requérir miséricorde, grâce et « pardon des offenses par eux commises contre « Sa Majesté royale, plus par fragilité que par « malice. » A l'instant, tous les habitans de La Rochelle, tous ceux des îles, qui, des deux parts, bordoient l'amphithéâtre, se jetant à genoux, la tête nue, les mains jointes, firent aussi retentir l'air du cri de miséricorde. Soit que le roi fût touché de ce spectacle, soit qu'il eût déjà aupa-

---

(1) Isambert. T. XII, p. 787; mais c'est par erreur qu'il lui donne la date de septembre.

ravant résolu de faire grâce, il la fit complète. Il déclara aux Rochelois et aux habitans des îles qu'il oublioit leur offense, qu'il les rétablissoit dans tous leurs priviléges, qu'il leur rendoit tous leurs prisonniers, qu'il retiroit les soldats en garnison chez eux, qu'il leur rendoit leurs armes, les exhortant à lui être désormais loyaux et fidèles; et que, pour leur montrer sa confiance et le retour de son amitié, il vouloit ce jour-là même souper avec leurs magistrats. La ville, en recevant ce pardon inespéré, retentit de cris de joie, accompagnés du son de toutes les cloches, qui depuis trois jours étoient muettes. Jamais François n'avoit été tant aimé, jamais il n'avoit tant mérité de l'être ; il paroît qu'il éprouva quelque orgueil en faisant contraster sa débonnaireté avec la sévérité de Charles-Quint envers les Gantois. Il dit aux Rochelois « qu'il ne vou- « loit perdre leurs personnes, ni prendre leurs « biens, comme peu de temps auparavant on « avoit fait à ceux de Gand, mais aimoit trop « mieux le cœur et bonne volonté de ses sujets « que leurs vies et richesses. » Le lendemain, il repartit avec toute sa suite pour Blois, Orléans, Paris et Fontainebleau (1). Le 23 mars

---

(1) Annales d'Aquitaine. P. IV. fol. 296. — Martin du Bellay. T. XX, L. IX, p. 414-422. — *Arn. Ferronii.* L. IX, p. 215. — *J. Sleidani.* L. XV, f. 238. — Garnier. T. XIII, p. 170-173. — Gaillard. T. V, p. 250-253.

1543, cependant, il confirma son édit sur l'organisation nouvelle de la gabelle.

La clémence du roi envers les habitans de La Rochelle toucha d'autant plus vivement qu'on y étoit moins accoutumé, et qu'au commencement de la guerre il venoit encore de donner des preuves de cruauté, en renouvelant les poursuites contre les hérétiques.

Depuis l'accroissement de ses maladies, la superstition acquéroit plus d'empire sur son esprit. Il croyoit attirer la bénédiction du ciel sur ses armes, et en même temps obtenir un adoucissement à ses peines corporelles par le supplice des luthériens. Il rendit à Lyon, le 30 août 1542, un édit pour enjoindre aux parlemens du royaume « qu'ils aient, à toute diligence, et toutes autres « affaires cessant, à procéder rigoureusement et « sans déport, contre les désobéissans aux statuts « et saints décrets de l'église catholique, en sorte « que la justice, punition, correction et démons- « tration en soit faite telle et si griève, que ce « puisse être perpétuel exemple à tous autres » (1). Dès le 7 juillet précédent, sur la demande de l'inquisiteur, une notification avoit été adressée à chaque curé pour qu'il exhortât ses paroissiens à prêter leur secours à l'Église; « et s'ils connois- « soient quelque luthérien, ou quelqu'autre mal

(1) Isambert. T. XII, p. 785.

« pensant sur les choses religieuses, à le dénoncer ;
« car ils feroient ainsi une œuvre très agréable à
« Dieu. » Une suite de questions avoit en même
temps été envoyée en secret à tous les ministres
de l'Église, pour qu'ils les adressassent à ceux
qu'ils suspecteroient, et les amenassent à se dé-
voiler eux-mêmes. Enfin le parlement de Paris
dénonça les peines les plus sévères contre ceux
qui vendroient des livres suspects, et surtout
l'institution chrétienne de Calvin. (1)

Peut-être François jugeoit-il nécessaires ces
démonstrations nouvelles de rigueur contre les
protestans, afin de se faire pardonner par l'Église
le scandale qu'il alloit donner, en appelant les
Musulmans et les corsaires barbaresques dans ses
ports, et en réunissant ses armes aux leurs pour
attaquer les peuples chrétiens ses voisins. Il reçut
enfin la nouvelle que le capitaine Paulin avoit complétement réussi dans sa négociation à Constantinople, et que Soliman avoit donné l'ordre à Cheir-
Eddyn Barberousse, roi d'Alger et son amiral,
de rassembler la flotte la plus redoutable que les
Musulmans eussent encore mise en mer, et de la
conduire à Marseille, pour s'y réunir à la flotte
française, et y agir de concert avec elle, d'après
les ordres que lui transmettroit le capitaine

(1) *J. Sleidani*. L. XIV, f. 232, v. — Théod. de Bèze,
Hist. ecclés. L. I, p. 30. — *Arn. Ferronii*. L. IX, p. 215.

Paulin (1). L'arrivée des Turcs en France, de ces guerriers si nombreux, si féroces, qui inspiroient tant de terreur à la chrétienté, qui dissipoient devant eux les Allemands, regardés comme les meilleurs soldats de l'Europe, parut d'abord à la cour devoir changer entièrement le sort de la guerre et assurer la victoire. Le comte d'Enghien, jeune prince de vingt-trois ans, et frère du duc de Vendôme, fut choisi pour les aller recevoir en Provence, et pour commander les troupes qui devoient agir de concert avec eux. Mais bientôt François tourna son attention d'un autre côté : les ressources qu'il avoit préparées pour la guerre avoient été épuisées dès la première campagne; il comptoit diriger vers le nord les forces qui lui restoient. Peut-être, malgré les avis qu'il avoit reçus, doutoit-il que la flotte de Barberousse arrivât jusqu'en Provence : son esprit, devenu paresseux et distrait, ne pouvoit plus suivre deux projets à la fois; bientôt il oublia les Turcs, comme si ce n'étoit pas sur leur puissante assistance qu'il devoit régler son plan de campagne. (2)

L'empereur avoit une tête bien autrement forte, elle étoit capable d'embrasser les intérêts

1542.

(1) Brantôme. T. III, discours 75, p. 138. — *Pauli Jovii Historiar.* L. XLI, p. 507. — Flassan, Diplom. franç. T. II, L. IV, p. 11. — Gaillard. T. V, p. 301.
(2) *Belcarius.* L. XXIII, p. 747.

de ses vastes États, et d'imprimer une direction commune aux forces de ses royaumes, agissant à la fois dans la plus grande partie de l'Europe, dans l'Afrique et dans l'Amérique. Pendant que les Français attaquoient le Roussillon, il étoit demeuré en Espagne ; mais il n'avoit point voulu hasarder par une bataille des succès qu'il comptoit remporter sans risque ; il ne s'étoit donc jamais approché de Perpignan ; en partant de Barcelonne il avoit visité Tarragone, Tortose, Valence, Alcala de Henarès, et enfin Madrid, présentant son fils aux peuples qui ne le connoissoient pas encore, et réveillant en sa faveur l'enthousiasme des Espagnols, déjà excité par l'attaque des Français (1), de cette manière il obtint des cortès de ses différens royaumes des subsides assez abondans. En même temps il fiança son fils à l'infante de Portugal, qui lui apporta une dot considérable ; il céda au roi Jean III, père de cette princesse, toutes ses prétentions sur les îles Moluques, moyennant le prêt d'une assez grosse somme ; il reçut en outre un demi-million de ducats de ses mines d'Amérique, il emprunta aussi l'argent qui arrivoit du Mexique pour le compte de ses sujets, et il se trouva ainsi plus riche au début de la seconde campagne qu'il

---

(1) *Lettere de' Principi*, de Madrid, 12 janvier 1543. T. III, f. 77.

ne l'étoit en commençant la première. Il donna la lieutenance de tous ses royaumes d'Espagne à don Philippe son fils, et il annonça qu'au commencement du printemps il passeroit de Barcelonne en Italie sur les galères d'André Doria. (1)

1542.

Mais, tandis qu'il se proposoit de traverser l'Italie, l'Allemagne et les Pays-Bas, pour les armer contre la France, il s'étoit assuré d'une alliance qui menaçoit les Français de plus de danger encore que Barberousse n'en pouvoit faire courir à ses sujets. Henri VIII, dont le ressentiment contre son neveu Jacques V d'Écosse avoit toujours été en croissant depuis le rendez-vous qu'il lui avoit donné à York, et où celui-ci ne voulut pas se trouver, s'étoit enfin résolu à l'attaquer, au mois d'octobre 1542. Le duc de Norfolk avec vingt mille hommes environ, avoit passé le Tweed, et ravagé les comtés limitrophes. Il s'étoit retiré ensuite, et Jacques V, qui pendant ce temps avoit rassemblé son armée, vouloit à son tour attaquer les Anglais. Il trouva parmi ses sujets une résistance, une désobéissance, qui excitèrent sa colère ; il abandonna son armée, et en confia le commandement à Olivier Sinclair, son favori. Les barons écossais ne voulurent pas re-

(1) *Lett. de' Princ.* T. III, f. 77. — *Pauli Jovii.* L. XLII, p. 529. — *Belcarius.* L. XXIII, p. 738. — *Robertson's Charles V.* B. VII, p. 243.

connoître celui-ci. Pendant que l'armée étoit en proie au tumulte et à la sédition, cinq cents cavaliers anglais s'approchèrent des Écossais, campés au-delà du Solway-Frith, dans le Cumberland : une terreur panique saisit ces derniers; ils s'enfuirent en désordre au travers des marais, perdant autant de monde que dans une grande bataille, et laissant prisonniers plusieurs de leurs chefs. Jacques V, dont on croit que la tête étoit déjà un peu dérangée, se livra, en apprenant cette nouvelle, à une telle mélancolie, qu'il en mourut le 14 décembre 1542 ; il ne laissoit qu'une fille née sept jours auparavant, Marie, qui fut reconnue pour reine d'Écosse, et qui devint si célèbre pour sa beauté et ses malheurs. (1)

Henri VIII, renonçant alors à l'entreprise de conquérir l'Écosse, ne songea plus qu'à réunir ce royaume à l'Angleterre, en faisant épouser Marie d'Écosse à son fils Édouard, qui devoit être son successeur. Dans ce projet, il ne tarda pas à être contrarié par les intérêts français et les intrigues de la cour de France. La reine mère Marie de Guise, et le cardinal Beatoun, son principal ministre, cherchoient dans la

---

(1) *Buchanani Rerum Scotic.* L. XV, p. 475. — *Robertson's History of Scotland.* B. I, p. 45. — *Ejusdem Charles the V.* B. VII, p. 245. — *Belcarii.* L. XXIII, p. 737. — *Pauli Jovii.* L. XLII, p. 528. — Rapin Thoyras, Histoire d'Angleterre. T. VI, L. XV, p. 461. — Hume. T. VI, c. 33, p. 99.

France un appui contre leur puissant voisin; ils étoient secondés en même temps par la jalousie et la haine que les Ecossois avoient de tout temps ressenties contre les Anglais: Henri VIII, irrité à cette occasion contre François Ier, accepta avec empressement l'étroite alliance que Charles V lui offroit.

Le traité entre Charles V et Henri VIII fut conclu le 11 février 1543. Les deux monarques commençoient par se promettre réciproquement l'oubli des anciennes offenses, une amitié véritable, une aide mutuelle, et l'extradition réciproque des ennemis ou des rebelles qui chercheroient un asile de l'un chez l'autre. Effrayés tous les deux de l'influence de la presse sur l'opinion publique, et surtout sur la religion, ils se promettoient réciproquement, Henri d'empêcher l'impression de tout livre allemand en Angleterre; Charles, celle de tout livre anglais dans aucun de ses états. Les deux souverains s'engageoient ensuite à faire sommer François par leurs ambassadeurs de renoncer à toute alliance avec les Turcs, de rappeler de Turquie les envoyés français, de compenser envers l'empereur et l'empire les pertes qu'il leur avoit occasionnées par son alliance avec l'ennemi du nom chrétien, d'exécuter enfin toutes ses précédentes conventions, soit avec Charles, soit avec Henri. S'il s'y refusoit, comme les deux monarques s'y attendoient, Charles et Henri devoient lui déclarer la guerre dans le terme de dix jours. Ils s'engageoient de plus à poursuivre cette guerre, chacun avec une armée de vingt mille hommes de pied, de cinq mille chevaux et une flotte montée de deux mille marins, jusqu'à ce que l'empereur eût recouvré le duché de Bourgogne et la Picardie, et le roi d'Angleterre tout le reste de la France. Ce traité fut publié seulement au mois de juin suivant. (1)

La campagne de 1543 commença, de même que la précédente, par les faits d'armes de Van Rossem, maréchal du duc de Clèves. Au mois de novembre, ce duc lui-même avoit profité d'un brouillard épais pour reprendre Dueren; ses amis avoient ensuite cherché à le réconcilier avec l'empereur; un traité étoit même signé entre ses ministres et Granvelle; mais les encouragemens de la France qui lui fit passer de l'argent l'empêchèrent de le ratifier, et son maréchal défit, le 24 mars, à Sittard, dans le duché de Juliers, les Impériaux qui venoient l'attaquer (2). Cette victoire, dont on fit en France beaucoup de bruit, détermina le roi à porter toutes ses forces vers le nord, encore

---

(1) Rymer. *Acta Publica.* T. XIV, p. 768-776. — Rapin Thoyras. T. VI, L. XV, p. 464.

(2) *Sleidani.* L. XV, f. 237, verso, et 240. — *Arn. Ferronii.* L. IX, p. 215. — *Belcarii.* L. XXIII, p. 738.

que les Espagnols se fussent montrés sur le territoire français, soit à Narbonne, soit à Bayonne et Saint-Jean de Luz. François, qui avoit rassemblé son armée à la fin de mai, donna ordre à Annebault, qu'il venoit de nommer amiral, d'attaquer Avesnes; mais comme celui-ci étoit sur le point de s'en emparer, un contre-ordre le rappela et le fit marcher sur Landrecies. S'il avoit voulu écouter les conseils de du Bellay, il auroit pu couper la retraite à la garnison de cette place, qui se sentoit hors d'état de la défendre. Il lui donna, au contraire, le temps de la brûler avec ses vastes magasins, et de se retirer par les bois, en sorte qu'Annebault n'occupa que des ruines. En même temps, le duc de Vendôme avoit attaqué Bapaume, et s'étant rendu maître de la ville, le château étoit sur le point de capituler, lorsque lui aussi reçut un contre-ordre, et dut évacuer sa conquête, pour se réunir au roi, qui avoit rejoint son armée et qui la concentroit à Marolles. Il étoit aisé de reconnoître, à cette incertitude, que ni le roi ni son général n'avoient un plan arrêté, de grandes vues ou une résolution ferme (1). Le roi eut le dessein de fortifier Landrecies; sa position à Marolles, quatre milles au-delà, couvroit les travailleurs qu'il y em-

---

(1) Martin du Bellay. T. XXI, L. X, p. 5. — *Arn. Ferronii.* L. IX, p. 216. — *F. Belcarii.* L. XXIII, p. 740.

ployoit; tandis que quelques troupes impériales se rassembloient à Mons et au Quesnoy. Il réunit bientôt dans son camp vingt-quatre mille fantassins et trois mille six cents cavaliers: pour ne pas les retenir dans une oisiveté complète, tandis que ses ingénieurs accomplissoient à Landrecies la tâche qu'il leur avoit donnée, il chargea le dauphin de réduire le château d'Emery, puis Barlemont et Maubeuge, et enfin d'attaquer Binche. Le dauphin perdit assez de monde devant cette dernière place qu'il ne put soumettre, et les fortifications de Landrecies étant terminées, François leva son camp de Marolles à la fin de juillet, rappela le dauphin de devant Binche, lui fit évacuer Maubeuge et les petites places qu'il avoit prises, licencia une partie de son armée, et avec le reste s'établit à Reims, où la chasse lui fit bientôt oublier la guerre et les affaires de son royaume (1). Il avoit laissé à Landrecies le capitaine Lalande et d'Essé, avec cinquante hommes d'armes, deux cents chevau-légers, et trois mille fantassins.

Cependant Charles-Quint s'étoit embarqué à Barcelonne sur la flotte d'André Doria, et il étoit parvenu heureusement à Gênes, où le marquis del Guasto, Fernand Gonzaga, Pierre-Louis

---

(1) Martin du Bellay. T. XX, L. X, p. 6 à 27. — *Belcarii.* L. XXIII, p. 742.

Farnese, fils du pape, et Cosme de Médicis, duc de Florence, se rassemblèrent autour de lui. Le dernier lui donna deux cent mille écus d'or pour racheter de ses mains les forteresses de Florence et de Livourne. Le 22 juin, Charles-Quint eut à Busséto, dans l'état de Parme, une conférence avec le pape, qui chercha vainement à lui persuader d'acheter la paix en donnant le duché de Milan au roi de France, ou s'il ne le vouloit pas, d'inféoder ce duché à Ottavio Farnese, petit fils du pape, et gendre du roi : il ne put l'obtenir non plus ; il offroit cependant pour cette concession une immense somme d'argent. Bientôt ils se séparèrent, et Charles continua sa route vers l'Allemagne. (1)

Vers la fin de juillet Charles-Quint arriva d'Italie à Spire, et il y donna, le 2 août, audience aux députés des protestans qui lui demandoient de nouvelles immunités et de nouvelles garanties ; tandis que de son côté il les pressa, s'ils étoient vraiment Allemands, de le prouver en s'armant pour la défense de la patrie contre les Turcs et les Français. L'archevêque de Cologne et l'envoyé de Saxe intercédèrent alors pour le duc de Clèves ; mais Charles répondit que lors même que les Turcs seroient à sa porte, il vou-

1543.

---

(1) *Muratori Annali d'Italia.* T. XIV, p. 334. — *Belcarii.* L. XXIII, p. 739. — *Pauli Jovii.* L. XLIII, p. 531 à 535.

droit commencer par punir le rebelle qui avoit choisi le moment où la patrie couroit le plus grand danger pour s'unir à ses ennemis (1). François, qui en cet instant même profitoit d'un retour de santé pour se livrer sans partage aux plaisirs de la chasse dans le voisinage de Reims (2), lui en laissoit tout le temps.

Bientôt l'armée de Charles fut rassemblée; il avoit amené avec lui quatre mille vieux soldats Italiens ou Espagnols; il trouva quatorze mille landsknechts en Allemagne, douze mille en Belgique, et René, prince d'Orange, lui conduisit quatre mille chevaux. Avec cette armée formidable il se présenta devant Dueren le 22 août. Les Français avoient persuadé aux habitans de cette ville que Charles avoit péri dans sa malheureuse expédition d'Afrique, en sorte qu'ils renvoyèrent avec moquerie ses hérauts d'armes, qui venoient, disoient-ils, leur apporter les sommations d'un mort. Ces sarcasmes irritèrent l'armée impériale; une batterie de quarante canons ouvrit une brèche dans les murailles de Dueren qu'on croyoit inexpugnables; les Italiens et les Espagnols se jetèrent les premiers dans les fossés où ils eurent de l'eau jusqu'aux aisselles, ils les franchirent, appliquèrent leurs

---

(1) *Sleidani.* L. XV, p. 244.
(2) *Belcarius.* L. XXIII, p. 742.

échelles à la brèche, et entrèrent d'assaut dans la place : c'étoit le 26 août. La fureur des impériaux égala leur bravoure ; pas un seul des soldats ni des habitans ne fut épargné ; à la fin de la journée il ne restoit dans Dueren d'êtres vivans que ceux qui étoient entrés par la brèche. La nouvelle de cette effroyable exécution portée de ville en ville glaça de terreur les habitans : aucun ne pouvoit espérer de se défendre, après que la plus forte place du duché avoit été prise en quatre jours. Juliers et Ruremonde envoyèrent de loin leur soumission ; Venloo se rendit dès que Charles parut devant ses murs ; le duc de Clèves ne conservant plus d'espoir, vint lui-même se jeter aux pieds de l'empereur ; il y fut laissé long-temps à genoux, sans que ce prince daignât le regarder ; enfin Charles lui accorda, le 7 septembre, une sorte de capitulation, par laquelle le duc de Clèves s'engageoit à rentrer dans la religion catholique, à obéir à l'empereur et au roi des Romains, à renoncer à l'alliance des rois de France et de Danemark, à délier les peuples de la Gueldre de leur serment de fidélité, à faire passer Van Rossem, avec sa bande formidable, au service de Charles-Quint ; et à ces conditions l'empereur lui rendit le duché de Juliers qu'il avoit déjà conquis presque en entier. (1)

1543.

(1) *Pauli Jovii Histor.* L. XLIV, p. 554-557. — *F. Belca-*

Avant de se soumettre à cette humiliation, le duc de Clèves avoit envoyé courriers sur courriers au roi de France, pour le supplier de venir à son aide. François, en effet, lui promit des secours efficaces, et comme gage de son amitié, il donna ordre au cardinal du Bellay, évêque de Paris, de lui conduire la princesse héréditaire de Navarre, que François lui avoit fait épouser trois ans auparavant. Mais le roi avoit dispersé son armée, tandis que l'empereur rassembloit la sienne : dès qu'il l'eut réunie, il entra dans le Luxembourg. Il reprit Vireton et Arlon, il rafraîchit les garnisons d'Ivoy et de Montmédy. Le 10 septembre, il arriva devant la ville de Luxembourg, et s'en étant rendu maître, il y fit son entrée le 27 septembre. C'étoit de là que l'amiral d'Annebault devoit partir, avec quatre cents hommes d'armes et dix mille hommes de pied, pour marcher au secours du duc de Clèves. Avant que l'amiral pût se mettre en route, il apprit que le duc avoit fait sa soumission (1). La même nouvelle atteignit, à Soissons, le cardinal du Bellay et la princesse de Navarre. Guillaume II, duc de Clèves, frère d'Anne de Clèves, que Henri VIII

rii. L. XXIII, p. 740. — *J. Sleidani.* L. XV, f. 246. — Traités de Paix. T. II, p. 226.

(1) Martin du Bellay. L. X, p. 43-52. — *Arn. Ferronii.* L. IX, p. 217. — *F. Belcarii.* L. XXIII, p. 741.

avoit épousée en 1540, et répudiée presque aussitôt, à cause de sa laideur, ne déplaisoit pas moins à la jeune princesse qu'à ses parens, qui avoient été forcés de contracter ce mariage : elle déclara ne pas vouloir aller plus avant. Le duc de Clèves envoya un héraut d'armes au roi pour lui demander sa femme, pour laquelle il avoit un sauf-conduit de l'empereur, en lui annonçant en même temps qu'il avoit été contraint de renoncer à son alliance. François répondit qu'en ce cas il ne lui devoit rien, qu'il ne se mêleroit pas de ses affaires; que le duc pouvoit s'adresser au roi et à la reine de Navarre, et essayer s'ils lui donneroient leur fille. Encore que le duc de Clèves eût été, en 1540, introduit devant témoins dans le lit de cette jeune princesse, le mariage fut déclaré nul; cinq ans plus tard, elle fut mariée à Antoine de Bourbon, duc de Vendôme; et le duc de Clèves épousa une fille de Ferdinand, roi des Romains. (1)

Le roi se détermina à fortifier Luxembourg, malgré le conseil de tous ses capitaines, qui lui représentoient que cette place étoit trop éloignée de ses frontières, et qu'il ne réussiroit point à la pourvoir suffisamment de vivres; mais il paroît que ne se sentant pas en état de livrer bataille

---

(1) *J. Sleidani.* L. XV, f. 246, verso, et 247. — *Alf. de Ulloa, Vita di Ferdinando*, p. 157, 159.

à l'empereur, qui venoit encore d'être renforcé par dix mille Anglais débarqués à Calais, il étoit bien aise de lui offrir la tentation de s'épuiser à des siéges. Il donna le commandement de Luxembourg au prince de Melfi, et il se retira à Coucy, à cinq lieues de Laon. L'empereur commença en effet le siége de Landrecies, tandis que don Fernand de Gonzaga entreprit celui de Guise, et le comte Guillaume de Furstemberg, qui du service de France avoit passé à celui de Charles V, le siége de Luxembourg. Ce dernier se prolongea assez avant dans l'hiver; au bout de peu de temps, Gonzaga renonça à l'attaque de Guise, et la principale force des impériaux se concentra autour de Landrecies. (1)

Le capitaine Lalande et le sieur d'Essé, qui commandoient dans Landrecies, se signalèrent par un courage indomptable : conduisant eux-mêmes de fréquentes sorties, ils enclouèrent les canons des assiégeans, ils tuèrent leurs mineurs, et fatiguèrent leur armée. Cependant les vivres commencèrent bientôt à leur manquer ; déjà ils n'avoient plus de vin ni de bière, et les soldats étoient réduits à demi-ration de pain. Le 18 octobre, ils firent partir un Normand nommé le capitaine Yville, qui, trouvant le moyen de se

---

(1) Martin du Bellay. L. X, p. 55-59.

dérober aux assiégeans, arriva le 20 à la Fère-sur-Oise, et annonça au roi, qui rassembloit son armée, dans quelle nécessité se trouvoit la garnison (1). François avoit réussi à réunir autour de lui douze mille Suisses, cinq mille landsknechts, dix mille légionnaires français et six mille chevaux. Il annonçoit à ses soldats que tout son désir étoit de livrer bataille à l'empereur; il s'efforçoit d'inspirer à Charles la même opinion; et ses historiens, du Bellay surtout, cherchent, à cet égard, à en imposer même à la postérité : ils le représentent comme recherchant toujours la bataille, tandis que, s'il montra quelque habileté militaire, ce fut en sachant l'éviter. Le 28 octobre, il s'étoit venu loger à Cateau-Cambresis; et les deux armées étoient si proches que des escarmouches, engagées de tous côtés, sembloient devoir amener une action générale; mais ni l'empereur ni le roi ne voulurent, pour attaquer leur ennemi, abandonner les hauteurs qu'ils occupoient. Pendant ce temps, Martin du Bellay avoit rassemblé du bétail et des vivres dans les campagnes environnantes; et il réussit, le 30 octobre, à introduire dans Landrecies douze cents moutons, cent quatre-vingts bœufs ou vaches, et six cents

---

(1) Martin du Bellay. L. X, p. 67. — *Pauli Jovii*. L. XLIV, p. 559.

sacs de farine. Cet approvisionnement pouvoit à peine suffire pour quinze jours; mais la saison étoit avancée, et le roi ne jugea pas que l'empereur pût prolonger le siége plus long-temps. Sans attendre cependant sa retraite, il abandonna lui-même son camp, le 2 novembre, au milieu de la nuit, et conduisit son armée à Guise, où il la partagea pour la mettre en quartiers d'hiver. Au bout de quatre ou cinq jours, l'empereur leva le siége de Landrecies, et se retira à Cambray; il profita néanmoins de ce qu'il étoit en force dans cette ville impériale pour y faire bâtir une citadelle, et y mettre une garnison qui lui répondît des habitans. (1)

Quoique dans cette campagne François Ier n'eût remporté aucun avantage sur son ennemi, et eût au contraire perdu le seul allié qui lui fût resté en Allemagne, il s'en consoloit en apprenant les victoires remportées par les Turcs, en Hongrie, sur Ferdinand, frère de l'empereur. Il est vrai qu'elles augmentoient la terreur des armes musulmanes, qui sembloient prêtes à envahir et désoler l'Europe; mais ces succès accroissoient aussi la haine qu'on avoit conçue contre lui-même, et l'horreur avec laquelle on le repoussoit comme un traître à toute

(1) Mart. du Bellay. L X, p. 76 à 85. — *Belcarii*. L. XXIII, p. 743. — *Pauli Jovii*. L. XLIV, p. 561. — *Arn. Ferronii*, p. 221. — Tavannes. T. XXVI, p. 61.

la chrétienté. Les protestans, au lieu de se conduire comme lui, s'étoient réunis aux catholiques pour la défense de l'Europe. Maurice, duc de Saxe, avoit joint Ferdinand en Hongrie, et en même temps quatre mille fantassins lui étoient envoyés par le pape; toutefois, ils étoient loin de se trouver en état de résister à Soliman, qui, à ce qu'on assuroit, les attaquoit avec deux cent mille hommes, et qui soumit dans cette campagne, Strigonie, Albe-Royale, Cinq-Églises, et un grand nombre d'autres forteresses. (1)

Encore que François eût expédié le comte d'Enghien en Provence pour s'y concerter avec l'armée de Barberousse, il sembleroit qu'il n'avoit pas compté beaucoup sur l'arrivée de celui-ci; aussi avoit-il donné au jeune prince fort peu de troupes, et moins encore d'argent. Enghien, qui désiroit cependant quelque occasion de se signaler, accueillit avec empressement la proposition que lui fit le baron de Grignan de s'emparer du château de Nice, que trois traîtres promettoient de lui livrer. C'étoit un piége qui lui étoit tendu par Giannettino Doria; car, comme on s'exprimoit alors, le traité étoit double, et les traîtres, loin de lui livrer Nice, vouloient le livrer lui-même : heureusement la

---

(1) *Pauli Jovii Histor.* L. XLII, p. 511-541. — *Belcarii.* L. XXIII, p. 744. — *Muratori.* T. XIV, p. 339. — *Alf. de Ulloa, Vita di Ferdinando*, p. 171.

Vieilleville, qu'il appeloit son bel oncle, et qu'il avoit conduit en Provence pour le consulter, eut quelque soupçon de cette tromperie, et empêcha le prince de monter sur les quatre premières galères qui s'approchèrent de Nice, et qui furent prises. Enghien suivoit d'un peu loin avec les quinze autres, qui eurent bien de la peine à échapper à Doria, caché derrière le cap Saint-Soupir. (1)

Bientôt cependant la terreur universelle de l'Italie annonça l'approche de la flotte turque. Barberousse étoit parti de Constantinople le 28 avril avec cent douze galères, quarante navires de guerre d'une grandeur inférieure, beaucoup de vaisseaux de transport, et quatorze mille hommes de débarquement. Au mois de mai, il arriva en vue de l'Italie méridionale, et débarquant sur les côtes de Calabre, il abattit les oliviers, les vignes, les palmiers, et il enleva un grand nombre de paysans qu'il fit esclaves. Au milieu de juin, il débarqua à Reggio et réduisit cette ville en cendres : elle avoit été abandonnée par ses habitans qui s'étoient enfuis dans les montagnes. Le 29 juin, il parut à l'embouchure du Tibre, et répandit dans Rome une extrême terreur ; mais Antoine Paulin, qui ac-

---

(1) Mém. de Vieilleville. T. XXVIII, c. 37, p. 251. — Mart. du Bellay. L. X, p. 13. — *Ferronius.* L. IX, p. 218.

compagnoit Barberousse, assura le cardinal de
Carpi, gouverneur de Rome, que les Turcs
alliés du roi de France auroient des égards pour
la neutralité du pape : ces promesses n'empêchèrent point la fuite d'une grande partie des
habitans; elles furent cependant respectées ; et
Barberousse, sans commettre d'autres ravages,
arriva au mois de juillet à Marseille ; il y mit
publiquement en vente les esclaves chrétiens
qu'il avoit enlevés à Reggio de Calabre, et qui
trouvèrent en France des acheteurs. (1)

Lorsque le comte d'Enghien étoit parti de
Paris pour la Provence, il s'étoit présenté à lui,
dit Vieilleville, une infinité de gentilshommes
pour l'accompagner, « sur le désir de voir cette
« armée, et la façon des Turcs, occasion qui,
« peut-être, ne s'offriroit plus jamais »(2). Blaise
de Montluc, qui étoit au nombre de ces gentilshommes, observa, dit-il, « que les Turcs
« méprisoient fort nos gens; si crois-je qu'ils ne
« nous battroient, à force pareille. Ils sont plus
« robustes, obéissans et patiens que nous; mais
« je ne crois pas qu'ils soient plus vaillans. Ils
« ont un avantage, c'est qu'ils ne songent à rien
« qu'à la guerre. — Ce grand secours des Turcs

---

(1) *Arn. Ferronii.* L. IX, p. 219. — *Belcarii.* L. XXIII,
p. 746. — *Pauli Jovii.* L. XLIII, p. 539. — *Muratori Annali
d'Italia.* T. XIV, p. 337.

(2) Vieilleville. T. XXVIII, c. 35, p. 246.

« arrivé, tout le monde pensoit que la terre ne « fût assez capable pour eux. Voilà que c'est « des choses qu'on n'a pas essayées. (1)

« François de Bourbon d'Enghien étoit arrivé « à Marseille dès le commencement de juin, dit « Belcarius, et la flotte française étoit composée « de vingt-deux galères, avec dix-huit vaisseaux « de transport; mais il n'y avoit que peu de « soldats pour la monter, et ni l'artillerie ni « les munitions nécessaires pour le siége des « villes n'étoient préparées. Le capitaine Paulin « partit en poste pour aller auprès du roi, car « le Barbare maudissoit la procrastination de « François, qui avoit fait venir une si grande « flotte d'un pays si éloigné, et qui n'avoit rien « de prêt; qui n'indiquoit pas même quels enne- « mis il falloit attaquer. Il menaçoit du ressen- « timent de Soliman, si l'on laissoit écouler « l'été sans avoir rien fait d'éclatant. Paulin, de « retour d'auprès de François, ramena quelques « soldats français pour monter sur la flotte; il « déclara que le roi ordonnoit d'attaquer Nice, « et que le comte d'Enghien alloit suivre : les « deux flottes se réunirent en effet à Villefran- « che, port de Monaco. » (2) A l'approche des Turcs, tous les habitans avoient évacué Ville-

---

(1) Mém. de Montluc. T. XXII, L. I, p. 139.
(2) *Franc. Belcarii.* L. XXIII, p. 747.

franche. Le 10 août, sept mille Français unis à quinze mille Turcs commencèrent l'attaque de Nice. On fit jouer contre cette ville une formidable artillerie : « Barberousse se fâchoit fort, dit « Montluc, et tenoit des propos aigres et piquans, « mêmement lorsqu'on fut contraint lui em- « prunter des poudres et des balles. Après avoir « fait une grande batterie, l'assaut fut donné « par les Turcs et Provençaux ensemble ; mais « ils furent repoussés. Enfin la ville se rendit, « le 22 août, non pas le château. » (1)

La conquête de Nice pouvoit passer pour un acte impie et cruel, car cette ville étoit seule demeurée au duc de Savoie, oncle du roi, qui, dépouillé par lui de tous ses états, ne l'avoit jamais provoqué, et n'étoit pas même proprement en guerre avec lui, puisque la rupture de la trêve avec l'empereur n'entraînoit pas nécessairement celle avec le duc de Savoie. En même temps on ne pouvoit y voir aucun grand but politique. La possession de cette ville ajoutoit fort peu à la sûreté de la Provence ; mais l'appel des Barbaresques à cette conquête ne pouvoit être considéré que comme une souveraine imprudence. Déjà Barberousse demandoit à mettre une garnison musulmane dans la citadelle, quand

---

(1) B. de Montluc. L. I, p. 139. — *Pauli Jovii.* L. XLIV, p. 565.

elle seroit réduite en son pouvoir, puisque c'étoit aux Musulmans seuls qu'on en devroit la conquête (1). Aucune position sur toute la côte septentrionale de la mer Méditerranée ne convenoit mieux aux pirates algériens pour favoriser leurs déprédations : peut-être se souvenoit-on dans le pays que six cents ans auparavant d'autres pirates africains s'étoient établis à Frassineto, à peu de distance de Nice, et en avoient fait le centre de leurs brigandages. Le bruit fut répandu probablement par Barberousse lui-même, que le marquis del Guasto approchoit avec une armée impériale, pour forcer les Français et les Turcs à lever le siége; le roi d'Alger insistoit en conséquence pour que cette place forte fût donnée comme sûreté à sa flotte; le comte d'Enghien, au contraire, en conclut qu'il étoit temps de se retirer, et le siége du château de Nice fut levé le 8 septembre (2). « La ville de Nice, dit Vieilleville, fut saccagée contre la capitulation, et puis brûlée; de quoi il ne faut blâmer Barberousse ni tous ses Sarrasins, car ils étoient déjà assez éloignés quand cela advint, » mais le sieur de Grignan par dépit de ce que les Nissards avoient essayé de le trom-

---

(1) *Arnoldi Ferronii*. L. IX, p. 219, 220.
(2) Mém. de Montluc. T. XXII, p. 139. — Guichenon. T. II, p. 224. — *Pauli Jovii*. L. XLIV, p. 566. — Bouche, Hist. de Provence. T. II, L. X, p. 599.

per. « Toutefois on rejeta cette méchanceté sur « le pauvre Barberousse, pour soutenir l'honneur et la réputation de France, voire de la « chrétienté. » (1)

Cette association avec Barberousse, couronnée de si peu de succès, coûta cependant des sommes prodigieuses à la France. Le roi, averti de l'humeur qu'avoit manifesté le roi corsaire, et de ses sarcasmes sur la pauvreté des Français, ne vouloit pas qu'il se retirât mécontent de lui : d'ailleurs, faisant passer le faste avant les besoins réels, il étoit toujours plus prêt à donner qu'à dépenser. Vieilleville assure que pour la solde de l'armée de Barberousse, et les présens faits à lui et à ses bachas, les trésoriers français ne lui payèrent pas moins de huit cent mille écus (2). Le roi lui fit remettre aussi tous les prisonniers maures et musulmans qui se trouvoient sur ses galères; comme le port de Villefranche ne fut pas jugé suffisant pour faire hiverner sa flotte, il lui abandonna celui de Toulon, que tous les habitans français eurent ordre d'évacuer. (3)

L'Europe entière retentissoit de cris d'indignation contre François Ier, qui avoit fait cause commune avec les ennemis de la foi, et dont les sol-

---

(1) Mém. de Vieilleville. T. XXVIII, p. 265.
(2) *Ibid.*, p. 264.
(3) *Sleidani.* L. XV, p. 246, v.

dats avoient combattu sous les mêmes drapeaux que des corsaires. C'étoit au moment où une partie de l'Europe étoit déjà envahie, où la Hongrie tomboit aux mains des infidèles, où les armées allemandes avoient éprouvé des défaites répétées, et où Soliman II menaçoit l'Autriche et la Bohême, que le roi très chrétien appeloit les Turcs plus avant encore dans l'Europe, quoique chacun de leurs pas fût marqué par le massacre ou l'esclavage des habitans, et par la destruction de l'Église : tous les égards qu'une civilisation bien imparfaite et la religion commençoient à introduire entre les puissances belligérantes, étoient repoussés par les Musulmans ; on avoit vu même le roi très chrétien avilir son propre sang jusqu'à envoyer son cousin le comte d'Enghien sur la flotte d'un roi corsaire. Les Vénitiens, quoiqu'ils cultivassent l'amitié des Turcs, n'avoient jamais eu à se reprocher d'avoir trahi pour eux la cause de la chrétienté : loin d'accepter l'alliance dans laquelle François les pressoit d'entrer avec lui et Soliman, dès qu'ils furent informés des armemens qui se faisoient à Constantinople, ils donnèrent à Étienne Tiépolo le commandement d'une flotte de soixante galères, pour mettre hors de danger au moins les côtes du golfe Adriatique (1). Jean de Montluc, évêque de Valence,

---

(1) *Paolo Paruta della Hist. Venet.* L. XI, p. 754.

fut, dit son frère, « envoyé à Venise pour ex-
« cuser et couvrir notre fait, car ces messieurs
« crioient plus que tout, et le roi ne vouloit perdre
« leur alliance » (1). Dans une longue harangue
au sénat, que son frère nous a conservée, l'é-
vêque Montluc s'efforça d'établir que le roi pro-
phète David, que le roi d'Israël Aza, s'étoient
alliés aux infidèles, et que les premiers empereurs chrétiens avoient appelé des païens et des
barbares dans leurs armées (2). Montluc dit lui-
même : « Quant à moi, si je pouvois appeler tous
« les esprits d'enfer pour rompre la tête à mon
« ennemi, qui me veut rompre la mienne, je le
« ferois de bon cœur; Dieu me le pardoint; »
toutefois il ajoute, « lors et depuis j'ai toujours
« ouï blâmer ce fait ; et crois que nos affaires ne
« s'en sont pas mieux portées. » (3.)

Ainsi, tous les efforts faits depuis le renouvellement de la guerre, toutes les dépenses, tout le
sang versé, n'avoient amené aucun résultat. Il
falloit se préparer à une troisième campagne, et
les chances pour l'entreprendre sembloient plus
mauvaises qu'avant les deux précédentes. Il paroît que le roi résolut d'appeler à l'armée le ban
et l'arrière-ban de la noblesse, car il rendit à

---

(1) Montluc. T. XXII, p. 137.
(2) Observations sur les Mémoires. T. XXII, §. 23, p. 404.
(3) Montluc, p. 138.

Fontainebleau, le 3 janvier 1544, une ordonnance sur le service auquel étoit tenu chaque détenteur de fief. Il régla en même temps les traitemens du capitaine général, du maistre de camp, des hommes d'armes et des archers (1). Il ordonna dans le même mois au prévôt de Paris de faire la revue de tous les hommes de son ressort en état de porter les armes, et de les tenir prêts pour la guerre (2). Par une autre ordonnance du mois de février il régla la juridiction de l'amiral, le guet de la mer, les règles de la course maritime, et le traitement que devoient subir les prisonniers. On y voit que dans la guerre qui commençoit contre l'Angleterre, le roi ne comptoit point sur une marine royale pour la défense de l'État, mais qu'il l'abandonnoit aux aventuriers et aux corsaires qui faisoient de la course maritime un objet de spéculation; et tout en les encourageant, il prenoit des précautions bien insuffisantes pour que cette guerre privée ne dégénérât pas en brigandage. (3)

Mais c'étoit beaucoup moins d'hommes que d'argent, que la France avoit besoin pour une nouvelle campagne; quoique François Ier eût

---

(1) Isambert. T. XII, p. 846.
(2) *Ibid.*, p. 852.
(3) *Ibid.*, p. 854.

formé des légions qui devoient lui donner une nombreuse infanterie, il avoit fort peu de confiance dans les gens de pied Français ; il ne considéroit comme des soldats éprouvés que les fantassins Suisses ou Allemands. Les hommes d'armes, il est vrai, étoient tous Français, et passoient pour les meilleurs de l'Europe ; mais ils étoient gentilshommes ; et les prévenances du roi pour sa noblesse faisoient retomber mille humiliations sur les roturiers qui composoient l'infanterie, et contribuoient à les décourager et à les rendre plus mauvais soldats. Avec de l'argent le roi obtenoit toujours autant de Suisses ou de landsknechts qu'il en pouvoit payer. Mais les épargnes que le roi avoit faites pour la guerre étoient épuisées. Quant au crédit, on ne pouvoit plus en trouver dans un pays où les financiers avoient été tant de fois dépouillés et avec tant d'injustice ; le fardeau des impôts enfin étoit le plus lourd qu'il fût possible au peuple de porter ; et malgré l'accroissement des dépenses accablantes de la guerre, il n'y avoit plus moyen d'augmenter les contributions pour y faire face.

La taille devoit pourvoir au paiement des compagnies d'ordonnance, ou des hommes d'armes ; elle étoit prise uniquement sur les profits de l'agriculture, les paysans seuls y étoient assujettis : fixée d'abord à un million deux cent mille livres, elle s'étoit successivement élevée jusqu'à quatre millions. Le roi, en formant les légions, avoit mis leur entretien à la charge des villes ; une contribution analogue à la taille étoit en conséquence levée sur toute la bourgeoisie et les artisans ; on la nommoit la paye des cinquante mille hommes (1). La gabelle qui, depuis le dernier édit, se percevoit d'une manière uniforme sur tout le sel sortant des marais salans, équivaloit presque à une capitation sur tous les habitans du royaume. La traite foraine qui, sous les règnes précédens, ne comptoit que pour sept ou huit mille livres, étoit montée à cent mille écus : les décimes du clergé étoient devenus une contribution permanente, levée sans l'assentiment du pape, sur l'ordre le plus riche de l'État. Tous les domaines engagés, retirés des mains des créanciers du roi, qui avoient prêté de l'argent dessus, furent offerts pour gage de nouveaux prêts, dont on promettoit le denier dix ; mais il ne se trouva point de capitalistes qui voulussent hasarder leur argent sur d'aussi mauvaises sûretés. Enfin, le roi se détermina à créer de nouvelles charges de judicature. C'étoit aussi une manière d'emprunter ; car le traitement des juges, rejeté sur les plaideurs et sur les

---

(1) Bouchet, Annal. d'Aquitaine. P. IV, f. 298, verso. — *Belcarii*. L. XXIII, p. 739.

actes judiciaires, représentoit l'intérêt, à un taux assez élevé, de l'argent déposé pour acheter les charges; mais quoique ce fût le roi qui empruntât, ce n'étoit pas lui qui devoit payer; de sorte que les prêteurs en ressentoient plus de confiance : d'ailleurs les riches bourgeois, en passant dans la judicature, acquéroient plus d'indépendance, plus de considération ; ils se mettoient à l'abri des outrages auxquels les roturiers étoient souvent exposés; de manière que le roi, créant à la fois quatre maîtres des requêtes et une chambre nouvelle dans le parlement de Paris, une chambre des enquêtes dans chacun des autres parlemens, des baillis et des sénéchaux dans les villes du troisième ordre, détachées de celles dont elles relevoient auparavant, trouva beaucoup de gens empressés d'acheter ces places, quoique la moindre d'entre elles coûtât au moins deux mille écus. (1)

Les finances de l'empereur n'étoient pas moins épuisées que celles du roi, et ses royaumes ne souffroient pas moins de la prolongation de la guerre, d'autant plus qu'ils n'avoient eu aucun intervalle de repos, car ils avoient dû combattre les Turcs quand les Français leur laissoient

1544.

---

(1) *Arnoldi Ferronii*. L. IX, p. 215 et 222. — Hist. gén. de Languedoc. L. XXXVII, p. 153. — Garnier. T. XIII, p. 215.

quelque trève; toutefois, Charles étoit sûr d'obtenir de ses sujets des efforts plus vigoureux, en raison de l'indignation qu'avoit excitée François Ier par son alliance déclarée avec les Musulmans, et sa participation aux brigandages de Barberousse. Charles-Quint étoit parti de Belgique, au commencement de janvier, pour venir à Spire présider une diète de l'Allemagne, qu'il y avoit convoquée (1). Le roi Ferdinand, tous les électeurs et la plupart des princes de l'empire, s'y trouvèrent; on n'avoit point, de tout ce règne, vu d'assemblée plus auguste. Charles en fit l'ouverture, le 20 février, par un discours (2) dans lequel il affirma que l'acharnement des Turcs à attaquer l'Allemagne, et les succès qu'ils avoient obtenus, étoient la conséquence de leur alliance avec les Français. Ces derniers, dit-il, leur donnoient des informations exactes sur les discordes de l'Allemagne, sur les forces que la diète mettoit en campagne, et sur ses projets; aussi demandoit-il que, pour sauver l'Europe du joug des Musulmans, on écrasât avant tout cet ennemi domestique. Les princes allemands, et surtout les protestans, paroissoient cependant redouter une guerre avec la France; ils se disoient étrangers aux querelles de l'em-

---

(1) *Sleidani.* L. XV, f. 247, v.
(2) *Belcarii.* L. XXIII, p. 753.

pereur, et ils affirmoient que le roi avoit toujours été favorable à la liberté germanique. Mais Charles produisit alors les lettres que François lui avoit écrites en 1540, dans lesquelles il lui promettoit, pour prix de l'alliance qui se traitoit entre eux, une puissante assistance contre ces Allemands également rebelles à l'autorité de leur monarque et à celle de l'Église (1). Cette mauvaise foi, de la part d'un prince qu'ils regardoient comme leur ami, souleva l'indignation des Allemands. François, qui mettoit un grand prix à demeurer en paix avec l'empire, avoit nommé pour ses ambassadeurs à la diète le cardinal du Bellay et le président Olivier, deux des hommes d'État en qui il avoit le plus de confiance. Arrivés à Nancy, ceux-ci envoyèrent un héraut d'armes à l'empereur pour demander un sauf-conduit, afin de continuer leur route ; mais ce héraut fut renvoyé avec menaces : on lui dit que, pour cette fois, il étoit heureux d'échapper à la mort, car le messager d'un allié des pirates de Barbarie et des Musulmans ne pouvoit prétendre aux garanties du droit public des chrétiens. A cette nouvelle, les ambassadeurs s'enfuirent eux-mêmes, de nuit, de Nancy ; et ce ne fut qu'à leur retour en France qu'ils publièrent un manifeste où, pour

(1) *Ferronii.* L. IX, p. 223.

justifier la conduite du roi, ils altéroient effrontément la vérité. (1)

Le 27 avril, les ambassadeurs du duc de Savoie se présentèrent devant la diète pour accuser François de la barbarie avec laquelle il avoit fait piller et brûler, par des pirates musulmans, le seul asile qu'il eût jusqu'alors laissé à leur maître; celui-ci étoit désormais si dénué de tout, dirent-ils, qu'il n'avoit pu se traîner jusqu'en Allemagne pour demander justice et protection à la diète (2). Des ambassadeurs du roi de Danemark se présentèrent à leur tour à la diète, demandant la paix avec Charles-Quint, et déclarant qu'ils renonçoient à leur alliance avec François, qui s'étoit rendu odieux à tous les chrétiens par l'amitié qu'il avoit contractée avec les Turcs (3). La diète auroit voulu détacher encore les Suisses de la France ; elle leur avoit écrit pour les presser de ne plus fournir de soldats à l'ennemi commun de la chrétienté. Mais les Suisses, qui trouvoient dans ce commerce d'hommes la principale source de leurs richesses, et qui étoient payés par François à un prix d'autant plus élevé qu'il avoit plus de peine à

---

(1) *Sleidani*. L. XV, f. 249. — *Arn. Ferronii*. L. IX, p. 223. — *Belcarii*. L. XXIII, p. 753. — Gaillard. T. V, p. 359.

(2) *Belcarii*, p. 754.

(3) *Sleidani*. L. XV, f. 253. — *Belcarii*. L. XXIII, p. 756.

se procurer des landsknechts, répondirent qu'ils
ne savoient pas ce qu'on leur vouloit dire, et
qu'ils n'avoient jamais vu de Turcs dans les armées françaises (1). La diète de Spire se sépara
enfin, en votant quatre mille chevaux et vingt-quatre mille fantassins à employer contre la
France, et elle interdit aux Allemands, sous les
peines les plus sévères, de prendre service chez
les Français. (2)

La diète étoit encore assemblée à Spire lorsque la campagne s'étoit ouverte en Piémont.
L'empereur, qui étoit résolu d'attaquer la
France de tous les côtés à la fois, et qui comptoit recevoir dans cette campagne une assistance
efficace de l'Angleterre, avoit donné l'ordre au
marquis del Guasto de prendre l'offensive en
Piémont; il vouloit que ce général, s'il réussissoit à battre les Français ou à les faire reculer,
passât le mont Cénis, occupât la Savoie, et
entrât en France par Lyon. Dans ce but, il lui
avoit envoyé des renforts considérables que
conduisoient les deux frères de la Scala, descendans des anciens seigneurs de Vérone; son armée
étoit ainsi portée à neuf mille Allemands, deux
mille Espagnols, sept mille Italiens, et douze

---

(1) *Sleidani.* L. XV, f. 252, v. — *Belcarii.* L. XXIII, p. 754.

(2) *Sleidani.* L. XV, f. 253, v.

cents chevau-légers (1). Dès la fin de l'automne de 1543, del Guasto avoit acquis une grande supériorité de forces sur son adversaire, le maréchal de Boutières, brave officier dauphinois, élève de Bayard, mais qui n'avoit peut-être pas assez de talens pour un général en chef. Le bruit seul des renforts que recevoit del Guasto avoit suffi pour faire lever le siége de Nice par le comte d'Enghien et Barberousse. Ce marquis avoit ensuite investi Mondovi; et, surprenant un courrier de Boutières au commandant de cette place, il avoit substitué de fausses dépêches aux véritables, pour inviter cet officier à sauver sa garnison par une capitulation honorable, puisqu'il n'y avoit pas moyen de marcher à sa délivrance. La capitulation fut conclue en effet, mais elle fut indignement violée; la ville fut pillée, les soldats dévalisés, un grand nombre d'entre eux massacrés de sang-froid. Cette garnison étoit composée principalement de Suisses, et leur nation en garda un profond ressentiment (2). Del Guasto attaqua ensuite Carignan, que les Français avoient résolu d'abandonner et qu'ils travailloient à raser; il les surprit au

(1) *Arnoldi Ferronii.* L. IX, p. 224. — *Pauli Jovii.* L. XLIV, p. 580. — Montluc. T. XXII, p. 297.
(2) Martin du Bellay. T. XXI, L. X, p. 87. — Montluc. T. XXII, p. 141. — *Belcarii.* L. XXIII, p. 747. — *Arn. Ferronii.* L. IX, p. 213.

milieu de leurs démolitions, leur tua assez de monde, et demeura maître de la place, dont il releva les fortifications, et qu'il approvisionna le mieux qu'il put, malgré les rigueurs de l'hiver, l'un des plus durs qu'on eût ressenti en Italie (1). Il y laissa quatre mille hommes de garnison.

Ces échecs éprouvés par le maréchal de Boutières provenoient surtout de l'abandon où le laissoit François Ier; il lui avoit donné si peu de soldats, il lui envoyoit si peu d'argent, que Boutières pouvoit à peine se maintenir dans un petit nombre de places fortes. Mais François aimoit toujours mieux accuser ses capitaines que sa propre négligence des revers qu'il essuyoit; il résolut de remplacer le vieux maréchal par le jeune prince qu'il avoit, l'année précédente, chargé de commander en Provence. Il croyoit plus conforme à l'honneur du trône de mettre des seigneurs de son sang à la tête des armées, et le succès couronnoit souvent cette politique; ces jeunes princes étoient entourés d'une jeune noblesse ardente à se signaler à leurs yeux, et dont la bravoure, et souvent la témérité, réussissoit mieux que la prudence des vieux généraux. Pour donner au comte d'En-

---

(1) M. du Bellay. L. X, p. 89. — Montluc. L. I, p. 169. — *Belcarii*. L. XXIII, p. 748. — *Pauli Jovii*. L. XLIV, p. 567.

ghien une armée digne de lui, le roi lui envoya quatre mille Provençaux ou Gascons, et cinq mille hommes levés dans la partie de la Suisse qui parloit français; du Bellay les nomme Gruyens, parce qu'ils étoient commandés par le comte de Gruyères, le plus puissant des feudataires de la Suisse romande. A l'arrivée de ces troupes nouvelles, Boutières vint attaquer Verceil, dont il se rendit maître, et ensuite Ivrée : il étoit devant les murs de cette dernière ville, lorsque le comte d'Enghien, arrivé en poste à Turin, lui fit demander une escorte pour se rendre au camp. Soit qu'il se crût hors d'état de prendre la ville, ou qu'il fût piqué de se voir ôter le commandement, il amena toute son armée à Turin, et la remit au comte d'Enghien ; il se retira ensuite dans ses terres de Dauphiné, mais il en revint pour se trouver à la bataille dès qu'il sut qu'on s'y préparoit. (1)

Enghien, qui se sentoit alors plus fort en Piémont que son adversaire, se rapprocha de Carignan, afin d'essayer de réduire par la famine cette forte place, où commandoit Pirro Colonna, qui se faisoit appeler Pyrrhus d'Epire, et qui, par sa connoissance de l'art de la guerre, son empire sur les soldats, et sa constance, étoit

---

(1) Martin du Bellay. T. XXI, L. X, p. 97. — Montluc. T. XXII, L. I, p. 241. — Vieilleville, c. 40, p. 268. — *Pauli Jovii.* L. XLIV, p. 578.

digne du surnom qu'il prenoit. Il n'étoit approvisionné que jusqu'au 15 avril, et il en avoit averti del Guasto; cependant, en donnant aux soldats l'exemple des privations, il réussit à faire durer ses vivres beaucoup plus long-temps (1). Del Guasto, de son côté, avoit reçu des renforts; on comptoit dans son armée neuf mille Allemands, deux mille Espagnols, sept mille Italiens, et mille six cents chevau-légers. Enghien avoit sous ses drapeaux cinq mille cinq cents Gascons, cinq mille cinq cents Suisses, quatre mille Vaudois, trois mille Italiens, trois cents hommes d'armes et six cents chevau-légers. Les deux armées sembloient fort égales en nombre; mais l'infanterie de del Guasto, et la cavalerie du comte d'Enghien passoient pour avoir la supériorité. (2)

1544.

Del Guasto persistoit à se flatter qu'en menaçant Turin, en occupant Suse, il forceroit les Français à s'enfermer dans les places fortes du Piémont, et qu'alors il pourroit passer le mont Cenis, et s'emparer de Lyon; ou bien qu'en manœuvrant autour de Carignan pour jeter des vivres dans cette place, il réussiroit à passer entre

---

(1) *Belcarii*. L. XXIII, p. 750.

(2) J'ai adopté les nombres de *Ferronius*, L. IX, p. 224, et de Montluc, L. II, p. 272. Les autres historiens ne sont point d'accord; les Français prétendent que les impériaux étoient bien plus nombreux.

TOME XVII. 12

le Pô et les Alpes, de manière à couper à l'armée française la communication avec le marquisat de Saluces, d'où elle tiroit ses vivres, et à la rejeter sur un pays ruiné par le séjour de deux armées, où elle périroit de faim. Il étoit encouragé dans son espoir par la répugnance que sembloit avoir le général français à livrer bataille : il jugeoit que sa cour lui avoit sans doute donné l'ordre de ne point exposer la seule armée qui couvrît le midi, et en conséquence il recherchoit la bataille que son adversaire évitoit. Tandis qu'Enghien occupoit un camp fortifié à Villa de' Stelloni, à la droite de la rivière, il tentoit lui-même de passer à la rive gauche du Pô, tantôt à Carmagnola, au-dessus des Français, tantôt au pont de bateaux des Sablons, près de Moncaliéri, au-dessous d'eux. (1)

Enghien avoit en effet reçu du roi la défense de livrer bataille, et il sentoit que cette timidité qui lui étoit imposée le mettoit dans une infériorité constante vis-à-vis du marquis del Guasto. Il envoya donc, au commencement de mars, Blaise de Montluc à la cour, pour obtenir du roi la permission de combattre, en lui représentant qu'il étoit dû trois mois de paye aux soldats, que leur mécontent-

---

(1) Martin du Bellay. L. X, p. 101.

tement s'aigrissoit encore par les symptômes de
crainte qu'ils remarquoient dans leurs généraux ;
que les Suisses murmuroient déjà, qu'ils abandonneroient peut-être tout à coup leurs drapeaux, et causeroient ainsi un désastre plus
grand que la perte même d'une bataille; qu'un
sentiment d'infériorité et de découragement passoit des troupes aux habitans des provinces ;
que la France enfin se sentoit vaincue sans combat ; tandis qu'une victoire enrichiroit le soldat,
ranimeroit sa confiance, et aideroit le contribuable à supporter le poids des impôts, en lui
faisant voir que l'argent du roi étoit bien employé, car l'armée le protégeoit.

Ecoutons Montluc lui-même : « Sur le midi,
« dit-il, M. l'amiral d'Annebault me manda
« aller trouver le roi, qui étoit déjà entré en
« son conseil, là où assistoient M. de Saint-Pol,
« M. l'amiral, M. le grand-écuyer Galliot,
« M. de Boissy, qui depuis a été grand-écuyer,
« et deux ou trois autres desquels il ne me sou-
« vient, et monseigneur le dauphin, qui étoit
« debout derrière la chaire du roi. Et n'y avoit
« assis que le roi, M. de Saint-Pol près de lui,
« M. l'amiral de l'autre côté de la table, vis-à-
« vis dudit sieur de Saint-Pol. Et comme je fus
« dans la chambre, le roi me dit : *Montluc, je*
« *veux que vous retourniez en Piémont porter*
« *ma délibération et de mon conseil à M. d'En-*

« ghien; et veux que vous entendiez ici la difficulté
« que nous faisons pour ne lui pouvoir bailler congé
« de donner bataille, comme il demande. Et
« sur ce, commanda à M. de Saint-Pol de parler.
« Alors ledit sieur de Saint-Pol proposa l'entre-
« prise de l'empereur et du roi d'Angleterre,
« lesquels, dans cinq ou six semaines, avoient
« résolu entrer dans le royaume, l'un par un
« côté, et l'autre par l'autre; et que si M. d'En-
« ghien perdoit la bataille, le royaume seroit
« en péril d'être perdu, pour ce que toute
« l'espérance du roi, quant aux gens de pied,
« étoit aux compagnies qu'il y avoit en Piémont,
« et qu'en France il n'avoit que gens nouveaux
« et légionnaires; étant beaucoup meilleur et
« assuré de conserver le royaume que non le
« Piémont, auquel falloit seulement se tenir sur
« la défensive, sans mettre rien au hasard d'une
« bataille, la perte de laquelle perdroit non seu-
« lement le Piémont, mais mettroit le pied à
« l'ennemi en France de ce côté-là. M. l'amiral
« en dit de même, et tous les autres aussi, dis-
« courant chacun comme il lui plaisoit. Je tré-
« pignois de parler, et voulant interrompre
« lorsque M. Galliot opinoit, M. de Saint-Pol
« me fit signe de la main, et me dit : *Tout beau,*
« *tout beau,* ce qui me fit taire, et vis que le
« roi se print à rire. Monseigneur le dauphin
« n'opina point, et crois que c'étoit la coutume;

« mais le roi l'y fit assister, afin qu'il apprît ; car
« devant ces princes il y a toujours de belles
« opinions, non pas toujours bonnes. On ne
« parle que à demi, et toujours à l'humeur du
« maître. Je ne serois pas bon là, car je dis tou-
« jours ce qu'il m'en semble. Alors le roi me dit
« ces mots : Avez-vous bien entendu, Montluc,
« les raisons qui m'émeuvent à ne donner congé
« à M. d'Enghien de combattre et de rien hasar-
« der ? — Je lui répondis que je l'avois bien en-
« tendu ; mais que s'il plaisoit à Sa Majesté de
« me permettre de lui en dire mon avis, je le
« ferois fort volontiers, non que pour ce Sa
« Majesté en fît autre chose sinon ce qu'elle et
« son conseil en avoient déterminé. Sa Majesté
« me dit qu'il le vouloit, et que je lui en disse
« librement ce qu'il m'en sembloit. »

Montluc rapporte ensuite sa harangue, qui
n'est qu'une franche gasconnade. « Nous sommes,
« dit-il, de cinq à six mille Gascons.... Croyez,
« Sire, qu'au monde il n'y a point de soldats plus
« résolus que ceux-là ; ils ne désirent que de
« mener les mains. Il y a, d'ailleurs, treize en-
« seignes de Suisses.... ils vous feront pareille
« promesse que nous, qui sommes vos sujets....
« Voilà donc, Sire, neuf mille hommes ou plus
« desquels vous pouvez faire état, et vous assu-
« rer qu'ils combattront jusqu'au dernier soupir
« de leur vie. Quant aux Italiens et Provençaux

1544.

« et Gruyens, je ne en vous assurerai pas; mais
« j'espère qu'ils feront tous aussi bien que nous,
« mêmement quand ils nous verront mener les
« mains (Je levois lors le bras en haut, comme
« si c'étoit pour frapper, dont le roi se sourioit).
« Qui voulez-vous qui tue dix mille hommes et
« mille ou douze cents chevaux, tous résolus de
« mourir ou de vaincre?... J'oserois dire que si
« nous avions tous un bras lié, il ne seroit en-
« core en la puissance de l'armée ennemie de
« nous tuer de tout un jour sans perte de la plus
« grande part de leurs gens. Pensez donc, quand
« nous aurons les deux bras libres et le fer en la
« main, s'il sera aisé et facile de nous battre
« (Monseigneur le dauphin s'en rioit derrière la
« chaire du roi, continuant toujours à me faire
« signe de la tête, car à ma mine il sembloit que
« je fusse déjà au combat). Le roi, qui m'avoit
« fort bien écouté, et qui prenoit plaisir à voir
« mon impatience, tourna les yeux devers M. de
« Saint-Pol, lequel lui dit alors: Monsieur, vou-
« driez-vous bien changer d'opinion pour le dire
« de ce fol, qui ne se soucie que de combattre, et
« n'a nulle considération du malheur que ce vous
« seroit, si nous perdions la bataille. C'est chose
« trop importante pour la remettre à la cervelle
« d'un jeune Gascon. » Cependant, l'enthousiasme du jeune Gascon avoit donné confiance
au roi et au dauphin. Saint-Pol continuoit à

résister ; mais Annebault, meilleur courtisan, s'étoit aperçu du changement, et avoit remarqué les signes que le dauphin faisoit à Montluc. « Sire, dit-il, voulez-vous dire la vérité, vous
« avez belle envie de leur donner congé de com-
« battre. Je ne vous assurerai pas, s'ils com-
« battent, du gain ni de la perte; car il n'y a que
« Dieu qui le puisse savoir.... Faites une chose :
« nous connoissons bien que vous êtes à demi
« gagné, et que vous penchez plus du côté du
« combat qu'au contraire; faites votre requête
« à Dieu, et le priez qu'à ce coup vous veuille
« aider et conseiller ce que vous devez faire. —
« Alors le roi leva les yeux au ciel; et joignant
« les mains, jetant le bonnet sur la table, dit :
« Mon Dieu, je te supplie qu'il te plaise me
« donner aujourd'hui le conseil de ce que je dois
« faire pour la conservation de mon royaume,
« et que le tout soit à ton honneur et à ta gloire.
« Sur quoi M. l'amiral lui demanda : Sire,
« quelle opinion vous prend-il à présent? Le
« roi, après avoir demeuré quelque peu, se
« tourna vers moi, disant comme en s'écriant :
« Qu'ils combattent, qu'ils combattent ! » (1)

Montluc revint en hâte en Italie, accompagné par une foule de courtisans qui, connoissant la

(1) Mém. de Blaise de Montluc. T. XXII, L. II, p. 245-257.

décision du roi, vouloient se trouver à la bataille. On comptoit parmi eux Saint-André, Dampierre, Jarnac, Gaspard de Coligni, le vidame de Chartres, les trois frères Bonnivet, Bourdillon, d'Escars, les deux frères de Genlis, Dassier, la Hunaudaie, Rochefort, Lusarches, Warty et Lassigny, noms qui presque tous devoient acquérir une nouvelle illustration dans les guerres civiles qui approchoient. Le roi envoya quarante-huit mille écus par Martin du Bellay pour satisfaire les troupes. Ce n'étoit pas le quart de ce qui étoit dû aux soldats ; mais le comte d'Enghien emprunta encore quelque argent à tous ces jeunes seigneurs qui arrivoient de la cour avec la bourse bien garnie, et fit commencer à payer le prêt aux troupes. Toutefois il y apportoit beaucoup de lenteur, afin d'arriver au jour de la bataille, avant d'avoir achevé de vider les caisses. (1)

Cependant del Guasto reprenoit son projet de tourner les Français, et de se placer entre eux et le marquisat de Saluces. Son armée avoit eu beaucoup à souffrir de pluies fort opiniâtres et du manque de vivres ; il étoit averti que de son côté la garnison de Carignan n'en avoit plus que jusqu'au 15 avril, et il étoit résolu à livrer bataille

(1) Martin du Bellay. L. X, p. 103, 105. — *Belcarius*. L. XXIII, p. 750. — Montluc. L. II, p. 261. — Tavannes, c. 6, p. 64. — Vieilleville, c. 40, p. 276.

pour la délivrer (1). Il paroît qu'il fit lui-même
donner avis aux Français qu'il songeoit à passer
le Pô au pont des Sablons, au-dessous de Carignan, tandis qu'il se proposoit, au contraire, de
le passer au-dessus de Sommariva : mais la permission de livrer bataille qu'avoit reçue le comte
d'Enghien rendit son stratagème inutile ; le
général français, au lieu de se porter à la défense du point menacé, envoya Montluc avec
un parti de chevau-légers à la découverte,
avec l'intention d'attaquer del Guasto pendant
sa marche (2). Ceux-ci le rencontrèrent qui de
Cérisola marchoit à Sommariva, dans la direction contraire à celle qui leur avoit été indiquée.
Enghien fit alors occuper par ses arquebusiers
un bosquet, le long du chemin que les impériaux devoient suivre, et il mit toute sa cavalerie en bataille sur le bord d'un coteau qu'ils devoient gravir, tandis que, derrière ce coteau, il
déployoit tout le reste de son armée. Mais del
Guasto se voyant prévenu, rebroussa chemin,
et rentra à Cérisola pour y passer la nuit. De
son côté, le comte d'Enghien abandonna le terrain avantageux qu'il avoit choisi pour y attendre la bataille, et ramena son armée à Carma-

---

(1) *Pauli Jovii*. L. XLIV, p. 582.
(2) Martin du Bellay. L. X, p. 110. — Montluc. L. II,
p. 263.

gnola (1). Il laissa, pour observer l'ennemi, deux cents chevaux qui paroissent s'être mal acquittés de leur fonction.

Le lundi de Pâques, 14 avril 1544 (2), les Français se mirent en mouvement dès le matin, pour occuper le même coteau sur lequel ils s'étoient rangés la veille ; mais ils s'étoient laissés prévenir par leurs adversaires : quand ils en approchèrent, ils s'aperçurent que toutes ces hauteurs étoient déjà occupées par del Guasto, qui avoit mis en bataille son armée. Celui-ci avoit placé à sa gauche le prince de Salerne avec les Italiens; au centre, un corps de landsknechts commandés par Alisprand de Madruce ; à sa droite enfin, sous les ordres de Raymond de Cardone, six mille vieux soldats, moitié Espagnols, moitié Allemands : une batterie de dix pièces de canon étoit placée devant les Allemands. Une autre devant les Espagnols. Sur chaque aile étoient rangés environ huit cents chevaux. (3)

Quoique le comte d'Enghien eût laissé prendre à son ennemi l'avantage du terrain, dont il étoit maître la veille; quoique les Français fussent de

(1) Du Bellay. L. X, p. 116.
(2) Tous les historiens conviennent que la bataille se livra le lendemain de Pâques; cependant les historiens français appellent ce jour le 11 avril.
(3) Martin du Bellay. L. X, p. 123. — *Pauli Jovii*. XLIV, p. 583. — Tavannes, c. 6, p. 65.

plus persuadés qu'ils avoient au moins trois mille hommes de moins que les impériaux, il jugea qu'il ne pouvoit reculer de nouveau sur Carmagnola, sans jeter le découragement dans l'armée, et il résolut de combattre. Il s'arrêta à une portée de coulevrine des impériaux. Son armée étoit également formée de trois gros bataillons de gens de pied, ayant chacun leur aile de cavalerie, et s'avançant de front. A droite, les cinq ou six mille Gascons, que commandoit le sieur de Tais; au centre, les Suisses, sous leurs deux chefs, Saint-Julien et Guillaume Froelich; à gauche, les Provençaux, Italiens et Vaudois, sous le comte de Gruyères; de Termes, Boutières et Dampierre commandoient les trois divisions de la cavalerie; d'Enghien lui-même prit sa place avec les hommes d'armes au centre devant les Suisses; deux ou trois mille arquebusiers, sous la conduite de Montluc, furent jetés en avant, en enfans perdus. (1)

Au moment où le soleil s'étoit levé les deux armées avoient paru rangées l'une en face de l'autre, et les escarmouches avoient commencé entre cinq ou six mille arquebusiers qui s'étoient avancés entre elles, et qui cherchoient à se surprendre ou à se tourner. « Je vous assure, dit du

---

(1) Du Bellay. L. X, p. 121. — *Ferronius*. L. IX, p. 224. — *Belcarius*. L. XXIII, p. 750. — Vieilleville, c. 41, p. 279. — Montluc. L. II, p. 272.

« Bellay, qu'il y eût eu beaucoup de plaisir à voir
« les ruses et stratagèmes de guerre qui se fai-
« soient tant d'une part que d'autre, à l'homme
« qui eût été en lieu de sûreté, et qui n'eût eu
« autre chose à faire » (1). Cependant del Guasto
ne vouloit pas descendre de sa colline, ni Enghien aller l'y chercher, en sorte que l'escarmouche dura quatre ou cinq heures, ou jusqu'à
onze heures du matin. Enfin le sire de Tais
s'ébranla pour attaquer le prince de Salerne,
mais au même moment les landsknechts impériaux commencèrent à descendre la colline pour
charger les Suisses. Du Bellay, Montluc et Vieilleville s'attribuent chacun, dans leurs mémoires,
l'honneur d'avoir remarqué le premier le mouvement des ennemis et rappelé le sire de Tais (2).
La manœuvre étoit décisive en effet. Si de Tais
avoit continué à marcher, il se seroit écarté du
centre, et eût laissé un vide par lequel les landsknechts auroient rompu la ligne française. Les
deux divisions se réunirent au contraire à
temps pour soutenir ensemble la charge des Allemands, tandis que le prince de Salerne, inquiet
de la première démonstration faite contre lui, et
chargé ensuite par la gendarmerie de Termes,

(1) Du Bellay. L. X, p. 125. — Montluc, qui les commandoit, les décrit avec de grands détails. L. II, p. 273.
(2) Du Bellay, p. 126. — Montluc, p. 278. — Vieilleville,
p. 283.

se contenta de garder le poste qu'il occupoit, et ne prit réellement, avec toute son aile droite, aucune part à la bataille. L'impétuosité de neuf mille Allemands qui descendoient ensemble la colline sembloit cependant devoir renverser tout ce qui leur étoit opposé; mais la valeur des jeunes Français, dont un grand nombre arrivés de la cour n'avoient pas encore eu le temps de se pourvoir de chevaux et combattoient à pied, au premier rang des fantassins, aida les Suisses et les Gascons à soutenir ce redoutable choc. En même temps le sire de Boutières, à la tête de la gendarmerie, renversa la cavalerie légère des impériaux, la repoussa sur la colonne allemande, où elle fit par le flanc une trouée; et pénétrant à son tour par cette ouverture, renversa les landsknechts et les mit en fuite. Del Guasto, qui avoit compté surtout sur eux, fut entraîné dans leur déroute, avant d'avoir pu donner des ordres au prince de Salerne, qui restoit immobile à son aile droite, ou de s'être rallié aux vieilles bandes espagnoles et allemandes qui avoient l'avantage à l'aile gauche. (1)

Celles-ci étoient opposées aux Provençaux, aux Italiens, et aux vassaux du comte de Gruyères, qui se montrèrent tout-à-fait indignes

---

(1) M. du Bellay. L. X, p. 129. — *Ferronius*. L. IX, p. 225. — *Pauli Jovii*. L. XLIV, p. 584.

des Suisses, auxquels on les avoit assimilés. D'Enghien voyant sa droite irrésolue, avoit, dès le commencement de la bataille, quitté le centre pour se rapprocher d'elle avec sa gendarmerie. Lorsqu'il vit approcher les vieilles bandes espagnoles et allemandes, il chargea sur elles avec l'impétuosité d'un jeune homme. Tous les jeunes seigneurs qui l'entouroient voulant l'emporter l'un sur l'autre en intrépidité, cette troupe téméraire traversa de part en part toute la colonne impériale; mais, dans cette action hasardeuse, elle perdit beaucoup de monde; quatorze ou quinze courtisans demeurèrent parmi les morts. Enghien, arrivé de l'autre côté des impériaux, sentit qu'il s'étoit beaucoup trop éloigné de son infanterie, et voulut la rejoindre; il reforma donc sa troupe bien diminuée, puis il se rejeta une seconde fois au travers des Allemands et des Espagnols. Il franchit de nouveau toute leur bataille, quoique ces vieux soldats fussent accoutumés à opposer à la cavalerie une barrière impénétrable; mais cette nouvelle charge lui coûta plus de monde encore que la première, et lorsque, avec une perte immense, il eut regagné la place d'où il étoit parti, il n'y retrouva plus son infanterie; les gens de Gruyères, et Provençaux et Italiens, qui devoient l'appuyer, avoient pris la fuite. Un pli du terrain lui cachoit tout le reste de l'armée française; il la crut aussi en déroute, et avec sa petite troupe, qui ne comptoit plus guère que cent chevaux, il se trouva aux prises avec quatre mille hommes d'infanterie (1). Ni lui cependant, ni aucun de ceux qui l'entouroient, n'eurent d'autre pensée que celle de vendre chèrement leur vie. Tandis qu'Enghien rallioit ses gendarmes pour se préparer à une dernière charge, le corps de bataille vainqueur des landsknechts parut sur les flancs des Espagnols qui lui étoient opposés. Ceux-ci se voyant tournés prirent la fuite, et furent poursuivis par d'Enghien, dont la brillante valeur fit pardonner les fautes. Les Suisses, auxquels del Guasto avoit manqué de foi après la capitulation de Mondovi, répétoient ce nom pour s'encourager au carnage; ils ne voulurent prendre personne à rançon; ils tuèrent même beaucoup de prisonniers faits par les Français. La perte des impériaux fut en effet très considérable. Du Bellay prétend qu'ils laissèrent douze mille morts sur le champ de bataille, et trois mille prisonniers aux mains des vainqueurs; et il ne confesse que deux cents morts du côté des Français, qui probablement en perdirent plus de deux mille. Trois cent mille francs en argent monnoyé ou en vaisselle, quatorze canons, tous les pontons,

(1) Montluc. L. II, p. 283. — Tavannes, p. 68. — M. du Bellay. L. X, p. 152.

et sept ou huit mille corselets de soldats tombèrent au pouvoir des vainqueurs, avec le camp du marquis del Guasto. (1)

Le comte d'Enghien en annonçant au roi cette victoire, lui promit de conquérir en peu de temps tout le duché de Milan, fatigué du joug espagnol, et où il ne restoit plus d'armée pour le défendre. Il demandoit, pour cela seulement, un mois de solde pour ses troupes, quelque artillerie, et les six mille Grisons qu'il savoit s'être déjà engagés à la solde de France. L'émigré florentin Pierre Strozzi devoit le seconder. Le roi avoit donné à cet émigré la ville de Marano, qu'une trahison avoit fait tomber entre ses mains avant le commencement de la guerre. Celui-ci l'avoit vendue aux Vénitiens; et avec l'argent reçu d'eux, il avoit levé à la Mirandole une armée d'émigrés italiens; il y réunit bientôt dix mille fantassins, commandés par George Martinengo, le duc de Somma, Robert Malatesti, et d'autres chefs illustres ; mais il manquoit absolument de cavalerie. Strozzi, prêt à seconder l'attaque d'Enghien sur le Milanez, apprit avec douleur que le roi s'y étoit refusé; que loin de faire pas-

(1) Du Bellay est celui qui a mieux vu et mieux compris la bataille, mais il altère sciemment la vérité. L. X, p. 138. — *Ferronius*. L. IX, p. 226. — Montluc. L. II, p. 296. — *Pauli Jovii*. L. XLIV, p. 585. — *Belcarius*. L. XXIII, p. 751. — *Gio. Batt. Adriani*. L. IV, p. 244-248.

ser des renforts à l'armée de Piémont, il demandoit qu'on lui renvoyât en Champagne six mille soldats français des vieilles bandes, et six mille Italiens; en sorte que les fruits de la bataille de Cérisoles demeuroient absolument perdus pour l'Italie. L'armée du comte d'Enghien se trouvoit presque désorganisée; il devoit à ses Suisses trois mois de solde, sans compter la gratification d'un mois de paye qu'il étoit d'usage de leur donner après une bataille gagnée. Il fut bientôt obligé de les renvoyer dans leur pays, en leur promettant de leur y faire toucher leur argent. Il n'avoit eu aucun moyen de poursuivre del Guasto, qui déjà se trouvoit à la tête d'une nouvelle armée. Pierre Strozzi, qui avoit traversé les territoires de Crémone et de Plaisance, demanda au comte d'Enghien de lui envoyer M. de Tais, sur le Pô, avec de la gendarmerie, pour le protéger lorsqu'il traverseroit cette rivière; le général français ne fut pas en état de le faire. Strozzi voulut alors gagner les montagnes; et, du voisinage de Pavie, il se dirigea sur Castel San Giovanni et sur Tortone; mais, à cinq milles de cette dernière ville, il fut enveloppé, battu par del Guasto, et son armée entièrement dissipée, moins de deux mois après la victoire de Cérisoles. (1)

(1) *Gio. Batt. Adriani* dit le 4 juin. L. IV, p. 257. — Du Bellay, le 15 juin, p. 146. — *Belcarius.* L. XXIII, p. 752. — *Pauli Jovii.* L. XLV, p. 589.

Le seul fruit que retirèrent les Français de la victoire de Cérisoles fut la capitulation de Pirro Colonna à Carignan. Après avoir repoussé toutes les attaques et supporté toutes les privations, ayant épuisé jusqu'à ses dernières provisions, il obtint encore, le 20 juin, une capitulation honorable. Lorsque Pirro Colonna livra la ville aux Français, il ne s'y trouva plus que deux pains de son; il n'y avoit « ni blé, ni pois, ni féves, ni « autres grains quelconque; point de vin, de sel, « de vinaigre, ni d'huile » (1). Au reste, la misère étoit extrême parmi les assiégeans comme chez les assiégés. Le comte d'Enghien et le marquis del Guasto, se trouvant tous deux sans argent et privés de leurs meilleures troupes, avoient été obligés de distribuer dans les garnisons ce qui leur restoit de soldats, et de les faire vivre aux dépens des bourgeois. Pierre Strozzi, qui étoit fort riche, et qui, dans sa haine contre le duc de Florence, étoit prêt à dépenser tout son patrimoine pour favoriser le parti français en Italie, trouva bien le moyen de lever de nouveau une armée italienne, à ses propres frais, et de la conduire jusqu'à Alba en Piémont, qu'il surprit de concert avec le comte d'Enghien; mais là,

---

(1) M. du Bellay. L. X, p. 145. — *Belcarius.* L. XXIII, p. 756. — *Pauli Jovii.* L. XLV, p. 596. — *Gio. Batt. Adriani.* L. IV, p. 268.

tous deux reconnurent qu'ils étoient hors d'état de continuer la guerre, et conclurent, avec del Guasto, un armistice de trois mois pour l'Italie (1); après quoi, Strozzi conduisit ses Italiens en France.

D'un autre côté, le roi se sentoit abandonné à ses seules forces pour repousser l'attaque formidable qui, dans le même temps, alloit être dirigée contre lui, dans le nord, par Charles-Quint et Henri VIII. Ses alliés l'avoient abandonné avec un sentiment d'indignation et d'horreur, à cause de son alliance avec les Turcs; lui-même en éprouvoit assez de remords ou de honte pour n'oser en tirer avantage. Pendant leur séjour à Toulon, l'hiver précédent, les Turcs avoient envoyé fourrager, dans les campagnes de Provence, des partis qui y enlevoient en même temps des forçats pour leurs galères, des jeunes filles pour leur harem (2). Vers la fin d'avril, les galères que Barberousse avoit envoyées pour passer l'hiver à Alger vinrent le rejoindre en Provence. Cependant plusieurs des forçats attachés à la rame étoient morts, beaucoup d'autres avoient réussi à s'échapper;

---

(1) Du Bellay, p. 159, 165. — *Belcarius*. L. XXIII, p. 757. — *Pauli Jovii*. L. XLV, p. 594. — *Gio. Batt. Adriani*. L. IV, p. 271 et 277.

(2) *Belcarius*. L. XXIII, p. 758. — *Pauli Jovii*. L. XLV, p. 597.

il lui en falloit de nouveaux pour ses manœuvres : il enleva tous ceux qui se trouvoient sur les galères françaises, et il laissa celles-ci tellement dégarnies, qu'il n'y eut plus moyen d'en faire usage cette année. Il exigea que le capitaine Paulin et le prieur de Capoue, frère de Pierre Strozzi, l'accompagnassent à Constantinople, avec cinq galères françaises, pour rendre compte de sa bonne conduite, et il repartit pour le Levant, portant en chemin le ravage et la terreur sur plusieurs points de l'Italie. Le long des côtes de Toscane, l'île d'Elbe, celle del Giglio, les ports de Piombino, de Telamone, de Porto Ercole, furent ou rançonnés ou pillés par lui, et il en emmena six mille esclaves (1). Il en enleva huit mille sur les côtes du royaume de Naples, depuis Procida jusqu'à Lipari ; mais la plupart de ces malheureux périrent de misère sur sa flotte avant d'arriver à Constantinople ; tandis que deux cents religieuses choisies dans les divers couvens qu'il avoit pillés, et qu'il envoyoit comme une offrande au Grand-Seigneur, furent reprises par don Garcia de Toledo avec les quatre galères qui les portoient. (2)

Pendant ce temps, Charles-Quint faisoit ras-

---

(1) *Gio. Batt. Adriani.* L. IV, p. 260. — *Scipione Ammirato.* T. III, L. XXXII, p. 470.

(2) *Pauli Jovii.* L. XLV, p. 600. — *Belcarii.* L. XXIII, p. 758. — *Muratori, Annali d'Ital.* T. XIV, p. 339, 340.

sembler son armée dans le duché de Lorraine, où presqu'à la même époque le souverain venoit de mourir. Charles avoit réussi, à la diète de Spire, à regagner complétement la confiance et l'amour des protestans; aussi Maurice de Saxe, Albert de Brandebourg, Martin van Rossem, qui tous étoient protestans, s'étoient-ils engagés à son service, aussi bien que Guillaume de Furstemberg, qui venoit de quitter le service de France, dans lequel il s'étoit rendu odieux par ses brigandages. Avant la fin de mai l'armée impériale fut portée à quarante mille hommes, et Charles partit de Spire pour venir la rejoindre à Metz; il en détacha d'abord une division, commandée par Fernand de Gonzaga et Furstemberg, pour investir Luxembourg. Le vicomte d'Étauges commandoit dans cette ville; mais, laissé sans argent, avec des approvisionnemens incomplets, il y avoit souffert tout l'hiver de la famine; aussi fut-il forcé de capituler presque aussitôt (1). En même temps, Charles avoit envoyé les comtes de Bure et de Rieux avec l'armée de Belgique, composée de dix mille landsknechts et trois à quatre mille chevaux, à Calais, pour y joindre le roi d'Angleterre; les deux souverains s'étoient promis de

(1) Martin du Bellay. L. X, p. 154. — *Belcarius.* L. XXIV, p. 759. — *Ferronius.* L. IX, p. 226. — *Sleidani.* L. XV, f. 254, v. — *Pauli Jovii.* L. XLV, p. 603.

porter chacun leur armée à quarante mille hommes, et de marcher l'un et l'autre sur Paris, où ils se rencontreroient, sans s'arrêter à faire des siéges. François le savoit, ou du moins pouvoit le prévoir, et on ne voit pas qu'il eût fait aucun préparatif pour se mettre en défense. (1)

Le duc de Vendôme étoit toujours gouverneur de Picardie; mais le roi, loin de lui donner une armée pour défendre cette province contre Henri VIII, lui avoit retiré presque tous ses soldats pour les faire passer en Champagne, et il ne lui laissa pas même assez de troupes pour mettre en même temps des garnisons dans les cinq villes qui devoient couvrir cette frontière, Ardres, Boulogne, Térouanne, Montreuil et Hesdin (2). Dans les premiers jours de juin, le duc de Norfolk, réuni aux comtes de Bure et de Rieux, vint mettre le siége devant Montreuil. Henri VIII, qui, dans le printemps de cette année, avoit fait déjà une campagne en Écosse, ne passa la mer que vers le milieu de juillet avec le reste de son armée, et il investit Boulogne (3). Le maréchal de Biez, lieutenant de Vendôme en Picardie, ne s'étoit enfermé dans Montreuil qu'après avoir vu Norfolk se diriger vers cette

(1) Tavannes, c. 6, p. 70.
(2) Du Bellay. L. X, p. 152.
(3) Rapin Thoyras. L. XV, p. 485.

ville. Il avoit sous ses ordres cent hommes d'armes, deux mille fantassins italiens, et quatre mille Français; il avoit laissé son gendre Vervins, homme peu expérimenté, à Boulogne, avec cinq cents hommes de pied et cinquante hommes d'armes. Enfin Rochepot, avec une seule compagnie de gendarmerie, se chargea de la défense d'Ardres (1); les deux autres villes restèrent sans garnison.

De son côté, l'empereur, après la soumission de Luxembourg, s'étoit porté sur Commercy: la ville, mal pourvue par le roi, put tenir à peine quatre jours. En se rendant, elle livra aux impériaux le passage de la Meuse. Charles attaqua ensuite Ligny, ville appartenant aux comtes de Ligny, de Roucy et de Brienne, qui s'y trouvoient avec cinq cents cavaliers et quinze cents fantassins; on les soupçonna d'avoir plutôt songé à sauver la ville la plus importante de leur patrimoine qu'à défendre leur pays. Ils parlementèrent; mais tandis qu'ils discutoient les articles de la capitulation, les impériaux les surprirent, et firent la garnison prisonnière. (2)

Le 8 juillet, l'empereur arriva devant Saint-Dizier, et en entreprit le siége. Il ne pouvoit se dispenser de s'assurer de cette ville, qui coupoit sa

---

(1) Du Bellay. L. X, p. 153.
(2) Martin du Bellay. T. XXII, L. X, p. 155, 157. — *Ferronius*. L. IX, p. 227. — *Pauli Jovii*. L. XLV, p. 605, 606.

ligne de communication; et il ne s'attendoit pas à y rencontrer beaucoup de résistance. Cependant le comte de Sancerre s'y étoit enfermé avec cent hommes d'armes, et deux mille fantassins, et il avoit avec lui le brave Lalande, qui s'étoit illustré l'année précédente par la défense de Landrecies. Le duc de Nevers, avec quatre cents hommes d'armes, et cinq ou six mille hommes de pied, se chargea de garder Châlons-sur-Marne; et le dauphin, le duc d'Orléans et l'amiral d'Annebault, qui devoit servir de conseil aux jeunes princes, vinrent former leur camp à Jaulons, à quatre lieues en arrière de Châlons. On ne peut remarquer sans étonnement que François Ier, l'agresseur dans cette guerre, eût attendu jusqu'alors pour assembler son armée; et la surprise s'accroît, lorsqu'on voit que dans cette armée, seule chargée de la défense du royaume, on comptoit à peine douze mille fantassins Français. Six mille d'entre eux étoient de vieux soldats, arrivés de Piémont, après la bataille de Cérisoles, et six mille autres des légionnaires sans expérience; on y voyoit en outre six mille Italiens, amenés par Pierre Strozzi, dix mille Suisses, six mille Grisons et six mille landsknechts. La cavalerie se composoit de deux mille hommes d'armes, et de deux mille chevau-légers. (1)

(1) Du Bellay, p. 156. — *Ferronius*, p. 228. — *Belcarius*. L. XXIV, p. 759. — *Paulus Jovius*. L. XLV, p. 604.

Toute la partie de cette armée qui arrivoit de Piémont ne fut pas rendue au camp de Jaulons avant le mois d'août : c'étoient les seuls soldats cependant sur qui reposoit la confiance de François ; aussi recommandoit-il instamment à ses fils de se maintenir derrière la Marne, et de ne point hasarder de bataille. Brissac vint occuper Vitry avec la cavalerie légère, dont il étoit général, et deux mille hommes de pied tant Français qu'Italiens ; de là il tomboit sur les fourrageurs de l'empereur et leur enlevoit leurs convois. George de Furstemberg, avec toute une division de l'armée impériale, voulut l'y surprendre et l'y envelopper. Brissac eut le temps de se retirer avec sa cavalerie et une partie des fantassins, mais trois cents des derniers s'enfermèrent dans une église pour s'y défendre. Le barbare Furstemberg les y fit entourer de matières combustibles, et y mit le feu : tous ces malheureux périrent dans les flammes (1). Saint-Dizier continuoit à opposer aux impériaux une résistance obstinée que l'on n'eût point dû attendre de l'état des fortifications de cette place. Le 15 juillet, un coup de couleuvrine tua parmi les assiégeans René de Nassau, prince d'Orange, l'un des capitaines que Charles-Quint estimoit

(1) Du Bellay, p. 166, 167. — *Ferronii.* L. IX, p. 228. — *Belcarii.* L. XXIV, p. 760. — *Pauli Jovii.* L. XLV, p. 669.

le plus. Comme il n'avoit pas d'enfans, son héritage et ses titres passèrent à Guillaume son cousin, le fondateur de la république de Hollande. Mais, le même jour, un coup de canon tua dans Saint-Dizier le capitaine Lalande, l'homme en qui les assiégés avoient le plus de confiance. Déjà ils manquoient d'eau, ils étoient presque au bout de leur poudre ; et après avoir soutenu un assaut meurtrier qui avoit duré sept heures, ils n'étoient pas sûrs d'être en état d'en repousser un second. On assure que Granvelle fit parvenir au comte de Sancerre des lettres en chiffres, qu'il écrivit lui-même, sous le nom du duc de Guise, pour l'autoriser à capituler ; et l'on ajoute que le chiffre lui avoit été communiqué par la duchesse d'Etampe (1). Cette trahison n'est point nécessaire pour expliquer la reddition d'une place réduite à l'extrémité. Saint-Dizier capitula le 10 août, sous condition d'ouvrir ses portes le 17, si la ville n'étoit pas secourue auparavant. François approuva la capitulation, et la garnison sortit de la place avec ses armes et ses bagages. (2)

La valeureuse résistance de Saint-Dizier sauva la France ; elle donna le temps à François de rassembler ses forces, elle fatigua et découragea

---

(1) *Belcarius*. L. XXIV, p. 762.
(2) Du Bellay, p. 171-179. — *Ferronius*. L. IX, p. 227. — *Belcarius*. L. XXIV, p. 761. — *Paulus Jovius*. L. XLV, p. 610.

l'armée impériale, mais surtout elle sema des germes de division entre Charles et Henri. Ces deux monarques, qui par leur traité s'étoient partagé la France, ne comptoient ni l'un ni l'autre sur cette conquête. Charles-Quint désiroit principalement faire assez sentir à François les dangers de la guerre pour le déterminer désormais à se tenir tranquille. Henri, qui n'avoit point trouvé en Picardie d'armée qui lui fût opposée, vouloit s'emparer de quelques places fortes autour de Calais; tous deux se reprochoient réciproquement de s'arrêter à des siéges et se pressoient l'un l'autre d'aller en avant. Tous deux enfin annoncèrent ouvertement qu'ils songeoient à négocier avec la France, et Henri VIII, qui avoit déjà accordé un sauf-conduit à des ambassadeurs français pour venir le trouver, demanda lui-même que les deux monarques traitassent indépendamment l'un de l'autre (1). De son côté, Charles-Quint fit quelques ouvertures de paix à des officiers français qu'il retenoit prisonniers, en même temps qu'un dominicain espagnol, confesseur de la reine de France, fit des avances à un religieux du même ordre et de la même nation, confesseur de l'empereur (2). La guerre n'avoit point de motifs,

---

(1) Rapin Thoyras. T. VI, L. XV, p. 486.
(2) Ribier. L. V, p. 573. — Du Bellay, p. 185, 186. — Belcarius. L. XXIV, p. 761. — Robertson's. B. VII, p. 276.

et ne présentoit d'espérance à aucune des parties; bientôt des conférences s'ouvrirent à la Chaussée, petit village à moitié chemin entre Vitry et Châlons. Le roi y députa l'amiral Annebault, et Errault de Chemans, son garde des sceaux ; l'empereur y fut représenté par Fernand de Gonzaga et Granvelle. Les uns et les autres purent bientôt reconnoître qu'il n'y avoit pas de grands obstacles à une pacification.

Mais Charles, qu'une guerre avec la France détournoit toujours de l'accomplissement de ses projets, désiroit faire comprendre une bonne fois à François à quel danger il s'exposoit en le provoquant. Il résolut donc, après la prise de Saint-Dizier, de marcher en avant, et d'inviter Henri, toujours retenu aux siéges de Montreuil et de Boulogne, à s'avancer aussi. L'armée impériale passa devant Châlons, sans attaquer cette ville : quelques jeunes seigneurs de la suite du duc d'Orléans, en étant sortis pour escarmoucher, furent tués par les pistoliers, ou cavaliers allemands que l'on commençoit alors à armer de pistolets. A mesure que Charles avançoit, le dauphin, qui avoit ordre d'éviter à tout prix un engagement, reculoit, mais non sans inquiétude, car il se rapprochoit ainsi du roi d'Angleterre, qui, en peu de jours de marche, pouvoit se trouver sur ses derrières. Il avoit peu de confiance dans l'amiral Annebault, et il écrivit à son père pour le prier de lui permettre de rappeler le connétable de Montmorency, afin d'user de son conseil. « Mais le roi, dit du Bellay, trouva « fort mauvaise la requête de son fils, pour la « haine qu'il portoit au connétable. » (1)

Guillaume de Furstemberg, qui avoit longtemps servi en France, connoissoit un gué dans la Marne, par lequel il se flattoit de tourner le dauphin, et de le forcer ainsi à la bataille; mais, comme il avoit passé de nuit la rivière pour reconnoître lui-même le gué, il tomba entre les mains des Français, qui, avec de grandes menaces, l'envoyèrent à la Bastille (2). Charles étoit déjà maître de plusieurs ponts sur la Marne, et il en eut bientôt de nouveaux; car il fut reçu sans résistance à Epernay, et ensuite à Château-Thierry, où il trouva les grands approvisionnemens de vivres que les Français avoient faits dans ces deux villes pour l'armée du dauphin. Ces magasins rétablirent l'abondance dans son armée, qui, en traversant la Champagne, avoit souffert de la pauvreté du pays. Le dauphin envoya le sieur de Lorges avec sept ou huit mille hommes occuper Lagny, Meaux et La Ferté-sous-Jouarre; mais Charles ne songeoit plus à traverser la Marne; il avoit quitté ses bords

(1) M. du Bellay, p. 183. — Tavannes, p. 72 et 202.
(2) Du Bellay, p. 189. — *Ferronius*, p. 228. — *Belcarius*, p. 762.

pour se rendre à Villers-Cotterets, et ensuite à Soissons, qu'il pilla, et où il s'arrêta trois jours. (1)

La terreur étoit arrivée à son comble dans Paris; tous les bourgeois un peu riches chargeoient sur la Seine leurs effets précieux, ou les envoyoient par terre vers Orléans; chacun fuyoit. Sergianni Caraccioli, fils du prince de Melfi, écolier de l'université, chercha à former parmi les jeunes gens une légion pour la défense de la capitale; presqu'aucun Français ne voulut s'y engager (2). La nation sembloit fatiguée de ces guerres sans but, d'un prince qui attaquoit toujours et n'étoit pas même en état de se défendre, d'un prince qui ne croyoit de vertu militaire que chez les étrangers ou chez sa noblesse, et qui méprisoit et désarmoit les roturiers. Au lieu de se battre pour lui, personne ne songeoit qu'à se mettre soi-même en sûreté (3). Sur ces entrefaites, François reçut la nouvelle que le

---

(1) Du Bellay, p. 191. — Tavannes, p. 203. — *Paulus Jovius*. XLV, p. 614.

(2) *Pauli Jovii*, p. 612. — Vieilleville. T. XXVIII, p. 304.

(3) Du Bellay, p. 192. — *Ferronius*, p. 229. — *Belcarius*, p. 762. « Le roi, dit Paradin, averti dudit effroi, vint en diligence à Paris, et dit un mot mémorable, qu'il ne pouvoit garder les Parisiens d'avoir peur, mais qu'il les garderoit bien d'avoir mal, et qu'il aimoit trop mieux en bien les gardant mourir, que vif faillir à les sauver. » Histoire de notre temps. L. IV, p. 139. — De même dans Annal. d'Aquitaine. T. IV, f. 311, verso.

sire de Vervins, commandant de Boulogne, avoit capitulé le 14 septembre, et que Henri VIII, maître de cette ville, marchoit de son côté sur Paris. Annebault venoit de lui apporter les propositions que lui faisoit l'empereur. A l'instant il le fit repartir en poste pour les accepter, avant que Charles fût averti des succès de son allié. La paix fut signée ainsi, à Crépy en Valois le 18 septembre 1544, et quoique personne n'en connût encore les conditions, cette nouvelle répandit aussitôt une joie universelle.

CHAPITRE X.

Paix de Crépy. — Concile de Trente. — Massacres des Vaudois de Provence à Mérindol et à Cabrières. — Fin de la guerre d'Angleterre. — Succès de l'empereur contre la ligue de Smalkalde. — Renouvellement des persécutions en France contre les Protestans. — Mort de François Ier. — 1544-1547.

1544.

La paix de Crépy avoit sauvé la France dans le moment où son danger étoit extrême et frappoit tous les yeux. L'armée impériale, qui menaçoit Paris, commandoit le passage de la Marne; elle s'étoit emparée des immenses magasins destinés à nourrir l'armée française; elle étoit maîtresse, au centre de la France, de plusieurs grandes villes, des cours de plusieurs rivières, et sa ligne de communication avec la Lorraine et l'Allemagne étoit assurée par plusieurs forteresses. Le pays qu'elle occupoit n'avoit point été ruiné par la guerre; il étoit riche et abondant en vivres; la population étoit désarmée et découragée, et l'armée du dauphin, où résidoit tout l'espoir du royaume, se composoit en grande partie d'étrangers qui ne songeoient qu'à leur solde : elle n'avoit jamais osé tenir devant l'empereur, et elle s'étoit toujours mise à couvert derrière des rivières, qu'il n'étoit plus désormais nécessaire de franchir pour atteindre la capitale. Que seroit-elle devenue, si l'armée anglaise, non moins formidable que celle de l'empereur, étoit venue l'attaquer par derrière?

Aussi, la première nouvelle de la signature de la paix, de la retraite de l'empereur, de l'évacuation des places qu'il avoit conquises, répandit-elle la joie à Paris et dans toute la France ; mais ce premier sentiment d'allégresse ne pouvoit durer, il humilioit trop l'orgueil français et laissoit trop voir que la France s'étoit trouvée à la merci de ses ennemis. « Le dau-« phin, dit Tavannes dans son langage senten-« cieux, et les capitaines français blâment ces « traités : ainsi va fortune à la guerre ; ceux « qui se méfioient, il y a huit jours, de pouvoir « garder Paris, disent maintenant que l'on est « sur le traité, qu'ils prendront l'empereur si on « leur veut permettre, tant sont ces grands « princes vains et mal avertis (1). » On prétendit que Charles souffroit déjà de la famine, qu'il s'étoit trop aventuré, qu'il couroit le danger de perdre son armée en Champagne, comme huit

---

(1) Mém. de Tavannes. T. XXVI, c. 7, p. 73.

ans auparavant il l'avoit perdue en Provence; qu'il avoit besoin de la paix; qu'il l'eût faite à toute condition, mais que la duchesse d'Étampes, maîtresse du roi et ennemie du dauphin, n'avoit songé qu'à agrandir le duc d'Orléans, pour se ménager une retraite dans ses États; qu'elle avoit, en conséquence, trahi la France pour favoriser l'empereur et le prince qu'elle lui donnoit pour gendre; que c'étoit elle qui avoit causé la reddition de Saint-Dizier, elle qui avoit livré les magasins d'Épernay et de Château-Thierry, elle enfin qui avoit fait abandonner les droits du royaume sur la Flandre et le Milanez, pour assurer une principauté indépendante à son favori le duc d'Orléans. Les écrivains modernes, trompés par l'orgueil national, ont adopté avec empressement quelques mots de Belcarius, sur lesquels repose toute l'histoire de ces prétendues trahisons. (1)

Il paroît, il est vrai, que la cour de France étoit divisée en deux partis, et qu'ils se rangeoient sous les bannières des deux fils du roi. Les jeunes courtisans qui s'étoient attachés à ces deux princes les opposoient l'un à l'autre; ils entretenoient entre eux une émulation de gloire et de bravoure, et une rivalité qui n'alloit

---

(1) *Belcarius*. L. XXIV, p. 763. — Daniel. T. V, p. 752. — Gaillard. T. V, p. 397. — Garnier. T. XIII, p. 238.

pas néanmoins jusqu'à l'inimitié. Il paroît aussi qu'il y avoit une haine beaucoup plus réelle, beaucoup plus profonde entre la duchesse d'Étampes et Diane de Poitiers; mais ces jalousies et ces factions de cour ne sont point nécessaires pour expliquer le traité de Crépy. Ce traité n'étoit que la continuation et le complément de ceux de Madrid, de Cambrai et de Nice; il supposoit l'adoption définitive de la politique qui avoit, à plusieurs reprises, été proposée par Charles-Quint à François Ier, et que Montmorency, l'ami et le favori du dauphin aussi-bien que du roi, avoit paru agréer. L'empereur avoit toujours désiré d'éviter la guerre avec la France, il avoit toujours voulu acheter la paix par des concessions que François n'étoit point en état de lui arracher de force ; il sentoit que toute guerre avec la France, de même que toute guerre avec la Turquie, faisoit diversion à l'accomplissement de son grand projet, celui de consolider sa monarchie en Allemagne comme en Italie, et de ramener les princes et les villes libres à une entière dépendance de ses volontés. Il avoit en haine ce que les Allemands nommoient leurs droits et leurs libertés ; il regardoit la religion nouvelle comme les ayant encouragés dans l'insubordination : il vouloit soumettre les consciences pour soumettre aussi les résistances politiques, et c'étoit pour lui une gêne insupportable que la

1544.

dissimulation dont il étoit forcé d'user envers les confédérés de la ligue de Smalkalde. Le roi de France l'avoit, à plusieurs reprises, interrompu dans l'exécution de ces projets ; aussi Charles avoit vivement désiré, non de le renverser du trône ou de faire sur lui des conquêtes, mais de l'affoiblir ou l'effrayer assez pour le déterminer à rester désormais tranquille. Il croyoit l'avoir fait, en menaçant Paris avec son armée victorieuse ; désormais il n'avoit plus besoin de l'humilier davantage. Il prenoit pour base du traité signé à Crépy les possessions respectives ; il renonçoit de son côté, et il vouloit que le roi renonçât du sien, à tout ce que ni l'un ni l'autre ne pouvoit plus espérer conquérir par les armes ; et pour que François y consentît avec moins de regret, il donnoit en dot à sa fille ou à sa nièce ces possessions disputées, en lui faisant épouser le second fils du roi.

Par le traité de Crépy, l'empereur et le roi convenoient qu'il y auroit entre eux et entre leurs sujets bonne et perpétuelle paix, avec liberté de pratique et de commerce ; que chacun d'eux restitueroit à l'autre tout ce qu'il lui avoit enlevé depuis la trêve de Nice. Le roi de France devoit donner quatre ôtages, comme garantie de la restitution des places qu'il avoit conquises en Piémont. L'empereur devoit évacuer immédiatement la Champagne ; aussi n'étoit-il point ap-

pelé à donner d'ôtages pour cette partie de
l'exécution du traité. De plus, l'empereur et le
roi s'engageoient à travailler de concert à la
réunion de l'Église, « pour obvier, disoient-ils,
« à l'extrême danger et hasard où se trouve
« notre sainte foi, et cela par tous les moyens
« et expédiens qu'ils aviseront par ensemble
« convenir à si bonne et très sainte œuvre. »
Les deux monarques s'obligeoient également à
défendre la chrétienté contre les Turcs; et pour
ce second objet, François s'engageoit à fournir,
six semaines après qu'il en auroit été requis,
six cents hommes d'armes à sa solde et dix mille
hommes de pied. Le roi renonçoit à tout droit
auquel il pourroit prétendre sur aucune partie
du royaume d'Aragon ou du royaume de Naples,
sur le comté de Flandre, le comté d'Artois ou
leurs dépendances, sur la Gueldre ou le Zutphen.
De son côté, l'empereur renonçoit au duché de
Bourgogne et à ses dépendances, et aux villes et
seigneuries que Philippe-le-Bon avoit possédées
sur la Somme. Tous les priviléges des sujets,
dans les pays cédés, étoient garantis de part et
d'autre avec une parfaite réciprocité; les renonciations réciproques devoient être ratifiées,
avant l'expiration de quatre mois, par les parlemens et par les princes héréditaires des deux
monarchies.

Afin de resserrer l'amitié entre les deux sou-

1544.

verains, il étoit convenu, de plus, que le duc d'Orléans épouseroit ou la fille aînée de l'empereur ou la seconde fille du roi des Romains. Charles V devoit notifier dans quatre mois, au duc, laquelle des deux il comptoit lui donner ; si c'étoit la première, elle devoit lui apporter pour dot tout l'héritage de l'ancienne maison de Bourgogne, dans les Pays-Bas et la Franche-Comté. Dans ce cas, la souveraineté de ces États étoit réservée à l'empereur jusqu'à sa mort ; cependant le duc et la duchesse d'Orléans devoient être mis immédiatement en possession de ces provinces comme gouverneurs. A cette condition, le roi renonçoit à tous ses droits sur Milan et Asti, avec réserve de rentrer dans ces droits, tels qu'ils pouvoient être, s'il ne restoit point d'enfans habiles à succéder de ce mariage. Si c'étoit la seconde, le duché de Milan, qu'elle apporteroit pour dot, seroit transmis immédiatement au duc d'Orléans. Si l'empereur vouloit tenir garnison dans les châteaux de Milan et Crémone, le roi pourroit en laisser une dans ceux de Montmeillan et Pignerol ; tout le reste des États de la maison de Savoie devoit, à cette époque, être restitué au duc de Savoie. (1)

Le traité de Crépy étoit le plus honorable que

(1) Traités de Paix. T. II, §. 89, p. 227-235. — Léonard. T. II, p. 430. — *Pauli Jovii.* L. XLV, p. 617. — Flassan, Diplom. T. II, p. 12.

la France eût conclu depuis le commencement du siècle. Pour la première fois, le roi n'abandonnoit aucun de ses sujets ou aucun de ses alliés ; il ne recevoit aucune condition sans l'imposer à son tour à son adversaire avec une parfaite réciprocité ; ses renonciations concernoient des États que non seulement il ne possédoit point, mais qu'il n'avoit aucune espérance de recouvrer par les armes. La seule clause contraire à la bonne foi, à laquelle il se soumettoit, étoit l'aide qu'il promettoit de donner à l'empereur contre les Turcs; mais cette violation d'une alliance récente avec les infidèles étoit tellement désirée par tout le monde, qu'il n'y avoit personne dans la chrétienté qui songeât à en faire un reproche au roi ; au contraire, la clause n'avoit été insérée au traité que pour capter l'opinion publique. L'empereur désiroit surtout la paix avec les Turcs ; le roi avoit promis de la négocier, et son ambassadeur à Constantinople fut immédiatement chargé d'entrer pour cela en traité avec la Porte. Cependant le dauphin, qui d'après le traité devoit, de même que l'infant d'Espagne, donner sa ratification, ne voyoit qu'avec jalousie les avantages réservés à son frère, et qui lui sembloient assurés à ses dépens. Il donna solennellement la ratification qui lui étoit demandée ; mais auparavant il fit dresser par deux notaires une protestation secrète, qu'il

1544.

signa le 12 décembre, à Fontainebleau, en présence du duc de Vendôme et des comtes d'Enghien et d'Aumale, par laquelle il déclaroit qu'il ne ratifieroit le traité de Crépy que par obéissance pour son père, et sans aucune intention de l'exécuter ; car il regardoit l'abandon des droits de la couronne sur les comtés de Flandre et d'Artois, sur le duché de Milan et le royaume de Naples, comme contraires à son intérêt et à l'*universel état du royaume;* qu'il en étoit de même de l'évacuation du Piémont et de la Savoie, et que *son vouloir étoit les empêcher de son pouvoir, lorsqu'il lui sera possible et qu'il sera hors de la puissance paternelle.* Il détermina en même temps les gens du roi du parlement de Toulouse à inscrire dans leurs registres une protestation à peu près semblable. On a vu de tout temps les grands peu scrupuleux dans l'exécution des engagemens qu'ils prennent ; mais on peut se demander quel avantage le dauphin trouvoit, pour se montrer de mauvaise foi, à prendre acte par-devant notaire de sa duplicité et de sa honte. (1)

Quoique l'empereur et le roi d'Angleterre se fussent d'abord engagés l'un envers l'autre à ne point traiter séparément avec la France, tous

---

(1) Traités de Paix. T. II, §. 90, p. 235. — Léonard. T. II, p. 449. — Ribier. T. I, L. V, p. 576, 577.

deux s'étoient ensuite prêtés à des négociations séparées, et il semble qu'il y avoit eu entre eux, à cet égard, un consentement mutuel; la négociation avec Henri VIII avoit même précédé celle qui eut lieu avec Charles V. Le cardinal du Bellay, le maréchal de Biez, le président Rémond, du parlement de Rouen, et l'Aubépine, secrétaire des finances, étoient arrivés, le 9 septembre, à Hardelot auprès de Boulogne, et ils étoient entrés aussitôt en conférence avec le comte d'Oxford et l'évêque de Winchester, plénipotentiaires du roi d'Angleterre; ils avoient pour instruction de donner les plus grandes assurances de l'amitié de François pour son frère Henri VIII, de sa reconnoissance pour les services qu'il avoit reçus de lui anciennement, et de son désir de prendre tous les arrangemens qui pourroient hâter leur réconciliation (1). Henri VIII croyoit, en effet, que François étoit beaucoup plus désireux de faire la paix avec lui qu'avec l'empereur, et que pour cela il se prêteroit à de grands sacrifices; c'étoit le motif qui lui faisoit désirer une négociation séparée. Aussi avoit-il chargé le duc de Suffolk et Paget son trésorier de demander, le 10 septembre, aux ambassadeurs français que leur roi renonçât à l'alliance de l'Écosse et le laissât disposer de ce

---

(1) Instructions, dans Ribier. L. V, p. 572.

royaume comme il l'entendroit; qu'il lui abandonnât Boulogne, alors sur le point de capituler; qu'il payât quatre millions d'écus d'or pour les frais de la guerre; que pour gages de cette somme il lui livrât jusqu'à son entier payement la ville d'Ardres et le comté de Guines; qu'enfin il continuât la pension annuelle de cent mille écus qu'il lui payoit avant la guerre. Les négociateurs français, quelque rebutés qu'ils fussent par des propositions si dures, s'attachoient surtout, tant que Charles V menaçoit Paris, à ne pas rompre la négociation et à entretenir les espérances de Henri VIII (1). Mais, sur ces entrefaites, Boulogne capitula le 14 septembre, et le traité de Crépy fut signé le 18. L'empereur avoit réservé au roi d'Angleterre le droit d'y accéder, et il s'étoit attribué l'office de médiateur pour terminer les différends d'Henri avec le roi de France. Dès le 20 septembre, les négociateurs français en furent avertis; alors ils annoncèrent à Henri que leur maître ne consentiroit à lui laisser ni Boulogne, ni Ardres, ni un pied de terre dans son royaume, non plus qu'à renoncer à l'alliance d'Écosse; mais qu'il s'offroit à procurer à Henri une bonne paix avec ce royaume, et qu'il consentiroit à payer une somme honnête pour des dommages

---

(1) Sommaire de la négociation par le P. Rémond. Ribier. L. V, p. 574.

et intérêts, encore que ce fût plutôt à lui, qui avoit été attaqué sans provocation, à les demander. En même temps, ils le prévinrent qu'il devoit accepter la médiation de l'empereur avant que six semaines fussent écoulées ; car, après ce terme, le roi ne seroit plus engagé à rien. Après ces sommations, les ambassadeurs se retirèrent, et la négociation fut rompue, sans qu'il se fût manifesté entre eux et les Anglais aucune animosité. (1)

L'empereur avoit cependant donné l'ordre au comte de Bure de cesser toute hostilité, et de quitter, avec les dix mille hommes qu'il commandoit, l'armée du duc de Norfolk qui assiégeoit Montreuil. D'autre part, Henri VIII avoit été obligé de faire entrer une très grosse garnison dans Boulogne, ce qui affoiblissoit d'autant son armée. Bientôt il fut averti que l'empereur avoit commencé sa retraite, et que le dauphin, n'ayant plus rien à craindre de lui, marchoit vers la Picardie avec quarante mille hommes. Il sentit bien qu'il étoit hors d'état de lui tenir tête ; aussi fit-il lever le siége de Montreuil ; il retira toute l'armée anglaise à Calais, et, s'embarquant lui-même à Boulogne le 30 septembre, il quitta le continent. (2)

(1) Sommaire de la négociation. Ribier, p. 576.
(2) Martin du Bellay. T. XXI, L. X, p. 201. — Rapin Thoyras. L. XV, p. 486.

Henri avoit laissé plus de sept mille hommes à Boulogne, partie dans la ville haute, partie dans la ville basse, qui est à près d'un mille au-dessous. La ville haute est très forte par son site, mais ses murailles avoient été ébranlées par un long siége; plusieurs des brèches étoient encore ouvertes, et les Anglais n'avoient point eu le temps d'y introduire des munitions. La ville basse étoit hors d'état de faire aucune résistance. Le dauphin s'étoit avancé jusqu'à la Marquise, à moitié chemin entre Boulogne et Calais, et ayant fait reconnoître Boulogne par de Tais et Montluc, il résolut, dans les premiers jours d'octobre, de surprendre la ville basse. De Tais, qui commandoit vingt-trois enseignes, moitié de Gascons, moitié d'Italiens, fit revêtir à ses gens leurs chemises par-dessus leurs armes, pour qu'ils pussent se reconnoître dans l'obscurité, et partit de la Marquise au milieu de la nuit; le reste de l'armée devoit se mettre en mouvement le matin pour le seconder. Les troupes qui donnoient la camisade, car c'est ainsi qu'on nommoit ces expéditions en chemise, n'eurent aucune peine à entrer dans la ville basse, où de grandes brèches étoient ouvertes; Montluc vit dans une prairie au-dessous de la tour d'ordre, toute l'artillerie de Henri qu'il y avoit laissée, trente barriques pleines de corselets qu'il avoit fait venir d'Allemagne pour armer ses soldats, et un grand convoi de vivres (1). Mais les partis français qui entrèrent dans la ville en plusieurs divisions s'y égarèrent, et ne surent pas se réunir; une pluie effroyable qui tomba au point du jour les déconcerta, et empêcha l'armée du dauphin de s'avancer à leur secours. Les Italiens et les Gascons entrèrent dans les maisons, et se mirent à piller; de Tais, blessé au commencement de l'attaque, ne donna aucun ordre, ni pour placer un corps de troupes entre la ville haute et la ville basse, ni même pour retenir quelques compagnies de piquet sur la place. Les Anglais s'en apercevant descendirent de la ville haute avec cinq ou six enseignes seulement, attaquèrent les Français, dont le nombre étoit plus que double, mais qui s'étoient dispersés dans la ville basse; ils en tuèrent un grand nombre, firent les autres prisonniers, et détruisirent presque en entier le corps d'armée qui étoit entré dans Boulogne. (2)

Le mauvais succès de la camisade de Boulogne ne pouvoit entraîner des conséquences bien funestes; les Anglais s'étoient retirés, et la campagne étoit finie; mais elle n'avoit été signalée pour les Français que par des revers. Le sieur de Ver-

---

(1) Mémoires de Montluc. T. XXII, L. II, p. 305.
(2) Montluc. T. XXII, L. II, p. 304-321. — M. du Bellay. T. XXI, p. 202. — *Belcarii.* L. XXIV, p. 764. — *Ferronii* L. IX, p. 235.

vins rendit Boulogne, non seulement quand la ville pouvoit encore se défendre, mais quand les bourgeois lui offroient de tenir seuls, si le commandant vouloit se retirer avec les soldats (1). De Tais s'étoit ensuite laissé battre dans la ville basse qu'il occupoit déjà, par un ennemi deux fois moins nombreux que lui, tandis qu'avec plus de conduite, il se seroit aisément rendu maître de la ville haute. Ces échecs donnoient la mesure du danger que l'armée du dauphin auroit couru, avec des soldats indisciplinés, des généraux incapables, et un désordre universel dans l'administration, si elle eût été attaquée à la fois par Charles V et Henri VIII. Du Bellay, qui met son patriotisme à amplifier les succès des Français, et à dissimuler leurs revers, donne cependant à connoître combien la seule armée qui défendoit la France étoit désorganisée. « Ce désastre advenu, dit-il, monseigneur « le dauphin voyant les pluies si continuelles, et « la faute de vivres qui étoit en son camp, parce « qu'il étoit venu en telle diligence, que même « à cause des mauvais chemins les vivres ne « l'avoient pu suivre, tellement que la plupart « de son armée fut trois jours sans manger pain, « et à qui en avoit, le soldat donnoit son har- « nois pour un pain, et ne pouvoit-on avoir de

---

(1) Du Bellay, p. 197.

« vivres de plus près qu'Abbeville, d'autant que
« tout le Boulenois jusqu'à Montreuil étoit ruiné
« et brûlé, et semblablement depuis Montreuil
« jusqu'à Abbeville, qui sont dix-sept lieues
« d'intervalle, et ne se trouvoient herbes ni
« autres fourrages pour les chevaux, se retira,
« par l'avis des capitaines, vers Montreuil, au-
« quel lieu, après avoir eu nouvelles du roi son
« père, il licencia les Suisses et les Grisons,
« laissant à Montreuil, pour faire tête à ceux de
« Boulogne, le maréchal de Biez, avec les
« bandes tant françaises qu'italiennes venues de
« Piémont, et puis se retira devers le roi qu'il
« trouva à Saint-Germain-en-Laye. Aussi mon-
« seigneur d'Enghien, après avoir ordonné le
« sire de Termes pour, d'après le traité de paix,
« restituer les places par lui conquises sur l'em-
« pereur, se retira devers le roi qu'il vint trou-
« ver à Mantes, peu de jours avant que monsei-
« gneur le dauphin y arrivât. » (1)

C'est bien rarement que les historiens du temps, si minutieux lorsqu'ils ont à raconter le moindre combat, la moindre surprise de place, nous laissent ainsi entrevoir quel étoit l'état du pays où se faisoit la guerre, quelles étoient les conséquences pour le peuple français de ces hostilités entreprises si légèrement et avec si

(1) Mart. du Bellay. T. XXI, L. X, p. 204.

peu d'espérance de succès, afin de faire valoir des droits imaginaires. La guerre qui venoit de se terminer étoit cependant du nombre de celles qui avoient causé le plus de souffrances. « On « ne pourroit décider, dit Ferronius, si dans « cette guerre les paysans furent plus cruelle- « ment vexés par les ennemis ou par les soldats « français eux-mêmes. Les uns comme les autres « égorgeoient toutes les vaches, tous les mou- « tons; car le bétail que les soldats pouvoient « atteindre devoit fournir à leurs repas; partout « où ils s'arrêtoient, des ruines marquoient leur « passage ; ils détruisoient les moissons dans les « champs, ils pilloient les maisons, ils enle- « voient également les jeunes filles et les mères « de famille; les jeunes garçons eux-mêmes « n'étoient pas en sûreté contre les soldats ita- « liens qui servoient le roi. Toute la Cham- « pagne, et cette partie de la Belgique à laquelle « on donne à présent le nom de Picardie; ces « provinces autrefois si bien cultivées, et dont « l'aspect florissant réjouissoit les yeux, étoient « si dévastées, que dans les districts les plus « abondans on ne trouvoit plus de vivres. Les « laboureurs étoient complétement ruinés, les « champs abandonnés; les bourgeois chassés des « villes, et plusieurs gentilshommes, ayant perdu « tous leurs biens, étoient forcés de venir men- « dier leur pain dans le reste de la France, et

« jusqu'aux extrémités de l'Aquitaine, en por-
« tant leurs malheureux petits enfans avec eux,
« pour émouvoir la compassion. » (1)

Cependant l'empereur étoit sorti de France ;
il avoit congédié une partie de son armée, mais
il tenoit réunies ses vieilles bandes; il avoit entr'autres mis ses Espagnols en quartier d'hiver
en Lorraine, et déjà il prenoit ses mesures pour
pouvoir inspirer des craintes aux protestans, et
leur dicter des lois. Jusqu'alors il s'étoit servi
de leurs armes contre les Français et contre les
Turcs; mais il lui sembloit ne pas régner, tant qu'il
étoit obligé de consulter les Allemands, et de leur
complaire, au lieu de leur commander. Pendant
qu'il s'occupoit de ces projets nouveaux, sa sœur
Éléonore, reine de France, et le duc d'Orléans,
vinrent au mois de novembre le joindre à Bruxelles (2). Ce jeune prince paroissoit lui plaire
par sa bravoure, sa franchise, son humeur enjouée; Charles étoit presque déterminé à le
choisir pour gendre, et à lui donner tout l'héritage des Pays-Bas; et il n'est pas sans probabilité que l'ambition démesurée qu'il remarquoit
en lui, et la jalousie que le duc d'Orléans manifestoit contre son frère, ne fussent des recommandations aux yeux de l'empereur, qui comp-

---

(1) *Arnoldi Ferronii*. L. IX, p. 232.
(2) *F. Belcarii*. L. XXIV, p. 765. — *Ferreras Synopsis historica de España*. P. XIII, p. 314.

toit faire de son gendre un puissant rival du futur roi de France (1). Cependant le traité de Crépy n'avoit assuré au duc d'Orléans qu'un apanage en France de cent mille livres de rente. Le duc en vouloit obtenir un plus considérable; et il est probable qu'il fit agir son futur beau-père dans ce but, en lui faisant adresser à François une note, par laquelle il paroissoit se décider pour le mariage de sa nièce et non pas de sa fille; « car, disoit-il, le mariage de la première « ne seroit conduisable, sans méliorer le partage « dudit sieur d'Orléans, au propre, des pays de « par delà. » (2)

Quoique Charles-Quint n'eût désormais aucun projet qui lui tînt plus à cœur que d'humilier les princes de la ligue de Smalkalde, et de les forcer à se ranger sous la domination de l'Église, c'étoit le pape qu'il vouloit servir, par qui il étoit le plus gêné dans les mesures qu'il se disposoit à prendre, comme il en avoit été le plus constamment contrarié dans celles que lui avoit jusqu'alors suggérées sa politique. Paul III avoit envisagé comme une violation scandaleuse des lois de l'Église l'alliance de Charles avec Henri VIII; il avoit protesté contre l'indulgence accordée aux protestans jusqu'à la convocation d'un con-

---

(1) Brantôme. T. II, discours 46, p. 269.
(2) Traités de Paix. T. II, §. 93, p. 238. — *Gio. Batt. Adriani.* L. V, p. 300.

cile en Allemagne; après quoi, pour la faire cesser plus tôt, il avoit, sans se concerter avec l'empereur, et malgré la guerre imminente, publié le 22 mai 1542, des bulles pour la convocation d'un concile œcuménique à Trente, prétendant que cette ville située sur la frontière de l'Italie et de l'Allemagne, faisoit partie du dernier pays, en sorte que l'indulgence accordée aux protestans devoit finir avec cette convocation (1). Le pape envoya des légats à Trente, le 26 août de la même année; l'empereur de son côté y envoya des ambassadeurs avec quelques évêques. Toutefois les légats sentirent que l'Église ne se considéreroit pas comme suffisamment représentée par un si petit nombre de prélats; ils ne voulurent donc point faire l'ouverture du concile, et après sept mois d'attente, voyant qu'il n'arrivoit pas de nouveaux évêques, ils se retirèrent au commencement de l'année 1543. (2)

Cependant la menace seule du pape d'assembler un concile œcuménique à Trente, avoit alarmé les protestans; ils s'étoient hâtés de déclarer qu'ils ne le reconnoîtroient point pour juge suprême; qu'ils ne voyoient en lui qu'une assemblée de leurs ennemis, convoquée par un

---

(1) *Fra Paolo, Istoria del Concilio di Trento*. L. I, p. 104. — *Bulla apud Raynaldum. Annal. ecclés.* 1542, §. 13.

(2) *Fra Paolo*. L. I, p. 107.

pape qui les avoit déjà condamnés, et qui prononçoit anathème contre eux avant de les entendre. L'empereur n'étoit pas moins mécontent du pape, qui, sans égard pour les difficultés de sa situation, le poussoit vers une décision qu'il lui importoit d'ajourner. De son côté le pape, non moins préoccupé des intérêts de son fils Pierre-Louis Farnèse et de ses petits-fils que de la paix de l'Église, témoignoit un vif mécontentement contre l'empereur, et une grande prédilection pour la France. Il savoit beaucoup plus de gré à François Ier des ordres que celui-ci avoit donnés pour exercer contre les hérétiques une persécution violente, qu'il ne le blâmoit de son alliance avec les Turcs (1). Il avoit enfin adressé à Charles-Quint, le 25 août 1544, une lettre dans laquelle, après l'avoir tancé avec sévérité, il lui recommandoit d'obéir à ses commandemens paternels, d'exclure des diètes impériales les disputes de religion pour les renvoyer au pontife, de s'abstenir de disposer des biens de l'Église, de révoquer toutes les concessions faites à ceux qui lui étoient rebelles; car autrement le pape, pour ne pas manquer à son devoir, seroit forcé d'user envers lui de plus de sévérité qu'il ne voudroit (2). Il lui disoit en-

---

(1) *Frà Paolo*. L. I, p. 105.
(2) *Ibid*. p. 111.

core : « Tout ce que tu nous demanderas, nous
« sommes prêts à l'accorder, pourvu que nous
« puissions le faire sans blesser la majesté divine.
« Veux-tu un concile? nous t'accorderons un
« concile, et nous n'y apporterons point de re-
« tard. Le veux-tu en Allemagne? nous ne nous
« y refusons point, pourvu qu'il puisse être libre
« et chrétien. Mais pour qu'il soit chrétien, il
« ne faut pas que les hérétiques y soient mêlés
« comme s'ils faisoient partie du concile; et ce
« n'est point à César ou à aucun autre à con-
« noître quels sont les hérétiques, et à les dé-
« clarer; c'est à nous seuls, car ce jugement nous
« a été déféré par le Christ. Et pour que ce con-
« cile soit libre, il faut que tu le veuilles, que
« tu déposes les armes, que tu conclues la paix,
« ou si tu le préfères, que tu consentes à une
« trève, en renvoyant à la décision du concile
« tous tes différends avec la France. » (1)

Lorsque le pape écrivoit cette lettre hautaine, la guerre entre l'empereur et François Ier duroit encore, et ne paroissoit pas près de sa fin. La paix étoit signée, au contraire, lorsque l'empereur la reçut; et les instances du pape pour rétablir la subordination dans l'Eglise, au lieu de le contrarier, entroient désormais pleinement dans

---

(1) *Raynaldi, Annal. eccles.* T. XXI, P. I, 1544, §. 7. — *Sleidani.* L. XVI, f. 256, verso.

ses vues. Le pape avoit pris sur lui de décider, ce qui jusqu'alors étoit en dispute avec les Allemands, qu'au lieu d'être appelés au concile pour réformer en commun la religion, ils y seroient traduits pour y être condamnés. Lorsqu'à son tour le pape reçut la nouvelle de la paix de Crépy, et lorsqu'il fut informé que par un de ses articles l'empereur et le roi de France étoient convenus de le solliciter de convoquer un concile général, il ne voulut point attendre la réception de leur lettre, pour ne pas paroître céder à une suggestion étrangère; il évita surtout de se concerter avec l'empereur, dont il vouloit déjouer la politique; et, dès le 19 novembre, il publia une bulle, par laquelle il convoquoit de nouveau le concile de l'Eglise universelle à Trente pour le 15 mars suivant. Il prévoyoit bien qu'à cette époque sa lettre encyclique seroit à peine parvenue à tous les évêques, et que le plus grand nombre ne répondroit pas de long-temps à son appel; mais c'étoit justement ce qu'il désiroit. Au moment où l'assemblée ouvriroit ses premières séances, elle ne pourroit en effet être composée que de ses courtisans ou d'évêques italiens, qu'il tenoit dans sa dépendance, et qu'il étoit maître d'y envoyer au premier signal. C'étoit alors néanmoins que le concile devoit régler le rang et les prérogatives des légats du saint Siége chargés de le présider, l'ordre et la forme des délibérations, les matières qui seroient soumises à la discussion, l'organisation complète enfin de l'assemblée. Ce réglement une fois arrêté, les prélats qui arriveroient ensuite seroient forcés de s'y soumettre. (1)

Quoique l'empereur eût préféré que le pape se concertât avec lui sur l'époque de la convocation du concile, il résolut d'accepter la bulle que Paul III venoit de publier; et il donna ordre aux évêques et aux docteurs en théologie, tant en Espagne que dans les Pays-Bas, de se préparer à se rendre à Trente. Il étoit alors retenu lui-même à Bruxelles par un violent accès de goutte qui se prolongea plusieurs mois; aussi quand les ambassadeurs français lui apportèrent le traité de Crépy pour le ratifier, en y apposant sa signature, il leur dit d'assurer leur maître qu'il n'avoit aucune envie de recommencer les hostilités, car sa main, loin de pouvoir manier l'épée, n'étoit plus bonne même pour tenir la plume (2). Peut-être crut-il, comme moyen d'apaiser ses souffrances, et comme expiation de ses péchés, devoir recommencer à sévir contre les hérétiques, qu'il se reprochoit d'avoir trop long-temps épargnés. Ce fut à cette époque même

(1) *Frà Paolo*. L. II, p. 113. — *Raynaldi*. 1544, §. 29. — *Sleidani*. L. XVI, f. 258.
(2) *Robertson's*. B. VII, p. 286.

que, sur sa demande, l'université de Louvain dressa une confession de foi en trente-deux articles, qui tranchoit toutes les questions soulevées par les luthériens (1). Charles V ordonna à tous ses sujets des Pays-Bas de s'y soumettre, sous peine de la vie ; et les habitans de Tournay ayant appelé un prédicateur français, nommé Pierre du Breuil, pour leur prêcher en secret la doctrine de Calvin, Charles V donna ordre de l'arrêter ; il fut saisi comme il venoit de descendre du haut des murs, et brûlé à petit feu sur la place de Tournay le 19 février 1545. (2)

François Ier sembloit animé, dans toute sa conduite, par le désir de s'égaler à Charles V. Quand il vit celui-ci travailler à plaire aux dévots, soit par les supplices qu'il ordonnoit dans les Pays-Bas, soit par les efforts qu'il faisoit pour soumettre les luthériens d'Allemagne à la juridiction du concile de Trente, il ressentit comme une émulation de persécution ; et, pour ne point paroître inférieur à son rival, il résolut de frapper quelque grand coup sur les religionnaires qu'il pourroit découvrir dans ses États. Nous avons signalé, dans les premiers volumes de cet ouvrage, la naissance d'une première réforme religieuse au onzième siècle, la persécution à laquelle suc-

(1) *Frà Paolo.* L. II, p. 113. — On les trouve rapportés dans *Raynaldi, Ann. eccles.* 1544, §. 35.
(2) *Sleidani.* L. XVI, f. 260.

combèrent les Albigeois, et la constance de quelques restes des Vaudois, cachés dans les vallées les plus sauvages des Alpes (1). Ceux-ci s'étoient multipliés; ils avoient mérité par leur industrie la protection de leurs seigneurs, qui, recevant des Vaudois de riches fermages pour des lieux auparavant incultes, fermoient les yeux sur leurs erreurs, et ne vouloient apercevoir que leur diligence et leur économie. Malgré quelques persécutions passagères, ils avoient continué à prospérer dans les plus hautes montagnes du marquisat de Saluces. Les seigneurs de Cental et de Rocca-Sparviera ayant acquis, en Provence, vers la fin du treizième siècle, la possession d'un petit district désert au nord de la Durance, y introduisirent une colonie de ces mêmes Vaudois, leurs vassaux, qui avoient si bien réussi dans les hautes Alpes. Depuis deux cent soixante-dix ans que les Vaudois étoient établis dans ce canton de la Provence, ils en avoient fait un jardin des plus fertiles, où ils recueilloient en abondance le blé, le vin, l'huile, le miel, les amandes, tandis qu'ils élevoient, dans la montagne de Léberon, une grande quantité de bétail. (2)

Le pays occupé par les Vaudois de Provence

---

(1) Hist. des Français. T. VI, c. 24.
(2) Théod. de Bèze. L. I, p. 35.

n'étoit pas éloigné d'Aix de plus de quatre lieues, et il s'étendoit du pied des hautes Alpes jusqu'au comtat Venaissin. On y voyoit deux villes, Mérindol et Cabrières, dont la dernière étoit dans le comtat, et une trentaine de villages. A égale distance de ces deux villes étoit le bourg d'Oppède, qui appartenoit, avec le titre de baronie, à Jean Meynier, premier président du parlement de Provence ; ses habitans étoient catholiques, et ressentoient une grande jalousie de la prospérité et de l'industrie des religionnaires leurs voisins. A une lieue au-delà de Cabrières, la célèbre fontaine de Vaucluse sortoit du rocher qui terminoit les montagnes des Vaudois.

Les pasteurs des Vaudois, auxquels ils donnoient le nom de barbes, s'étoient mis en communication avec les réformateurs de l'Allemagne et de la Suisse; ils avoient reconnu avec plaisir que leurs enseignemens étoient à peu près les mêmes que ceux de Luther, de Calvin et de Zwingle; d'autre part, ils s'étoient empressés de profiter des lumières de ceux-ci, et des développemens que prenoient les études théologiques, par la connoissance des langues anciennes, et ils avoient fait imprimer à Neuchâtel la première Bible française, traduite par Pierre Olivétan, et enrichie de notes par Calvin. (1)

---

(1) Théod. de Bèze. L. I, p. 36.

Nous avons vu que le 18 novembre 1540, un arrêt effroyable avoit été prononcé par le parlement de Provence contre les Vaudois, condamnant tous les pères de famille au feu, les femmes et les enfans à l'esclavage, les biens à la confiscation, les maisons à être rasées (1). Cependant, comme cet édit avoit été rendu par contumace, et contre des absens, l'exécution en étoit restée suspendue; du Bellay Langey, chargé de faire une enquête sur les Vaudois, avoit adressé au conseil du roi un rapport favorable sur leur moralité, aussi-bien que sur leurs dispositions paisibles et sur leur industrie. Les princes protestans d'Allemagne et les cantons suisses intercédoient pour eux. C'étoit le moment où François, résolu à renouveler la guerre, ménageoit ceux dont l'alliance pouvoit lui devenir précieuse. Le roi envoya donc, le 8 février 1541, une déclaration au parlement d'Aix, par laquelle pardonnant aux Vaudois leurs fautes passées, il leur accordoit le terme de trois mois pour abjurer leurs erreurs (2). Quoique les Vaudois ne fissent point abjuration, mais se contentassent de soumettre au roi leur confession de foi pour qu'on leur démontrât leurs erreurs, on les laissa en paix. Le président

(1) De Thou. L. VI, p. 536. — Bouche, Hist. de Provence. L. X, p. 611.
(2) De Thou. L. VI, p. 539. — Bouche. L. X, p. 612.

du parlement d'Aix, Chassanée, qui signa leur arrêt, avoit dans sa jeunesse été chargé de plaider devant une cour ecclésiastique à Autun, à laquelle on demandoit une bulle d'excommunication contre les rats qui ravageoient le pays. On avoit donné au jeune avocat, comme une occasion de se faire connoître, la cause des rats à défendre, et Chassanée avoit plaidé avec tant de chaleur sur l'injustice de condamner des accusés sans les entendre, que les rats n'avoient pas été excommuniés. Lorsque long-temps plus tard le même homme rendit contre les Vaudois l'arrêt terrible de 1540, un de ses amis lui dit : « Quoi donc? vous qui avez voulu faire enten- « dre des rats dans leur défense, vous allez faire « périr des hommes sans les entendre. » Cet appel à ses propres souvenirs frappa Chassanée, qui, tant qu'il vécut, empêcha le parlement d'Aix de s'acharner à la poursuite des Vaudois (1). En même temps le roi, tant que la guerre dura, voulut ménager les protestans; en effet, le 17 mars 1543, il accorda aux Vaudois un autre terme pour se convertir, leur faisant de nouveau grâce pour le passé; et le 14 juin 1544, il donna des lettres-patentes pour instituer deux commissaires qui devoient examiner les opinions de ceux qui, en Provence, s'étoient

---

(1) De Thou. L. VI, p. 537.

rendus suspects d'hérésie, leur accordant en même temps le pardon de toutes leurs fautes passées, au cas qu'ils vinssent à abjurer leurs erreurs. (1)

Mais depuis cette époque, la paix s'étant faite à Crépy, l'empereur et le roi s'étoient mutuellement engagés à détruire l'hérésie; l'empereur avoit commencé, et des bûchers avoient été allumés en Belgique. Le roi éprouva un nouvel accès de ses honteuses maladies, qui le mit en danger pendant quatre ou cinq semaines (2); les prélats qui l'entouroient prirent cette occasion de le solliciter pour qu'il fît sa paix avec Dieu. Le cardinal de Tournon lui remontra qu'il ne pouvoit mieux témoigner sa piété que par sa sévérité envers les hérétiques; le comte de Grignan, gouverneur de Provence, et parent de ce cardinal, avoit été appelé à la cour, parce que le roi vouloit l'envoyer à la diète de Worms, où des mesures rigoureuses devoient être prises contre les hérétiques (3). Grignan exposa au roi qu'il avoit dans son gouvernement un canton montueux où ils s'étoient tellement multipliés, qu'on prétendoit qu'ils pourroient mettre quinze mille hommes sous les armes; qu'ils étoient en correspondance avec les cantons suisses, dont

(1) Bouche. L. X, p. 614.
(2) Paradin, Hist. de notre temps. L. IV, p. 141.
(3) De Thou. L. VI, p. 541.

ils voudroient peut-être imiter le gouvernement, et que dans le moment d'une guerre étrangère, il ne leur seroit pas impossible de s'emparer d'Aix ou de Marseille (1). L'archevêque d'Arles, l'évêque d'Aix, et quelques abbés, prieurs et chanoines de la Provence, étoient alors assemblés à Avignon; de là ils envoyèrent de leur côté solliciter le roi, pour le salut de son âme, de révoquer l'amnistie qu'il avoit accordée aux hérétiques. Le roi céda; il écrivit, le 1er janvier 1545, au parlement de Provence, de mettre à exécution l'arrêt rendu quatre ans auparavant contre les Vaudois, nonobstant les lettres de grâce que lui-même leur avoit accordées six mois auparavant, lui recommandant « de faire en sorte que le pays de « Provence fût entièrement dépeuplé et nettoyé « de tels séducteurs. » (2)

Le président d'Oppède, successeur de Chassanée, auquel ces lettres étoient adressées, étoit en même temps chef du parlement, et lieutenant de M. de Grignan en Provence. Il eut soin d'envelopper d'un profond secret les ordres qu'il avoit reçus, et il résolut de les exécuter à l'aide d'une expédition militaire. Il assembla six enseignes d'infanterie, des vieilles bandes arrivées du

---

(1) Théod. de Bèze. L. I, p. 44.
(2) Bouche. L. X, p. 615.

Piémont, et il leur joignit la compagnie de cavalerie du capitaine Paulin, que le roi venoit de créer baron de la Garde. Les galères que ce capitaine avoit ramenées de Turquie devoient passer dans l'Océan pour servir à faire la guerre aux Anglais, tandis que les soldats destinés à les monter plus tard, se rendroient par terre aux côtes de Picardie. Ce mouvement de troupes cachoit les sinistres projets du baron d'Oppède; et quant à ces féroces soldats et à leurs chefs, accoutumés qu'ils étoient à tous les excès et à tous les genres de cruauté durant leurs guerres en Italie, on ne pouvoit craindre qu'ils montrassent aucune pitié à des Français qu'on leur signaloit comme accusés d'hérésie. (1)

Le dimanche de Quasimodo, 12 avril 1545, le baron d'Oppède lut enfin au parlement les lettres du roi, et aussitôt cette cour ordonna que son arrêt du 18 novembre 1540 seroit exécuté selon sa forme et teneur. En même temps des ordres furent adressés à toutes les communautés de fournir des milices et des vivres pour une expédition dont on n'annonçoit point encore le but. Mais d'Oppède, dont la baronnie étoit située dans le comtat Venaissin, n'avoit pas celé ses projets au légat du pape, qui étoit alors Antonio Trivulzio, depuis cardinal; il s'étoit au

---

(1) De Thou. L. VI, p. 541.

contraire concerté avec lui, et le légat avoit fait partir en même temps mille fantassins, avec quelques canons, sous la conduite de M. de Miolans, pour prendre part à cette expédition. (1)

Le 13 avril, les barons d'Oppède et de la Garde, avec leur petite armée, partirent de la ville d'Aix, passèrent la Durance, et entrèrent par le Pertuis, dans le pays habité par les Vaudois. Le lendemain matin, ils parvinrent aux villages de Pupin, la Motte et Saint-Martin, les pillèrent, les brûlèrent, et en massacrèrent tous les habitans avant que ceux-ci eussent le moindre soupçon des desseins formés contre eux par le gouvernement auquel ils étoient soumis. La flamme des incendies de ces premiers villages, et peut-être quelques fuyards, avertirent cependant les habitans de Villelaure, Lourmarin, Gensson, Trezemines et la Roque, de la calamité qui les menaçoit; ils s'enfuirent dans les bois, emportant leurs enfans et quelque petite partie de leurs meubles. Les soldats, qui arrivèrent bientôt, pillèrent tout le reste, brûlèrent les maisons et les récoltes, écorcèrent les arbres fruitiers, et égorgèrent ceux des habitans qu'ils purent atteindre. Aucune résistance n'étoit opposée nulle part; et d'Oppède, voyant qu'il ne

---

(1) *Alfonso de Ulloa*, *Vita di Carlo V*. L. III, f. 177.

courroit aucun danger en s'affoiblissant, divisa
le lendemain sa troupe en deux colonnes : l'une
suivit la montagne, l'autre la rivière, pour ravager
tout le pays. Tous les villages étoient
abandonnés à leur approche; mais comme les
malheureux villageois, pourchassés des villages
brûlés la veille, s'étoient chargés ou de leurs
enfans en bas âge ou de leurs effets les plus
précieux, les plus foibles succomboient les uns
après les autres à la fatigue; les vieillards, les
femmes, les enfans, restoient sur la route : à
mesure que les soldats les atteignoient, ils les
égorgeoient, après en avoir fait le jouet ou de
leur atroce cruauté ou de leur impudicité. Du 13
au 18, la marche de l'armée fut retardée par la
constante répétition dans chaque village, dans
chaque hameau, du pillage, du massacre et de
l'incendie. Le 18 seulement, d'Oppède arriva
devant Mérindol; cette petite ville étoit tout-à-fait
abandonnée : un jeune homme imbécile,
âgé de dix-huit ans, y étoit seul demeuré ; il fut
attaché à un olivier, et fusillé. Le 19, l'armée
entra sur les terres du pape, et se présenta
devant Cabrières; il ne restoit dans cette ville
que soixante hommes et trente femmes. Ceux-ci
firent cependant mine de se défendre pour obtenir
une capitulation ; on leur promit la vie
sauve; mais il fut déclaré ensuite qu'aucune
promesse n'étoit valable envers des hérétiques.

Tous ceux qui étoient dans la ville furent égorgés ; ceux qui s'étoient enfuis de Cabrières furent bientôt après trouvés dans le voisinage. « On prétend, dit de Thou, qu'il y en eut huit « cents de tués tant dans la ville que dehors. « Pour les femmes, elles furent enfermées par « l'ordre du président dans un grenier plein de « paille, où l'on mit le feu ; et comme elles tâ- « choient de se jeter par la fenêtre, elles furent « repoussées avec des crocs et des piques (1). « Les troupes allèrent de là à la Coste, où le « seigneur du lieu avoit promis une entière « sûreté aux habitans, pourvu qu'ils portassent « leurs armes dans le château et qu'ils abatissent « leurs murailles en quatre endroits. Ce peuple « trop crédule exécuta ce qu'on lui avoit or- « donné ; mais à l'arrivée du président, les fau- « bourgs furent brûlés, la ville fut prise, et tous « les habitans taillés en pièces jusqu'au dernier. « Les femmes et les filles qui, pour se dérober « au premier emportement du soldat, s'étoient « retirées dans un jardin voisin du château, « furent violées par ces furieux, et traitées en- « suite si cruellement que plusieurs d'entre elles « qui se trouvoient grosses, et la plupart même « des filles, moururent ou de douleur, ou de « faim, ou des tourmens qu'on leur fit souffrir ;

---

(1) De Thou. L. VI, p. 543.

« ceux qui s'étoient cachés dans Mus furent
« enfin découverts, et eurent le même sort que
« les autres.... Il y eut vingt-deux villages qui
« essuyèrent ainsi toute la rigueur d'Oppède. »(1)

Trois mille personnes avoient déjà péri, mais un nombre beaucoup plus grand erroit encore dans les bois et dans les montagnes; leurs bandes, traquées par les soldats, tomboient successivement au pouvoir du baron d'Oppède, qui avoit nommé des commissaires pour faire le procès aux hérétiques que le fer avoit épargnés. Six cent soixante-six d'entre eux furent choisis par le baron de la Garde, comme les plus jeunes et les plus vigoureux, pour travailler sur ses galères; mais d'entre ceux-ci, au bout de peu de semaines, deux cents étoient déjà morts de chagrin ou par suite de mauvais traitemens; deux cent cinquante-cinq prisonniers furent condamnés à mort par les commissaires, et exécutés. Pour atteindre ceux qui erroient encore dans les bois et les montagnes, le parlement d'Aix et le gouvernement pontifical firent proclamer, le 24 avril, par toute la province, « que nul n'osât
« donner retraite, aide, secours, ni fournir argent
« ni vivres à aucun Vaudois ou hérétique ; et
« ce, sous peine de la vie. D'où s'ensuivit, pour-
« suit l'historien de Provence, que les habi-

(1) De Thou. L. VI, p. 543.

« tans, hommes, femmes et enfans, ne pouvant « nullement être hébergés dans les villages et les « villes, étoient contraints de demeurer dans les « bois ou la campagne, et n'y vivre, à faute de « bons fruits dans les mois d'avril et de mai, que « de l'herbe; ce qui en tua une très grande quan- « tité, mourant d'une faim enragée.... Les plus « forts et les plus robustes se retirèrent à Genève « et au pays des Suisses. » (1)

Ce massacre effroyable de tout une population qui ne se défendoit point, qui n'avoit provoqué aucune attaque, fut raconté avec horreur dans toute l'Europe; et, malgré la férocité du fanatisme religieux, malgré les applaudissemens d'une partie du clergé, il excita presque partout la réprobation. A peine Bouche, historien de Provence, qui nous en a conservé les détails les plus atroces, ose le justifier, tandis que Ulloa le célèbre comme un glorieux triomphe du catholicisme. Les auteurs des mémoires que nous sommes accoutumés à suivre se dispensent d'en parler, et Belcarius ne raconte les faits qu'en peu de mots et sans porter sur eux aucun jugement. Le roi cependant, par sa déclaration du 18 août, approuva cette exécution; et lorsque les cantons suisses protestans lui écrivirent pour intercéder en faveur de ceux de leurs frères qui vivoient

---

(1) Bouche. L. X, p. 620.

encore, le roi leur répondit que les Vaudois n'avoient reçu que le juste châtiment de leurs crimes, et que les Suisses ne devoient pas plus se soucier de ce qu'il faisoit dans son royaume que lui-même ne s'informoit de ce qu'eux faisoient dans leur pays. Nous verrons, plus tard, qu'au commencement du règne suivant la dame de Cental profita de la défaveur où étoient tombés les ministres de François Ier, et en particulier le cardinal de Tournon, pour traduire en justice les auteurs de ce massacre qui l'avoit ruinée, et que le parlement de Paris, après cinquante audiences, les renvoya absous, adoptant ainsi pour lui-même et pour le clergé de France la responsabilité d'une action qu'on auroit été heureux de pouvoir attribuer à des haines privées. (1)

François, presque toujours souffrant, étoit aussi presque toujours irrité ; sa mauvaise fortune, son manque de succès dans toutes ses entreprises, lui paroissoient autant de torts dont il devoit demander raison ou à ses sujets, ou à ses ministres. Ses dépenses avoient été excessives dans l'année 1544; aussi, ne pouvant y

---

(1) De Thou. L. VI, c. 7, p. 532-544. — *Belcarius.* L. XXIV, p. 766. — Bouche, Hist. de Provence. T. II, L. X, p. 601-620. — Nostradamus, Hist. de Provence. T. VII, p. 770. — *Alf. de Ulloa, Vita di Carlo-Quinto.* L. III, f. 177. — Théod. de Bèze. L. I, p. 37-47. — *Sleidani.* L. XVI, f. 263-265. — *Frà Paolo, Concil. di Trento.* L. II, p. 123.

suffire avec les tailles ordinaires et la taxe de 1,200,000 francs sur les villes closes, qu'il nommoit la solde de cinquante mille hommes, il augmenta d'un quart toutes les impositions perçues sur la France, non sans causer ainsi un très grand mécontentement. En même temps, il demandoit un emprunt forcé *aux gens aisés à ce faire*, et il établissoit des greniers à sel dans les provinces qui n'avoient pas jusqu'alors été sujettes à la gabelle, en leur donnant l'espoir qu'en retour il diminueroit la taille (1). Vers la fin de l'année, il demanda de nouveau la solde des cinquante mille hommes aux villes, en exigeant qu'elle fût payée dans les six premiers mois de l'année 1545; cette fois néanmoins, en raison de la paix avec l'empereur, il la réduisit à 800,000 livres. (2)

Quels que fussent les besoins du trésor, les peuples ne pouvoient plus répondre à ses demandes; le fardeau des contributions étoit devenu trop accablant, ils n'avoient plus le moyen de les payer. Les habitans du Périgord se soulevèrent; ils saisirent Ponce Brandon, conseiller au parlement de Paris, qui avoit été envoyé chez eux pour juger les délinquans contre la ga-

---

(1) Annal. d'Aquitaine. P. IV, f. 312, 313. — *Gio. Batt. Adriani.* L. V, p. 298. — Édit de juillet 1544, à St.-Maur-des-Fossés. Fontanon. T. II, p. 1020.

(2) Annal. d'Aquit., f. 313, verso.

belle, ils le maltraitèrent, le traînèrent dans les rues, et le laissèrent pour mort. A cette nouvelle, un corps de troupes fut envoyé dans le Périgord pour vivre à discrétion sur les habitans, et en même temps un conseiller aux enquêtes vint commencer des informations contre eux (1). Cependant les violences que commettoient ces soldats sur les Périgourdins trouvèrent bientôt des imitateurs. Plusieurs capitaines arrivèrent en Poitou pour y vivre de même à discrétion. « Des meurtres, dit du Bouchet, « détroussemens, voleries, rançonnemens et « autres grands et exécrables maux étoient cha- « cun jour perpétrés par eux. » Le roi, qui étoit alors au Plessis-les-Tours, donna, le 21 avril, ordre à son prévôt de l'hôtel de se rendre sur les lieux avec les archers de la garde, de convoquer encore le ban et l'arrière-ban, « pour « rompre et mettre en pièces lesdits criminels « tenant les champs sans commission du roi; « lesquels il déclare ennemis de la chose publi- « que, et comme tels les abandonne, leurs per- « sonnes et biens, sans ce qu'on pût aucune « chose imputer à ceux qui les auront tués, « blessés et saccagés. » (2)

Telle étoit l'administration anarchique des

(1) *Arn. Ferronii.* L. IX, p. 236.
(2) Ann. d'Aquitaine. P. IV, f. 314. — Voyez aussi l'édit d'Amiens, 3 octobre 1544. Fontanon. T. I, p. 392.

provinces, même en temps de paix. Le roi commençoit par mettre hors la loi ceux qui ne pouvoient pas payer les contributions; puis il y mettoit à leur tour ceux qui les avoient saccagés. La sûreté des personnes et des propriétés n'étoit pas mieux garantie pour ceux qui approchoient le plus près du trône. Le chancelier Poyet, arrêté depuis 1541, fut enfin jugé. Il avoit été transféré d'Argilly à la Bastille, puis à la Conciergerie du Palais. Le roi avoit nommé une commission pour le juger, et l'avoit composée de vingt membres du parlement de Paris, cinq du grand conseil, et deux de chacun des autres parlemens du royaume (1). Il choisit pour remplir conjointement, devant cette commission, les fonctions de procureur général, deux créatures de la duchesse d'Étampes et de l'amiral Chabot, ennemis acharnés de Poyet. Enfin il désigna pour président de la commission Antoine Minard, proche parent du secrétaire Bayard, auquel le roi avoit accordé d'avance la confiscation d'une partie considérable des biens de l'accusé.

La principale charge contre Poyet étoit d'avoir reçu divers présens des villes et des particuliers auxquels il avoit accordé des grâces. Cependant, quand on vint à les examiner, il

(1) Garnier, Hist. de France. T. XIII, p. 143, 144.

établit assez bien que ces présens, peu considérables, avoient pu être remis chez lui sans qu'il en sût rien. Il étoit accusé encore de s'être acharné contre l'amiral Chabot, et d'avoir aggravé la sentence rendue contre lui. Il répondit qu'il entroit dans ses fonctions de corriger la rédaction des sentences, et que quant à sa votation comme président et membre du tribunal, elle étoit voilée par le serment du secret que faisoient les juges, en sorte que ceux qui l'accusoient méritoient bien peu de créance, puisque pour révéler ce qu'il avoit dit, ils commençoient par se rendre coupables de parjure (1). Le roi enfin avoit déposé en personne contre le chancelier, et il l'accusoit d'avoir falsifié le sceau pour s'approprier les deniers de l'audience de la chancellerie. Ainsi, au scandale d'un roi déposant contre son sujet, il joignit celui de rendre témoignage sur une chose qu'il lui étoit presque impossible de savoir (2). On est étonné de ne pas voir reprocher des malversations plus graves à un homme que toute la France haïssoit, et dont elle avoit désiré la chute. Mais les actions vraiment coupables de Poyet étoient celles qu'il avoit commises de concert avec le roi, ou dans son intérêt; et celles-là ne lui étoient pas reprochées. La commision, quoiqu'elle eût été choi-

(1) Garnier, p. 147-151.
(2) Isambert, note, p. 888.

sie dans le but seul de le condamner, quoiqu'elle fût de plus sollicitée par le roi de punir sévèrement celui qu'il nommoit un ministre infidèle, ne trouva pas, dans les pièces du procès, de quoi établir une condamnation capitale. La sentence, rendue le 24 avril 1545, portoit seulement « que pour les abus, fautes et malversa-
« tions, entreprises outre et par-dessus son pou-
« voir de chancelier, crimes et délits privilégiés
« par lui commis, mentionnés audit procès, et
« dont il s'est trouvé chargé, ledit Poyet sera
« privé de son état et office de chancelier, et
« déclaré inhabile et incapable de jamais tenir
« office royal; et, pour plus ample réparation
« desdits cas de crimes privilégiés, ladite cour
« le condamne en cent mille livres parisis d'a-
« mende envers le roi, et à faire prison jusques
« à plein et entier payement d'icelles. » (1)

On doit remarquer et dans cette sentence et dans celles que nous avons rapportées précédemment, que, comme les tribunaux les rendoient en public, ils s'abstenoient d'exposer avec précision les crimes pour lesquels ils punissoient, afin que le public ne pût pas juger à son tour les juges, et reconnoître si la peine étoit ou non proportionnée au délit. Le roi, de son côté, croyoit les juges obligés à servir tous ses ressentimens;

(1) Isambert, Lois de François Ier. T. XII, p. 890.

tout homme qu'il disgracioit étoit coupable. Il fut très irrité de la sentence rendue par la commission ; et les courtisans, auxquels il avoit promis la confiscation des biens de Poyet, travailloient à l'aigrir encore. Il dit aux députés qui lui apportoient l'arrêt, que les seuls articles qu'il avoit déposés, et dont il avoit une science certaine, étoient plus que suffisans pour faire condamner à mort le coupable. Il fit saisir toutes les pièces de la procédure déposées au greffe, et menaça de nommer de nouveaux juges pour revoir le procès. Averti que les juges avoient fait faire une copie de la procédure, il la leur enleva. Il se calma enfin, et avant que l'amende fût entièrement payée, il rendit la liberté au prisonnier, qui mourut ensuite à Paris dans la misère, au mois d'avril 1548 (1). Pendant la détention de Poyet le roi avoit fait administrer la chancellerie par des gardes-des-sceaux ; mais après sa déposition juridique, il nomma pour chancelier, le 28 avril 1545, François Olivier, président au parlement de Paris, qu'il avoit déjà employé dans quelques ambassades. (2)

Charles-Quint cependant avoit convoqué la diète de l'empire à Worms. Mais comme une violente attaque de goutte le retenoit toujours à

(1) Garnier. T. XIII, p. 152. — Gaillard. T. V, p. 194. — Paradin. L. IV, p. 141.
(2) Isambert, p. 892.

Bruxelles, ce fut son frère Ferdinand, roi des Romains, qui en fit l'ouverture. Dans le discours qu'il adressa aux représentans de l'Allemagne, le 24 mars 1545, il leur demanda de ne s'occuper que de la défense de la patrie contre les Turcs, en laissant au concile assemblé à Trente le soin d'arranger les affaires de la religion (1). Les catholiques applaudirent à cette déférence pour l'autorité ecclésiastique; mais les protestans se récrièrent vivement sur ce que le concile de Trente, convoqué par le pape, hors des limites de l'empire, et composé uniquement de leurs ennemis, n'étoit point le tribunal auquel ils avoient recouru pour rendre la paix à l'Église. Ils déclarèrent que, avant de contribuer à la guerre contre les Turcs, ils vouloient voir leur liberté de conscience reconnue, et solennellement garantie. L'empereur arriva le 15 mai à Worms, et chercha vainement à les intimider ou à les séduire; ils lui répondirent qu'ils n'exposeroient pas même leurs dogmes devant un concile qui les traitoit déjà en hérétiques, et qu'ils ne daigneroient pas plaider leur cause devant des hommes déterminés d'avance à les condamner. Toutefois l'ambitieux Maurice de Saxe, qui ne songeoit qu'à faire la cour à l'empereur, et à s'agrandir aux dépens des princes ses parens,

---

(1) *Sleidani.* L. XVI, f. 261. — De Thou. L. II, p. 118.

se sépara d'eux dans cette occasion, et parut prêt à reconnoître le concile. Charles, dès son arrivée à Worms, interdit aux prédicateurs protestans de prêcher dans cette ville; il autorisa au contraire son chapelain, qui étoit un moine Italien, à les attaquer avec invectives en sa présence, en sommant l'empereur d'accomplir son devoir de prince chrétien qui l'appeloit à les poursuivre et à les anéantir. Charles-Quint se déclara hautement contre Herman, archevêque de Cologne, qui introduisoit la réformation dans son diocèse, et il lui défendit de rien innover. Cependant, comme il ne se sentoit point encore prêt pour soutenir la guerre civile, et qu'il vouloit auparavant être libre d'inquiétudes du côté des Turcs autant qu'il l'étoit du côté des Français, il fit faire à Soliman les offres les plus avantageuses pour obtenir de lui la paix; et en même temps il convoqua une nouvelle diète à Ratisbonne pour le commencement de l'année suivante, tandis qu'il consentit à ce qu'une conférence entre les théologiens des deux partis préparât le travail qui lui seroit soumis. (1)

Jusqu'alors l'empereur et le roi de France avoient agi de concert; le roi avoit fait assembler à Melun douze docteurs de Sorbonne pour préparer les matières qui seroient soumises au

---

(1) *Sleidani.* L. XVI, p. 262. — De Thou. L. II, p. 121. — *Robertson's.* B. VII, p. 291-294.

concile ; l'université de Paris avoit été invitée par le cardinal du Bellay à envoyer en son nom une députation à Trente (1). Les légats du pape étoient arrivés dans cette dernière ville avant tous les autres ; ils avoient été suivis par trois évêques Italiens, créatures du pape ; ensuite on avoit vu arriver l'ambassadeur de l'empereur et celui du roi des Romains, puis quelques autres évêques ; ils se trouvèrent enfin au nombre de vingt, parmi lesquels on comptoit trois prélats Français. Ils tinrent entre eux quelques assemblées préparatoires ; mais le concile ne fut point ouvert jusqu'au 13 décembre 1545 ; en sorte que les évêques qui étoient venus les premiers à Trente, et qui y perdoient leur temps et leur argent, se reprochoient leur ponctualité, et témoignoient beaucoup d'impatience. D'autre part le comte de Grignan, ambassadeur de France, arrivé à la diète à Worms, comme il ne savoit ni le latin ni l'allemand, avoit adressé à l'assemblée la parole en français, et son discours, traduit par un interprète, étoit plein de menaces pour les protestans, qu'il sommoit de se soumettre au concile. En même temps l'évêque de Valence, Jean de Montluc, et M. de la Vigne, ambassadeurs du roi à Constantinople, travailloient avec toute leur adresse à réconcilier

---

(1) *Frà Paolo*. L. II, p. 114. — Théod. de Bèze. L. I, p. 48. — Hist. de l'Université. T. V, L. X, p. 408.

Charles-Quint avec Soliman, pour qu'il pût avoir les mains libres, lorsque le moment seroit venu d'attaquer les protestans. (1)

Le roi, en effet, se rattachoit alors de tout son cœur à son alliance avec l'empereur : chacun de ses actes de rigueur contre les hérétiques lui sembloit être un échelon qui le rapprochoit du ciel. Son amour paternel étoit flatté de la grandeur future de son fils le duc d'Orléans ; il aimoit à songer que ce prince occuperoit un trône presque aussi élevé que celui qui étoit destiné au dauphin. Il étoit jaloux de ce dernier. Il le voyoit avec humeur s'entourer de préférence d'hommes dévoués au connétable de Montmorency, et toujours prêts à blâmer l'administration. C'est probablement à cette époque qu'il faut rapporter une anecdote racontée par l'auteur des mémoires de Vieilleville. Il assure que le dauphin, dans un festin auquel il avoit invité ses amis, se laissa entraîner à parler de ce qu'il avoit intention de faire quand il seroit roi, et finit par annoncer quelle distribution il comptoit faire entre ses favoris des principales charges de la couronne. Il n'avoit pas remarqué qu'un fou de cour, Briandas, étoit dans la salle à manger pendant cette indécente distribution de l'héritage de son père. Ce fou accourant auprès

---

(1) *Frà Paolo*. L. II, p. 118-136. — *Sleidani*. L. XVI, f. 266, v. — *Gio. Batt. Adriani*. L. V, p. 298.

du roi, et cachant sous la brutalité de son langage sa malicieuse dénonciation, lui dit en entrant, sans aucune marque de respect : « Dieu
« te garde François de Valois. — Hoy, Briandas,
« dit le roi, qui t'a appris cette leçon? — Par
« le sang Dieu, dit le fou, tu n'es plus roi, je le
« viens de voir; et toi, M. de Thais, tu n'es plus
« grand maître d'artillerie, c'est Brissac; et à un
« autre, tu n'es plus premier chambellan, c'est
« Saint-André; et ainsi des autres. Et puis s'a-
« dressant au roi, lui dit : Par la mordieu, tu
« verras bientôt ici M. le connétable, qui te
« commandera à la baguette, et t'apprendra bien
« à faire le sot. Fuis-t'en, je renie Dieu, tu es
« mort. » Lorsque François se fut fait expliquer
le sens de cette boutade il entra dans une furieuse colère, « prit le capitaine de ses gardes
« écossaises, avec trente ou quarante archers,
« et s'en vint droit en la chambre de M. le dau-
« phin, où il n'en trouva pas un, d'autant qu'ils
« avoient été avertis; mais il passa son courroux
« sur ce qu'il trouva de valets de chambre et de
« garde-robe, de pages, de laquais et de pour-
« suivans, faisant sauter ce qu'il en put attraper,
« à coups de halebarde, par les fenêtres; sembla-
« blement les lits, tables, chaises, tapisseries,
« et tout ce qui étoit en l'antichambre, chambre
« et garde-robe, jusques à effacer l'écriture des
« fourriers qui étoit sur les portes. Qui fut cause

« que M. le dauphin s'absenta de la cour pour
« trois semaines ou un mois, durant lequel
« temps toutes les princesses et dames, princes
« et seigneurs se travaillèrent pour sa réconci-
« liation. Ils ne l'obtinrent que sous condition
« que le dauphin n'amèneroit point avec lui
« Saint-André, Andouin, Dampierre, Escars,
« Brissac, ni pas un de ceux qui avoient assisté à
« cette folie. » (1)

D'ailleurs le roi, qui ne vouloit point faire
diversion aux projets de l'empereur, avoit aussi
à cœur que rien ne le troublât dans l'exécution
des siens contre l'Angleterre. Non seulement
il vouloit recouvrer Boulogne des mains de
Henri VIII, il se flattoit aussi de causer à ce
monarque des inquiétudes sérieuses, en combi-
nant contre lui une attaque du côté de l'Écosse,
et un débarquement sur les côtes méridionales
de son île; il lui sembloit en cela servir l'Église
romaine contre les hérétiques, non moins effica-
cement que le feroit Charles-Quint en Allemagne.

La jeune reine Marie d'Écosse s'étoit trouvée
flotter, dès les premiers jours de sa vie et de son
règne, entre les deux partis qui vouloient faire
triompher, l'un le fanatisme persécuteur, et
l'autre la tolérance. Le cardinal Beatoun, l'un
des principaux ministres de son père, étoit chef

(1) Mém. de Vieilleville, par Vincent Carloix. T. XXVIII,
c. 24 et 25, p. 191-197.

du parti des prêtres, et avoit voulu s'attribuer la régence; la noblesse la lui avoit refusée pour la donner à James Hamilton, comte d'Arran, l'héritier le plus prochain du trône. Ce seigneur passoit pour modéré et tolérant; il n'étoit que foible et vacillant dans sa politique. Il commença par consentir au mariage de Marie avec Édouard, fils de Henri VIII; mais à peine eut-il ratifié ce traité, le 25 août 1543, qu'effrayé de la réunion de l'Écosse avec l'Angleterre, et de la faveur dont jouissoient auprès des Ecossais ceux qui flattoient leur antique haine contre les Anglais, il changea entièrement de parti et de politique, protesta, le 3 septembre, contre le traité qu'il venoit de signer, se réconcilia avec le cardinal Beatoun, et se jeta entre les bras des catholiques fanatiques qui se disoient amis de la France. Le triomphe de ce parti fut signalé par une persécution violente contre les protestans écossais, dont plusieurs furent brûlés. La Brosse, et ensuite de Lorges, furent envoyés, par François Ier, en Ecosse, avec une petite armée française pour donner leur appui à cette révolution, et engager ensuite les Ecossais à envahir la frontière anglaise du Northumberland. Le comte de Lennox, rival du comte d'Arran, en le voyant entrer dans le parti français, avoit passé lui-même dans le parti anglais; mais ne pouvant se maintenir contre la réprobation nationale, il chercha un refuge en Angleterre. Ce fut son fils, Henri Darnley, qui, vingt ans plus tard, revint d'Angleterre pour épouser Marie, et qui, après une courte et malheureuse union, périt par la catastrophe d'Holyrood. (1)

Jacques Montgommery, seigneur de Lorges, avoit abordé avec les renforts français en Écosse, au commencement de juillet 1545; et, après avoir exposé au conseil de régence les lettres et les demandes du roi de France, il obtint un ordre d'assembler l'armée écossaise, qui, forte d'environ quinze mille hommes, s'avança jusqu'aux frontières (2). En même temps, l'amiral Annebault devoit tenter une descente en Angleterre; le baron de la Garde lui avoit amené, par une navigation qui passoit pour hardie, vingt-cinq galères du port de Marseille à celui du Havre-de-Grâce. C'étoient proprement les seuls vaisseaux de guerre de la France; mais, en même temps, Annebault ayant fait rassembler de Bayonne à Montreuil tous les corsaires et tous les vaisseaux de commerce, s'étoit ainsi formé une flotte de cent cinquante vaisseaux ronds, et de soixante transports (3). Le rendez-

---

(1) *Robertson's History of Scotland*. B. II, p. 57-67. — *Buchanani, Rerum Scoticarum.* L. XV, p. 478-494. — Mart. du Bellay. L. X, p. 207. — *Arn. Ferronii.* L. IX, p. 236.

(2) *Buchanani.* L. XV, p. 495.

(3) Du Bellay. L. X, p. 209.

vous général étoit donné au Havre, et c'est là que le roi se rendit avec toute sa cour, pour voir, le 6 juillet, ses soldats monter à bord des vaisseaux. Sur le plus gros et le plus beau navire de toute la flotte, qui mesuroit huit cents tonneaux et portoit cent canons, et où l'on avoit embarqué le trésor de l'expédition, le roi comptoit donner ce jour-là un grand festin aux dames. Les cuisiniers de la cour avoient allumé de grands feux, sans vouloir écouter les ordres des officiers de marine; bientôt le vaisseau fut embrasé; on sauva avec peine les dames de la cour et l'argent. Quant aux soldats et aux matelots, ils périrent presque tous dans les flammes. (1)

Malgré ce désastre, la flotte ne tarda pas à mettre en mer; et, le 18 juillet, elle parut devant l'île de Wight. La flotte anglaise sortit de Portsmouth à sa rencontre; mais, reconnoissant qu'elle n'étoit pas assez forte pour livrer bataille, après avoir échangé de loin plusieurs décharges d'artillerie, elle rentra dans le port. Le canal étoit étroit et entouré de marais. Annebault, après l'avoir reconnu, conclut qu'il étoit impossible d'y attaquer la flotte anglaise. Il fit quelques descentes sur les côtes du Hampshire

---

(1) Du Bellay. L. X, p. 213. — Paradin. L. IV, p. 142. — *Belcarii*. L. XXIV, p. 766.

et de l'île de Wight pour les ravager; il consulta son conseil de guerre pour déterminer s'il ne conviendroit pas de s'emparer de cette île, et de la garder jusqu'à ce qu'on pût recouvrer Boulogne en échange; mais on lui fit comprendre que les troupes qu'il laisseroit dans l'île de Wight, qui n'étoit point fortifiée, ne pourroient s'y défendre long-temps. Il revint donc devant Boulogne, où il débarqua quatre mille soldats et trois mille prisonniers, pour construire, au lieu nommé Outreau, un fort destiné à fermer le port et à bloquer la ville; puis il reprit la mer, et rencontra de nouveau la flotte anglaise devenue plus forte, tandis que la sienne s'étoit affoiblie. Les deux flottes se lâchèrent plusieurs bordées, mais sans en venir à une bataille; après quoi Annebault ramena la sienne au Havre; et la campagne maritime finit sans avoir produit aucun résultat, quoiqu'elle eût causé une énorme dépense. (1)

Pendant ce temps, le maréchal de Biez attaquoit Boulogne; il vouloit fermer le port par la construction du fort d'Outreau, de l'autre côté de la rivière de Liane; mais l'emplacement qu'il avoit choisi ne commandoit pas suffisamment l'entrée de cette rivière, et les Anglais

---

(1) Martin du Bellay. L. X, p. 209, 214-230, 233-240. — Montluc. L. II, p. 322. — *Belcarii*. L. XXIV, p. 767. — Gaillard. T. V, c. 7, p. 407-423.

pouvoient toujours arriver jusqu'à Boulogne. Il ne voulut pas le croire, et se figurant au contraire qu'on chercheroit à faire passer de Calais un convoi aux assiégés, il vint tracer son camp, de ce côté de la ville, sur la montagne de Saint-Lambert, pour lui couper le chemin. Le roi et les princes s'étoient approchés de cette armée; il s'y livroit de fréquentes escarmouches; les maladies, autant que le fer ennemi, y enlevoient beaucoup de monde; mais aucun progrès ne faisoit prévoir la fin prochaine de la guerre.

Tandis que le roi étoit avec ses deux fils à Foret Moutiers, près d'Abbeville, « la peste, « dit Ferronius, exerçoit ses ravages dans les « environs. Charles, duc d'Orléans, avec son « frère Henri, entra dans la maison d'un paysan, « encore qu'on lui dît qu'elle étoit infectée; il « plaisantoit avec son frère sur cette peste dont « on les menaçoit; et, de son épée, coupant les « coussins, il poussoit sur le dauphin les plumes « dont le lit étoit rempli. Dès ce moment, on « assure qu'il fut lui-même infecté de la « peste (1). » D'autres donnent cependant une tout autre explication à son mal, et assurent que c'étoit le même qui rongeoit son père depuis plusieurs années. En 1542, en effet, il en avoit eu une première attaque, sur laquelle on

---

(1) *Ferronius.* L. IX, p. 238.

ne pouvoit guère se méprendre (1). Tavannes, pendant ce temps, avoit conduit les gendarmes du duc d'Orléans à une expédition mal conçue du maréchal de Biez, dans la terre d'Oye, petit district coupé de canaux, qui s'étend au nord d'Ardres et de Guines, entre Calais et Gravelines. Les Français ne purent y pénétrer bien avant, parce qu'ils avoient laissé leurs pontons à Ardres. Cependant Tavannes en revenoit, fier du butin et des prisonniers qu'il avoit enlevés aux Anglais; mais comme il les montroit au duc d'Orléans, celui-ci lui répondit en l'embrassant : « Mon ami, je suis mort, tous mes desseins sont rompus; mon regret est de ne pouvoir récompenser vos mérites » (2). En effet, il expira le 9 septembre 1545. « Son père, dit « du Bellay, pour surmonter sa douleur et évi« ter la peste, délogea promptement de Foret « Moutiers, et alla coucher en un village nommé « l'Hôpital, à un autre bout de la forêt de « Crécy. »

« Charles, duc d'Orléans, dit Ferronius, fut « vivement regretté par toute la cour. Quoique « adonné aux plaisirs, ce qu'on pouvoit par« donner à sa jeunesse, il étoit ardent dans « toutes les études militaires; aucun prince n'é-

---

(1) Paradin. L. IV, p. 128.
(2) Tavannes, c. 7, p. 78. — M. du Bellay. L. X, p. 246.
— *Belcarius*. L. XXIV, p. 769.

« toit entouré de meilleurs capitaines; aucun
« n'accueilloit mieux les chevaliers étrangers;
« aucun, lorsqu'il en étoit besoin, ne montroit
« plus de patience dans les travaux, de largesse
« dans les libéralités. Il savoit s'attacher les sol-
« dats par son amitié, les garantir par sa protec-
« tion, et les dérober aux influences de cour. Il
« avoit si bien gagné l'amour et du roi son père
« et de ceux qui plaisoient à son père, qu'on
« ne savoit jusqu'où il pourroit arriver; d'autant
« que comme il savoit se retourner, et profiter
« de l'occasion, sa puissance, déjà très grande,
« sembloit s'accroître encore chaque jour. » (1)

La mort du duc d'Orléans faisoit perdre au roi tous les avantages qui lui avoient été promis par le traité de Crépy, tandis que d'autre part elle le rétablissoit dans tous les droits qu'il prétendoit avoir sur le Milanez et la Flandre; droits auxquels il avoit renoncé seulement à raison du mariage de son fils. Il étoit donc nécessaire d'ouvrir une nouvelle négociation avec l'empereur pour remplacer le traité de Crépy par quelque autre stipulation. Au commencement de novembre, il envoya vers Charles V l'amiral d'Annebault et Olivier, chancelier de France, qui le trouvèrent à Bruges, et le suivirent à Anvers. Mais Charles, tout en témoignant son regret

(1) *Arnoldi Ferronii.* L. IX, p. 237.

pour la mort du jeune prince, qui devoit être son gendre, déclaroit que ce n'étoit pas une raison pour lui de reconnoître des droits qu'il avoit toujours niés, et auxquels son adversaire avoit formellement renoncé à deux reprises; que ce ne pouvoit être non plus un motif pour qu'il ne redemandât pas la restitution de l'héritage de la maison de Savoie, enlevé à un prince, son beau-frère, son allié et son vassal; que tout ce qu'il pouvoit promettre, c'est que si la France ne l'attaquoit pas, il ne l'attaqueroit pas non plus. Les ambassadeurs ne restèrent que huit jours auprès de l'empereur. Ils rapportèrent au roi qu'ils avoient trouvé ce monarque occupé à rassembler de l'argent, et à en emprunter aux villes de Flandre, pour se préparer à la guerre, qu'il jugeoit imminente, avec les protestans; qu'ils croyoient donc que l'occasion étoit belle pour François, s'il vouloit recouvrer tous ses avantages, en profitant des embarras où Charles alloit se jeter. (1)

Il semble, en effet, que dès ce moment François changea de nouveau de politique, et ne songea plus qu'à augmenter les difficultés contre lesquelles son rival avoit à lutter. Il envoya l'ordre aux prélats français qui étoient à Trente, d'en partir au moment même où alloit se faire

(1) Mart. du Bellay. T. XXI, L. X, p. 261.

l'ouverture du concile, fixée au 13 décembre (1). D'autre part, il donna à M. de Cambray, son ambassadeur à la Porte, des instructions opposées à celles d'après lesquelles on avoit agi jusqu'alors. Pendant toute l'année 1545, cet ambassadeur avoit secondé Ferdinand, qui offroit à Soliman un tribut annuel de cinquante mille ducats, pour obtenir de lui une trêve en Hongrie. Pendant l'année suivante, au contraire, ce même envoyé ne travailla qu'à faire échouer la négociation, et à engager le sultan à recommencer la guerre. (2)

François, néanmoins, se gardoit bien de se prononcer ouvertement, et de prendre une attitude hostile envers l'empereur, tant qu'il seroit engagé dans la guerre contre l'Angleterre. La campagne de 1545 lui avoit coûté beaucoup d'argent et de soldats, sans lui procurer aucun avantage. Pendant l'hiver, la mortalité fut plus grande encore dans l'armée opposée aux Anglais, probablement à cause du peu de soin qu'on avoit apporté au logement des troupes. « Ce n'étoit, dit du Bellay, que des trous en « terre, couverts de quelques appentis de paille « ou de chaume, qui pouvoient bien être en « partie cause de cette mortalité, vu l'humidité

---

(1) *Frà Paolo*. L. II, p. 133.
(2) Mém. de Ribier. T. I, L. V, p. 582-588.

« de l'hiver. J'y fus quelquefois logé en la cham-
« bre du capitaine Villefranche, laquelle je pen-
« sois la plus saine du fort ; mais la nuit, en la
« chambre où j'étois couché, mourut son frère
« et deux de ses fils, lesquels, le jour, ne mon-
« troient apparence d'être malades. Et dura tel-
« lement ladite mortalité, que de vingt enseignes
« (environ dix mille hommes) ne demeurèrent
« pas plus de huit ou neuf cents hommes.... En
« une nuit seule furent mis en terre plus de cent
« vingt soldats, et continua de sorte qu'on ne
« leur faisoit autre sépulture sinon, quand tout
« étoit mort en une maison, on l'abattoit sur
« eux. » (1)

Henri VIII, il est vrai, n'avoit pas plus lieu
de s'applaudir de la guerre ; elle lui coûtoit beaucoup d'argent, et pouvoit donner aux mécontens occasion de s'élever contre lui. Il avoit,
pendant quelque temps, craint une invasion des
Écossais ; mais, quoique leur armée fût forte
d'environ quinze mille hommes, le comte de
Montgommery n'avoit pu les engager à passer
au-delà de la Tweed. Toutes les hostilités de ce
côté s'étoient bornées à des escarmouches contre
le comte de Hartford (2). Les protestans d'Allemagne, alarmés de la convocation du concile

---

(1) Du Bellay, p. 266, 267.
(2) Rapin Thoyras. T. VI, L. XV, p. 493.

et des préparatifs de guerre de Charles V, avoient envoyé, tant en France qu'en Angleterre, des ambassadeurs pour chercher à réconcilier ces deux rois, et à obtenir ensuite leur assistance pour le maintien de l'indépendance de l'Allemagne. Mais ils avoient échoué, parce que François demandoit, comme condition de la paix, la restitution de Boulogne ; tandis que Henri exigeoit que la France renonçât à l'alliance des Écossais, et lui laissât mettre à exécution son traité avec le comte d'Arran, pour le mariage de son fils avec la jeune reine. (1)

Cependant Henri commençoit à s'alarmer à son tour des préparatifs de l'empereur contre les protestans. Il savoit bien qu'il étoit aussi odieux à la cour de Rome que ces derniers ; et le triomphe de la cause catholique dans toute l'Europe pouvoit lui devenir fatal. D'ailleurs Henri VIII, devenu si gros et si replet qu'il ne se mouvoit plus qu'avec peine, s'attristoit, et trembloit pour lui-même; il désiroit diminuer le poids des affaires qui l'accabloit, et qui seroit plus lourd encore pour son successeur. Il consentit donc à ouvrir de nouvelles conférences, au printemps de 1546, entre Ardres et Guines ; et, le 7 juin, un traité de paix fut enfin signé entre la France et l'Angleterre. Henri VIII donna son

---

(1) Rapin Thoyras, p. 492.

agrément à ce que l'Écosse y fût comprise; François s'engagea à lui payer de nouveau la pension annuelle de cent mille écus, stipulée vingt et un ans auparavant par le traité de Moore, et à lui compter de plus pour les frais de la guerre la somme de deux millions d'écus d'or, avant le jour de saint Michel 1554, époque à laquelle Henri VIII devoit lui rendre Boulogne. (1)

On assure que le roi donna en même temps des espérances à Henri qu'il se rapprocheroit de ses idées religieuses, et qu'il introduiroit quelque réforme dans le clergé de ses États. Comme cependant, à cette époque, ses principaux conseillers étoient les cardinaux de Tournon et de Lorraine, il étoit probablement peu sincère dans cette annonce d'un rapprochement. Mais la croisade qu'il voyoit commencer contre le protestantisme, et dans laquelle il s'étoit auparavant engagé lui-même, lui donnoit une inquiétude croissante. Ses différends avec l'empereur, qu'il avoit crus arrangés par le traité de Crépy, se représentoient à lui moins conciliables que jamais, par la mort de son second fils; tous les appuis qu'il avoit trouvés contre l'am-

(1) Traités de Paix. T. II, §. 94, p. 239. — Léonard. T. II, p. 458. — Rymer. T. XV, p. 93. — Rapin Thoyras, p. 497. — Du Bellay. L. X, p. 271. — Paradin. L. IV, p. 143. — *Belcarius.* L. XXIV, p. 771.

bition de son rival lui avoient échappé; et tandis qu'il le voyoit s'accroître démesurément en puissance, il alloit se trouver seul vis-à-vis de lui. Il cherchoit donc à plaire à Henri VIII, et à renouveler avec lui son ancienne alliance. La dauphine étant accouchée d'une fille à cette époque, il demanda à Henri VIII d'être son parrain; et il prodigua dans cette circonstance aux ambassadeurs anglais toutes les démonstrations d'amitié et de confiance. (1)

Par un édit du 6 mai 1545, le roi avoit réduit à quatorze les lieutenances générales entre lesquelles la France étoit divisée; c'étoient celles de Normandie, Bretagne, Guienne, Languedoc, Provence, Dauphiné, Bresse, Savoie, Piémont, Bourgogne, Champagne, Brie, Picardie et Ile-de-France (2). François, se préparant comme s'il étoit sur le point d'être attaqué, changea quelques uns de ses lieutenans généraux, pour confier les provinces les plus exposées à ses meilleurs capitaines. Il nomma le comte d'Enghien gouverneur du Languedoc, le prince de Melphi gouverneur du Piémont; il confirma le duc de Vendôme dans le gouvernement de la Picardie; il chargea du Bellay, qu'il fit son lieutenant en Champagne, de fermer, par de nouvelles places

---

(1) Paradin. L. IV, p. 144.
(2) Isambert. T. XII, p. 892.

fortes, la frontière qui étoit ouverte entre la Capelle et Mézières, faisant fortifier Maubert-Fontaine, Villefranche-sur-Meuse, Mézières et Mouson. (1)

1546.

Vers la même époque, comme s'il eût voulu regagner l'affection de ses peuples, qui se plaignoient que la chicane s'étoit augmentée en France, en proportion de l'augmentation des offices de judicature, il rendit, au mois d'août 1546, un édit à Moulins, par lequel il supprimoit tous les offices des présidens, maîtres des requêtes et conseillers des parlemens de Paris, Toulouse, Bordeaux, Rouen, Dijon, Dauphiné et Provence, à mesure qu'ils deviendroient vacans, jusqu'à ce qu'ils fussent réduits au nombre où il les avoit trouvés à son avénement à la couronne (2). Par un autre édit du 16 juillet 1546, voulant, disoit-il, « tenir son royaume en toute « la plus grande sûreté pour ses sujets que faire « se pourra, » il défendoit le port d'armes, arquebuses et pistolets d'Allemagne, même aux gentilshommes; ordonnant que tous ceux qui seroient trouvés portant ces armes « soient pris « et saisis au corps, et sur-le-champ, sans autre « forme et figure de procès, pendus et étranglés;

---

(1) Du Bellay, p. 262. — *Ferronius*. L. IX, p. 238. — De Thou. L. II, p. 199.

(2) Isambert. T. XII, p. 912.

« et semblablement ceux qui les retireront, ad-
« héreront ou favoriseront en quelque manière
« que ce soit. » Cet oubli de toutes les formes
de justice lorsqu'il s'agissoit de punir le port
d'armes, avoit toutefois beaucoup moins pour
but de protéger les paisibles sujets du roi que le
gibier de ses forêts; « car il apprenoit, disoit-il,
« que par tels arquebusiers, nos forêts étoient
« grandement dépopulées de bêtes. » (1)

Tandis que le roi prenoit ces mesures de précaution, il observoit, dans l'attente de l'avenir et dans l'étonnement, les grands événemens qui bouleversoient alors l'Europe. La négociation qu'il avoit entreprise avec Soliman II, avoit réussi mieux qu'il n'eût voulu. Son ambassadeur avoit réconcilié, du moins pour un temps, ce puissant monarque avec l'empereur et le roi des Romains; une trêve pour une année, confirmée ensuite pour cinq ans, avoit été conclue entre eux; pendant sa durée, Ferdinand s'étoit engagé à payer au sultan cinquante mille écus d'or par année (2). Les menaces que François avoit adressées aux Allemands par M. de Grignan, pour les forcer de se soumettre au concile de Trente, et ramener ainsi l'unité dans l'Église, parois-

---

(1) Isambert. T. XII, p. 910.
(2) *Gio. Batt. Adriani.* L. V, p. 311. — *Arn. Ferronii.* L. IX, p. 241. — *Sleidani.* L. XVI, f. 267, v. — *Robertson's.* B. VIII, p. 320.

soient de même n'avoir eu que trop d'efficacité. 1546.
Le concile étoit rassemblé ; il s'arrogeoit une
autorité absolue sur l'Église ; il étoit déterminé
à écraser l'hérésie, bien plutôt qu'à réconcilier
les sectaires. On ne comptoit encore à Trente
que trente-sept évêques, savoir, deux Français,
cinq Espagnols, un Illyrien et vingt-neuf Italiens (1). Ce n'étoit presque qu'une antichambre
de la cour de Rome, où l'on ne voyoit que ses
serviteurs les plus obéissans ; mais ces mêmes
hommes si humblement soumis au pape, si empressés à recevoir les ordres des légats, qui,
disoit-on, recevoient de Rome le Saint-Esprit
par la valise du courrier, si intéressés enfin à
maintenir tous les abus, qui devoient pour
eux être une source d'avancement et de richesses, avoient annoncé néanmoins qu'ils alloient à eux seuls décréter une confession de
foi obligatoire pour tous les fidèles (2). Le 8 avril,
ils avoient proclamé que l'autorité des livres
apocryphes étoit égale à celle des livres canoniques ; que la traduction latine des écritures, nommée la Vulgate, étoit inspirée à
l'égal du texte ; qu'enfin la tradition de l'Église
devoit aussi-bien servir de règle à la foi que les
saintes écritures : c'étoit enlever aux protestans

(1) *Sleidani.* L. XVII, f. 299.
(2) *Sleidani.* L. XVI, f. 275. — *Robertson's.* B. VII,
p. 302.

TOME XVII.

toutes les armes dont ils s'étoient jusqu'alors servis dans la controverse. (1)

Dans ce moment de crise si redoutable, le chef et l'oracle des protestans, celui qui les ralliait en un seul corps et les soutenoit par son indomptable fermeté, Luther, mourut à Eysleben, lieu de sa naissance, le 18 février 1546, à l'âge de soixante-trois ans (2). « On assure, dit « Odéric Raynaldi, l'annaliste de l'Église, que « le jour où ce scélérat, le plus odieux des hé- « résiarques, mourut, beaucoup d'énergumènes « parurent rendus à la liberté, parce que les « démons les quittèrent pour accompagner l'âme « de Luther dans les gouffres de l'enfer ; mais « bientôt ils revinrent reprendre leurs premières « fonctions. » (3)

Quelque joie qu'éprouvât Paul III de cette grande délivrance, il n'étoit pas disposé à seconder aveuglément l'empereur dans son attaque contre les luthériens. Il nourrissoit contre ce monarque un violent ressentiment ; après avoir donné à son fils Pierre-Louis Farnèse l'investiture des duchés de Parme et de Plaisance, il

---

(1) *Frà Paolo.* L. II, p. 154. — *Belcarius.* L. XXIV, p. 773. — *Robertson's.* B. VIII, p. 316.

(2) *Sleidan.* L. XVI, f. 277. — *Belcarius.* L. XXIV, p. 773. — De Thou. L. II, p. 130. — *Robertson's.* B. VIII, p. 309.

(3) *Raynaldi, Ann. eccles.* an. 1546, §. 139 et 143.

n'avoit pu obtenir que Charles-Quint la reconnût et la confirmât. Il en étoit blessé et comme père et comme souverain des états de l'Église.

Sur ces entrefaites, Charles-Quint ayant conclu la paix avec la France, et une trêve avec les Turcs, fit dire au pape que le moment étoit venu de détruire l'hérésie, et qu'il lui promettoit le succès des mesures qu'ils prendroient à ce sujet, pourvu qu'elles pussent être couvertes du plus profond secret. Paul III désiroit ardemment de supprimer ce qui lui paroissoit une révolte et contre Dieu et contre lui-même ; mais il se défioit de Charles qu'il croyoit bien plus occupé d'augmenter l'autorité impériale que d'extirper l'hérésie. Il signa avec lui, le 26 juin 1546, un traité par lequel il s'engageoit à lui envoyer en Allemagne et à maintenir à ses frais, pendant six mois, douze mille hommes de pied et cinq cents chevaux pour servir contre les protestans ; il l'autorisoit en même temps à lever d'énormes contributions sur les biens ecclésiastiques situés en Espagne (1). Mais le pape se défiant de la politique de l'empereur, et voulant le compromettre malgré lui avec les luthériens d'Allemagne, donna la plus grande publicité à ce traité que Charles vouloit tenir secret, et il publia un jubilé

---

(1) *Sleidan.* L. XVII, fol. 291. — *Frà Paolo.* L. II, p. 193. — *De Thou.* L. II, p. 140. — *Robertson's.* L. VIII, p. 326. — Le traité dans *Raynaldi, Ann. eccles.* 1546, §. 94.

à Rome, pour que tous les fidèles secondassent par leurs prières le grand œuvre de l'extirpation de l'hérésie. (1)

Les hostilités avoient commencé en Allemagne par une levée de boucliers de Henri, duc de Brunswick, qui, dépouillé de ses États par les princes de la ligue de Smalkalde, s'étoit offert à François Ier pour rassembler un corps de troupes en Allemagne, et le conduire contre les Anglais à Boulogne; mais après avoir reçu de lui l'argent nécessaire, il avoit employé ses soldats à reconquérir ses propres États. Cependant cette escroquerie lui avoit peu profité; le landgrave de Hesse, presque aussitôt après, l'avoit attaqué, défait, et fait prisonnier avec son fils (2). Cette victoire des princes protestans, qui accrut leur réputation, fut suivie de plusieurs mois de paix. Au mois de juin, l'empereur, qui rassembloit déjà des troupes, laissa, il est vrai, la diète de Ratisbonne pénétrer plus avant dans ses intentions. Cependant il ne parloit encore que de rétablir l'autorité impériale, non de gêner la liberté des consciences; et de cette

---

(1) *Sleidani.* L. XVII, f. 296, 298. — *Frà Paolo.* L. II, p. 206. — *Robertson's.* B. VIII, p. 329. — La bulle du pape fut publiée dès le 15 juillet.

(2) *Sleidani.* L. XVI, f. 267, 270. — *Belcarii.* L. XXIV, p. 770. — De Thou. L. II, p. 123. — *Robertson's.* B. VII, p. 298.

manière il avoit réussi à rattacher à ses intérêts l'ambitieux Maurice de Saxe, et un grand nombre de princes protestans. La publication même du traité d'alliance avec le pape, ne suffit point pour ouvrir les yeux de ces aveugles volontaires, quoique Paul III ne l'eût pas fait dans une autre vue que pour forcer l'empereur à les envelopper dans une même proscription, avec leurs coreligionnaires. (1)

Du moins la publication de ce traité ne laissa plus de doute sur les vues de l'empereur, à ceux qu'il annonçoit vouloir attaquer les premiers, non comme hérétiques, mais comme factieux. C'étoient l'électeur de Saxe, le landgrave de Hesse, le duc de Wurtemberg, les princes d'Anhalt, et les trois villes d'Augsbourg, Ulm et Strasbourg. Ces États proscrits, dès qu'ils eurent connoissance du traité conclu avec le pape, rassemblèrent leurs milices; le zèle ardent de la religion fit, à l'appel de leurs princes, courir aux armes tous les réformés; en peu de temps ils eurent en campagne soixante-dix mille fantassins et quinze mille cavaliers. Charles V qui n'avoit point été rejoint par les troupes qu'il appeloit de Belgique et d'Italie, n'étoit pas en état de leur tenir tête; enfermé dans Ratisbonne,

(1) *Sleidani.* L. XVII, f. 289. — De Thou. L. II, p. 127. — *Robertson's.* L. VIII, p. 321. — Paradin. L. IV, p. 149 177. — *Ferronius.* L. IX, p. 241-247.

il paroissoit presque à leur merci ; cependant il paya d'audace, et mit au ban de l'empire, le 20 juillet, de sa seule autorité, l'électeur et le landgrave, quoiqu'une pareille sentence dépassât le pouvoir légitime de l'empereur. (1)

Malheureusement l'électeur et le landgrave, chefs de la ligue de Smalkalde, n'étoient ni assez d'accord entre eux, ni assez bien obéis, ni assez habiles pour tirer parti de circonstances qui sembloient si favorables. Ils respectèrent trop l'autorité contre laquelle ils s'étoient armés; ils négocièrent, ils adressèrent des représentations à Charles V, au lieu de l'attaquer (2); ils rappelèrent Sébastien Schertel, vaillant aventurier, qui, avec un corps de troupes d'Augsbourg, cherchoit à s'emparer des gorges du Tyrol, pour empêcher les vieilles bandes espagnoles que Charles V avoit rappelées d'Italie, et les troupes du pape, de venir le rejoindre (3). Bientôt les troupes que Charles V destinoit à combattre les protestans arrivèrent à lui de toutes parts. L'armée du pape, commandée par Ottavio Farnèse, son petit-fils, étoit composée de soldats éprouvés, et bien supérieurs à la réputation qu'ont

---

(1) *Sleidani.* L. XVII, f. 297. — De Thou. L. II, p. 153.

(2) Ils avaient écrit à l'empereur le 4 juillet, et ils ne lui déclarèrent la guerre que le 11 août. *Sleidani.* L. XVII, f. 293; 300. — De Thou. L. II, p. 143.

(3) *Sleidani.* L. XVII, f. 296. — De Thou. L. II, p. 149.

en général les troupes pontificales. Les six mille Espagnols qui venoient du royaume de Naples, étoient plus redoutables encore par leur discipline, leur bravoure et leur férocité. Cependant les confédérés qui, dès le 29 août, se trouvoient en présence de l'empereur à Ingoldstadt, auroient encore pu l'attaquer avec avantage; mais quoiqu'ils engageassent avec lui une canonnade, ils n'entreprirent point de le forcer dans ses retranchemens. Le comte de Buren, avec l'armée de Belgique, forte de dix mille fantassins et quatre mille chevaux, réussit enfin à le joindre le 10 septembre, et dès lors l'empereur, égal en force aux protestans, au lieu d'éviter la bataille, reprit l'offensive, et réduisit quelques places du voisinage. (1)

Les chefs des confédérés avoient manqué de talent, de résolution ou d'accord; mais les peuples avoient fait tous les efforts que le zèle de la religion et l'enthousiasme peuvent produire : tandis que tous ceux qui pouvoient combattre s'étoient rangés sous les drapeaux des princes, les autres avoient ouvert leur bourse et leurs greniers aux champions de leur foi; les troupes de la ligue étoient dans l'abondance, et celles de l'empereur commençoient

---

(1) *Sleidani.* L. XVII, p. 302. — *De Thou.* L. II, p. 151, 158. — *Frà Paolo.* L. II, p. 209. — *Belcarius.* L. XXIV, p. 775. — *Robertson's.* B. VIII, p. 347.

1546. à manquer d'argent et de vives. Le sort de la guerre sembloit encore douteux, lorsque la perfidie de l'ambitieux Maurice de Saxe, protestant, parent de l'électeur, et gendre du landgrave, ruina ses coreligionnaires. Au mois de novembre, il envahit tout à coup l'électorat de Saxe par une extrémité, tandis que le roi des Romains, Ferdinand, y entroit par l'autre avec une armée de Bohémiens et de Hongrois (1). Les confédérés, effrayés de cette trahison domestique, firent à l'empereur des ouvertures de paix qu'il rejeta avec hauteur. Ils se virent ensuite forcés à diviser leur armée, pour aller défendre leurs propres foyers; mais cette séparation fut leur perte. La terreur gagna les princes et les villes; le duc de Wurtemberg demanda son pardon à genoux; la plupart des villes impériales de Souabe, qui étoient protestantes, ouvrirent leurs portes; Ulm, Augsbourg, Strasbourg, Francfort, firent à leur tour leur soumission, en renonçant à la ligue de Smalkalde; et cette puissante confédération, qui, pendant si long-temps, avoit balancé la puissance impériale, parut détruite dans le cours d'une courte campagne. (2)

(1) *Sleidani.* L. XVIII, f. 309, v. — De Thou. L. II, p. 169, 183. — *Frà Paolo.* L. II, p. 227. — *Belcarius.* L. XXIV, p. 779. — *Robertson's.* B. VIII, p. 358.

(2) Rapports dans Ribier, du 16 et 18 janvier 1547. L. V,

Pendant que la réforme sembloit écrasée en Allemagne par les armes de l'empereur, François l'attaquoit en France avec non moins d'acharnement ; soit qu'il n'écoutât que l'intolérance qui étoit au fond de son caractère, et sa haine pour l'indépendance des novateurs, qui à ses yeux étoient toujours des rebelles ; soit qu'il fût porté à la persécution par le cardinal de Tournon, le ministre en qui alors il avoit le plus de confiance ; soit enfin que cherchant, dans son état de maladie, à se rendre le ciel favorable, il crût son confesseur, qui lui promettoit sa guérison à ce prix. Dès le mois d'août 1545, il avoit envoyé dans les diverses provinces des conseillers du parlement de Paris, comme commissaires, pour la poursuite et la punition des hérétiques (1). Mais ce ne fut qu'à la fin de 1546, que la persécution éclata avec un caractère atroce. Il y avoit déjà vingt-trois ans que l'évêque Briçonnet, dans son amour pour les lettres anciennes, avoit introduit à Meaux les premiers germes de la réformation. Bientôt la persécution les avoit dispersés, mais sans les détruire. Plusieurs de ceux qui s'étoient soustraits par la fuite à cette première tempête, avoient visité les églises de

---

p. 588 et 589. — De Thou. L. II, p. 191. — *Robertson's.* B. VIII, p. 362.

(1) Isambert. T. XII, p. 894.

Strasbourg et de Genève, et en étoient revenus avec la ferme résolution de servir Dieu dans leur patrie, en esprit et en vérité. Ils avoient élu pour leur ministre un homme de sainte vie, mais qui ne savoit d'autre langue que le français, et qui avoit été élevé comme cardeur de laine : il se nommoit Pierre Leclerc ; les réformés s'assembloient dans la maison d'un autre bourgeois, nommé Étienne Mangin, où ils entendoient le prêche, et participoient au sacrement ; trois ou quatre cents personnes de l'un et de l'autre sexe, à Meaux et à cinq ou six lieues à la ronde, appartenoient déjà à cette église. Mais de quelque mystère qu'ils cherchassent à s'entourer, ils furent bientôt observés et dénoncés. (1)

Le 8 septembre 1546, le prevôt de la ville et les sergens, conduits par leurs espions, entourèrent la maison de Mangin, et y surprirent une assemblée de soixante personnes, auxquelles ils déclarèrent qu'ils les faisoient prisonniers de par le roi.

Quoique les capturés fussent beaucoup plus nombreux que ceux qui les avoient pris, et eussent aisément pu faire résistance et s'échapper, ils se laissèrent lier avec soumission. Seulement leurs coreligionnaires, en les voyant passer sur

---

(1) Théod. de Bèze. L. I, p. 49.

les charrettes où on les avoit entassés, entonnèrent le psaume 79 de la traduction de Marot,

> « Les nations sont dans ton héritage,
> « Ton sacré temple a senti leur outrage. »

qui sembloit peindre leur situation cruelle et les outrages auxquels ils étoient en butte. « Après
« les informations prises, dit Bèze, nommément
« sur ce qu'ils avoient célébré la cène, ils furent
« garottés sur des chariots et traînés si rudement
« jusques à Paris, à savoir, quarante et un hom-
« mes et dix-neuf femmes, que plusieurs se
« trouvèrent tout cassés et desrompus, devant
« qu'y être mis sur la géhenne, qui toutefois ne
« leur fut pas épargnée. L'issue du procès, du-
« quel fut rapporteur Jean Tronson, conseiller,
« et ennemi capital de ceux de la religion, fut
« telle, que le 4 d'octobre audit an, par arrêt
« de la cour (chambre des vacations) (1), qua-
« torze furent condamnés à être questionnés
« extraordinairement, puis brûlés vifs en un
« feu, au grand marché de Meaux, près de la
« maison d'Etienne Mangin où ils avoient été
« pris, avec confiscation de tous leurs biens....
« Et quant aux autres, l'un fut condamné à être
« pendu sous les aisselles durant l'exécution,
« puis fustigé, et finalement reclus à jamais en
« un monastère ; quatre à être fustigés en divers

---

(1) *Arn. Ferronii.* L. IX, p. 239.

« lieux, puis bannis ; le reste, tant hommes que
« femmes, hormis cinq femmes auxquelles les
« prisons furent ouvertes, furent condamnés à
« devoir assister à l'exécution, puis faire amende
« honorable....

« Livrés au prévôt des maréchaux ils furent
« ainsi conduits à Meaux ; un tisserand de leur
« religion les voyant passer par la forêt de Livry,
« commença de suivre les chariots en exhortant
« les prisonniers à haute voix, et leur criant :
« Mes frères, ayez souvenance de celui qui est
« là haut au ciel. Les archers du prévôt le liè-
« rent et le jetèrent dans le chariot avec les
« autres. Arrivés à Meaux, ils reçurent la ques-
« tion extraordinaire et très cruelle, qu'ils souf-
« frirent si constamment qu'ils n'accusèrent ja-
« mais personne de leurs frères.... Le lendemain
« 7 dudit mois, ils furent menés au supplice,
« étant premièrement la langue coupée à Etienne
« Mangin, qui ne laissa pas après de dire par
« trois fois, bien haut et intelligiblement, *le nom*
« *de Dieu soit béni!* puis fut traîné sur une claie,
« comme aussi Guillaume le Clerc, et les autres
« en tombereaux, jusqu'au grand marché, où
« ils furent guindés et brûlés en quatorze po-
« tences placées en cercle ; eux, se voyant tous
« en face, et s'entredonnant courage, en louant
« Dieu à pleine voix jusqu'à leur dernier sou-
« pir : quoique leurs paroles fussent empêchées

« par les prêtres et par la populace, criant au
« contraire comme forcenés, *ô salutaris hostia!*
« et *salve regina!* Cela fait, le lendemain 8 du
« mois, Picard (docteur de Sorbonne) pour
« achever son triomphe, venu avec une magni-
« fique procession en la place où le feu ardoit
« encore, prêchant sous un poële de drap d'or,
« dit entre autres choses, après s'être bien tem-
« pêté, qu'il étoit nécessaire à salut de croire que
« ces quatorze exécutés étoient damnés au fond
« des enfers, et que si un ange du ciel venoit dire
« du contraire, il le faudroit rejeter, pour ce que
« Dieu ne seroit point Dieu, s'il ne les damnoit
« éternellement. » (1)

1546.

Les supplices de Meaux furent comme le signal d'un renouvellement de persécution par toute la France. Dans le courant de l'hiver, deux pauvres religionnaires, Palé et Chancin, arrêtés à Senlis, furent brûlés à Paris. Etienne Pouillot, réfugié de Meaux, qui avoit prêché à la Fère, après avoir eu la langue coupée, fut brûlé vif, avec une charge de livres sur ses épaules; François d'Augy fut saisi à Annonay, comme il revenoit de Genève, et brûlé vif; mais du milieu des flammes on l'entendit s'écrier : « Courage,
« mes frères, je vois les cieux ouverts, et le fils

---

(1) Théod. de Bèze, Hist. ecclés. Liv. I, p. 51, 52. — J. *Sleidani*. L. XVIII, p. 314. — *Ferronii*. L. IX, p. 239. — *Belcarii*. L. XXIV, p. 780.

« de Dieu qui s'apprête pour me recevoir ! » Jean Chapot, dauphinois, dénoncé comme il venoit d'apporter à Paris une balle de livres de Genève, fut presque démembré sur la géhenne, sans qu'on pût arracher de lui le nom de ceux à qui il avoit vendu des livres, puis brûlé sur la place Maubert. Séraphin, arrêté à Langres au moment où il prêchoit, fut brûlé à Paris avec quatre de ses auditeurs ; l'avocat Jean Langlois fut brûlé à Sens, sur la poursuite de son propre oncle, archidiacre de la cathédrale ; Jean Bruyère fut brûlé à Issoire, et l'on remarqua la constance avec laquelle il s'abstint de donner aucun signe de douleur, suspendu comme il l'étoit par une chaîne de fer au milieu des flammes, jusqu'au moment où, baissant la tête, il rendit paisiblement l'esprit. (1)

Tandis que cette persécution s'exerçoit en France, Charles-Quint poursuivoit ses victoires sur ceux qui professoient en Allemagne la même religion ; mais pendant l'hiver il fut forcé, faute d'argent, de renvoyer une partie de ses troupes. L'électeur de Saxe, en rentrant dans ses États, en avoit chassé Maurice, et il l'avoit poursuivi dans la Misnie, où il sembloit sur le point de le punir de sa trahison (2). Le pape,

---

(1) Théod. de Bèze. L. I, p. 52-55.
(2) *Sleidani.* L. XVIII, f. 312, v., et 319.

irrité de ce que l'empereur avoit admis les hérétiques dans son armée, et ne paroissoit encore prendre aucune mesure pour proscrire le culte réformé, craignoit d'être demeuré dupe de l'empereur, qui n'avoit travaillé qu'à sa grandeur personnelle; et comme les six mois pendant lesquels il s'étoit engagé à lui envoyer des secours s'étoient écoulés, il avoit rappelé ses troupes d'Allemagne. L'Italie étoit alarmée par la conspiration de Jean-Louis de Fieschi contre André Doria; et quoiqu'elle eût échoué, le 2 janvier 1547, au moment même où elle éclatoit, elle laissoit une longue terreur après elle, parce qu'on la croyoit concertée avec le fils du pape, duc de Parme, et avec les Français (1). Dans les États héréditaires du roi des Romains, les Bohémiens, presque tous convertis au protestantisme, s'agitoient pour recouvrer leurs libertés, et défendre leur foi (2). Le landgrave et l'électeur de Saxe n'avoient rien perdu de leur puissance; l'enthousiasme se réveilloit parmi les protestans; les atrocités commises par les vieilles bandes italiennes et espagnoles, contre des hommes qui leur étoient dénoncés comme hérétiques; les violences et les pillages des Hongrois, qui traitoient les Allemands comme ils avoient coutume

(1) Républ. italiennes. T. XVI, c. 123, p. 212.
(2) *Sleidani.* L. XVIII, p. 319. — *Belcarii.* L. XXIV, p. 783.

de traiter les Turcs, faisoient sentir à tous qu'il n'y avoit de sûreté que dans la résistance. François enfin étoit troublé par la ruine si rapide de ses anciens alliés; c'étoit lui qui les avoit abandonnés à son rival, et qui avoit formé le projet de les détruire; mais il ne s'étoit pas attendu à les voir tomber si promptement; il regrettoit des défaites qu'il avoit accélérées, il renouoit avec eux ses correspondances; il cherchoit les moyens de prolonger leur résistance, et il mettoit en délibération s'il ne profiteroit point de cette occasion pour humilier l'empereur, dont il étoit toujours jaloux (1).

Mais pendant ce bouleversement soudain de l'Allemagne, qui n'avoit laissé au roi des François d'autre rôle que celui de spectateur, diverses circonstances avoient contribué à diminuer son énergie dès long-temps décroissante. La mort de son plus jeune fils l'avoit plongé dans une mélancolie qu'augmentoit encore le triste état de sa santé; le retour fréquent d'aposthumes, qui, dans leur progrès, l'exposoient à des douleurs atroces, accabloit son corps par une fièvre qui menaçoit ses jours. Les intrigues de cour, la jalousie de la duchesse d'Étampes et de Diane de Poitiers, l'inimitié de la première pour le dau-

(1) *Sleidani.* L. XVIII, p. 316. — *Robertson's.* L. IX, p. 387.

phin, et la crainte qu'elle ressentoit de ce qu'elle aurait à éprouver de sa part lorsqu'il parviendroit à la couronne, empoisonnoient la vie domestique du vieux roi. Il montroit de l'affection pour le comte d'Enghien, illustré par la bataille de Cérisoles, et celui-ci sembloit réunir autour de lui les anciens amis du duc d'Orléans, et maintenir son parti à la cour. Mais, raconte du Bellay : « au mois de février 1546 (1), étant le « roi à la Roche-Guion, les neiges étoient fort « grandes; il se dressa une partie entre les jeu- « nes gens étant près de la personne de M. le « dauphin ; les uns gardoient une maison, et « les autres l'assailloient à pelotes de neige. « Durant ce combat, le sieur d'Enghien, Fran- « çois de Bourbon, sortant de fortune hors d'i- « celle maison, quelque malavisé jeta un coffre « plein de linge par la fenêtre, lequel tomba sur « la tête dudit sieur d'Enghien, et le blessa de « sorte que peu de jours après il mourut (2). » D'autres désignent plus expressément le *malavisé* qui jeta ce coffre : c'était le marquis d'Aumale, fils du duc de Guise, et il le faisoit par ordre du dauphin ; aussi il ne fut point permis de faire sur cette mort les informations ordi-

1547.

---

(1) Du Bellay commence l'année à Pâques ; cependant l'événement appartient en effet à 1546.

(2) Du Bellay. L. X, p. 273.

naires de la justice, de peur de trouver ces princes impliqués dans un crime. (1)

Ce fut aussi au commencement de février 1547 que François reçut, à Saint-Germain-en-Laye, la nouvelle de la mort du roi d'Angleterre. Henri VIII étoit depuis quelque temps incommodé d'un ulcère à la jambe, qui lui causoit beaucoup de douleur; en même temps son embonpoint extraordinaire l'empêchoit presque de se mouvoir. Ces deux causes le rendoient si chagrin, qu'on ne l'approchoit plus qu'en tremblant. Il livroit aux supplices les plus cruels, ceux qui ne partageoient pas ses opinions religieuses; le sort d'Anne Askew, dame de la cour, torturée et ensuite brûlée, avec quatre hommes qui, de même qu'elle, avoient nié la présence réelle, inspira surtout beaucoup d'horreur (2). En même temps, Henri faisoit tomber les têtes des personnages les plus importans de son royaume. Le comte de Surrey fut décapité le 19 janvier 1547; son père, le duc de Norfolk, devoit, d'après l'ordre de Henri VIII, être décapité le 29 janvier; mais Henri lui-même mourut dans la nuit du 28 au 29, et l'exécution fut suspendue. Le roi d'Angleterre, au

(1) De Thou. L. II, p. 198. — Histoire des seigneurs d'Enghien, par P. Collins, p. 498. Rapporté en note à de Thou. — Brantôme. T. II, p. 302.
(2) Rapin Thoyras. L. XV, p. 503.

moment de sa mort, étoit âgé de cinquante-six ans ; et il avoit régné trente-sept ans et neuf mois (1). « De ce trépas, dit du Bellay, le roi porta
« grand ennui, tant pour l'espérance qu'il avoit
« de faire ensemble une alliance plus ferme
« que celle qu'ils avoient commencée, que parce
« qu'ils étoient presque d'un âge, et de même
« complexion ; et eut doute qu'il fût pour
« bientôt aller après. Même ceux qui étoient
« près de sa personne, trouvèrent que de-
« puis ce temps il devint plus pensif qu'aupara-
« vant ». (2)

Malgré la tristesse du roi, son découragement et son état de maladie, une nouvelle activité étoit donnée aux négociations, depuis le commencement de l'année. Tandis que les ambassadeurs de France auprès de l'empereur et de la reine de Hongrie leur donnoient l'assurance des intentions pacifiques du roi, et se faisoient même valoir comme étant les vrais auteurs de la trêve avec les Turcs (3), d'autres ambassadeurs auprès du landgrave et de l'électeur de Saxe leur promettoient une subvention de 40,000 écus par mois, pendant six mois, et leur annonçoient que le roi, déterminé à les soutenir, avoit déjà

---

(1) Rapin Thoyras. L. XV, p. 515. — De Thou. L. III, p. 229.

(2) Du Bellay. T. XXI, p. 275.

(3) Ribier. L. V, p. 591, 593.

pris quinze mille Suisses à sa solde, et comptoit en prendre davantage (1). Des négociateurs français cherchoient à rattacher le Danemark à la cause des protestans d'Allemagne, et offroient comme récompense au roi Danois, la jeune reine d'Écosse en mariage pour son fils, avec le royaume d'Ecosse pour dot (2). Les négociations de la France n'étoient pas moins actives en Italie, auprès du pape et des Vénitiens. Le roi vouloit alarmer ces deux puissances sur l'agrandissement de l'empereur et son ambition, et il leur demandoit de s'engager avec la France dans une ligue destinée à le contenir dans de justes bornes (3). Le roi, pour déterminer Paul III, offroit de donner à l'un de ses petits-fils, la fille naturelle du dauphin en mariage ; on assuroit que le pape étoit déjà si alarmé de l'ambition de l'empereur, qu'il faisoit des vœux en faveur des protestans en guerre avec lui. C'étoit aussi pour contrarier Charles V qu'il venoit de transférer le concile de Trente à Bologne, sous prétexte que la peste avoit éclaté dans la première ville, mais en effet pour qu'il fût moins sous la dépendance impériale ; et dans la même vue, le roi s'étoit engagé à y envoyer

(1) Ribier, p. 607, 609, 611, 613, 617, 619, 624, 627. — *Sleidani*. L. XVIII, f. 320 ; et L. XIX, f. 323.

(2) Ribier, p. 600 et 606.

(3) *Ibid.*, p. 614.

un grand nombre de prélats français (1). François avoit encore expédié M. d'Aramont à Constantinople, pour engager Soliman à rompre la trève, et à attaquer ou le royaume de Naples, ou la Hongrie. Il n'avoit pu si bien cacher toutes ces démarches à l'empereur, que celui-ci n'en eût quelque soupçon ; aussi tint-il à son tour des discours menaçans à l'ambassadeur français ; il lui demanda l'évacuation du Piémont et de la Savoie, et lui donna à entendre que, si dans ce moment il ne les répétoit pas par la guerre, il les regardoit toujours néanmoins comme un motif suffisant pour lui faire recommencer quand il voudroit les hostilités. (2)

La mort de Henri VIII avoit donné lieu à d'autres négociations en Angleterre ; son fils, Édouard VI, alors âgé de neuf ans et demi, y fut proclamé roi le 31 janvier 1547. Henri avoit désigné par son testament, seize seigneurs qui devoient former son conseil de régence ; mais l'un d'eux, Édouard Seymour, comte de Hartford, qui prit le titre de duc de Sommerset, et qui étoit oncle maternel du jeune prince, réussit, dès le 1ᵉʳ février, à se faire déclarer protecteur par les quinze autres. Il étoit attaché à

(1) Ribier, Lettres originales. L. V, p. 622, 633, 637, 638 et 640. — *Frà Paolo.* L. II, p. 266, 273, 275.
(2) Lettres de Mesnage, ambassadeur auprès de l'empereur, du 20 janvier. Ribier, p. 595.

la religion réformée, qui dès-lors devint celle du roi et du royaume (1). Cependant il rechercha avec empressement l'amitié de la France; et le 11 mars, un traité entre les deux couronnes fut signé à Londres, par lequel celui de l'année précédente fut confirmé, mais en expliquant à l'avantage de la France tous les points qui pouvoient admettre quelque doute. (2)

Pendant l'automne et l'hiver, le roi avoit continué ses petits voyages; il visita toute la frontière orientale, depuis Bourg-en-Bresse, au travers de la Bourgogne, du Barrois et de la Champagne, ordonnant de nouvelles fortifications sur tous les points qu'il jugeoit en avoir besoin (3). « Sur ces entrefaites, dit du Bellay, « lui vint une fièvre lente, pour laquelle passer, « il s'en alla à la Muette, maison nouvellement « par lui édifiée, à deux lieues de Saint-Germain, au bout de la forêt; mais y ayant fait « séjour de sept ou huit jours, il s'ennuya, et « en partit sans passer par Saint-Germain-en-« Laye, et alla coucher à Villepreux, où la « nuit il eut quelque accès de fièvre. Le lendemain, il alla coucher à Dampierre, près Chevreuse, duquel lieu il prit son chemin pour

(1) Rapin Thoyras. T. VII, L. XVI, p. 1-9. — Hume. T. VI, c. 34, p. 146.
(2) Traités de Paix. T. II, §. 95, p. 242.
(3) Du Bellay. T. XXI, p. 274.

« aller faire son quarême-prenant à Limours
« (le 22 février). De jour en jour, ceux qui
« étoient autour de lui le trouvoient fort changé
« de complexion et de façon de faire. Ayant sé-
« journé deux ou trois jours à Limours, il s'en
« alla à Rochefort, où il séjourna, allant de
« jour en autre à la chasse, mais tous les soirs
« à son retour, il avoit quelque accès de fièvre;
« parquoi il voulut prendre son chemin pour
« se retirer à Saint-Germain-en-Laye, et pour
« avoir son passe-temps de la chasse par les che-
« mins. Partant de Rochefort, il vint coucher à
« Rambouillet, espérant n'y être qu'une nuit;
« mais le plaisir qu'il eut, approchant dudit
« Rambouillet, tant en la chasse qu'en la vo-
« lerie, lui fit changer d'opinion. Il délibéra
« d'y faire séjour cinq ou six jours; enfin la
« fièvre qui de long-temps l'avoit saisi, se ren-
« força tellement par intervalles, qu'elle se con-
« vertit en continue, avec la douleur d'une
« aposthume qu'il avoit eue peu de temps au
« précédent qu'il allât au devant de l'empereur
« quand il passa par France. Alors ayant bonne
« connoissance de sa fin, il disposa des affaires
« de sa conscience et de sa maison; après avoir
« fait plusieurs belles remontrances à son fils,
« monseigneur le dauphin à présent régnant, et
« lui avoir recommandé son peuple et ses ser-
« viteurs, il rendit l'âme à Dieu audit château

« de Rambouillet, le dernier jour de mars 1546
« avant Pâques (31 mars 1547).... Il mourut
« en son âge de 53 ans, et continua en bonne
« mémoire et sain entendement jusqu'à la fin
« de ses jours ». (1)

Ferronius, qui, de même que du Bellay, termine son histoire à la mort de François Ier, dit : « qu'il mourut avec tant de piété et de
« constance, que, comme le souffle lui échap-
« poit, il répéta à plusieurs reprises le nom de
« Dieu, et lorsqu'il n'eut plus de voix, il fit
« encore de ses doigts le signe de la croix sur son
« lit. On assure qu'il recommanda à son fils qui
« alloit être roi, ses serviteurs et le peuple
« français qui s'étoit toujours montré à lui si
« obéissant, et surtout sa noblesse, qui avoit
« dépassé tous les autres dans son empressement
« à le servir. Pierre Castellan l'avertit alors de
« détourner son esprit des choses mondaines,
« et de le reporter tout entier vers Dieu, pour
« solliciter son pardon ; ce qu'il fit avec
« zèle ». (2)

Tavannes, le seul des écrivains du temps qui se permît de juger les rois, dit de lui : « Les
« dames plus que les ans lui causèrent la mort.
« Il eut quelques bonnes fortunes et beaucoup

---

(1) Du Bellay, p. 276-279.
(2) *Arn. Ferronii*. L. IX, p. 239.

« de mauvaises. Il élevoit les gens sans sujet,
« s'en servoit sans considération, leur laissoit
« mener la guerre et la paix pour se décharger.
« Les femmes faisoient tout, même les généraux
« et capitaines, d'où vint la variété des événe-
« mens de sa vie, mêlée de générosité, qui le
« poussoit à de grandes entreprises, d'où les
« voluptés le retiroient au milieu d'icelles. Il
« aimoit les sciences et les bâtimens. Trois actes
« honorables lui donnèrent le nom de grand,
« non la différence du petit roi François, la ba-
« taille de Marignan, la restauration des lettres,
« et la résistance qu'il fit seul à toute l'Europe...
« L'excellence de l'empereur Charles Quint lui
« donna gloire : le vainqueur d'Allemagne,
« d'Asie, d'Afrique, des Gueldres, des Turks,
« a borné son plus outre aux rivières de Marne
« et Durance, et fait naufrage en France avec
« deux grandes armées ». (1)

(1) Tavannes. T. XXVI, c. 8, p. 84. — Vieilleville.
T. XXVIII, L. I, c. 47, p. 307. — De Thou. L. III, p. 222. —
Paradin. L. IV, p. 147. — *Belcarius.* L. XXV, p. 793. —
Pauli Jovii. L. XLV, p. 617. C'est la fin de son histoire.

RÈGNE DE HENRI II.

CHAPITRE XI.

Caractère du nouveau roi Henri II. — Charles-Quint soumet les protestans d'Allemagne. — Complot en Italie. — Guerre civile d'Ecosse. — Persécution en France. — Révolte de la Guienne. — Henri II recouvre Boulogne des mains des Anglais. — 1547-1550.

1547.

FRANÇOIS Ier avoit acquis un singulier empire sur les cœurs des Français; il les avoit gagnés, dès le commencement de son règne, par le charme de sa figure et de sa jeunesse; ensuite par sa valeur brillante, l'agrément des manières, l'esprit qu'il montroit dans sa conversation, quelquefois les mots heureux qu'on répétoit d'après lui; plus tard enfin par ses malheurs, et la constance qu'il avoit montrée dans une lutte dangereuse. On l'avoit vu aux prises avec un grand monarque qui l'emportoit sur lui en talent comme en puissance, mais dont on se plaisoit à qualifier de fraude l'habileté, tandis qu'on s'obstinoit à trouver dans la conduite de François Ier une loyauté qui tout au plus n'apparoissoit que dans ses manières. D'ailleurs cette grande fermentation de l'esprit humain qui produisit le renouvellement des lettres dans l'Europe occidentale, avoit éclaté pendant le règne de François Ier ; on lui en fit honneur, on lui décerna, au moment de sa mort, le titre de père des lettres : on avoit applaudi à l'empressement avec lequel il avoit appelé auprès de lui des savans, au goût qu'il paroissoit prendre à leur entretien, à l'instruction réelle qu'il avoit recueillie de leur conversation ; on en fut frappé davantage encore en le comparant à son fils, à son successeur, qui montroit de la répugnance pour tout exercice de l'esprit. Cette comparaison rendoit tous les jours plus chère la mémoire du père, par le seul effet des souffrances éprouvées sous le fils, et par la disposition naturelle à l'homme de s'attacher aux souvenirs du passé ; les protestans eux-mêmes, qui avoient tant de motifs de haïr François Ier, et qui avoient éprouvé de sa part des persécutions si atroces, honorèrent généralement sa mémoire ; peut-être en raison de l'estime qu'il avoit témoignée à plusieurs de leurs plus savans docteurs, ou peut-être seulement parce qu'ils étoient appelés à éprouver encore des traitemens plus cruels de la part de ses successeurs. « Il fut

« depuis surnommé le Grand, dit Théodore de
« Bèze, lequel surnom lui eût tourné en beau-
« coup plus grande louange, si on ne pouvoit
« dire à bon droit, qu'ainsi qu'il a été grand
« guerrier, et amateur des bonnes lettres, aussi
« il a été grand adversaire de ceux de la reli-
« gion (1). » La Planche dit que « ce fut un prince
« de son naturel, non moins généreux que vo-
« luptueux (2) »; et Sleidan dit que « sa mort
« fut un grand malheur pour les hommes de
« lettres et les hommes studieux, car personne
« n'aima plus les arts libéraux, ou ne les ré-
« compensa plus richement. » (3)

Mais quelques regrets que les gens de lettres, que le peuple français lui-même, pussent sentir pour François Ier, les courtisans de son fils se réjouissoient de voir commencer un nouveau règne; ils pressentoient combien un prince foible et de peu de talent leur accorderoit de crédit et de richesse. Tandis que François Ier étoit à l'agonie, dit un contemporain anonyme, « le dau-
« phin (Henri II), travaillé de regret et de

---

(1) Théod. de Bèze, Hist. ecclésiastique. L. I, p. 66.
(2) Histoire de l'État de France sous François II, p. 6.
(3) *Jo. Sleidani, de Statu religionis et Reipublicæ.* L. XIX, f. 323, 324. Sleidan lui-même, qui étoit secrétaire des États protestans de la ligue de Smalkalde, avoit une pension de cent écus du roi, et c'étoit le cardinal du Bellay qui la lui avoit procurée. Lettre de celui-ci, dans Ribier. T. II, p. 50.

« déplaisir de l'état où il voyoit son père lan-
« guissant, s'étoit jeté sur le lit de la dauphine
« (Catherine de Médicis), laquelle étoit à terre
« et faisoit de l'éplorée et dolente. Au contraire
« la grande sénéchalle (Diane de Poitiers), et
« le duc de Guise, qui n'étoit alors que comte
« d'Aumale, y étoient; celle-là, toute gaie et
« joyeuse, voyant le temps de ses triomphes ap-
« procher; celui-ci se promenant par la cham-
« bre de la dauphine, et de fois à autre alloit à
« la porte savoir des nouvelles, et quand il re-
« venoit : *il s'en va*, disoit-il, *le galand* ». (1)

François, avant ces derniers combats de la nature, avoit, selon l'usage des rois, adressé des conseils sages et pieux à son successeur. Il fit venir auprès de son lit le seul fils qui lui ait survécu, Henri, qui, né le 31 mars 1519, entroit ce jour-là même dans sa vingt-neuvième année. Il lui recommanda de décharger son peuple des tributs dont il avoit été forcé de l'accabler, et de profiter pour cela du bon état où il lui laissoit ses finances, car, disoit-il, son successeur trouveroit 400,000 écus dans ses coffres, et un quartier de ses revenus prêt à y entrer. Cette bonne administration il la devoit à la sagesse de ses ministres, surtout de l'a-

---

(1) Légende du cardinal de Lorraine, 1579. Dans les notes à de Thou. L. III, p. 238. — Mém. de Condé. T. VI, p. 7.

miral Annebault, auquel il faisoit un legs de cent mille livres, et du cardinal de Tournon, dont il invitoit Henri à suivre toujours les conseils, tandis qu'il le prémunissoit contre la pernicieuse politique du connétable de Montmorency, et l'ambition des Guises, qu'il lui demandoit d'exclure de tout pouvoir (1). Il lui témoigna de même le peu de confiance qu'il avoit dans un autre de ses favoris, Saint-André, tout en ajoutant qu'il voyoit bien que Henri le feroit un des plus grands de son royaume (2). Henri pleuroit auprès du lit de son père, il paroissoit touché, mais il se garda de rien promettre, et plus encore de rien observer.

« Henri, dit Théodore de Bèze, n'avoit ni la « vivacité d'esprit, ni la faconde de son père, « mais bien un naturel de soi-même fort débon- « naire, et tant plus aisé à tromper, de sorte « qu'il ne voyoit ni jugeoit que par les yeux, « oreilles et avis de ceux qui le possédoient (3)». Beaucaire remarque que «ressemblant plus à son « ayeul maternel Louis XII qu'à son père, il lui « auroit aussi ressemblé dans l'administration du « royaume, s'il avoit eu comme lui des hommes « de bien pour conseillers, car il paroissoit né « pour être gouverné, non pour gouverner; il

---

(1) De Thou. L. III, p. 236.
(2) Mém. de Vieilleville. T. XXVIII, L. I, c. 47, p. 308.
(3) Théod. de Bèze. L. II, p. 67.

« ne faisoit presque rien d'après lui-même, et
« ne se conduisoit que d'après les avis de ses
« familiers les plus intimes. Quant à sa figure,
« sans égaler celle de son père, sa taille étoit
« cependant élevée, son corps carré, robuste,
« et propre à tous les exercices, quoiqu'il fût
« disposé à l'embonpoint, contre lequel il se
« prémunissoit par la régularité de sa diète, et
« par un exercice journalier; et cependant il
« égaloit à la course les hommes les plus lestes;
« son teint étoit obscur, ses cheveux et sa barbe
« étoient noirs ». (1)

Au moment où la mort de François fut annoncée à son fils, dédaignant le conseil qu'il venoit de recevoir, Henri n'eut plus d'autre pensée que celle de se jeter dans les bras de celui qu'il nommoit son vieux ami, pour se reposer sur lui de tout le poids du gouvernement. Ce jour-là même, 31 mars 1547, il confia le corps du feu roi à l'amiral Annebault et au cardinal de Tournon, et il partit pour Saint-Germain-en-Laye, où il rencontra le connétable de Montmorency, lequel, dit le secrétaire d'état Bochetel, qui l'accompagnoit, *embrassa incontinent tout le faix des affaires* (2). Il sembloit que l'esprit paresseux de Henri II deman-

---

(1) *Belcarius.* L. XXV, p. 793.
(2) Sa lettre de Saint-Germain, 4 avril 1547. Mémoires. T. XXVIII, p. 415.

doit un homme qui le soulageât de tous les soucis de la royauté. Sans ressentiment lui-même, il adopta tous ceux du vieux connétable, auquel il livroit sa conduite ; il consentit à éloigner à l'instant de la cour le cardinal de Tournon et l'amiral Annebault ; il fit arrêter Gilbert Bayard, secrétaire d'état, qui mourut peu après en prison ; il renvoya Villeroi, l'autre secrétaire ; il fit intenter un procès criminel à Nicolas de Bossut, sieur de Longueval, pour avoir eu part au traité avec l'empereur, que Henri croyoit trop favorable à son frère le duc d'Orléans ; et Longueval auroit péri, s'il n'avoit racheté sa vie, en cédant à Charles de Guise, archevêque de Reims, et l'un des favoris du roi, sa superbe maison de Marches, que celui-ci convoitoit (1). C'est ainsi que la justice fut administrée pendant tout ce règne ; des crimes d'état étoient supposés par l'esprit de faction, poursuivis avec acharnement, menacés du dernier supplice, puis pardonnés aussitôt qu'un favori étoit gagné.

Dès le 2 avril, le roi, d'après l'avis du connétable, régla quelle seroit la composition du conseil qui s'assembleroit tous les matins. Il y appela, selon l'ordre de leurs dignités, le roi de Navarre, le cardinal de Lorraine, le duc de Vendôme, Charles de Guise, archevêque de Reims, le

(1) De Thou. L. III, p. 239.

connétable, le chancelier Olivier, le comte d'Aumale, Sédan, Humières, Saint-André père et fils, le président Bertrand, et Villeroy, qui bientôt après fut écarté. Le roi de Navarre et le duc de Vendôme, comme gouverneurs de province, étoient habituellement absens; en sorte que le connétable, les trois Guise, et les deux Saint-André, tant qu'ils demeuroient d'accord, comme ils l'étoient alors, se trouvoient absolument les maîtres. Les soirs, un autre conseil s'assembloit, où plusieurs cardinaux et évêques étoient admis (1). En même temps, Montmorency partagea entre les quatre secrétaires d'état, qu'on nommoit secrétaires des finances, et qu'il avoit choisis parmi ses créatures, le département des affaires étrangères, assignant à chacun les États situés au-delà d'une des frontières. (2)

Bientôt cependant on put pressentir qu'une autre volonté, qui étoit alors d'accord avec celle du connétable, seroit, dans l'occasion, encore plus puissante que la sienne. C'étoit celle de la grande sénéchalle, Diane de Poitiers, que Henri II créa, au mois d'octobre 1548, duchesse de Valentinois. Depuis 1531 elle étoit veuve de Louis de Brézé, grand sénéchal de

---

(1) Ordre du conseil. Ribier. T. II, p. 1.
(2) Flassan, Diplom. franç. T. II, L. IV, p. 21.

Normandie. On soupçonne qu'elle avoit eu déjà, en 1537, une fille du roi qui fut légitimée, et qui se nommoit Diane comme elle (1). La maîtresse du roi, quand il monta sur le trône, étoit âgée de quarante-huit ans ; le connétable, qu'il appeloit son compère, en avoit cinquante-quatre, et Henri II demeura également fidèle à sa vieille maîtresse et à son vieil ami. Diane, il est vrai, avoit conservé sa beauté d'une manière si remarquable, qu'on prétendoit communément qu'elle devoit son pouvoir à des philtres et à des enchantemens. (2)

Le roi, à son avénement, avoit droit à des sommes considérables, qui lui étoient payées, soit par ceux qui occupoient des charges vénales, soit par les corporations qui faisoient renouveler les priviléges de leurs immunités. Il abandonna cette riche perception à sa maîtresse, et bientôt après, sur la recommandation de celle-ci, Henri donna au comte d'Aumale toutes les terres va-

---

(1) Diane, fille du roi, fut désignée cependant comme étant née d'une maîtresse plus obscure (Philippe Duc, piémontaise). Diane de Poitiers s'efforça de faire croire qu'elle n'avoit jamais cédé aux désirs du roi. Brantôme assure que lorsque Henri voulut faire légitimer sa fille, elle s'y opposa avec fierté, en lui disant : « J'étois née pour avoir des enfans légitimes de vous, « j'ai été votre maîtresse, parce que je vous aimois, je ne souf-« frirai pas qu'un arrêt me déclarât votre concubine. » Femmes galantes. T. VII, p.

(2) De Thou. L. III, p. 241.

cantes du royaume, l'autorisant à les réclamer du premier occupant (1). Ces deux largesses, qui mettoient les favoris aux prises avec tant d'intérêts privés, et dont la valeur n'étoit connue ni de celui qui les demandoit ni de celui qui les accordoit, excitèrent un mécontentement général; les courtisans toutefois n'en jugeoient pas de même, et Brantôme, organe de leurs sentimens, dit « qu'un tel roi pouvoit faire un tel « don à une telle dame; car c'étoit une partie « casuelle qui ne touchoit point à son revenu, « ni de domaine, ni de ses subsides et tailles » (2). Le pape Paul III, bientôt instruit de la manière de plaire le plus au roi, envoya cette année la rose bénite à la femme de Henri II, et une chaîne de perles d'une grande valeur à sa maîtresse, ou à sa fille naturelle, Madame Diane. (3)

La cupidité des nouveaux courtisans, leur avidité à se disputer tout ce que la couronne pouvoit distribuer, ne tarda pas à se manifester d'une manière plus ouverte. Avant tout il leur convenoit d'écarter de la cour les cardinaux français, conseillers obligés de la couronne, témoins incommodes et rivaux dangereux, toutes les fois qu'il y avoit des grâces à accorder : on en comptoit alors douze : le roi

---

(1) De Thou. L. III, p. 242. — *Belcarius*. L. XXV, p. 794.
(2) Brantôme, dans Henri II. T. II, p. 329.
(3) Ribier. T. II, p. 53.

leur donna l'ordre de se rendre à Rome, pour y maintenir l'influence de la France, et se trouver prêts pour l'élection, si le pape, âgé de plus de quatre-vingts ans, venoit à mourir. Sept obéirent, parmi lesquels se trouvoient les cardinaux de Tournon, d'Annebault et du Bellay, que Montmorency vouloit surtout éloigner, comme conseillers du dernier roi; les autres furent dispensés du voyage. (1)

La dignité de l'état la plus ambitionnée étoit celle de maréchal de France : il n'étoit point d'usage alors de nommer plus de quatre maréchaux, et le roi avoit promis un des premiers bâtons qui viendroient à vaquer, à son favori d'Albon Saint-André, tandis que Diane de Poitiers le demandoit pour Robert de la Marck, son gendre. Le roi avoit résolu d'ôter le bâton au maréchal de Biez, qu'il vouloit faire condamner, ainsi que son gendre Vervins, pour la manière dont le premier avoit conduit la guerre contre les Anglais, et dont le second avoit rendu Boulogne. Mais la cour étoit sur le point de se brouiller au sujet du partage de la dépouille de Biez. Vieilleville s'attribue l'honneur d'avoir réconcilié le favori et la maîtresse du roi, en engageant Montmorency à renoncer lui-même à la dignité de maréchal, que celui-ci unissoit

---

(1) De Thou. L. III, p. 243. — *Belcarius.* L. XXV, p. 795.

à celle de connétable, sur la promesse que lui fit le roi d'élever plus tard ses deux fils à la même dignité (1). Ainsi Saint-André et la Marck purent tous deux être promus au rang des maréchaux. Deux ecclésiastiques demandoient en même temps à entrer dans le collége des cardinaux, savoir, le frère du duc de Vendôme, Charles de Bourbon, alors évêque de Saintes, que trente-deux ans plus tard la ligue proclama roi, sous le nom de Charles X ; et le fils du duc de Guise, Charles de Lorraine, alors archevêque de Reims. Henri II demanda au pape le chapeau pour l'un et pour l'autre ; il éprouva d'abord quelques difficultés ; leur nomination lui fut cependant accordée le 27 juillet. (2)

1547.

La rapacité des courtisans, au commencement de ce règne, les bassesses, les crimes auxquels ils descendoient quelquefois, nous sont représentés par Vincent Carloix, secrétaire de Vieilleville et rédacteur de ses Mémoires, dans un tableau d'autant plus hideux qu'il ne semble pas s'apercevoir lui-même à quel point il rend odieux les rivaux et en même temps les amis de son maître : « Si on demande, dit-il, pour« quoi ce grand roi ne pouvoit avancer un digne « serviteur et de mérite, qu'il affectionnoit

---

(1) Vieilleville. T. XXVIII, c. 6, p. 337 et suiv.
(2) Ribier. T. II, p. 39. — De Thou. L. III, p. 257.

« (Vieilleville lui-même), selon la volonté qu'il
« en avoit; il est aisé de répondre que non,
« quand ceux qui le possédoient étoient effron-
« tés, et par trop convoiteux à l'envi de faire
« fleurir leurs maisons; car il ne leur échap-
« poit, non plus qu'aux hirondelles les mouches,
« état, dignité, évêché, abbaye, office, ou quel-
« qu'autre bon morceau, qui ne fût incontinent
« englouti. Et avoient pour cet effet, en toutes
« parts du royaume, gens apostés et serviteurs
« gagés, pour leur donner avis de tout ce qui
« se mouroit, sans épargner les confiscations,
« pour les demander. Mais bien plus, ils avoient
« des médecins à Paris, où tous les grands de
« France abordoient, attitrés et comme pen-
« sionnaires, qui ne failloient de leur mander
« l'issue de leurs patiens, quand ils étoient d'é-
« toffe; et bien souvent, sur le goût de mille
« écus, ou d'un bénéfice de mille livres de rente,
« on les faisoit passer. De sorte qu'il étoit quasi
« impossible à ce débonnaire prince d'étendre
« ailleurs sa libéralité, car ils étoient quatre qui
« le dévoroient comme un lion sa proie, jus-
« qu'à lui ravir ce qu'il avoit donné à ses do-
« mestiques, pour en pourvoir les leurs; savoir
« le duc de Guise Claude, qui avoit six enfans,
« qu'il fit très-grands; le connétable avec les
« siens; la duchesse de Valentinois, avec ses
« filles et gendres, et le maréchal de Saint-An-

« dré, qui étoit entouré de grand nombre de
« neveux et d'autres parens, tous pauvres, et
« lui-même qu'il falloit agrandir. Et étoit con-
« traint le roi, s'il vouloit particulariser quelque
« bienfait, de mentir à ceux-ci, et de dire qu'il
« y avoit déjà pourvu ; encore étoient-ils si im-
« pudens qu'ils le débattoient souvent contre
« lui, par l'impossibilité ; alléguant la diligence
« secrète de leurs avertissemens ». (1)

« Dans les premiers jours de son règne, dit
« encore Vieilleville, le connétable possédoit le
« roi de telle façon, qu'il le menoit par toutes
« ses maisons, Chantilly, Ecouen, et Lille-Adam,
« et que prince, quel qu'il fût, ni autre, n'ap-
« prochoit de sa personne que par sa faveur et
« introduction » (2). Ensuite la grande sénéchalle voulut à son tour qu'il logeât chez elle ;
elle le conduisit à Anet, château qu'elle fit re-
bâtir en 1552, par Philibert de Lorme, avec
une magnificence royale, mais qui déjà étoit
digne de recevoir la cour (3). La reine Catherine de Médicis, alors âgée de vingt-six ans, et
brillante de beauté, suivoit sans résister le char
de sa vieille rivale ; elle n'avoit point de crédit
sur le roi, et n'essayoit point de contrarier ses

(1) Vieilleville. T. XXIX, L. II, c. 10, p. 3-5.
(2) *Ibid.* T. XXVIII, L. II, c. 5, p. 334.
(3) Observations. *Ib.* T. XXVIII, p. 429, note. — De Thou. L. III, p. 253.

goûts. La veuve du feu roi, au contraire, Éléonore, sœur de l'empereur, se sentant étrangère et à la cour et au milieu de la nation française, ne tarda pas à se retirer à Bruxelles, auprès de la reine de Hongrie sa sœur, encore que son douaire lui fût assigné dans les provinces de Touraine et de Poitou. (1)

Vers le milieu de mai, Henri II vint à Paris, mais sans y faire d'entrée publique, et seulement pour traiter de quelques affaires avec le chancelier et les principaux conseillers au parlement (2). Il vouloit d'ailleurs être à Paris au moment des obsèques de François Ier, qui devoit être déposé aux tombeaux de Saint-Denis, le 23 mai, avec ses deux fils morts avant lui, François, le premier dauphin, et Charles, duc d'Orléans. Rien ne fut épargné pour la pompe de cette cérémonie, qui coûta au roi 500,000 fr., et peut-être autant à la ville de Paris. Henri II voulut voir passer le cortége, partant de Notre-Dame-des-Champs, le 22 mai, pour aller à la cathédrale, d'où les corps devoient, le lendemain, être portés à Saint-Denis, et il s'étoit fait secrètement réserver une fenêtre à la rue Saint-Jacques. Lorsqu'il vit approcher cependant les trois chars funèbres, « il voulut se lever de là,

---

(1) De Thou. L. III, p. 248.
(2) Vieilleville. T. XXIX, p. 1.

« car le cœur lui haussoit, et il commençoit à
« s'émouvoir et attrister jusques aux larmes. »
Vieilleville s'en apercevant, s'approcha de lui
et lui dit qu'il devoit montrer plus de reconnoissance envers la divine Providence qui l'avoit appelé à la couronne avant le temps et
contre le cours de nature, par la mort de son
père encore jeune, et de son frère aîné; que,
quant à son plus jeune frère, il ne devoit pas
le regretter, car c'étoit un ambitieux qui ne
l'avoit jamais aimé, et qui seroit devenu, après
le mariage négocié pour lui, son plus redoutable
ennemi. « Or, encore que ces remontrances,
« continue Carloix, fussent grandement conso-
« latrices, si est-ce que le roi ne se pouvoit tant
« commander que de se contenir. » Mais Saint-
André et Vieilleville revinrent à la charge; lui
racontant quelle joie avoit eue le duc d'Orléans,
sur une fausse nouvelle que son frère avoit été
noyé; quelle correspondance il entretenoit avec
l'empereur, par la duchesse d'Étampes et la
comtesse d'Aremberg, qui avoient moyenné son
mariage. Pendant ce temps le cortége avançoit,
et le char funèbre qui portoit le corps, surmonté de l'effigie du duc d'Orléans, précédoit
celui de son frère aîné et de son père, et étoit
arrivé sous les fenêtres; « si bien que le roi se
« remit en place, et regarda constamment passer
« les trois effigies. Mais il ne se put garder de

« dire, quand celle du duc d'Orléans, qui étoit « la première, passa, comme par dédain : *Voilà* « *donc le bélistre qui mène l'avant-garde de ma* « *félicité.* » (1)

La duchesse d'Étampes, que les deux courtisans avoient cherché à rendre coupable aux yeux du roi, étoit déjà éloignée de la cour. Henri II avoit repris les diamans qui furent donnés par son père à la duchesse, et il en fit don à son tour à Diane de Poitiers. Le comte de Penthièvre, qui avoit épousé mademoiselle d'Heilly, sachant déjà qu'elle étoit la maîtresse du roi, et qui avoit été fait à son occasion duc d'Étampes, et gouverneur de Bretagne, lui intenta un procès pour recouvrer, entre autres, les gages de son gouvernement qu'elle gardoit pour elle; et l'on conserve la déposition du roi Henri II, qui en rendit témoignage. (2)

Les obsèques de François Ier étoient à peine terminées, quand François de Vivonne, sieur de la Chataigneraye, sollicita Henri II de lui accorder le champ clos pour combattre à outrance contre Guy Chabot, sire de Jarnac. Ce duel offroit un exemple nouveau de la dépravation des mœurs. On avoit jeté un écrit, dans la chambre

---

(1) Vieilleville. T. XXIX, L. II, c. 11, p. 10-23. — Observat. n° 13, p. 343.

(2) Le Laboureur, additions aux Mémoires de Castelnau. L. III, ch. 12, p. 821. — Tavannes. T. XXVI, c. 8, p. 87.

de Henri, contenant l'imprécation et la malédiction prononcées contre Ruben, pour donner à entendre au roi que sa maîtresse avoit été auparavant la maîtresse de son père (1). Henri, loin d'être révolté de cette image, s'amusoit à trouver des exemples semblables autour de lui ; et il avoit répété que Jarnac étoit l'amant de sa belle-mère, et que c'étoit avec l'argent qu'il recevoit d'elle qu'il faisoit figure à la cour. Jarnac, sans paroître savoir d'où l'imputation étoit venue, l'avoit repoussée comme calomnieuse. La Chataigneraye, qui passoit pour la meilleure épée du royaume, et qui étoit déjà l'un des favoris du roi, comptoit s'élever davantage encore en adoptant une querelle que celui-ci n'osoit pas avouer ; il se déclara l'auteur du propos déshonorant, et prétendit en tenir les détails de Jarnac lui-même. Henri II accorda le combat, ne doutant point qu'il ne dût être fatal à ce dernier. Les lices furent ouvertes le 10 juillet, dès six heures du matin, à Saint-Germain-en-Laye. Le roi y assistoit avec toute sa cour ; le duc d'Aumale avoit accepté l'office de parrain de la Chataigneraye ; Charles Gouffier de Boisy étoit parrain de Jarnac : on fit le choix des armes avec tous les rites de l'ancienne chevalerie. Lorsqu'enfin l'un des hérauts d'armes prononça le cri ;

---

(1) Le Laboureur, add. à Castelnau. L. I, p. 270.

Laissez aller les bons combattans, ils s'élancèrent l'un sur l'autre, et se portèrent plusieurs coups d'épée ; tout à coup la Chataigneraye tomba, blessé au jarret d'une manière inattendue, d'où est venu le proverbe d'un *coup de Jarnac.* Le vainqueur ne voulut point l'achever ; tour à tour il lui crioit, *Rends-moi mon honneur,* puis il revenoit devant le roi, lui criant, *Sire, prenez-le ; je vous le donne.* La Chataigneraye ne voulut jamais se rendre, et le roi hésita et garda long-temps le silence avant de l'accepter en don. Cependant le vaincu fut emporté du champ de bataille, le vainqueur fut embrassé par le roi, qui lui dit : *Vous avez combattu en César, et parlé en Aristote ;* et comme la Chataigneraye se laissa mourir, plus de dépit et de honte que de la gravité de sa blessure, dont il arracha les bandages, Henri II, délivré d'un témoin qui seroit devenu incommode, accorda dès-lors sa faveur à Jarnac. (1)

Le sacre du roi suivit de près ce duel ; il se fit à Reims le 27 juillet ; on assure que Charles V fut sommé d'y venir faire son devoir comme comte de Flandre, et qu'il répondit que, s'il y venoit, ce seroit à la tête de 50,000 hommes.

---

(1) Le Laboureur, add. à Castelnau. T. II, L. VII, ch. 1, p. 552-564. — Vieilleville. T. XXIX, L. II, c. 12, p. 24. — De Thou. L. III, p. 259. — Brantôme. T. III, p. 425.

La cérémonie s'accomplit cependant sans une visite aussi incommode. (1)

Si Henri II envoya en effet sommer l'empereur de venir se reconnoître son vassal pour le comté de Flandre, c'étoit moins encore une bravade assez déplacée, que l'expression de la jalousie, de la haine et de la défiance qui animoient alors le roi, le ministère, les ambassadeurs, peut-être la nation même, contre la maison d'Autriche ; mais d'autre part ces sentimens se dévoiloient au moment où ils pouvoient le moins nuire, où Charles-Quint étoit monté au plus haut terme de sa puissance. La mort de François Ier étoit survenue dans la conjoncture qui pouvoit être le plus favorable à l'empereur. Le roi, qui avoit d'abord donné les mains aux projets de Charles contre les ennemis de l'autorité absolue en religion et en politique, s'en étoit repenti ensuite ; il s'étoit engagé à fournir des secours mensuels à l'électeur de Saxe et au landgrave de Hesse ; il eût probablement fait une diversion en leur faveur, si la langueur de la maladie, et plus tard les approches de la mort, ne l'avoient pas réduit à l'impuissance. Son successeur, avec une aversion peut-être plus prononcée encore contre l'empereur, n'avoit, depuis

---

(1) De Thou. L. III, p. 256. — Vieilleville. T. XXIX, p. 72-84. — *Sleidan.* L. XIX, f. 352.

son avénement au trône, et pendant les premiers mois de son règne, songé qu'à enrichir sa maîtresse et ses favoris, à écarter, à dépouiller les anciens ministres, et accomplir enfin une révolution de cour, en même temps qu'il s'enivroit lui-même des plaisirs et de la pompe de cette cour; tandis que Charles-Quint mettoit à profit les premières semaines qui suivirent la mort de son rival, pour soumettre le parti protestant, et avec lui l'Allemagne.

La ligue de Smalkalde avoit été dissoute l'année précédente; mais ses deux chefs, l'électeur de Saxe et le landgrave de Hesse, demeuroient avec leurs forces encore intactes, à la tête de troupes belliqueuses et de sujets dévoués. Charles-Quint partit d'Égra en Bohême, le 13 avril, pour les attaquer avec une armée qui n'excédoit pas seize mille hommes, mais qui étoit composée de vieux soldats italiens et espagnols. Il paroît que les princes protestans, rentrés chacun dans leurs États, s'étoient flattés de traîner la guerre en longueur en divisant leurs forces, et opposant partout la même résistance. L'électeur Jean Frédéric avoit une armée fort supérieure en nombre à celle de son agresseur, mais il en perdit une partie en la disséminant ainsi dans des places peu susceptibles de défense. Doué lui-même d'un courage et d'une fermeté d'âme d'accord avec la pureté de sa conscience, il n'avoit pas cependant de décision dans l'esprit ni des talens supérieurs. Il hésita, il prit de fausses mesures, il laissa passer l'Elbe à son rival, et atteint enfin à Muhlberg, le 23 avril, après avoir maintenu quelque temps la bataille indécise par l'exemple de sa valeur personnelle, il fut entièrement défait, et demeura prisonnier de son vainqueur. (1)

Charles abusa de sa victoire de la manière la plus révoltante : il insulta le captif qui lui étoit amené ; il le fit ensuite condamner à mort par une cour martiale, que présidoit le duc d'Albe, afin d'effrayer sa femme et ses enfans, qui défendoient contre lui la forteresse de Wittemberg ; il les réduisit en effet à capituler. Le 23 mai, Jean Frédéric consentit à signer un traité par lequel il renonçoit à la dignité électorale ; il se soumettoit aux décisions de la chambre impériale, il ouvroit ses forteresses, et se résignoit à la captivité pour le reste de sa vie, sous condition seulement que la principauté de Gotha, avec 50,000 florins de rente, seroit conservée à ses enfans (2). Le landgrave étoit toujours en armes, mais Maurice de Saxe, son gendre, à qui l'empereur, en récompense de ses services,

---

(1) De Thou. L. IV, p. 325, 334. — *Sleidani*. L. XIX, f. 325. — *Robertson's*. L. IX, p. 398.

(2) De Thou. L. IV, p. 348. — *Sleidani*. L. XIX, f. 326. — *Robertson's*. L. IX, p. 412.

venoit de promettre l'électorat de Saxe, pressoit le landgrave de se soumettre, en lui promettant l'appui de toute sa faveur; il l'engagea en effet à venir à Hall, en Saxe, trouver l'empereur, à se mettre à genoux devant lui, tandis que son chancelier lisoit pour lui une déclaration de ses fautes et de son repentir. C'étoit le 18 juin; l'empereur le reçut avec plus de hauteur encore que l'électeur, et donna ordre qu'on le conduisît en prison : l'accord fait avec lui portoit qu'il ne seroit soumis à *aucun* emprisonnement, mais le mot *einige* avoit été changé en celui d'*ewige*, de manière à l'exempter seulement d'une prison *perpétuelle* (1). Cette mauvaise foi, cet affront fait au nouvel électeur garant de son beau-père, et le mépris que Charles-Quint montra ensuite pour les sollicitations des autres princes protestans, nourrirent dans leur cœur un profond ressentiment; mais dans ce premier enivrement de sa victoire Charles V ne se croyoit plus obligé à les ménager; il comptoit n'avoir plus rien à craindre de l'Allemagne, il la regardoit comme domptée, et ne songeoit plus qu'à tirer parti de sa victoire, pour changer son autorité en celle d'un monarque héréditaire. (2)

(1) Tavannes. T. XXVI, c. 8, p. 95. — De Thou. L. IV, p. 358. — *Sleidan.* L. XIX, f. 326, 330. — *Robertson's.* L. IX, p. 423.
(2) Bodin, De la République. L. V, p. 542.

Charles-Quint avoit cependant poursuivi ses desseins avec vigueur; tous les princes protestans, presque toutes les villes libres, s'étoient successivement soumis; le duc de Wirtemberg avoit donné l'exemple dès le commencement de l'année; ceux de la Poméranie, ceux de Lunebourg avoient envoyé des députés à l'empereur à Augsbourg; les villes impériales d'Augsbourg et de Nuremberg le laissoient bouleverser leur constitution, proscrire plusieurs de leurs magistrats, en nommer d'autres à leur place; et après que ces puissantes cités eurent cédé, il ne restoit plus que Magdebourg et Brême qui osassent défendre leur liberté. Cependant l'empereur leur imposoit à toutes de ruineuses contributions; les villes protestantes devoient payer pour se racheter de leur faute; les catholiques, payer aussi pour leur part des frais d'une guerre qu'on prétendoit soutenue pour leur avantage. On assure que 1,600,000 écus furent extorqués de cette manière par les ministres impériaux aux villes libres de l'Allemagne, et que cinq cents pièces de canon enlevées aux États qui avoient fait partie de la ligue de Smalkalde, furent conduites avec pompe en Belgique, en Italie ou en Espagne. (1)

---

(1) *Sleidan.* L. XIX, f. 330. — De Thou. L. IV, p. 364, 371. *Robertson's.* L. IX, p. 426.

La conduite du roi des Romains Ferdinand, frère de l'empereur, fut plus dure encore envers les Bohêmes. Ceux-ci, dont le plus grand nombre professoient déjà la réforme, avoient refusé de prendre part plus long-temps à la guerre contre les religionnaires d'Allemagne; ils levèrent même une armée de trente mille hommes pour faire respecter leurs libertés; mais ils ne surent point se mettre en mouvement assez à temps pour sauver l'électeur de Saxe, et prévenir la bataille de Muhlberg. Lorsqu'ils apprirent la nouvelle de ce grand désastre, ils perdirent courage; ils licencièrent leurs troupes sans avoir combattu, et ils implorèrent merci, mais ils ne l'obtinrent point. Les projets de résistance qu'ils avoient manifestés servirent à Ferdinand de motif pour supprimer leurs priviléges, se faire rendre leurs chartes, leur enlever les armes, augmenter leurs impôts, et mettre à prix la tête de quelques uns de leurs chefs. (1)

Ces révolutions furent accomplies sans opposition de la part de la France, mais non cependant sans y causer une extrême inquiétude. Le roi écrivit aux princes allemands et aux villes impériales, en les exhortant à défendre leur liberté, et en leur promettant des secours.

---

(1) *Sleidan*. L. XIX, f. 337. — De Thou. L. IV, p. 315, 319, 323, 365. — *Robertson's*. L. IX, p. 427.

Il vouloit engager le riche émigré florentin Pierre Strozzi à leur prêter 300,000 écus, et pour lui faciliter cette avance, il lui rendit ce qu'il lui devoit lui-même ; mais Strozzi refusa de hasarder de nouveau sa fortune pour une cause qui ne l'intéressoit point. Henri II, qui étoit représenté à Constantinople par M. d'Aramont, sollicitoit le grand-seigneur de ne point renouveler la trêve qu'il avoit conclue avec la maison d'Autriche, mais d'attaquer au contraire Ferdinand en Hongrie, promettant que de son côté il attaqueroit l'empereur. Au milieu de l'été, M. d'Huyson fut encore envoyé à Constantinople avec des instructions plus précises, pour exciter une guerre dans le Levant (1). Mais il paroît que les Turcs, mieux instruits sur l'état de l'Europe, refusèrent de renouveler des hostilités dont ils n'attendoient aucun avantage.

La France ne faisoit néanmoins aucune démonstration hostile, ni du côté de l'Allemagne, ni du côté de la Belgique ; elle sembloit juger qu'en présence de l'empereur et de son armée victorieuse, toute infraction au traité de Crépy seroit bientôt ressentie et punie ; mais elle agissoit avec moins de scrupule en Italie ; et la violence des factions dans ce malheureux pays, l'excès de l'oppression sous les gouverneurs im-

(1) Ribier. T. II. Papiers d'État, p. 12 ; 18, 28 et 43.

périaux, et les souvenirs des droits et des libertés qu'on y fouloit aux pieds dans les États indépendans, avoient accoutumé à y regarder les complots de tout genre comme légitimes. Les généraux et les négociateurs français étoient toujours prêts à y promettre leur assistance, à quiconque conspireroit contre l'autorité impériale, soit que l'on se proposât d'arriver à ses fins par l'assassinat ou par la rébellion; et les gouverneurs impériaux, en opposant intrigues à intrigues et complots à complots, ne montroient pas plus de respect pour l'honneur ou les lois de la morale.

La première conspiration qui éclata cette année fut celle de Gênes, et elle précéda l'avénement de Henri II. Jean-Louis de Fieschi, comte de Lavagna, seigneur de Pontremoli, le premier peut-être entre les nobles Génois par l'importance de ses possessions, le nombre de ses vassaux, l'éclat de sa figure et de sa valeur, avoit formé ce complot de concert avec les ministres français, avec Renée de France, duchesse de Ferrare, et fille de Louis XII, et avec Pierre-Louis Farnèse, duc de Parme et de Plaisance, et fils du pape. Fieschi étoit d'une maison de tout temps rivale de celle des Doria, et presque toujours dévouée à la France, et ennemie de l'empire; mais étant très jeune, et fort adonné au plaisir, il inspiroit peu de défiance à

André Doria, déjà parvenu à sa quatre-vingtième année, et à Giannettino, son neveu, qu'André destinoit à être son successeur. Cependant, bien qu'ils fussent sur un pied d'égards et de politesse mutuelle, ils se haïssoient secrètement. Fieschi sembloit aspirer à la souveraineté de Gênes, mais il se reposoit sur la faveur des amis de la liberté et des chefs du parti populaire, surtout sur J.-B. Verrina, et les Adorni, qui détestoient le joug sous lequel la noblesse avoit réduit la république, et qui ne voyoient dans les Doria que des lieutenans de l'empereur, vrai maître et vrai tyran de Gênes. Fieschi ayant annoncé qu'il armoit une galère en course, avoit introduit sous ce prétexte beaucoup de ses vassaux armés dans Gênes; mais bien peu de personnes étoient initiées à ses projets, lorsque, dans la nuit du 2 janvier 1547, il rassembla, comme pour un grand festin, dans sa maison, les jeunes gens qu'il croyoit les plus propres à le seconder; il leur révéla son complot au moment de l'exécuter, et les entraîna tous à y prendre part. Ses frères, ses confidens, se mirent alors à la tête des diverses bandes, qu'il chargea de se rendre maîtresses des portes et du port; ils réussirent; Giannettino Doria fut tué par eux, comme il accouroit pour calmer le tumulte. Le vieux André, tout foible et malade qu'il étoit, s'enfuit à cheval jusqu'à seize milles de distance. La

1547.

victoire étoit certaine si Jean-Louis de Fieschi avoit paru pour se mettre à la tête de l'entreprise ; mais comme il se portoit, pesamment armé, sur la galère Capitane, pour réprimer une révolte des forçats, la galère, qui commençoit à s'éloigner, s'échappa de dessous le pont qui y conduisoit du rivage ; le pont tomba dans l'eau ; Fieschi, entraîné au fond par sa pesante cuirasse, ne reparut plus. Ses frères, effrayés et découragés, au lieu d'attaquer la seigneurie, traitèrent avec elle ; ils obtinrent une amnistie qui ne fut pas respectée ; ils évacuèrent la ville, et peu après les uns furent assiégés à Montoglio, pris et exécutés ; les autres se réfugièrent en France. (1)

Au mois de mai suivant, une insurrection à Naples éclata contre le vice-roi de Charles-Quint, don Pédro de Tolédo ; quoiqu'elle fût excitée par la plus juste des causes, l'horreur qu'inspiroit aux Napolitains l'inquisition espagnole que Tolédo vouloit y introduire, elle n'étoit pas non plus étrangère aux intrigues françaises ; les envoyés de France à Rome donnoient des espérances aux insurgés ; une flotte française, commandée par l'un des Fieschi,

---

(1) *Gio. Batt. Adriani.* L. VI, p. 368-376. — De Thou. L. III, p. 203-217. — *P. Bizari. S. P. q. Genuensis Histor.* L. XXII, p. 519-553. — *Muratori, Annali d'Italia.* T. XIV, p. 352.

émigrés de Gênes, devoit leur être amenée de Marseille : mais aucune des promesses de la France ne se réalisa. Les députés de la noblesse napolitaine, reçus avec hauteur par Charles V, ne rapportèrent de lui que l'ordre d'obéir ; des troupes espagnoles marchèrent de toutes parts contre Naples, plusieurs chefs furent envoyés au supplice ; quelques uns de ceux que le vice-roi redoutoit le plus périrent par le poison ; car les gouverneurs espagnols, auxquels le droit de vie et de mort étoit accordé, n'avoient point de remords ou de honte d'employer cette voie pour se défaire de ceux qu'ils nommoient les ennemis du gouvernement. La ville fut condamnée à une amende de 100,000 ducats d'or ; à ce prix, le 12 août, une amnistie partielle fut publiée, et l'on ne parla plus de l'établissement de l'inquisition. (1)

Cependant Henri II cherchoit à faire une plus étroite alliance avec le pape et les Vénitiens. Il leur représentoit que son seul but étoit de maintenir l'indépendance de l'Italie et celle du saint-siége. Le connétable écrivoit même au cardinal Trivulzio, que le pape devroit bien faire quelques avances aux princes protestans,

---

(1) Ribier, Lettres de Guillart, de Rome, 27 mai et 18 juin. T. II, p. 20 et 28. — *Muratori*. T. XIV, p. 357. — G. B. *Adriani*. L. VI, 402, 408.

seuls défenseurs de la liberté germanique (1). Le pape avoit déjà contrarié les vues de Charles V pour la pacification de l'Église, en engageant ses légats à transférer le concile de Trente à Bologne : on avoit saisi le prétexte de la mort d'un évêque et de la maladie de quelques domestiques, pour répandre le bruit que la peste étoit à Trente; et le concile lui-même avoit résolu, le 11 mars, sa translation, malgré l'opposition et les protestations des évêques et des ambassadeurs de l'empereur. Trente-quatre prélats avoient passé à Bologne; mais les Allemands, les Espagnols, et presque tous les Napolitains, étoient demeurés à leur poste, et les deux fractions de l'assemblée s'accusoient de manquer à la subordination et de commencer un schisme (2). Paul III pressoit Henri II d'envoyer les évêques français à Bologne, pour donner plus de relief à cette fraction du concile, et Henri le promettoit, pour augmenter l'inimitié entre le pape et l'empereur. (3)

Pour affermir toujours plus le pape dans ce système d'opposition à l'empereur, Henri II lui fit offrir d'unir leurs deux familles par un mariage. Paul III avoit un fils, Pierre-Louis Farnèse, qu'il avoit fait duc de Parme et de Plai-

---

(1) Ribier. T. II, p. 21.
(2) *Frà Paolo Sarpi. Conc. di Trento.* L. II, p. 273.
(3) Ribier. T. II, p. 26, 18 juin.

sance ; cet homme, souillé de tous les vices et de tous les crimes, et dont on n'oseroit aujourd'hui nommer par leur nom les actions infâmes, vivoit alors, perclu de goutte et d'infirmités, dans la citadelle de Plaisance, en haine à ses nouveaux sujets, exposés à éprouver chaque jour sa cupidité et sa cruauté. Il avoit quatre fils et une fille ; le pape venoit de marier celle-ci à Guid' Ubaldo, duc d'Urbin, en la dotant richement : il avoit fait deux des fils cardinaux, malgré leur jeune âge ; l'aîné des deux autres, Octave, destiné à succéder au duché de Plaisance, avoit épousé Marguerite d'Autriche, fille naturelle de Charles V, et veuve du premier duc de Florence. Horace, le second, avoit été fait par son grand-père duc de Castro ; c'est à lui que Henri II accorda sa fille Diane, qui n'avoit encore que dix ans, en lui assurant une dot considérable. (1)

Mais avant que ce mariage pût s'effectuer, et tandis que les agens français tramoient de nouvelles intrigues à Naples avec César Mormile, à Gênes avec Jules Cibo, leur promettant toujours l'appui de la France s'ils réussissoient à soulever l'une ou l'autre ville, un complot ourdi par Fernand de Gonzague, gouverneur du Milanez pour Charles V, effraya l'Italie et plongea

---

(1) *G. B. Adriani.* L. VI, p. 400. — *Frà Paolo.* L. III, p. 281. — De Thou. L. III, p. 249.

1547.   Paul III dans le désespoir. Gonzague promit son appui aux principaux seigneurs de l'état de Plaisance, les Pallavicini, Landi, Anguissola et Confalonieri, auxquels la tyrannie de Pierre-Louis Farnèse étoit devenue insupportable. Ceux-ci étant entrés dans le palais le 10 septembre, à l'heure du dîner des gentilshommes de service, et ayant été introduits sans difficulté auprès du duc, le poignardèrent, tandis que leur suite, qu'ils avoient laissée dans les antichambres, s'empara des portes de la citadelle. Le corps de Pierre-Louis fut alors montré au peuple, pendu à une fenêtre; deux coups de canon avertirent Gonzague, qui envoya aussitôt cinq cents fantassins aux conjurés, pour les aider à défendre la citadelle. Le surlendemain il arriva lui-même avec sa gendarmerie, et il prit possession de l'état de Plaisance au nom de l'empereur. Il voulut aussi s'emparer de l'état de Parme; mais les peuples se déclarèrent pour Octave Farnèse, qu'ils proclamèrent leur duc: celui-ci arriva de Rome avec des troupes assez nombreuses, et D. Fernand de Gonzague convint avec lui d'une suspension d'armes. (1)

Si, avant cette catastrophe, le pape Paul III avoit montré de la partialité pour la France, de

---

(1) *G. B. Adriani.* L. VI, p. 414. — De Thou. L. IV, p. 385. — Ribier. T. II, p. 59, 63, 67, 69. — *Sleidan.* L. XIX, p. 334. — *Muratori.* T. XIV, p. 360.

la défiance contre l'empereur, l'assassinat de son fils, publiquement autorisé par le premier monarque de la chrétienté, excita en lui tour à tour les transports de la douleur, de la colère et de la vengeance. Le roi se hâta de lui envoyer le cardinal de Guise pour le confirmer dans ces sentimens; et celui-ci étant arrivé à Rome à la fin d'octobre, Paul III lui parut désireux de faire une alliance non seulement défensive, mais offensive contre l'empereur ; empressé d'appeler les Turcs en Italie, faisant des vœux pour les protestans, et disposé même à leur donner des secours. Mais Morvilliers, qui étoit ambassadeur à Venise, trouva le sénat peu enclin à s'engager dans une ligue avec un pape de quatre-vingts ans, et pour une querelle plutôt privée que publique. Le cardinal de Guise lui-même jugea qu'il étoit peu prudent de commencer la guerre avec un si foible appui. Il revint en France, laissant au cardinal du Bellay le soin de poursuivre les intrigues et les conspirations italiennes; et la France renonça pour le moment à toute entreprise sur cette contrée. (1)

Les Guises, dont la faveur auprès du roi alloit toujours croissant, s'efforçoient plutôt de

---

(1) Lettres diverses dans Ribier. T. II, p. 71, 78, 85, 95, 97, 99.

tourner son attention et ses efforts vers les affaires d'Écosse. Leur sœur étoit reine douairière de ce royaume ; l'enfant qui portoit le titre de reine régnante étoit leur nièce. L'éclat de cette souveraineté rejaillissoit sur eux, et plus ils pouvoient réussir à donner de l'importance aux affaires d'Écosse, plus ils se rendoient importans eux-mêmes. D'ailleurs en Écosse, le roi de France étoit appelé à défendre la cause du catholicisme ; en Allemagne, c'eût été celle de l'hérésie ; en Écosse, il se sentoit le plus fort, et il se croyoit sûr du succès ; tandis qu'en Allemagne sa puissance et son habileté lui auroient suffi à peine pour soutenir une lutte inégale. Les affaires d'Écosse et quelques différends sur les limites du comté de Boulogne, avoient été réglés dans un dernier traité signé à Londres le 11 mars 1547, par Antoine des Escalins, baron de La Garde, ambassadeur de François Ier ; mais Henri II, à la persuasion des Guises, avoit refusé de ratifier ce traité, faisant ainsi naître des doutes même sur l'observation des traités précédens qui le lioient à l'Angleterre (1). En effet, Henri II ne voyoit en Angleterre qu'un roi mineur, entouré de factions puissantes, et il croyoit pouvoir recouvrer sur lui les avan-

---

(1) Rymer, *Acta*. T. XV, p. 135, 139 et 149. — Rapin Thoyras. T. VII, p. 15 et 29.

tages que François avoit dû abandonner à Henri VIII; la réforme s'étoit accomplie en Angleterre, depuis la mort de Henri VIII, avec une rapidité qui témoignoit assez combien la nation y étoit préparée, et combien elle partageoit peu la manie de Henri VIII de garder un juste milieu entre le protestantisme et l'église romaine. Des réfugiés de l'Allemagne, de l'Italie et de la France, y arrivoient sans cesse pour y chercher la liberté de conscience; et leur zèle, exalté par les persécutions auxquelles ils échappoient, secondoit et enflammoit toujours plus le zèle des réformateurs anglais. (1)

La réformation s'étendoit aussi en Écosse; mais là le gouvernement la considéroit en ennemie et s'efforçoit à l'arrêter par des persécutions. Le duc de Sommerset, lord protecteur d'Angleterre et zélé réformateur, y voyoit un motif de plus pour presser le mariage du jeune Édouard VI avec Marie d'Écosse; non seulement il comptoit réunir ainsi deux peuples long-temps ennemis, quoique la nature semblât les avoir destinés à ne former qu'une seule nation, mais sauver en même temps ses co-religionnaires des mains des bourreaux, et par là étendre ce qu'il appeloit le règne de Dieu. Chez les Écossais,

---

(1) De Thou. L. III, p. 253, 258 et 273. — *Sleidan.* L. XIX, f. 338.

cet intérêt tout puissant avoit fait diparoître les haines et les jalousies nationales ; tous les protestans invoquoient la protection de l'Angleterre, tous les catholiques celle de la France. A la tête du parti catholique avoit été long-temps le cardinal Beatoun ; mais ce prélat ambitieux, arrogant et cruel, n'avoit pas seulement excité la haine des protestans contre lesquels il invoquoit toujours des supplices atroces, toute la noblesse s'indignoit aussi de son élévation. Norman Lesly, fils du comte de Rothe qui avoit été long-temps un de ses serviteurs les plus affidés, aigri par une offense privée, résolut, avec quelques uns de ses compagnons, d'en délivrer le pays ; il surprit le château de Saint-André, le 29 mai 1546, et massacra le cardinal, qui se croyoit en sûreté dans cette forteresse, qu'il avoit rendue presque imprenable, et où il étoit entouré de ses soldats (1). La mort de Beatoun fit passer la direction du parti catholique à la reine-mère Marie, sœur des Guises, plus encore qu'au régent, le comte d'Arran : celui-ci essaya de réduire le château de Saint-André, toujours occupé par les meurtriers de Beatoun ; mais quoique les assiégés ne fussent que cent cinquante, il ne put y réussir, et il fut obligé de demander l'as-

---

(1) *Buchanani rerum Scoticar.* L. XV, p. 502. — *Robertson's Hist. of Scotl.* B. II, p. 67. — De Thou. L. III, p. 261.

sistance de la France. Henri II lui envoya le grand-prieur Léon Strozzi, avec un corps de troupes françaises et des ingénieurs habiles, qui se rendirent maîtres du château de Saint-André, le 3 juillet 1547. Les meurtriers du cardinal avoient capitulé en obtenant la vie sauve. (1)

Ce succès sembloit devoir accroître le crédit du parti français en Écosse; mais d'autre part les protestans s'attachoient toujours davantage à l'Angleterre; ils invitèrent le duc de Sommerset à demander, à main armée, l'exécution du traité du 12 mars 1543, par lequel la reine d'Écosse avoit été promise en mariage à Édouard VI. Ils croyoient que la crainte de la guerre détermineroit le régent, ainsi que les hommes timides, à accéder à un traité qui convenoit réellement à l'Écosse : ce fut le contraire qui arriva. L'orgueil national des Écossais se révolta ; le comte d'Arran, régent, se trouva bientôt à la tête d'une armée de trente mille Écossais, accourus de toutes parts pour défendre l'indépendance nationale. Le duc de Sommerset ne s'étoit avancé jusqu'aux bords de la petite rivière d'Eske, qu'avec dix-huit mille hommes seulement. Inquiet des intrigues qu'il savoit exister contre lui à Londres, il auroit été bientôt forcé de se reti-

---

(1) *Buchanani*. L. XV, p. 505. — *Robertson's*. B. II, p. 70. — De Thou. L. III, p. 267.

rer. Les Écossais auroient dû se contenter de cet avantage; leur animosité nationale et leur présomption leur firent demander la bataille; et le régent qui les commandoit perdit, pour la livrer, tous les avantages de la position qu'il occupoit. Il attaqua lord Sommerset le 10 septembre à Musselburg, s'exposant en même temps au feu d'une flotte anglaise de soixante vaisseaux et à celui de l'armée. Il y éprouva une effroyable déroute. La perte des Écossais passa dix mille hommes. Cependant le duc de Sommerset fut obligé de ramener presque immédiatement son armée en Angleterre pour résister aux attaques de son frère, le grand amiral; et les Français recueillirent seuls tous les fruits de la défaite de leurs alliés. La reine-mère, Marie, sœur des Guises, grandissoit également par la mort du cardinal Beatoun et par la déconsidération où tomboit le comte d'Arran : tous les regards se tournoient vers elle : on lui demandoit de protéger la religion et l'indépendance nationale; tandis qu'elle, ne songeant qu'à la grandeur des Guises, formoit le projet d'unir l'Écosse à la France, et de donner sa fille, la jeune Marie, en mariage au jeune François, fils de Henri II (1).

---

(1) *Buchanani rerum Scoticar.* L. XV, p. 505. — Rapin Thoyras. L. XVI, p. 20. — De Thou. L. III, p. 261, 269, 272. — *Robertson's.* B. II, p. 71.

Dans ce but, elle ne cessoit de remontrer aux Écossais leur foiblesse comparative, et le besoin qu'ils avoient de secours étrangers; et profitant de la terreur d'une nouvelle invasion des Anglais dans le Galloway, elle contraignit presque le régent à envoyer à la fin de l'année de nouveaux ambassadeurs à Henri II pour lui proposer une plus intime alliance. En même temps, les deux reines se mirent en sûreté dans le château de Dunbarton. (1)

Les conseils de Henri II étoient encore trop occupés des intrigues privées de la cour ou des plaisirs du monarque, pour se décider à aucune action qui les engageât irrévocablement. Durant cette année si fertile en événemens, ils assistoient aux révolutions de l'Europe; ils intriguoient, ils négocioient; mais ils ne se déterminoient point à jouer un rôle ostensible. Cependant l'objet constant de leur jalousie, le rival de François Ier et de Henri II, l'empereur, au moment où il venoit d'être couronné par la victoire, sembloit rentrer dans de nouveaux embarras. Il éprouvoit combien il étoit difficile de faire subir à l'Allemagne, confiante dans sa force et accoutumée à la liberté, un double joug politique et religieux.

Charles avoit convoqué une diète de l'empire

---

(1) *Buchanan.* L. XV, p. 509. — De Thou. L. III, p. 272.

à Augsbourg : il y arriva le 9 septembre 1547; il entra dans la ville entouré de ses soldats espagnols; il s'empara de force de la cathédrale; il la fit purifier, et y rétablit le culte romain. Dans son discours d'ouverture, Charles rappelant tous les efforts qu'il avoit faits pour la convocation d'un concile œcuménique, exhorta les Allemands à se soumettre à celui de Trente, et à le reconnoître pour arbitre de toutes les querelles de l'Église, promettant de son côté de travailler de tout son pouvoir à y faire revenir les prélats qui s'étoient retirés à Bologne (1). Bientôt après la diète, sur la demande de l'empereur, sollicita le pape de rétablir le concile à Trente. Dans ce moment de terreur, les plus foibles d'entre les princes protestans promirent de se soumettre au concile, d'autant plus que dans l'intervalle le fils du pape avoit été assassiné; et ils regardoient comme peu probable que Paul III, plein de haine et de rancune, cédât aux demandes de l'empereur. L'électeur palatin par timidité, Maurice de Saxe par ambition, l'électeur de Brandebourg par indifférence, parurent alors prêts à sacrifier leur religion aux volontés du monarque. Les députés des villes opposèrent plus de résistance : leur promesse de soumission

---

(1) *Sleidani.* L. XIX, f. 333. — De Thou. L. IV, p. 371. — *Frà Paolo. Concilio di Trento.* L. III, p. 281. — Ferreras. T. XIII, p. 341.

au concile, présentée à l'empereur le 9 octobre, n'étoit que conditionnelle; ils exigeoient que le pape relevât les évêques de leur serment, pour les laisser voter selon leur conscience; qu'il renonçât à présider le concile par lui-même ou par ses légats, et que les votes des théologiens protestans fussent comptés comme ceux des catholiques. Charles-Quint, cependant, ne fit pas semblant de remarquer ces conditions, et il prit acte de la soumission des villes comme si elle étoit sans réserve. (1)

Mais dans cette circonstance les protestans pouvoient en effet compter sur l'opposition du pape; c'étoit lui qui arrêtoit les projets de l'empereur, et qui empêchoit la réunion en Allemagne de ce concile reconnu pour arbitre suprême de la religion. Ses légats, dont les ordres étoient implicitement obéis par les prélats réunis à Bologne, leur firent voter, le 20 décembre, qu'ils ne retourneroient point à Trente jusqu'à ce que ceux qui s'étoient rendus coupables de désobéissance en restant dans cette ville, eussent commencé par prouver leur soumission, en venant les rejoindre à Bologne. Cette résistance fit perdre patience à l'empereur; il chargea le cardinal de Trente et ensuite son ambassadeur

1547.

---

(1) De Thou. L. IV, p. 380. — *Sleidan.* L. XIX, f. 336. — *Robertson's.* B. IX, p. 440.

Mendoza de protester, soit à Bologne, le 16 janvier 1548, soit à Rome, le 23, contre le conciliabule assemblé dans la première de ces deux villes, et contre la conduite du pape, qui sembloit prendre à cœur de protéger l'hérésie, et de s'opposer à la réconciliation de l'Église. (1)

Charles V annonça ensuite à la diète l'obstacle qu'apportoit le pape à la pacification de la chrétienté; il déclara néanmoins qu'il ne renonçoit point à l'espoir de voir un concile libre et impartial assemblé en Allemagne, mais jusqu'à ce que leurs vœux fussent exaucés à cet égard, il demanda que l'on pourvût à la paix civile et religieuse de cette contrée, par une règle de discipline et de doctrine uniforme, qui seroit observée dans *l'intérim*, ou jusqu'à ce que le concile en eût décidé autrement. Il présenta en effet son projet de transaction, nommé en conséquence l'*intérim*. Il l'avoit fait préparer par trois théologiens, dont deux étoient catholiques, et le troisième, Jean Isleb Agricola, avoit été jusqu'alors protestant. Ces trois hommes s'étoient attachés à exprimer tous les points contestés entre les deux Églises, dans les termes les plus mitigés, mais au fond ils conservoient toute la doctrine catholique, et ils n'avoient fait

(1) De Thou. L. IV, p. 399 et 403; Liv. V, p. 408, 417. — *Sleidan.* L. XIX, f. 341. — Ribier. T. II, p. 92, 103. — *Frà Paolo.* L. III, p. 285.

aux protestans que deux seules concessions, qui, disoient-ils, étoient des indulgences accordées aux préjugés et à la foiblesse des Allemands; aussi n'étoient-elles cédées que pour un temps, et pour un petit nombre de districts; elles regardoient, l'une le mariage des prêtres, l'autre la communion sous les deux espèces (1). Ce nouveau système de doctrine fut lu à la diète, le 15 mai 1548, et à l'instant, sans permettre aucune délibération, l'archevêque de Mayence remercia l'empereur au nom de l'assemblée de ce qui venoit d'être fait pour la paix de l'Allemagne et de l'Église, et déclara que la diète acceptoit l'*intérim*. Les membres de la diète, surpris de se voir engagés dans une matière aussi grave sans avoir été consultés, se regardoient les uns les autres avec étonnement. Aucun cependant n'osa prendre la parole, et l'*intérim* fut publié en latin et en allemand, pour servir désormais de loi à l'Allemagne (2). C'étoit une grande erreur cependant de croire que la paix religieuse pourroit être établie à l'aide d'une telle supercherie. Quelque ménagement que les rédacteurs de l'*intérim* eussent apporté au choix des expressions, la convention elle-même, soit pour la doctrine, soit pour la discipline, répu-

---

(1) *Sleidan.* L. XX, f. 349, 353. — De Thou. L. V, p. 422. — *Belcarius* L. XXV, p. 800. — *Frà Paolo*. L. III, p. 296.
(2) *Sleidan.* L. XX, f. 354. — De Thou. L. V, p. 425.

gnoit à toutes les consciences. Une partie des protestans considéroit l'adoption de l'*intérim* comme une lâche apostasie ; une autre, en s'y soumettant, avoit soin de l'interpréter de manière qu'il ne les obligeât absolument à rien ; tous se confirmoient dans leur foi, et dans leur opposition au joug que leur imposoit l'empereur. En même temps, les catholiques s'irritoient des ménagemens des rédacteurs, et de ce que, par un lâche abandon, ils avoient déguisé leur foi sous des paroles ambiguës ; et les défenseurs de l'autorité ecclésiastique ajoutoient qu'il y avoit eu de la part de l'empereur et de la diète une usurpation odieuse des prérogatives de l'Église, lorsque ces puissances séculières avoient osé régler des matières de foi. Ainsi tous les partis étoient mécontens ; tous se préparoient à la résistance ; et un observateur attentif pouvoit aisément reconnoître que, malgré ses victoires, Charles-Quint n'avoit point encore dompté l'Allemagne. (1)

Dans cette même diète d'Augsbourg, si long-temps prolongée, Charles-Quint avoit fait plusieurs actes qui sembloient annoncer que rien ne résistoit plus à sa puissance. Il avoit investi le duc Maurice de l'électorat de Saxe, et fait punir du dernier supplice plusieurs capitaines

---

(1) *Sleidan.* L. XX, f. 353. — *Robertson's.* B. IX, p. 454.

qui, usant de l'ancien droit allemand, avoient conduit des landsknechts au service de France ; il avoit reçu la nouvelle de la soumission de Strasbourg, et puni cette ville et plusieurs autres des villes libres et impériales, par la limitation ou même la suppression de leurs priviléges (1). Après la clôture de la diète d'Augsbourg, Charles quitta l'Allemagne, et vint à Bruxelles avec les deux princes ses prisonniers. Il écrivit en même temps à Philippe son fils, resté en Espagne et parvenu à l'âge de vingt-un ans, de venir l'y joindre.

1548.

Tandis que Charles-Quint montroit tant de vigueur et d'habileté dans ses efforts pour subjuguer le protestantisme, la conduite de Henri II relativement à la religion, offroit des contradictions plus frappantes encore que celle de son père. Plus ignorant que celui-ci, il se défioit davantage des savans; il voyoit avec jalousie tous les progrès de l'esprit, et le zèle persécuteur dont il étoit animé contre la réforme partoit d'une foi aveugle et enthousiaste, encore que cette foi semblât exercer peu d'influence sur sa conduite morale. La duchesse de Valentinois sa maîtresse étoit, dit Brantôme, « surtout bonne catholique, et elle haïssoit fort ceux

---

(1) *Sleidan.* L. XX, p. 352. — De Thou, L. V, p. 434, 438.

« de la religion ; voilà pourquoi ils l'ont fort
« haïe, et médit d'elle » (1). Le connétable de
Montmorency, plus ignorant peut-être et plus
dur encore que son maître, les haïssoit fort
aussi, comme faisoit encore Saint-André; les
Guises enfin, soit qu'ils fussent réellement aussi
fanatiques qu'ils vouloient le paroître, soit que
leur zèle pour la religion fût tout hypocrite,
comme on les en accusoit dans le temps, car on
alla jusqu'à dire que le cardinal étoit en secret
protestant (2), se mirent du moins toujours en
tête du parti des persécuteurs. C'étoit la base de
la grandeur de leur sœur en Écosse, et de la
leur en France; aussi engagèrent-ils le roi à ordonner de nouvelles informations contre tous
ceux qui s'étoient rendus suspects d'hérésie. (3)

« Dès le commencement de son règne, dit
« Théodore de Bèze, Henri II n'eut rien en
« plus grande recommandation que de poursui-
« vre à outrance la persécution et destruction
« des églises commencée par le feu roi son père.
« Suivant donc cette résolution, les feux furent
« allumés plus que jamais; et surtout la cham-
« bre du parlement de Paris, qu'on appeloit la
« chambre ardente, en envoyoit au feu autant

(1) Brantôme. T. II, p. 328.
(2) De Thou. L. V, p. 446, et note. — Brantôme. T. III,
p. 256, Éloge du duc de Guise.
(3) De Thou. L. V, p. 445.

« qu'il en tomboit entre ses mains. Jean Morin
« travailloit d'un côté aux captures, envoyant
« force appelans au palais ; Pierre Liset, pre-
« mier président, ne laissoit échapper aucun
« appelant. » (1)

Mais malgré ce zèle pour la persécution, la
jalousie de Henri II contre Charles-Quint lui
faisoit tourner toutes ses pensées vers les moyens
de relever en Allemagne le parti protestant, afin
de mettre des bornes à la puissance de l'empereur ; et comme les princes et les villes impériales étoient alors trop accablés pour accepter
son alliance, il s'efforçoit du moins d'empêcher
la réunion du concile de Trente, qui paroissoit
pouvoir seul terminer les querelles religieuses
de l'Allemagne. C'étoit lui qui encourageoit
Paul III et le conciliabule de Bologne dans leur
opposition. C'étoit lui qui faisoit espérer au
vieux pontife une vengeance que celui-ci désiroit avec ardeur, dût-elle être obtenue par les
armes, ou des musulmans, ou des hérétiques ;
et pour donner plus d'activité aux complots
nombreux qu'il fomentoit en Italie contre la
puissance impériale, il résolut de venir en Piémont avec une suite nombreuse et toute sa maison, mais sans armée. Il partit de Troyes le
15 mai 1548, et traversant la Bourgogne et la

(1) Théod. de Bèze, Hist. ecclésiast. L. II, p. 68.

Savoie, il arriva à Turin au milieu de l'été. (1)

Le dernier des frères qui avoient été successivement marquis de Saluces, Gabriel, de même que ses prédécesseurs, commençoit à entrer en négociation avec les impériaux et vouloit leur livrer ses forteresses. Depuis long-temps le marquisat de Saluces étoit considéré par les Français comme la clef de l'Italie. C'étoit par ses gorges que les armées de Louis XII et de François Ier avoient le plus souvent franchi les Alpes. En même temps, le marquis de Saluces étoit regardé comme feudataire du Dauphiné; en sorte que les propositions qu'il avoit faites à l'empereur étoient de sa part une félonie. Le prince de Melfi, gouverneur du Piémont, Pierre Strozzi et de Termes, commandans des troupes françaises dans la province, arrêtèrent le marquis de Saluces à son château de Revel, le retinrent en prison, et mirent des garnisons françaises dans toutes ses forteresses. (2)

Le 30 juillet, ce marquis étant mort dans sa prison, le roi réunit définitivement le marquisat de Saluces à la couronne (3). Ce fut là une des affaires qu'accomplit Henri II pendant son séjour en Piémont; mais il s'étoit flatté de pou-

---

(1) De Thou. L. V, p. 449. — Guichenon. T. II, p. 227.
(2) *G. B. Adriani.* L. VI, p. 435.
(3) Lettre du P. de Melfi, dans Ribier. T. II, p. 143.

voir recueillir les fruits de conspirations plus importantes, que ses agens en Italie, et surtout le cardinal du Bellay à Rome, lui assuroient avoir conduites presque jusqu'à maturité (1). La principale étoit concertée avec les trois frères de Jean-Louis de Fieschi, impatiens de venger sa mort. Ils avoient gagné le jeune marquis de Massa-Carrara de la maison Cibo, qui, ayant épousé une sœur de Giannettino Doria, étoit admis familièrement dans la maison de son oncle. Le marquis Jules Cibo devoit assassiner lui-même André Doria dans son palais ; et tandis qu'il appelleroit ensuite les Génois à la liberté, des troupes françaises étoient disposées à Mondovi et à la Mirandole pour accourir à son aide, aussi-bien que les soldats pontificaux de Parme. Le complot échoua, parce que Jules Cibo fut dénoncé par sa propre mère. Arrêté par des soldats espagnols comme il traversoit Pontremoli, et trouvé porteur de lettres du cardinal de Guise, qui montroient que celui-ci connoissoit toute la conspiration et en avoit instruit Henri II, il fut conduit au château de Milan, soumis à une torture cruelle et ensuite décapité (2). Rien ne put néanmoins décourager les cardinaux de leur es-

(1) Lettre de du Bellay, de Rome, 18 février 1548. Ribier, p. 110.
(2) *G. B. Adriani.* L. VI, p. 453. — De Thou. L. III, p. 218. — Ribier. T. II, p. 110 et 114.

poir de se rendre maître de Gênes par des conspirations. Au mois de juillet 1548, le cardinal du Bellay écrivit au roi pour lui en communiquer une seconde à la tête de laquelle se mettoit Paul Spinola (1), et au mois de janvier suivant une troisième, dont le principal agent étoit un moine confesseur de Barnabas Adorno. (2)

Deux autres conjurations avoient été successivement ourdies à Parme pour assassiner Fernand Gonzaga, gouverneur du Milanez : toutes deux furent découvertes, et les assassins punis du dernier supplice. Ils déclarèrent qu'ils avoient été engagés dans ces entreprises par les deux Farnèse qui vouloient venger leur père; mais ils ajoutèrent que Henri II étoit instruit de leurs complots, et qu'il étoit venu en Italie pour tirer avantage des révolutions qui ne manqueroient pas de suivre la mort du gouverneur de Milan. (3)

Le cardinal du Bellay écrivoit en même temps à Henri II de ne point abandonner le projet d'une entreprise sur Naples; car César Mormile offroit de donner ses deux enfans en otage comme garans du succès de sa conspiration. Il promettoit que dès qu'une troupe française approcheroit de Naples, le gouverneur seroit assommé par ses soldats; que les Espagnols seroient mas-

---

(1) Ribier. T. II, p. 144.
(2) *Ibid.*, p. 189.
(3) *G. B. Adriani.* L. VII, p. 449.

sacrés, et les deux châteaux occupés par les conjurés et livrés aux Français (1). Jamais tant d'intrigues, tant de complots, tant d'assassinats, tant de crimes, n'avoient été médités avec l'aveu des gouvernemens. Aucun effet ne s'en suivit cependant. Le séjour de Henri II à Turin ne fut marqué que par la promesse d'un mariage entre l'un de ses favoris, le duc d'Aumale, et Anne d'Este, fille d'Hercule, duc de Ferrare, et de Rénée de France : Henri II profita d'une entrevue qu'il eut à Turin avec ce duc pour le conclure ; après quoi, ayant à peine séjourné dix jours dans la capitale du Piémont, il se remit en route pour retourner en France. (2)

Ce qui avoit hâté le retour du roi, c'étoit la nouvelle qu'il reçut à Turin d'une sorte d'insurrection de l'Université de Paris, qui s'étoit remise par force en possession du Pré-aux-Clercs, terrain du faubourg Saint-Germain, qu'elle prétendoit lui appartenir, et presque en même temps la nouvelle d'un soulèvement beaucoup plus grave en Guienne. L'affaire de l'université fut renvoyée aux tribunaux ordinaires (3); celle de Guienne prit le caractère d'une révolte ouverte, et fut apaisée par les armes et les supplices. Celle-ci étoit une nouvelle conséquence des or-

(1) Lettre de du Bellay. Ribier. T. II, p. 130.
(2) *G. B. Adriani*. L. VII, p. 449.
(3) Hist. de l'Université. T. V, L. X, p. 423.

donnances de François Ier., pour rendre le prix du sel uniforme dans tout le royaume, qui avoient causé, en 1542, la révolte de la Rochelle. La province de la Guienne, où le sel sembloit presque un présent gratuit de la nature, où des priviléges anciens, solennellement jurés, garantissoient aux habitans l'exemption de la gabelle, et où l'industrie du pays s'étoit mise en rapport avec cette franchise, ne pouvoit pas se résigner à payer un impôt qu'elle repoussoit comme illégal : l'indignation générale étoit encore augmentée par les fraudes dont on accusoit les agens de la gabelle : on assuroit que le sel qu'ils forçoient d'acheter étoit mêlé à dessein avec du sable, et l'on étoit révolté des châtimens arbitraires qu'ils infligeoient pour chaque omission, pour chaque réclamation.

Au milieu de l'été de 1548, les paysans de plusieurs villages se refusèrent absolument d'aller prendre le sel aux greniers qui leur étoient assignés. Dans plusieurs autres, les officiers qui venoient forcer les habitans à prendre du sel, furent massacrés; le peuple en tua huit à Conzé en Saintonge, tandis qu'il se contenta de les mettre en fuite à Périgueux, à Consac, à Barbesieux. Henri roi de Navarre, gouverneur de Guienne, envoya contre les mutins une compagnie de gendarmes qui fut chassée du pays (1).

(1) De Thou. L. V, p. 452. — *Belcarius*. L. XXV, p. 803.

Les paysans insurgés, à mesure qu'ils augmentoient en nombre, sentoient s'accroître leur courage. On avoit d'abord annoncé avec terreur qu'ils étoient quatre mille, mais bientôt on s'assura qu'ils étoient au moins cinquante mille; en effet ils étoient également en armes dans toutes les parties de la province. Le 12 août, ils se rendirent maîtres de Saintes, mais ce fut par force. Les bourgeois, alarmés de leur violence, et redoutant la domination des paysans plus encore que la gabelle, s'enfermoient dans leurs maisons : les révoltés en effet livroient à des supplices cruels tous les employés qu'ils pouvoient saisir; ils avoient pillé Cognac et Ruffec, et brûlé les maisons de plusieurs magistrats; aucun homme de bien ne pouvoit songer à se joindre à ces forcenés.

Tristan de Moneins, lieutenant du roi de Navarre et parent du connétable, étoit devenu particulièrement odieux aux paysans de Guienne, par sa sévérité et ses menaces. Il vint de Bayonne à Bordeaux, il fit assembler le peuple de cette grande ville, qui n'avoit jusqu'alors pris aucune part à l'émeute, et il le harangua dans la vue de lui inspirer de la crainte, en lui annonçant les châtimens que le gouvernement réservoit aux révoltés. Il produisit un effet tout contraire : il souleva l'indignation de ses auditeurs, qui, rassemblés pour entendre la harangue qui les offensoit, sentirent leur force, et demeurèrent unis pour en tirer vengeance. La multitude, enflammée de colère, s'étant portée à l'instant sur l'arsenal, en enfonça les portes, et se procurant ainsi des armes, vint assiéger le château Trompette, où Moneins, effrayé de l'orage qu'il avoit soulevé, s'étoit enfermé. La Chassagne, président du parlement de Bordeaux, essaya de calmer alors le peuple par son influence. Moneins n'avoit trouvé aucun moyen de défense dans le château. La Chassagne se chargea d'obtenir pour lui une capitulation honorable; il le fit sortir du château, croyant avoir obtenu sa grâce. Il avoit trop présumé de son influence; à peine Moneins se trouva entre les mains du peuple, qu'il fut massacré avec un de ses amis; son corps fut livré à mille outrages, et la Chassagne effrayé alla chercher un refuge dans le couvent des dominicains. (1)

La populace de Bordeaux avoit pour la Chassagne de la confiance et du respect; elle se porta en foule à ce couvent, elle en fit sortir la Chassagne, et lui déclara qu'elle ne vouloit reconnoître que lui pour chef. La Chassagne accepta cet office, dans l'espoir de rétablir l'ordre dans sa ville natale; mais il ne concevoit l'ordre que

---

(1) De Thou. L. V, p. 456. — *Belcarius*. L. XXV, p. 803. — Vieilleville. T. XXIX, p. 119.

dans l'obéissance ; il ne songea qu'à faire respecter l'autorité royale, sans s'occuper d'aucune garantie pour les intérêts d'un peuple qui s'étoit confié en lui. Il fit fermer les portes de Bordeaux après avoir renvoyé tous les habitans de la campagne, pour priver les insurgés de leur appui ; il arma ensuite la bourgeoisie, et il établit des corps-de-garde dans toutes les rues. Se jugeant alors maître des mutins, il fit rouvrir les tribunaux, et le premier prévenu déféré au parlement fut le malheureux qui avoit sonné le tocsin. Les magistrats, avertis que le connétable étoit arrivé à Toulouse, et qu'il y rassembloit des troupes, crurent devoir lui prouver, par leur sévérité, que l'autorité royale étoit rétablie à Bordeaux. Ils condamnèrent le prévenu à être tiré à quatre chevaux, et il fut exécuté. (1)

Cependant la ville de Bordeaux avoit envoyé au connétable une députation pour l'assurer de sa soumission, lui demander grâce, et le supplier seulement de ne point faire entrer les landsknechts dans la place ; car il ne pourroit pas ensuite la garantir du pillage. Le connétable répondit durement, que ce n'étoit point à eux à lui dicter des conditions, que les Allemands qui

---

(1) De Thou. L. V, p. 458. — Lettres du roi au connétable, de Savillan, 29 août. Ribier, p. 154 et 167.

le suivoient n'étoient pas moins soldats du roi que les Français, et qu'il n'avoit pas besoin de leurs clés pour ouvrir des portes que ses boulets auroient bientôt abattues (1). Les Bordelais auroient eu d'amples moyens de résistance; ils ne songèrent pas même à en faire usage. Ils ouvrirent leurs portes; mais le connétable n'en tint compte, il fit abattre une partie de leurs murailles, et il entra par la brèche. Il distribua ses troupes dans tous les quartiers de la ville, et il procéda au désarmement des habitans, en faisant transporter toutes leurs armes au château. Alors commencèrent les informations, qu'il poursuivit avec la dernière sévérité, ayant choisi pour cela Charles de Neuilly, le plus violent et le plus emporté des maîtres des requêtes. « Enfin, dit de Thou, le peuple de Bordeaux fut
« déclaré atteint et convaincu du crime de sé-
« dition, de rébellion et de lèse-majesté; et privé
« en conséquence de tous ses privilèges, du
« droit d'élire un maire et des jurats, de faire
« des assemblées de ville, de tenir des sceaux,
« d'exercer aucune juridiction, d'avoir un tré-
« sor commun, et des possessions publiques. La
« maison de ville devoit être rasée, et toutes les
« cloches des églises transportées dans les châ-
« teaux, qui seroient fortifiés aux dépens du

---

(1) De Thou. L. V, p. 458.

« peuple. Il fut condamné encore à équiper à ses
« frais deux galères, pour servir à la défense
« des gouverneurs de la province contre les
« entreprises des citoyens mêmes. Enfin, pour
« expier l'horrible attentat qu'ils avoient commis
« contre la personne de Moneins, la sentence
« portoit qu'ils le déterreroient eux-mêmes, non
« avec le secours de quelque instrument, mais
« avec leurs propres ongles, et que le corps de ce
« seigneur seroit conduit de nouveau à la sépul-
« ture, par les jurats, et six vingts bourgeois en
« habit de deuil, et le flambeau à la main. » Tandis
que cette sentence contre la ville en corps étoit
exécutée avec la dernière rigueur, les individus
soupçonnés d'avoir pris une part plus active
dans la sédition furent arrêtés les uns après les
autres et punis d'une manière atroce. Cent quarante furent successivement exécutés : mais la
mort des rebelles ne suffisoit point aux vengeances de l'autorité royale. Il y en eut de brûlés,
de rompus vifs, de pendus aux battans des cloches qu'ils avoient sonnées. Des juges se montroient parfois ingénieux à inventer des supplices nouveaux : on prenoit à tâche d'infliger
aux justiciables les mêmes tourmens que le
peuple, dans sa rage, avoit fait éprouver aux
employés de la gabelle. Les juges et les bourreaux sembloient faire assaut d'invention pour
prolonger l'agonie et les douleurs. Ce fut ainsi

1548.

par l'horreur et l'effroi que le connétable s'efforça de rétablir l'autorité royale dans la province. Enfin, le 9 novembre, il la quitta croyant l'avoir pacifiée; et il laissa le comte du Lude avec une forte garnison dans Bordeaux. (1)

La soumission de la Guienne à d'aussi atroces châtimens fait éprouver une douleur mêlée d'étonnement; la province tout entière avoit été blessée dans ses premiers intérêts; la population avoit pris les armes, et elle étoit bien plus nombreuse que les armées dont le roi de France pouvoit disposer contre elle. Tous furent menacés et punis ensemble par une sentence cruelle; en restant unis et armés, ils eussent aisément fait repentir le connétable de son insolente colère, mais les bras ne sont rien sans la tête, et la force brutale est hors d'état de se défendre, si la pensée ne la dirige. Les insurgés s'étoient eux-mêmes privés de toute leur force par leurs excès; ils avoient effrayé ceux qui pouvoient les conduire, et leur avoient fait redouter la victoire du peuple plus encore que celle du roi. Les cent mille bras de la multitude demeurèrent inutiles, car personne dans cette foule ne sut les faire agir ni marcher ensemble,

---

(1) De Thou. L. V, p. 460. — *Belcarius*. L. XXV, p. 804. — *Sleidan*. L. XXI, p. 365. — Vieilleville. T. XXIX, p. 123.

personne ne concevoit ce qui se trouvoit au-delà de son village, et ne savoit réunir la nourriture, le logement, les armes dont les masses avoient besoin; personne ne prévoyoit la route que suivoit l'ennemi pour les attaquer, ou n'étoit en état de combiner un plan pour la défense de la province. De toutes les leçons la plus importante pour les nations, fut enseignée alors au peuple de la Guienne d'une manière bien dure : c'est que la vraie force de l'homme consiste dans son intelligence prévoyante, que cette intelligence est l'attribut du petit nombre, et que les masses ignorantes se perdent si elles repoussent de leur sein l'élite intelligente, qui seule peut assurer leur succès.

1548.

Ce triomphe de la tyrannie d'un seul sur l'intérêt, sur la volonté de tous, fit éclore cependant des pensées qui marquèrent le progrès du siècle, et qui indiquèrent le terme prochain où l'association des forces et des intelligences des sujets triompheroit des caprices et de la cruauté des maîtres. « Étienne de La Boétie de Sarlat,
« dit de Thou, qui a été dans la suite l'orne-
« ment du parlement de Bordeaux, et qui, étant
« alors à peine âgé de dix-neuf ans, faisoit déjà
« paroître un jugement fort au-dessus de son
« âge, prit occasion de ces troubles pour appro-
« fondir cette réflexion, dans un petit ouvrage
« intitulé *le Contr'un, ou de la Servitude vo-*

« *lontaire* » (1). Même dans une tête si jeune, le germe des vrais principes de la liberté et de la résistance populaire est un fait qui réclame notre attention, et une courte notice sur l'ouvrage de La Boétie.

L'usage des orateurs chrétiens, qu'ils avoient emprunté aux Arabes, de baser leurs discours sur un texte, avoit gagné la littérature profane; et La Boétie prit pour texte le vers de l'Iliade où Ulysse conseille aux Grecs de se soumettre à un seul chef, afin d'éviter les maux qu'entraîne la tyrannie de plusieurs (2). « Pour « parler avec raison, dit La Boétie, il falloit « dire que la domination de plusieurs ne pou- « voit être bonne, puisque la puissance d'un « seul, dès-lors qu'il prend ce titre de maître, « est dure et déraisonnable » (3). En effet, c'étoit tous les maîtres et les tyrans que l'auteur attaquoit à la fois, et il repoussoit la prétention de reconnoître un droit dans l'origine du pouvoir, toutes les fois que ce pouvoir étoit sans limites. « Il y a trois sortes de tyrans, disoit-il : les uns « ont le royaume par l'élection du peuple, les « autres par la force des armes, les autres par « la succession de leur race.... Je vois bien qu'il

---

(1) De Thou. L. V, p. 458.
(2) Ιλιαδος. B. v. 204.
(3) Discours de La Boétie, à la suite de Montagne. Éd. de Paris, 1801. T. XVI, p. 106.

« y a entre eux quelque différence, mais de
« choix je n'en vois point, et étant les moyens
« de venir au règne divers, toujours la façon
« de régner est quasi semblable. Les élus, comme
« s'ils avoient prins des taureaux à dompter,
« les traitent ainsi; les conquérans pensent en
« avoir droit, comme de leur proie, les succes-
« seurs d'en faire ainsi comme de leurs natu-
« rels esclaves » (1).

1548.

Toutefois La Boétie s'attache à prouver que
tous les tyrans seroient également sans force si
le peuple ne les secondoit pas, que l'intérêt de
tous s'unissant *contre un*, la puissance de tous
s'alliant *contre un*, cet *un*, cet être isolé, perdroit le pouvoir de mal faire. « Pauvres gens
« et misérables, dit-il, peuples insensés, nations
« opiniâtres en votre mal, et aveugles en votre
« bien, vous vous laissez emporter devant vous
« le plus beau et le plus clair de votre revenu,
« piller vos champs, voler vos maisons, et les
« dépouiller des meubles anciens et paternels;
« vous vivez de sorte que vous pouvez dire que
« rien n'est à vous...... Et tout ce dégât, ce
« malheur, cette ruine vous vient non pas des
« ennemis, mais bien certes de l'ennemi, et de
« celui que vous faites si grand qu'il est, pour

---

(1) Discours de La Boétie, à la suite de Montagne. Éd. de
Paris, 1801. T. XVI, p. 140 et 143.

« lequel vous allez si courageusement à la guerre,
« pour la grandeur duquel vous ne refusez point
« de présenter à la mort vos personnes. Celui
« qui vous maîtrise tant n'a que deux yeux,
« n'a que deux mains, n'a qu'un corps, et n'a
« autre chose que ce qu'a le moindre homme du
« nombre infini de vos villes, sinon qu'il a plus
« que vous tous l'avantage que vous lui faites
« pour vous détruire » (1). Il cherche ensuite
comment un ordre si contraire à la nature ainsi
qu'à l'intérêt de tous a pu s'établir; et comment
la servitude, qui n'a pu être maintenue par la
force, est devenue volontaire. « La première
« raison, dit-il, de la servitude volontaire, c'est
« la coutume; ils disent (les hommes) qu'ils ont
« été toujours sujets, que leurs pères ont ainsi
« vécu. Ils pensent qu'ils sont tenus d'endurer
« la mort, et le se font accroire par exemples,
« et fondent eux-mêmes sur la longueur la pos-
« session de ceux qui les tyrannisent. Mais, pour
« vrai dire, les ans ne donnent jamais droit de
« mal faire, ains agrandissent l'injure. Toujours
« en demeure-t-il quelques uns mieux nés que
« les autres, qui sentent le poids du joug et ne
« peuvent tenir de le crouller; qui ne s'appri-
« voisent jamais à la subjection..... Ce sont ceux
« qui ayant la tête bien faite, l'ont encore polie

(1) Le Contr'un, p. 125.

« par l'étude et le savoir. Ceux-là, quand la li-
« berté seroit entièrement perdue et toute hors
« du monde, l'imaginant en leur esprit, et en-
« core la savourant, la servitude ne leur est
« jamais de goût, pour si bien qu'on l'accou-
« tre. » (1)

En effet la partie pensante de la société commençoit à détester le joug, à combiner les moyens
de résistance, et à chercher une réforme dans
l'État aussi-bien que dans l'Eglise; elle commençoit à chercher dans la communauté un pouvoir qui fût en avant de la communauté en
vertu et en intelligence, et qui par conséquent
sût, voulût et pût faire avancer la société ; car
c'étoit alors, c'étoit pendant le règne de Henri II,
que mûrissoit l'esprit qui éclata douze ans plus
tard dans les guerres civiles. Le gouvernement
savoit peut-être en quoi consistoit le bien général, et il pouvoit le faire, mais il ne le vouloit
pas ; les réformateurs le savoient et le vouloient,
mais ils ne le purent. Le parti de la résistance,
le parti des Guises, le vouloit peut-être et le pouvoit, mais il ne savoit pas le connoître ; ce parti
qui forma la ligue exprima le sentiment des
masses ignorantes, celui de la multitude toujours ennemie du progrès. Il arrêta les réformes
religieuses, il dégoûta des réformes politiques,
en faisant éprouver la tyrannie de la pluralité,

(1) Le Contr'un, p. 166.

et il ramena enfin la France sous la royauté sans limites.

Pendant que le connétable réprimoit la sédition de Guienne, Henri II étoit revenu de Turin à Lyon, où il fit son entrée le 21 septembre. Cette ville, la plus commerçante de France, déploya en cette occasion une grande magnificence ; les marchands étrangers s'étoient partagés en diverses nations, qui étaloient à l'envi l'une de l'autre leurs richesses, et les Italiens l'emportoient tellement en industrie sur tous les autres peuples, que, tandis que les Allemands étoient réunis en une seule corporation, les Génois, les Lucquois, les Milanais et les Florentins en formoient chacun une (1). Le roi se rendit ensuite à Moulins, où, le 13 octobre, il célébra les noces d'Antoine de Bourbon, duc de Vendôme, avec Jeanne d'Albret, héritière de Navarre, et celles de François de Lorraine, que Henri avoit créé duc d'Aumale, malgré les remontrances du parlement (2), avec Anne d'Este, fille d'Hercule duc de Ferrare et de Renée de France. Les branches si nombreuses de la famille royale s'étoient presque toutes éteintes. Il n'en restoit plus d'autres que la branche issue de Jean II, duc de Vendôme,

(1) De Thou. L. V, p. 461.
(2) Remontrances du parlement, du 3 décembre 1547, dans Ribier. T. II, p. 89. — Contrat. d'Ant. de Bourbon. Traités de Paix. T. II, p. 244.

mort en 1477. Mais celle-ci s'étoit partagée en deux, sous les noms de Vendôme et de Montpensier : dans la première, Antoine, duc de Vendôme, qui devint roi de Navarre en 1555, avoit encore trois frères, le cardinal de Bourbon, le comte de Soissons et le prince de Condé ; dans la seconde, Louis, duc de Montpensier, avoit un frère prince de la Roche-sur-Yon. Cette extinction successive des branches de la famille royale avoit contribué à faire naître chez les princes de la maison de Lorraine la prétention de s'égaler aux princes du sang. Ils étoient issus de Iolande, fille de René d'Anjou, roi titulaire de Naples. Ils rappeloient que l'Anjou, la Provence et les Deux-Siciles étoient des fiefs féminins ; qu'ils avoient été dépouillés injustement de leur héritage par Louis XI, aussi prétendoient-ils adopter le nom d'Anjou de préférence à celui de Lorraine : le duc d'Aumale le prit en effet dans son contrat de mariage ; il essaya d'avoir rang avec Vendôme, comme s'il étoit aussi-bien que lui prince du sang ; il eut une querelle, sur ce titre de prince avec Liset, président du parlement de Paris ; enfin, il avoit même obtenu de Henri II, encore dauphin, une promesse par laquelle celui-ci s'engageoit à lui rendre la Provence dès qu'il seroit roi. (1)

(1) De Thou. Liv. V, p. 462. — Vieilleville. T. XXIX, p. 102.

1548.

Le duc d'Aumale mettoit beaucoup d'importance à s'unir plus étroitement encore à la famille royale par le mariage projeté de sa nièce Marie reine d'Écosse, avec le fils du roi, et ç'avoit été son principal motif pour empêcher le roi de ratifier le traité fait l'année précédente avec l'Angleterre. Au mépris même du traité du 7 juin 1546, regardé comme toujours subsistant, Henri II avoit donné ordre à Gaspard de Coligny, seigneur de Châtillon, de bâtir un fort près de Boulogne, au lieu nommé la Tour d'Ordre, qui commandât réellement l'entrée du port; ce que le fort d'Outr'eau, bâti par de Biez, ne pouvoit faire (1). Charles-Quint avoit envoyé le comte de Bure au lord protecteur d'Angleterre, pour lui représenter que la France étoit décidément hostile, et pour l'engager à profiter de la révolte de la Guienne, afin d'y rétablir la domination anglaise (2). Mais le duc de Sommerset, en butte à des factions puissantes en Angleterre, et menacé par les intrigues de sa propre famille, désiroit la paix avec la France et avec l'Écosse, il fermoit les yeux sur les provocations qu'il avoit essuyées; il vouloit ajourner tous les différends, et il faisoit offrir aux Écossais une trêve de dix années, dans l'espérance, il est vrai, qu'au bout

---

(1) De Thou. L. V, p. 449.
(2) *Ibid.*, p. 477.

de ce terme le jeune Edouard VI, et la reine Marie, arrivés à l'âge nubile, sentiroient tous deux la convenance d'un mariage qui sembloit si désirable, et pour eux-mêmes, et pour leurs deux nations.

Cependant, loin que les Ecossais songeassent à faire cesser par cette union des guerres qui avoient dévasté pendant tant de siècles leur frontière méridionale, leur orgueil et leur haine héréditaire s'offensoient d'un mariage qui les forceroit d'obéir à leurs puissans voisins; le peuple le repoussoit avec une sorte de fureur, et les prélats écossais le regardoient comme devant entraîner dans leur pays la ruine de la religion catholique. Ils remarquoient que l'Angleterre avoit, depuis la mort de Henri VIII, fait des pas rapides vers la réformation; en même temps ils observoient que la prédication évangélique s'étendoit en Ecosse malgré tous leurs efforts, et que les réformés, oubliant les haines et les préjugés nationaux, devenoient Anglais de cœur, et demandoient l'union avec l'Angleterre. Ainsi la question du mariage de la nièce des Guises devenoit avant tout une querelle de religion; et la France se trouvoit appelée à donner son appui au parti fanatique et persécuteur, au parti d'une église qui croyoit combattre pour son existence. Toutes les propositions pacifiques des Anglais furent repoussées par le régent d'Ecosse, et en même temps cachées soigneusement au peuple. Ce régent avoit été gagné au parti de la France par la concession du duché de Châtellerault que lui fit Henri II. La reine-mère ne souhaitoit rien tant que de mettre à la cour de France sa fille sous la protection des Guises ses frères. Ceux-ci voyoient leur ambition couronnée par le crédit que leur donneroit leur nièce, femme de l'héritier du trône; les prélats écossais résolurent, de concert avec eux, de faire passer la jeune reine en France, pour que la nation elle-même n'eût plus la possibilité de se repentir et de changer d'avis, si le triomphe momentané d'une faction, ou le progrès de la réforme, lui faisoient désirer le mariage de la jeune reine avec Edouard VI. Le parti fanatique exigeoit donc en même temps la guerre avec l'Angleterre, et l'envoi de Marie en France, sans vouloir seulement consentir à demander pour l'Ecosse les garanties que leur intérêt propre sembloit exiger. (1)

Henri II, entrant avec avidité dans ces vues, fit partir de Nantes une armée française pour seconder les deux reines d'Écosse : elle prit terre à Dunbar le 18 juin ; elle étoit composée de trois

---

(1) Rapin Thoyras. T. VII, L. XVI, p. 30. — *Hume's History of England.* T. VI, c. 34, p. 175. — *Buchanani Rer. Scoticar.* L. XV, p. 511. — *Robertson's Hist. of Scotland.* B. II, p. 74.

mille soldats allemands commandés par le margrave, de deux mille fantassins français sous la conduite de François de Coligny d'Andelot, et de mille chevaux de différentes nations qui avoient pour chef François d'Anglure, seigneur d'Étauges. Le commandement général fut donné à André de Montalembert, baron d'Essé, qui s'étoit acquis beaucoup de réputation au siége de Landrecies. Celui-ci ayant assemblé tous les capitaines et seigneurs qui servoient sous lui, parmi lesquels plusieurs étoient de très grandes maisons, leur dit : « Messieurs, je sais bien
« qu'il n'y a nul guère de vous autres qui ne soit
« plus grand que moi, et quand je serai hors
« d'ici, soit à la cour, soit en France, soit au
« pays, qui ne soit plus que moi, et qui ne se
« veuille dire plus que mon compagnon ; mais
« puisqu'il a plu au roi m'honorer de cette
« charge, il faut que je m'en acquitte et que je
« commande aussi bien au grand comme au
« petit, et que l'un et l'autre m'obéissent : et au
« partir d'ici, m'étant dépouillé de cette gran-
« deur, nous serons tous pairs et compa-
« gnons. » (1)

Nicolas Durand de Villegagnon, commandeur de Malte, qui avoit amené cette petite armée

1548.

---

(1) Brantôme. T. II, Discours 64, p. 460. — De Thou. L. V, p. 464. — *Belcarius*. L. XXV, p. 801.

en Écosse, avoit commission de ramener la jeune reine en France sur sa flotte; mais comme il savoit que les Anglais vouloient empêcher son départ, et pourroient bien l'enlever dans la traversée, il remit à la voile en annonçant qu'il retournoit en France; puis ayant perdu de vue les côtes, il se dirigea vers le nord: et par une navigation qu'on regardoit alors comme très hardie, il fit le tour de l'Écosse septentrionale, et revint prendre à Dunbarton la jeune reine, qu'il conduisit par le canal de Saint-George en Bretagne, où il la vint déposer le 13 juillet. Elle n'avoit alors que six ans : son frère naturel, Jacques Stuart, fut envoyé en France avec elle: le baron de Levingston avoit été chargé par le régent d'Ecosse d'accompagner ces enfans, et Philippe de Maillé Brezé de les recevoir au nom du roi de France. (1)

Pendant ce temps, d'Essé assiégeoit Haddington; le comte de Shrewsbury ayant rassemblé dans les comtés du nord de l'Angleterre toutes les milices, jusqu'au nombre de dix-sept mille hommes, s'avança à leur tête, et força d'Essé à lever le siége; mais il ne put retenir long-temps ensemble cette troupe de volontaires; et dès qu'elle se fut retirée, d'Essé recommença ses

---

(1) De Thou. L. V, p. 465. — Ribier. T. II, p. 150. — *Buchanan.* L. XV, p. 511. — *Robertson's Scotl,* B. II, p. 75.

opérations ; il remporta divers avantages sur ses ennemis ; cependant il ne put ni prendre Haddington, ni empêcher les Anglais de prendre et de fortifier divers châteaux. De son côté il fortifia Leith, le port d'Édimbourg. (1)

D'autre part, depuis que la cour de France eut atteint le but de son ambition, en s'assurant la possession de la jeune reine, elle ne mit presque plus d'importance à la défense de la frontière dans un pays qu'elle jugeoit barbare ; elle traitoit les Écossais avec la hauteur et le mépris qu'elle n'épargnoit pas aux Français eux-mêmes, et moins encore à un peuple asservi par eux ; elle ne respectoit aucun des priviléges pour lesquels ils avoient si imprudemment négligé de demander des garanties. D'Essé se proposa de mettre en quartier ses troupes dans Édimbourg ; le prévôt de la ville se présentant à elles avec son fils et un cortége des principaux bourgeois voulut les arrêter, en faisant valoir les priviléges de la capitale du royaume. Les soldats français prirent querelle avec eux et les massacrèrent. Vers le même temps Henri II envoya l'évêque Jean de Montluc en Écosse, en demandant au régent et à la reine-mère de le nommer chancelier du royaume. C'étoit plus

---

(1) De Thou. L. V, p. 471. — Rapin Thoyras. L. XVI, p. 32.

que les Écossais n'étoient disposés à supporter ; Marie de Guise avertit ses frères que si d'Essé et Montluc n'étoient pas rappelés, elle ne répondoit pas de l'alliance de l'Ecosse, malgré la présence de la jeune reine à la cour de France. Paul de Termes, donné pour successeur à d'Essé, sut mieux captiver l'affection des Écossais. (1)

Pendant ce temps l'empereur profitoit de ce que la France n'osoit point lui faire la guerre, et il marchoit à l'accomplissement de ses vastes projets. Il commençoit à croire possible l'établissement d'une monarchie universelle, dont il avoit à peine osé jusqu'alors s'avouer le désir. L'Espagne, où l'amour de la liberté fermentoit partout au commencement de son règne, n'opposoit plus d'obstacles à ses volontés. Les esprits les plus aventureux de la nation étoient entraînés vers l'Amérique par l'ardeur des découvertes et des conquêtes, et le Pérou, à peine subjugué, étoit déjà ensanglanté par les guerres civiles. Le prince don Philippe présida les cortès d'Aragon à Monzon, et ceux de Castille à Valladolid ; dans les uns et les autres les Espagnols marquèrent beaucoup de mécontentement, soit de ce que Charles V vouloit établir parmi eux l'étiquette de la maison de Bourgogne, soit de

(1) De Thou. L. V, p. 475. — *Belcarius*. L XXV, p. 802. — *Buchanan*. L. XV, p. 514. — Rapin Thoyras. L. XVI, p. 33.

ce qu'il annonçoit le projet d'assurer l'empire à son fils, ce qui réduiroit les Espagnols à dépendre des Allemands et à vivre habituellement privés de la présence de leur souverain. Toutefois l'opposition ne montra ni suite dans ses projets, ni habileté dans sa conduite, ce qui fut attribué à la politique du duc d'Albe, qui n'avoit appelé aux cortès que les seuls procurateurs des villes, en excluant les grands et les prélats; ceux-ci, à raison de leur connoissance des affaires, et même de leur orgueil, auroient été mieux préparés à tenir tête au gouvernement. Maximilien, neveu de l'empereur, qui vint à Barcelone pour épouser l'infante Marie sa cousine, et remplacer ensuite don Philippe dans le gouvernement de l'Espagne, fit oublier à la nation ses griefs au milieu des fêtes de son mariage; don Philippe lui céda le gouvernement le 1er octobre, et s'embarqua à Roses, sur les galères d'André Doria, pour passer en Italie, et de là rejoindre son père. (1)

L'Italie, si récemment privée de sa vie politique, palpitoit encore de souffrance et d'angoisses : les conjurations, les projets hostiles contre l'autorité de l'empereur, les tentatives de ligue pour lui résister de la part des États qui se croyoient encore indépendans, se succédoient

(1) *Miniana, Historia de España.* L. IV, c. 7, p. 238.

rapidement. Charles V sembloit vouloir, en leur laissant épuiser, dans ces derniers efforts, un reste de vie, veiller et attendre la fin de leur agonie, pour les saisir à mesure qu'il les voyoit défaillir. Mais soit qu'il se défiât des forces qui restoient encore à l'Italie, et que pour les lasser plus vite il choisît pour la gouverner les plus durs et les plus avides de ses lieutenans, soit que les richesses de cette contrée séduisissent plus fortement leur rapacité, aucun pays de l'Europe n'étoit plus odieusement, plus atrocement gouverné que ne l'étoient les vice-royautés de la maison d'Autriche en Italie: Naples et la Sicile d'une part, la Lombardie de l'autre. Aucun homme ne s'étoit montré plus cruel et plus faux que don Pedro de Tolède à Naples, que Fernand de Gonzague à Milan; aussi les pays où avoit commencé la civilisation européenne retomboient-ils dans la barbarie. La faction qui dominoit à Gênes se croyoit encore libre, quoiqu'elle fût gouvernée par André Doria, et qu'elle obéît à tous les caprices de l'empereur. La Toscane avoit perdu toute indépendance, sous le joug de Côme Ier de Médicis, duc de Florence, qui n'étoit ni sans talent ni sans ambition, mais qui, se sentant foible contre la haine du peuple, se contentoit du rôle de tyran subalterne, et de lieutenant de l'empereur. La république de Sienne, qui avoit admis dans ses murs une garnison es-

pagnole, se laissoit gouverner tyranniquement
par Diégo de Mendoza, qui la commandoit. Le
vieux pape Paul III frémissoit d'indignation et
de rage contre l'empereur, qui avoit fait assassiner son fils : il eût volontiers fait alliance avec
la France, avec les Turcs, avec les protestans,
s'il avoit pu ainsi rallumer une guerre générale ;
mais personne ne comptoit assez sur ce qui pouvoit lui rester de vie pour s'associer à ses vengeances. Venise enfin, qui connoissoit sa foiblesse réelle, s'efforçoit d'entretenir sur sa puissance l'illusion que produisoit encore le souvenir de ses anciens exploits, en évitant toute
occasion de se mesurer avec personne, et en ob-
servant une neutralité scrupuleuse. Les ducs
de Ferrare et de Mantoue, enfin, observoient
la même politique et se perdoient dans l'ombre. (1)

L'Allemagne, récemment subjuguée par les
victoires que l'empereur venoit de remporter
sur la ligue de Smalkalde, demandoit plus de
ménagemens. Sa population belliqueuse, accoutumée à fournir des soldats à toutes les puissances, conservoit le sentiment de sa force ; elle
avoit de plus, pour la mettre en mouvement,

---

(1) *Gio. Batt. Adriani.* L. VII, p. 462. — *Giannone.* Hist.
de Naples. L. XXXII, c. 2, p. 84 ; et c. 5, p. 107. — *Annali
d'Italia.* T. XIV, p. 363.

l'enthousiasme de la religion ; aussi quoique l'empereur aspirât à la priver à la fois de ses libertés civiles et religieuses, il n'y procédoit qu'avec de grandes précautions. Il avoit outrepassé les droits et les prérogatives des empereurs, en mettant, de sa seule autorité, de grands princes ou des villes impériales au ban de l'empire ; mais dès lors il avoit cherché à voiler sa tyrannie sous le nom et l'autorité des diètes ; il les ménageoit avec soin et les traitoit comme représentant un corps libre et puissant. Il retenoit dans la captivité, contre la foi des capitulations, deux des plus grands princes de l'Allemagne : l'électeur de Saxe et le landgrave de Hesse ; mais il nourrissoit les espérances de ceux qui demandoient leur mise en liberté ; il caressoit, il flattoit Maurice de Saxe, l'électeur de Brandebourg, et les princes protestans qui l'avoient secondé ; et il ne croyoit point au ressentiment du premier, qui en effet se montroit avec lui toujours courtisan. Charles avoit en apparence imposé à l'Allemagne, par la publication de *l'intérim*, la paix et l'uniformité religieuse, mais il évitoit de troubler cette paix, dans le secret des consciences, et il admettoit à sa faveur, dans sa cour et dans son armée, les protestans à l'égal des catholiques. (1)

(1) *Sleidan.* L. XXI, p. 364.

L'Angleterre, affoiblie par ses divisions et par la minorité de son roi, se montroit empressée d'accueillir les conseils de l'empereur ; la France seule sembloit mettre obstacle à ses projets : la France étoit en paix avec lui, mais elle laissoit percer son inimitié, et il la retrouvoit comme motrice de tous les complots qu'il faisoit successivement échouer. Il auroit eu des motifs suffisans de lui déclarer la guerre ; mais il préféroit d'attendre une occasion favorable et d'écraser auparavant ses autres ennemis. Surtout sentant l'affoiblissement de sa santé, il auroit voulu confier après lui la suite et l'exécution de ses grands projets à une volonté unique. Quoiqu'il n'eût aucune plainte à former contre son frère, qui avoit été pour lui un fidèle et habile lieutenant, il regrettoit de l'avoir fait nommer roi des Romains en excluant ainsi lui-même son fils de l'empire. Il vouloit réunir toute sa famille autour de lui dans les Pays-Bas, où sa grandeur avoit commencé, et il se flattoit qu'auprès de ce berceau de sa maison il feroit comprendre à son frère ainsi qu'à son neveu qu'il importoit à la grandeur future de la famille qu'elle fût toujours dirigée par une seule volonté, et que Ferdinand abdiquât en faveur de Philippe ses prétentions à l'empire.

Philippe, qui avoit débarqué à Gênes le 25 novembre, s'étoit montré tour à tour aux peuples divers sur lesquels régnoit son père; mais il leur avoit successivement déplu. Quoique âgé de vingt-un ans seulement, il n'avoit aucun des charmes de la jeunesse, ni l'affabilité, ni la franchise, ni la bienveillance, ni la gaîté. Les Italiens, qui s'empressèrent de l'entourer à Gênes, puis à Milan, l'accusèrent de leur avoir apporté la morgue espagnole; les Allemands, lorsqu'il traversa ensuite le Tyrol, la Bavière, le Palatinat, crurent reconnoître qu'il y joignoit l'astuce italienne; les Belges, lorsqu'il entra dans la Lorraine, le Luxembourg et le Brabant, furent choqués du sombre fanatisme qu'il montroit. Sa hauteur, sa réserve, sa partialité pour les seuls Espagnols, lui aliénèrent les esprits. « Tout le peuple, écrivoit de Bruxelles l'ambas« sadeur de France à Henri II, est tellement « indigné de le voir si affectionné à la nation « d'Espagne, que si le père, sans y donner ordre, « venoit à décéder, il y auroit quelque appa« rence qu'ils se soustrairoient de son obéis« sance.... d'autant que tout ce peuple hait si « fort les Espagnols » (1). Les Belges cependant avoient commencé par déployer toute leur magnificence pour le fêter. Leur commerce étoit alors au comble de sa prospérité : aucun pays

---

(1) Lettre de Marillac, de Bruxelles, 20 juin 1549. Dans Ribier, T. II, p. 219.

ne pouvoit étaler plus de richesses : la ville d'Anvers seule dépensa 130,000 écus pour le jour de sa réception. Bruxelles, où il entra le 1er avril 1549, et toutes les cités de la Flandre, du Hainaut, de l'Artois, parurent se surpasser l'une l'autre par leur faste; mais don Philippe étoit déterminé à ne rien voir, à ne rien admirer, à n'exprimer aucune reconnoissance. (1)

La cour de France passoit également son temps dans les fêtes, et sembloit perdre de vue les affaires publiques. Le roi avoit voulu faire couronner la reine à Saint-Denis le 10 juin : les cardinaux de Bourbon, de Vendôme, de Boulogne, de Châtillon et de Guise, assistoient à cette cérémonie; les autres cardinaux français avoient reçu l'ordre de rester à Rome pour y soutenir les intérêts de la France au moment de la mort du pape; car, quoique celui-ci parût toujours plein de vigueur, on ne pouvoit oublier son grand âge. Le roi et la reine firent ensuite leur entrée solennelle à Paris, puis le 23 juin on ouvrit un tournoi qui dura quinze jours, et où Henri II l'emporta sur tous ses concurrens par l'adresse et la force qu'il déployoit dans les exercices du corps. Aux combats en champ clos succéda un combat naval sur la Seine, où trente-

---

(1) *Sleidan.* L. XXI, p. 368. — *Belcarius.* L. XXV, p. 811. — *Robertson's.* B. IX, p. 457.

deux galères avoient été amenées pour amuser la cour par ces jeux nouveaux. (1)

Mais par une sorte d'expiation pour tant de temps et d'argent consacrés au plaisir, Henri II termina ces fêtes par une procession religieuse de l'église de Saint-Paul à l'église Notre-Dame, dans laquelle il renouvela le vœu de poursuivre et d'extirper l'hérésie. Après la messe il dîna en public au palais épiscopal, et après son dîner il vint prendre place à une des fenêtres des Tournelles, pour assister au supplice de quatre malheureux convaincus de luthéranisme. L'un d'eux lui étoit bien connu : c'étoit un pauvre couturier qui travailloit au palais, et qu'avec la duchesse de Valentinois il étoit allé interroger sur sa religion, comptant s'amuser de sa timidité et de son embarras; mais cet homme, nommé Hubert Burré, oubliant les grandeurs humaines lorsqu'il s'agissoit de la foi, n'hésita point à confesser sa croyance en réfutant les argumens d'abord du roi, puis du savant évêque de Mâcon, qui vint à son aide ; et lorsque Diane voulut aussi l'attaquer, il ne repoussa pas sans rudesse la concubine qui profanoit les choses sacrées. Henri voulut le voir mourir; mais le couturier le reconnoissant et fixant sur lui ses yeux,

---

(1) De Thou. L. VI, p. 494. — Ribier. T. II, p. 202. — *Sleidan.* L. XXI, p. 372. — Vieilleville. T. XXIX, p. 177.

tandis que les bourreaux lui faisoient éprouver d'atroces douleurs en le brûlant à petit feu, ne détourna point sa vue jusqu'au moment où il expira dans les tourmens; et ce regard empreint de tant de souffrance et de tant de courage, fit sur Henri II une impression d'effroi qui ne s'effaça jamais de sa pensée. Il continua toutefois d'ordonner des supplices cruels, mais il ne voulut plus y assister. (1)

Vers le même temps Henri II apporta quelques changemens à la procédure contre les hérétiques. Il voulut que les juges royaux informassent et fissent les premiers actes contre les prévenus concurremment avec les juges ecclésiastiques; que les uns comme les autres pussent les faire arrêter, ou par les appariteurs des prélats, ou par les sergens des juges royaux, et qu'ils pussent leur faire infliger la torture; ne mettant d'autre borne au pouvoir des prélats que l'interdiction de condamner à des amendes pécuniaires (2). Cette restriction, introduite dans l'édit sur la demande du procureur du roi, étoit un léger correctif apporté à l'avidité qui présidoit aux persécutions. Le zèle religieux y avoit

(1) Théod. de Bèze. L. II, p. 79. — De Thou. L. VI, p. 96, et note 1.

(2) Édit de Paris, 19 novembre 1549. — Isambert. T. XIII, p. 134. — De Thou. L. VI, p. 506. — *Belcarii*. L. XXV, p. 810.

moins de part que la cupidité. Les favoris du roi profitoient de leur crédit à la cour pour se faire abandonner les confiscations des prévenus; quelquefois ils poussèrent l'audace jusqu'à demander celles de toute une province. Vieilleville raconte que quatre ou cinq jours après son retour de la campagne de Guienne, « M. d'Ap-
« chon, beau-frère du maréchal Saint-André,
« MM. de Senectaire, de Biron, de Saint-Forgeul
« et de la Noue, lui apportèrent un brevet signé
« du roi et des quatre secrétaires d'état, par le-
« quel Sa Majesté lui donnoit et aux dessus-dits
« la confiscation de tous les usuriers et luthériens
« du pays de Guienne, Limousin, Quercy, Pé-
« rigord, Saintonge et Aunis; et l'avoient mis
« le premier audit brevet comme lieutenant du-
« dit sieur maréchal, pour obtenir aussi plus
« facilement par sa faveur ce don, car il étoit
« estimé fort riche. Lui demandant sa part de la
« contribution pour un solliciteur, qu'ils en-
« voyoient en ces pays-là pour ébaucher la be-
« sogne, et pensant bien le réjouir, l'assuroient,
« par le rapport même du solliciteur, nommé
« Dubois, l'un des juges de Périgueux, qui s'en
« faisoit fort, et en répondoit, qu'il y auroit de
« profit plus de vingt mille écus pour homme,
« toutes dépenses déduites et précomptées, et
« auparavant quatre mois expirés; offrant, le-
« dit Dubois, de leur faire toucher dix mille

« écus à départir entre eux incontinent après
« avoir vaqué un mois en cette négociation, sur
« et tant moins de la somme promise. Mais
« M. de Vieilleville, après les avoir remerciés
« de la bonne souvenance qu'ils avoient eue de
« lui procurer ce bien en son absence, leur dit
« qu'il ne se vouloit point enrichir par un si
« odieux et sinistre moyen, qui ne tendoit qu'à
« tourmenter le pauvre peuple, et sur une
« fausse accusation, ruiner plusieurs bonnes fa-
« milles; davantage qu'ils savoient bien que
« M. le connétable avoit été en ce pays-là avec
« une grosse armée il n'y avoit pas encore demi-
« an, qui avoit fait un dégât infini par tout où il
« avoit passé, et de donner au peuple et sujets
« du roi ce surcroît de misère et d'affliction, il
« n'y trouvoit une seule scintille de dignité, en-
« core moins de charité..... Cela dit, il tire sa
« dague et la fourre dans le brevet en l'endroit
« de son nom. M. d'Apchon rougissant de honte,
« car il avoit été le premier auteur de cette
« poursuite, tire semblablement la sienne et en
« traverse, par grande colère, le sien; M. de
« Biron n'en fit pas moins, et s'en allèrent tous
« trois, tirant chacun de son côté, sans se dire
« mot, laissant le brevet à qui le voulut prendre,
« car il fut jeté par terre. » (1)

(1) Mém. de Vieilleville. T. XXIX, c. 19, p. 172.

Tandis que « les prélats diocésains d'une part, « et les cours souveraines, baillis, sénéchaux « et leurs lieutenans généraux et particuliers, « indifféremment et concurremment », étoient exhortés par l'édit du 19 novembre à faire que « les poursuites contre les hérétiques ne se re- « froidissent aucunement »(1), et que les courtisans formoient des compagnies pour exploiter ces confiscations, la seule protectrice des luthériens, Marguerite, reine de Navarre et sœur de François Ier, mourut en Bigorre le 21 décembre 1549 (2). Jeanne d'Albret sa fille, bien que plus zélée encore pour le calvinisme, ne pouvoit point, à l'âge de vingt-un ans qu'elle avoit alors, et pendant que son père vivoit, être d'un grand secours à ses co-religionnaires.

On assuroit que le roi étoit d'un caractère fort doux; néanmoins depuis qu'il étoit sur le trône, il avoit manifesté en toute occasion une excessive sévérité. Adoptant les ressentimens de ses favoris contre les ministres de son père, il les avoit poursuivis avec autant d'acharnement que s'il avoit eu lui-même sujet de les haïr. Il en vouloit surtout au maréchal de Biez, qui avoit été chargé de défendre la Picardie contre les Anglais, tandis que lui-même il tenoit tête à

---

(1) Isambert. T. XIII, p. 135.
(2) De Thou. L. VI, p. 507.

l'empereur ; il regardoit le maréchal comme ayant été cause de son peu de succès, et ensuite des concessions faites par la paix de Crépy. Dès son avénement à la couronne, il le fit arrêter, ainsi que Vervins son gendre, celui qui avoit livré Boulogne aux Anglais. Quand il vint à Paris dans l'été de 1549, il envoya, dit Vieilleville, « quérir M. le premier président Lizet, et « trois autres présidens de la cour ; arrivés « qu'ils furent devant Sa Majesté, il leur de- « manda en quels termes ils étoient du procès « de ces misérables. Le premier président ré- « pondit qu'il étoit quasi instruit, et que aupa- « ravant quatre jours expirés leur vie dépen- « droit de sa miséricorde »; le roi, après les avoir accusés de trahison et de lâcheté, et avoir détaillé tout ce qu'il savoit ou conjectu- roit contre eux, « licencia ces juges, leur com- « mandant d'accélérer le procès, et plutôt leur « présenter la question, pour donner lumière « aux choses qu'ils voudroient opiniâtrément « cacher, car il en désiroit voir la fin ; et qu'ils « lui feroient très agréable service. Mais le pre- « mier président, en prenant congé, lui de- « manda s'il entendoit qu'ils mourussent tous « deux. Le roi répondit : Oui, bien Vervins ; « mais le maréchal a fait beaucoup de grands « et signalés services que je veux balancer con- « tre son forfait. Mais il faut qu'il soit condamné

« à mort et confisqué ; autrement je ne disposé-
« rois pas de son état de maréchal.... Cela dit,
« il leur fit en général et en particulier beaucoup
« de belles et bonnes offres, sur lesquelles,
« après l'en avoir très humblement remercié,
« ils se retirèrent très contens et grandement
« édifiés d'une si familière privauté; mais avec
« une fervente délibération de bien travailler en
« toutes sortes ces pauvres prisonniers pour en
« satisfaire promptement Sa Majesté. » (1)

Ces accusés furent jugés par une commission mi-partie de maîtres des requêtes, de membres du parlement et du grand conseil. La commission condamna Jacques de Coucy sieur de Vervins, à mort le 21 juin, encore qu'il produisît des lettres de sûreté et de pardon qui lui avoient été accordées par le roi François Ier. Son corps fut coupé en quatre quartiers, et sa tête exposée au bout d'une lance à Boulogne (2). La sentence contre Oudart maréchal de Biez fut prononcée seulement le 26 juin 1551; elle le condamnoit de même, comme criminel de lèse-majesté, à mort, à la torture préalable et à la confiscation des biens (3). Cette condamnation d'un vieillard octogénaire, qui paroît avoir été fondée sur la déposition de faux témoins, ne fut pas exécu-

(1) Mém. de Vieilleville. T. XXIX, c. 13, p. 31-39.
(2) Isambert. T. XIII, p. 88.
(3) *Ibid.*, p. 186.

tée. Sa peine fut d'abord commuée en une prison perpétuelle, il fut ensuite remis en liberté, et long-temps après sa mort, sous le règne de Henri III, le crédit de la maison de Coucy fit abolir, le 18 octobre 1575, les deux sentences prononcées contre lui et contre son gendre. (1)

Le chancelier Olivier étoit le seul des ministres de François Ier que Henri II eût conservé en place. Ce magistrat, alors âgé de cinquante-deux ans, et qui avoit été auparavant chancelier de la reine de Navarre, a dû à son goût pour les lettres, à l'amitié du chancelier de l'Hôpital, et peut-être à la défiance que ne tarda pas à lui montrer la cour, une réputation de talens et d'intégrité qui n'est guère justifiée par ce que nous connoissons de ses actions (2). Il avoit signalé le commencement du règne de Henri II par la publication d'un grand nombre d'ordonnances, presque toutes entachées d'une extrême cruauté. Ainsi, dans la première, publiée dès le neuvième jour du nouveau règne, il avoit interdit aux rôtisseurs de Paris d'aller au-devant des marchands de volaille, sous peine d'être fustigés par les carrefours pour la première fois, et pendus pour la seconde (3). Dans un édit pour

---

(1) De Thou. L. VI, p. 496. — *Belcarius*. L. XXV, p. 805. — *Sleidan*. L. XXI, p. 573.

(2) Biograph. universelle. T. XXXI, p. 588.

(3) Isambert. T. XIII, n° 1, p. 1.

la répression de la mendicité, il offroit du travail aux hommes valides, et des secours aux infirmes, mais il menaçoit du fouet les femmes, et des galères les hommes qui n'accepteroient pas le travail qui leur étoit offert (1). Il annonçoit d'ailleurs que tous les meurtriers seroient punis irrémissiblement du supplice de la roue. Avec la même rigueur, il essaya d'interdire le port d'armes, de réprimer le luxe, de punir le blasphème, et il multiplia les châtimens atroces sans corriger les mœurs. (2)

Le chancelier crut convenable de faire tenir au roi un lit de justice, le 2 juillet 1549, pour lui donner à connoître tous les membres du parlement, afin de leur adresser des exhortations. Cette cérémonie, dans laquelle il se fit accompagner par les princes du sang et les grands officiers de la couronne, ne fut remplie que par les discours assez pédantesques du chancelier et du premier président Lizet. (3)

A cette époque même Henri II fut averti qu'il avoit éclaté en Angleterre une grande révolte des paysans, et que le duc de Sommerset, lord protecteur, avoit été obligé de faire marcher contre eux des troupes. Ce seigneur avoit mal

---

(1) Isambert. T. XIII, §. 16, p. 23. Du 9 juillet 1547.
(2) De Thou. L. III, p. 246.
(3) Isambert. T. XIII, art. 93, p. 95.

répondu à la confiance de la nation ; sa précipitation, son inconséquence, avoient fomenté les troubles dont l'Angleterre étoit tourmentée. Jaloux de son frère, sir Thomas Seymour, grand amiral, qui avoit épousé la veuve du feu roi, il l'avoit fait condamner par un bill du parlement, et exécuter le 20 mars 1548 (1). Henri II, jugeant Sommerset un ennemi peu redoutable, résolut de l'attaquer dans le Boulonais, sans déclaration de guerre ; car les hostilités qui avoient eu lieu en Écosse n'avoient point été regardées comme rompant le traité conclu en 1546 entre les deux couronnes. Le prieur Léon Strozzi reçut l'ordre de sortir, le 11 juillet, du Havre-de-Grâce, avec douze galères, pour aller à la recherche des Anglais ; il rencontra leur flotte le 1er août, leur coula à fond plusieurs vaisseaux, et força le reste de s'enfuir à Guernesey. Peu après, le connétable de Montmorency s'approcha de Boulogne, et se rendit maître, le 25 août, des forts de Selacque, Ambleteuse, Maconnet et mont Saint-Lambert, tandis qu'il amusoit, par des négociations, les Anglais qui étoient dans la ville. Il mit des garnisons dans ces divers châteaux qui resserroient Boulogne ; puis il licencia son armée, en renvoyant à l'année sui-

1549.

---

(1) De Thou. L. VI, p. 498. — Rapin Thoyras. T. VII, p. 36. — *Mackintosch*. T. II, p. 257.

vante l'attaque qu'il méditoit sur la ville. De son côté, M. de Termes, en Écosse, réduisit, le 1ᵉʳ octobre suivant, la ville d'Haddington, qui se rendit à lui après un long siége. (1)

Le pape Paul III n'ayant pu réussir à faire partager ses ressentimens à la France, et à l'entraîner dans une guerre contre l'empereur, prit le parti de réunir de nouveau le duché de Parme à la directe du saint-siége, pour empêcher que l'empereur ne s'en emparât. En même temps il offrit à son petit-fils, Octave Farnèse, le duché de Castro, beaucoup moins riche, mais aussi bien moins exposé aux attaques étrangères. Octave ne voulut point consentir à cet échange; il commença au contraire à prêter l'oreille aux offres que lui faisoit secrètement l'empereur, dont il avoit épousé la fille naturelle. Il essaya de surprendre la ville de Parme, et fit annoncer à son aïeul que s'il ne la recouvroit pas, il se verroit forcé de s'allier avec l'empereur. Cette nouvelle fut un coup de foudre pour le vieillard irascible. Dans l'excès de son indignation, il tomba à terre sans connoissance, et quand il revint à lui, il fut saisi d'une fièvre si violente, qu'il en mourut le troisième jour, 10 novembre

---

(1) De Thou. L. VI, p. 501, 502. — Ribier. T. II, p. 241. — Vieilleville. T. XXIX, p. 182, 198. — *Belcarius*. L. XXV, p. 805.

1549, à l'âge de quatre-vingt-deux ans; il en avoit passé quinze sur le siége de saint Pierre. (1)

Dès que cette nouvelle parvint à la cour de France, Henri II s'occupa de s'assurer, dans l'élection d'un nouveau pontife, un crédit proportionné au nombre de suffrages qu'il possédoit dans le sacré collége. On y comptoit alors cinquante-deux cardinaux, dont quatorze étoient français. Sept de ceux-ci résidoient à Rome, les sept autres y furent envoyés en toute hâte de la cour de France, et y arrivèrent au mois de décembre. Les intrigues du conclave durèrent trois mois entiers. La faction impériale, la française, et celle du cardinal Alexandre Farnèse se balancèrent long-temps. Toutes les trois crurent avoir obtenu la victoire quand elles donnèrent la tiare, le 8 février 1550, au cardinal Jean-Marie del Monte, d'Arezzo, qui prit le nom de Jules III. C'étoit l'homme du sacré collége le plus décrié pour ses mœurs, dans un temps où la plupart des prélats romains avoient dépouillé toute honte. Il enjoignit au commandant de Parme de remettre cette ville à Octave Farnèse, qu'il nomma en même temps gonfalonier de l'Eglise. C'étoit le prix convenu pour les suffrages dont le cardinal Alexandre Farnèse

(1) De Thou. L. VI, p. 513. — Ribier, p. 247, 252. — *Belcarius.* L. XXV, p. 810. — *Sleidan.* L. XXI, p. 376.

avoit disposé en sa faveur; et après cette aliénation du plus important des fiefs du saint-siége, il se replongea dans ses honteux plaisirs. (1)

En même temps que la cour de France suivoit avec activité les intrigues de celle de Rome, elle avoit entamé des négociations pour terminer avec l'Angleterre une guerre opposée aux intérêts de l'un et de l'autre pays. Antonio Guidotti, riche marchand florentin établi à Southampton, avoit averti le gouvernement français que le duc de Sommerset étoit disposé à restituer Boulogne pour une somme d'argent bien moins considérable que celle qui avoit été stipulée par le traité de Londres. Une conférence s'étant en effet ouverte auprès de cette ville, et la négociation n'éprouvant aucune difficulté, le traité de paix fut signé le 24 mars 1550. Il comprenoit l'Ecosse, sur laquelle chacune des couronnes se réservoit cependant ses droits respectifs. Henri II consentoit à payer 400,000 écus pour le rachat de Boulogne, en compensation de l'artillerie qu'y laisseroient les Anglois, et des ouvrages de fortifications qu'ils y avoient exécutés. La ville lui fut en effet livrée, et le 15 mai 1550 il y fit son entrée, se félicitant de cette première

---

(1) De Thou. L. VI, p. 519. — Ribier, p. 264. — *Belcarius.* L. XXV, p. 811. — *Sleidan.* L. XXI, p. 378.

conquête accomplie sous son règne. Ses courtisans lui annonçoient à l'envi qu'elle étoit le présage de plusieurs autres. (1)

(1) De Thou. L. VI, p. 527. — Ribier. T. II, p. 286. — Vieilleville. T. XXIX, p. 208. — *Belcarius.* L. XXV, p. 806. — Rapin Thoyras. T. VII, p. 57. — Flassan. T. II, p. 26. — Rymer. T. XV, p. 211. — Traités de Paix. T. II, §. 99, p. 218.

CHAPITRE XII.

Henri II se prépare à la guerre contre Charles-Quint. — Ses négociations avec les Turcs et les protestans. — Guerre de Parme, guerre en Piémont, en Lorraine et en Alsace. — Charles V à Inspruck échappe avec peine aux protestans. — Paix publique de Passau. — 1550.-1552.

1550.

Henri II régnoit déjà depuis trois ans; et quoique dans cet espace de temps il n'eût point eu à lutter contre de graves difficultés, il s'étoit déjà fait assez connoître pour que le sentiment de son incapacité se fût généralement établi. Il étoit bon, affable, et ses manières étoient gracieuses. Brantôme, qui s'attachoit toujours à l'extérieur, qui vouloit un roi pour les courtisans et non pour le peuple, n'en pouvoit désirer un plus selon son cœur que Henri II. « Quelles couleurs, « dit-il, pourrois-je apporter pour parachever « de peindre ce grand roi, sinon que c'étoit un « prince très grand; il étoit beau, encore qu'il « fût un peu mouricaud; mais ce teint brun en « effaçoit bien d'autres plus blancs; il étoit fort

« agréable, bien adroit, fort dispos..... Il avoit
« été le meilleur sauteur de la cour, et jamais
« nul lui put tenir pied que M. de Bonnivet (1)...
« Il avoit gagné extrêmement le cœur de tous
« les étrangers, tant grands que petits, et tous
« ensemble ne se pouvoient saouler d'admirer
« sa majesté, sa grâce et sa façon belle et royale,
« ses vertus et sa douce et honnête accointance,
« tant il les savoit honnêtement et doucement
« entretenir et contenter jusques aux moindres.
« Mais surtout ils l'admiroient fort en sa belle
« grâce qu'il avoit en ses armes et à cheval;
« comme de vrai c'étoit le prince du monde qui
« avoit la meilleure grâce et la plus belle tenue,
« et qui savoit aussi bien montrer la vertu et
« bonté d'un cheval, et en cacher le vice. (2)

« Or, si le roi aimoit l'exercice des chevaux
« pour le plaisir, il les aimoit bien autant pour
« la guerre, laquelle il affectoit fort, et s'y plai-
« soit grandement quand il y étoit, et en trou-
« voit, disoit-il, la vie plus plaisante que toute
« autre.... En sa cour, il ne demeuroit en paresse
« non plus que quand il étoit en son armée; car
« bien que ce fût en hiver, il s'adonnoit à la
« chasse, et de toutes sortes.... S'il ne montoit
« à cheval, il jouoit à la paume, et très bien,

1550.

---

(1) Brantôme. T. II, p. 366.
(2) *Ibid.*, p. 352.

« mais jamais il ne vouloit tenir le jeu, mais
« secondoit ou tierçoit, qui sont les deux places
« les plus difficultueuses et dangereuses.... Il se
« plaisoit fort quand la reine sa femme, Madame
« sa sœur, et les dames le venoient voir jouer,
« comme souvent elles y venoient, et qu'elles
« en donnoient leur sentence.... Bref, ce roi
« n'étoit jamais oiseux, et falloit que tous ses
« exercices lui fussent communs, autant pour
« lui que pour tous les gentilshommes de sa
« cour, lesquels il y appeloit; et en deux ou
« trois parties qu'il les eût vus, il les connois-
« soit aussitôt; car il avoit une très belle mé-
« moire et connoissance, et les appeloit par leur
« nom, qu'il vouloit savoir... Aussitôt qu'il avoit
« dîné, il s'en alloit avec sa cour dans la cham-
« bre de la reine sa femme, qu'il aimoit fort; et
« là, trouvant une troupe de déesses humaines,
« les unes plus belles que les autres, chaque sei-
« gneur et gentilhomme entretenoit celle qu'il
« aimoit le mieux.... Ce devis duroit deux heu-
« res, et s'en sortoit et alloit à ses exercices que
« je viens de dire, là où les dames l'alloient
« trouver le plus souvent et participoient du
« plaisir. » (1)

Mais ceux qui demandoient à un roi autre chose que la grâce des manières, le talent de

(1) Brantôme. T. II, p. 355-358.

sauter, de monter à cheval ou de jouer à la paume, s'apercevoient que Henri II étoit hors d'état de donner aux affaires une attention sérieuse, ou de les bien entendre. Il semble que lui-même avoit le sentiment de cette incapacité, et que c'étoit pour y suppléer qu'il abandonnoit sans réserve le gouvernement à ses favoris, surtout à son compère le connétable de Montmorency, heureux de trouver en lui l'attachement à un système et une volonté qu'il ne pouvoit pas trouver en lui-même. Montmorency n'avoit pour la guerre que des talens très médiocres ; sa politique étoit étroite et passionnée ; sa jalousie de toute influence autre que la sienne étoit extrême, et il affectoit de n'accepter, de ne suivre jamais en aucune chose l'avis d'autrui ; avide d'argent et de places pour lui-même et pour les siens, il manquoit d'intégrité dans le caractère, comme d'élévation dans l'esprit ; cependant, sans lui, à peine eût-on pu dire qu'il existoit un gouvernement en France, tant le roi, dans sa nonchalance, étoit prêt à se livrer aux impressions contraires que lui donnoient tour à tour sa maîtresse et ses divers favoris. (1)

Parmi ces favoris, les plus puissans étoient les Guises, qui se sentoient appuyés par la duchesse

---

(1) Mémoires de François de Boivin, baron du Villars. *Passim*, Notice auxdits. T. XXXIII, p. 120.

de Valentinois; car le troisième des frères, Claude, duc d'Aumale, avoit épousé, en 1547, Louise de Brézé, fille de la maîtresse du roi. Les anciens chefs de cette maison étoient morts la même année. Ces deux fils de René II, duc de Lorraine, avoient survécu à leur frère aîné Antoine, mort en 1544, et à leur neveu François, mort en 1545. Le duché de Lorraine ayant passé à leur petit-neveu Charles III, qui n'avoit que sept ans, Claude l'aîné, le premier duc de Guise, étoit regardé comme le chef de la famille, qu'il avoit illustrée par de grands talens dans les armes, et alliée à la maison royale, en épousant Antoinette de Bourbon, fille du duc de Vendôme. Il mourut le 12, ou, selon d'autres, le 18 avril 1550 (1). Son frère, le cardinal Jean de Lorraine, archevêque de Reims et de Lyon, mourut le 10 mai suivant, à son retour du conclave. François de Lorraine, duc d'Aumale, succéda, dans le titre de duc de Guise, à son père Claude; et Charles son frère, cardinal de Guise, prit le titre de cardinal de Lorraine, qu'avoit porté son oncle, dont il recueillit presque tous les riches bénéfices. Le troisième frère, Claude, gendre de Diane, prit le titre de duc d'Aumale (2). Trois autres frères furent, l'un,

---

(1) De Thou. L. VI, p. 523. — Moréri. T. IV, p. 1030.
(2) *Belcarii.* L. XXV, p. 811.

archevêque de Sens et cardinal de Guise, l'autre, grand-prieur et général des galères de France, et le dernier, marquis d'Elbeuf.

Un des premiers usages que les Guises firent de leur crédit fut d'opérer la disgrâce de Pierre Lizet, premier président du parlement de Paris, qui les avoit offensés en leur refusant le titre de princes; car, disoit-il, ils pouvoient être princes lorrains; mais le parlement ne reconnoissoit que des princes français. Lizet s'étoit signalé par son zèle dans la controverse, et par son acharnement contre les protestans, mais il passoit pour un très savant jurisconsulte. Un jour qu'il avoit été envoyé par le parlement au roi, avec trois autres conseillers, Henri renvoya la députation au conseil, alors présidé par le cardinal de Lorraine: celui-ci exigea qu'ils parlassent debout et découverts; Lizet prétendit que, comme président d'une cour souveraine, il ne devoit qu'au roi seul cette marque de respect; il persista, malgré l'ordre du roi, que le cardinal alla consulter dans la chambre voisine; le conseil rendit alors un arrêt qui le déclaroit rebelle aux volontés du roi, et suspendu de toutes ses fonctions. Le parlement, qui voulut prendre sa défense, fut à son tour menacé. Lizet, se voyant près d'être abandonné, consentit à donner sa démission, et reçut en échange un bénéfice ecclésiastique. Jean Bertrandi de Toulouse, qui s'étoit montré obséquieux envers les Guises et le connétable de Montmorency, lui fut donné pour successeur, et Giles Le Maître, alors avocat général, et créature de la duchesse de Valentinois, eut la place de Bertrandi. (1)

Cette première destitution ne suffisoit ni à la duchesse, qui désiroit avancer Le Maître, sa créature, ni au connétable et aux Guises, qui vouloient rendre le parlement plus souple. Le chancelier Olivier avoit un caractère de loyauté, d'ordre et d'économie qui leur imposoit; cependant il n'avoit point osé refuser son ministère à la persécution dirigée contre Lizet. Une fluxion tombée sur ses yeux fournit un prétexte pour lui demander d'abord sa démission, et comme il refusa de renoncer à un emploi inamovible, on lui en laissa le titre, en donnant la garde des sceaux à Bertrandi, tandis que Giles Le Maître succéda à celui-ci dans la place de premier président. En même temps, le roi profitant d'une opposition qui s'étoit manifestée entre la grand'-chambre et les trois autres chambres du parlement, ordonna que dans les cas où l'on recourroit à une assemblée des chambres, la grand'-chambre désormais décideroit seule, en appelant dans son sein seulement deux députés des trois autres. Ces divers changemens rendirent le

(1) De Thou. L. VI, p. 524. — Garnier. T. XIII, p. 426.

parlement si docile que jusqu'à la fin de ce règne il ne présenta plus d'obstacles aux caprices de la cour. (1)

François Olivier avoit cherché à signaler la période pendant laquelle il siégeoit à la tête de la magistrature par les progrès qu'il fit faire à la législation : sa mémoire demeura chère au parlement; sa liaison avec le chancelier l'Hôpital a contribué à lui établir une réputation de lumières et de vertus : les lois auxquelles il travailla n'ajoutent que peu néanmoins à ces préventions favorables. Il donna, au mois de février 1550, à Fontainebleau, une ordonnance utile pour interpréter celle de Villers-Cotterets, et en particulier pour régulariser les fonctions des geôliers et l'écrou des prisonniers (2). Mais à la même époque il en rendit une autre qui, sous prétexte de rendre plus sévère et plus prompte la juridiction prévôtale à l'égard des voleurs de grand chemin, sacriléges, faux monnoyeurs, comme aussi des braconniers dans les chasses royales, enlevoit aux malheureux accusés de quelqu'un de ces crimes leurs dernières garanties. Les prévôts des connétables et maréchaux de France, ou leurs lieutenans, avoient souvent été retar-

1550.

---

(1) De Thou. L. VI, p. 528. — Isambert, 2 janvier et 22 avril 1551. T. XIII, p. 178 et 182. — Garnier. T. XIII, p. 430.

(2) Isambert. T. XIII, p. 142.

dés dans leurs procès ou exécutions sommaires, parce que les hommes suspects à leurs yeux, lorsqu'ils étoient arrêtés, se prétendoient ou domiciliés, ou engagés dans les troupes du roi, et appeloient d'eux comme juges incompétens, aux parlemens, aux baillis, sénéchaux ou autres juges. Olivier ordonna « que soit que lesdits dé-
« linquans soient domiciliés, et de nos ordon-
« nances, ou vagabonds, iceux prévôts et leurs
« dits lieutenans puissent, à l'encontre d'eux,
« procéder, nonobstant opposition ou appella-
« tion quelconque, par prise de corps, ajour-
« nemens personnels, à trois briefs jours, sous
« peine de bannissement et confiscation de corps
« et de biens, instruction et perfection de leur
« procès, sentences interlocutoires de torture,
« et définitive avec peine du dernier supplice
« et autres, et exécution d'icelles. En appelant à
« donner lesdites sentences de torture et défini-
« tive, jusques au nombre de sept bons et nota-
« bles personnages, gens de savoir et conseil,
« de nos officiers des lieux plus prochains où ils
« tiendront prisonniers lesdits délinquans, ou
« autres lieux plus commodes. » En sorte que celui qu'il plaisoit à un officier de maréchaussée de considérer comme prévenu, étoit torturé, jugé, exécuté, souvent en peu d'heures, par ce tribunal militaire, « sans que pour ce, ils se
« puissent adresser ni aller chercher remède à

« nos cours de parlement, lesquelles, quant à « ce, demeurent interdites (1). » On peut encore remarquer deux autres édits du même chancelier, au mois de mars 1550, qui réglèrent les formes de la procédure, tant civile que criminelle, au parlement de Paris. (2)

Olivier étoit le dernier des ministres de François Ier que Henri II eût soufferts dans son cabinet. Le roi conservoit du ressentiment contre ces hommes qu'il avoit vus exercer le pouvoir à la fin du dernier règne; mais surtout ses favoris craignoient leur expérience; ils redoutoient, si Henri venoit à les consulter, qu'il ne fût tenté de les rappeler à son service. C'étoit surtout le motif du cardinal de Lorraine pour retenir à Rome les autres cardinaux qui avoient fait partie du conseil du roi; et comme celui de Tournon avoit déjà rendu plusieurs services depuis qu'il résidoit à la cour pontificale, ses rivaux s'étudièrent à le rendre odieux en accueillant les plaintes que la dame de Cental forma contre lui et contre le comte de Grignan et le baron d'Oppède, à l'occasion du massacre des Vaudois. Malgré l'intolérance de Henri II et de ses ministres, les crimes commis à Mérindol et à Cabrières parurent leur inspirer à eux-mêmes de l'horreur.

---

(1) Isambert. T. XIII, p. 144 et suiv.
(2) *Ibid.*, p. 153 et 160.

Le grand conseil voulut d'abord s'occuper de cette affaire; mais d'Oppède et les autres conseillers mis en cause, déclinèrent son autorité, alléguant que le parlement d'Aix étoit une cour souveraine qui ne reconnoissoit d'autre supérieur que le roi. Henri, en effet, évoqua la cause à lui par une déclaration en date du 17 mars 1550 (1), puis il en renvoya l'examen à la grand'chambre du parlement de Paris. Celle-ci suspendit toutes autres affaires, et consacra cinquante audiences consécutives, du 18 septembre au 29 octobre, à entendre tous les plaidoyers contradictoires (2). C'est ainsi que les crimes atroces commis en Provence parvinrent à être pleinement connus du public : sans ces plaidoyers, ils eussent probablement été ensevelis dans la même nuit qui cachoit tant d'autres forfaits. Cependant les Guises, qui avoient demandé la punition des prévenus et témoigné tant d'horreur pour ces massacres, changèrent tout à coup de langage : le comte de Grignan avoit fait accepter au duc de Guise sa belle terre de Grignan, et dès lors le duc n'avoit plus songé qu'à sauver les accusés. De son côté, le parlement de Paris désiroit, par esprit de corps, épargner celui de Provence. Le seul avocat général Gué-

---

(1) Elle est rapportée par Théod. de Bèze. L. II, p. 70-78.
(2) Bouche, Hist. de Provence. L. X, p. 621.

rin fut sacrifié par ses co-accusés. On le chargea d'avoir falsifié quelques pièces : on lui fit couper la tête ; mais tous ceux qui, de concert avec lui, s'étoient réellement souillés des crimes les plus atroces furent déclarés innocens. (1)

Il est possible qu'un des motifs du cabinet de Henri II, en commençant une instruction sur les massacres des Vaudois, dénoncés avec horreur à toute l'Europe, fût de donner quelque satisfaction aux protestans étrangers au moment où la politique obligeoit à rechercher leur alliance. La situation de la France, en opposition avec Charles-Quint, devenoit chaque jour plus critique. Cet empereur marchoit d'un pas toujours égal à la monarchie universelle, qui, à ses yeux, devoit être cimentée par le pouvoir absolu. L'Espagne, l'Italie, l'Allemagne, la Belgique, perdoient tous les jours quelque partie de leurs libertés et de l'esprit qui les leur avoit fait défendre; autant les résistances intérieures s'affoiblissoient, autant celles de l'étranger devenoient impuissantes ; on ne voyoit plus nulle part un pouvoir en état de tenir tête à Charles V. L'empire turc lui-même, qui avoit si long-temps occupé ses armes, sembloit ou distrait par la rivalité du sophi de Perse, ou dégoûté des guerres depuis que Soliman II,

(1) De Thou. L. VI, p. 545. — Bouche. L. X, p. 622.

qui avoit alors soixante ans, étoit plus appesanti par l'âge. Charles-Quint ne voyoit plus que la France qui mît obstacle à son ambition. Il n'étoit pas en guerre avec elle; mais il n'ignoroit pas que chacune des conspirations qu'il avoit déjouées en Italie, avoit été ourdie par des agens français : aussi voyoit-il dans la France son ennemie; il étoit résolu à se venger d'elle, et il n'attendoit que le moment favorable pour rendre son attaque plus funeste. Il étoit impossible de se faire illusion sur ce danger toujours croissant; et un embargo mis tout récemment sur les vaisseaux flamands à Dieppe et sur les navires français en Flandre, donnoit mieux encore à connoître combien les hostilités entre les deux puissances étoient imminentes. (1)

La France, en cherchant des alliés contre l'empereur, n'avoit pu se rapprocher que des puissances protestantes; et pour y réussir il falloit dissiper les préventions si fortes et en même temps si justes, qu'elle avoit excitées par ses persécutions.

L'année précédente, Henri avoit envoyé des députés à Soleure, pour y renouveler l'alliance de son père avec les Suisses; mais les cantons protestans de Zurich, de Berne, de Bâle, de Schaffhouse, montrèrent le plus grand éloigne-

---

(1) De Thou. L. VI, p. 529.

ment pour un prince tout souillé du sang des réformés ; ils rappelèrent en même temps combien, selon la doctrine de l'Evangile, il y avoit d'immoralité dans le commerce de sang qu'on les engageoit à faire, en s'assimilant ainsi aux *bravi* des seigneurs italiens leurs voisins, et combien leur conscience répugnoit à devenir les meurtriers à gages d'un roi ; d'autre part, les ambassadeurs français mettoient en usage tous les moyens de séduction pour les gagner. Ils renouvelèrent enfin l'alliance avec les neuf autres cantons, comme avec Mulhause, le Valais et les Grisons ; bientôt ils parvinrent à rattacher encore à eux Bâle et Schaffhouse ; le traité fut signé le 7 juin 1549, et malgré le dissentiment des deux plus puissans cantons, le roi se trouva assuré de toute la Suisse. (1)

L'Angleterre étoit le plus puissant des États protestans ; et le jeune roi et ses tuteurs mettoient le plus grand zèle à la réforme ; cependant les factions et la foiblesse d'une minorité lui laissoient peu d'influence sur le reste de l'Europe. Henri II, qui s'attendoit à voir l'autorité d'Édouard VI s'affermir à mesure que ce roi avanceroit en âge, n'eut pas plus tôt recouvré

---

(1) De Thou. L. VI, p. 503. — *Belcarius*. L. XXV, p. 810. — Ribier, p. 244. Lettres du roi, du 26 octobre 1549. — Traités de Paix. T. II, p. 250. — Flassan, Diplom. T. II, p. 22.

Boulogne et fait la paix avec lui, qu'il tâcha de regagner son amitié; il lui envoya le collier de son ordre de Saint-André, et lui fit offrir en mariage sa fille Élisabeth, qui n'étoit encore âgée que de cinq ans, pour resserrer davantage entre eux leur précédente alliance. Le traité en fut signé à Angers le 19 juillet 1551, le mariage devoit se célébrer lorsque la jeune princesse auroit douze ans; elle devoit apporter deux cent mille écus de dot à son mari; aucune clause ne lui réservoit la liberté de son culte; seulement l'un ou l'autre roi demeuroit libre de se dégager de sa promesse moyennant un dédit de cinquante mille écus. (1)

Mais c'étoit surtout dans une alliance avec les protestans d'Allemagne que la France pouvoit trouver une aide efficace; et plus Charles-Quint se montroit à leur égard oppressif et intolérant, plus les ministres de Henri II s'efforçoient de leur persuader que la France désiroit garantir leurs justes droits dans l'empire, et même leur liberté de conscience. Charles-Quint commençoit, du moins en Belgique, à jeter le masque de tolérance qu'il avoit porté si longtemps. Le 13 avril 1550, il rendit à Bruxelles un édit fort sévère contre les protestans; il y

(1) De Thou. L. VI, p. 529. — Vieilleville. T. XXIX, p. 225. — Rapin Thoyras. T. VII, p. 64. — Traités de Paix. T. II, p. 254.

défendoit d'acheter, de vendre ou de garder chez soi aucun des livres des réformateurs, dont les théologiens de Louvain avoient dressé le catalogue; de tenir des assemblées secrètes; de disputer sur les saintes Écritures, et de parler contre le culte de la Vierge ou des saints. La peine décernée pour chacune de ces offenses étoit la mort avec la confiscation des biens; et quant aux femmes dont l'ardent enthousiasme pourroit mépriser la mort, il leur étoit infligé un supplice plus horrible que celui des hommes; elles devoient être enterrées vives ou brûlées à petit feu. Le pouvoir des inquisiteurs sur tous ceux qu'ils jugeoient suspects d'hérésie étoit augmenté, et les délateurs étoient encouragés par une part dans les biens des victimes qu'ils réussiroient à perdre. (1)

Cet édit ne fut, il est vrai, exécutoire que dans les Pays-Bas; mais il montroit aux Allemands quelle étoit la secrète pensée de l'empereur, et quel sort il leur réservoit, lorsqu'il auroit affermi dans leur pays l'autorité monarchique qu'il cherchoit à s'y arroger. D'ailleurs Charles annonçoit déjà qu'il avoit aussi pour l'Allemagne des projets ultérieurs, afin de consolider, disoit-il, la paix de l'Église; ou plutôt

---

(1) De Thou. L. VI, p. 547. — *Sleidan.* L. XXII, p. 581. — *Belcarius.* L. XXV, p. 811. — *Frà Paolo.* L. III, p. 309.

il vouloit asservir les consciences, et ramener par la violence à l'unité de la foi. Il écrivit le 12 mai aux états de l'empire, pour convoquer à Augsbourg une diète, qu'il promettoit d'ouvrir en personne, le 26 juillet. Il y arriva en effet à cette époque, mais entouré d'un si grand nombre de soldats espagnols, qu'on désigna cette assemblée par le nom de la diète armée. Quelques princes ecclésiastiques s'y trouvèrent seuls, mais les princes séculiers ne voulurent pas se mettre entre les mains de l'empereur, au moment où il les appeloit à délibérer sur le maintien de l'autorité de la chambre impériale, sur l'exécution de *l'intérim*, sur la continuation du concile, et sur la restitution des biens de l'Église usurpés par les réformés (1). Ils se contentèrent d'envoyer leurs députés.

Charles croyoit avoir trouvé parmi les protestans eux-mêmes un homme propre à exécuter ses volontés, c'étoit Maurice de Saxe, qu'il avoit vu sacrifier à son ambition, et ses sentimens religieux et ses affections de famille. Par son attaque inattendue contre l'électorat de Saxe, Maurice avoit causé la ruine de la ligue de Smalkalde, ainsi que la captivité de son parent, Jean Frédéric, électeur de Saxe, le prince le plus res-

---

(1) De Thou. L. VI, p. 546, 549. — *Belcarius*. L. XXV, p. 812. — *Sleidan*. L. XXII, f. 383.

pecté du parti protestant, et celle de son beau-père le landgrave de Hesse. Il s'étoit fait donner l'électorat de Saxe, la dépouille du premier, et il ne sembloit occupé que des moyens de s'y affermir. Aussi Charles croyoit très peu à la sincérité de ses sentimens, et il ne s'inquiéta point quand il entendit les députés de Maurice à la diète protester que leur maître ne reconnoîtroit le concile qui, d'après la volonté de l'empereur, seroit de nouveau réuni à Trente, qu'autant que le pape renonceroit à y présider, et que les théologiens protestans y obtiendroient voix délibérative. Il crut que ce politique si adroit ne faisoit parler ainsi ses députés, que pour conserver du crédit dans son parti, et il n'en compta pas moins sur lui pour mettre à exécution les décrets de la diète. A cette époque même, Charles perdit le plus habile de ses ministres, Nicolas Perrenot de Granvelle, francomtois, son grand chancelier, qui mourut à Augsbourg le 28 août 1550. Charles donna cette place éminente au fils du défunt, Antoine de Granvelle, évêque d'Arras, et plus tard cardinal. Mais quoique celui-ci n'eût pas moins d'habileté que son père, il n'avoit point encore le même crédit sur l'empereur, au moment où la vigilance du vieux chancelier auroit été le plus nécessaire. (1)

(1) De Thou. L. VI, p. 550. — *Sleidan*. L. XXII, p. 384. — Ribier, Lettre de l'ambassad. Marillac, p. 286.

1550.

Charles se proposoit de ramener l'unité dans l'Eglise, d'étouffer l'esprit de discussion et de controverse, et d'anéantir cette indépendance d'opinion dont il redoutoit la contagion politique; mais il n'avoit nullement le dessein d'augmenter le pouvoir du pape, et il eût volontiers donné les mains à une réforme qui auroit rendu le siége de Rome plus dépendant de l'autorité civile. Aussi persistoit-il dans le projet de faire décider toutes les questions de religion par un concile assemblé en Allemagne, et sollicita-t-il le pape Jules III de le convoquer à Trente. Cette négociation présentoit des difficultés, parce que, sous le pontificat précédent, c'étoit Jules III même, alors cardinal del Monte, qui avoit agi avec le plus de zèle pour transférer le concile à Bologne. Mais Jules, désireux de jouir dans l'indolence de ses nouveaux honneurs, se laissoit aisément effrayer : il n'osa pas lutter long-temps avec l'empereur. Il envoya, au mois de juin, un nonce à Henri II, pour le consulter, et après avoir reçu du roi l'assurance que les prélats français se rendroient à Trente pour y contre-balancer l'influence des impériaux (1), il publia, le 11 novembre, une bulle qui convoquoit de nouveau tous les prélats de l'Eglise catholique en concile à Trente pour le 1er mai de l'année

---

(1) *Frà Paolo.* L. III, p. 312.

suivante. En même temps Jules III annonça qu'il étoit résolu à présider ce concile, ou par lui-même ou par ses légats, car, en sa qualité de vicaire de Jésus-Christ, c'étoit à lui seul qu'appartenoit la direction comme la publication des conciles, ainsi que la souveraine autorité sur l'Eglise. L'empereur étoit fort loin de vouloir reconnoître cette suprême autorité à laquelle prétendoit le pape ; et eût-il consenti à s'y soumettre ensuite, encore lui convenoit-il de le dissimuler dans un moment où il travailloit à dompter les protestans avec les armes des protestans mêmes. Aussi son ambassadeur à Rome, un des poètes et des littérateurs les plus célèbres de cette époque, signalée par la renaissance de la littérature espagnole, Diégo de Mendoza, dont le caractère moral ne brille point, il est vrai, d'un éclat bien pur au milieu des intrigues de la politique, disoit-il au pape qu'il falloit traiter les protestans comme des animaux farouches pris au lacet. On leur cède, on leur cache les armes et la résistance, jusqu'à ce qu'ils aient épuisé leurs forces en cherchant à s'échapper au lieu de combattre ; alors seulement, rendus de fatigue, ils se laissent traîner et garrotter sans effort. (1)

(1) *Frà Paolo.* L. III., p. 317. — *De Thou.* L. VI, p. 557. — *Belcarius.* L. XXV, p. 814.

1550.

Dans le même temps, Charles-Quint entreprenoit de soumettre la ville libre de Magdebourg, qui, animée d'un zèle ardent pour la religion protestante, avoit rejeté l'intérim, et ne vouloit obéir ni à la chambre impériale ni aux injonctions de la diète. L'empereur avoit considéré comme un triomphe de sa politique de faire attaquer par des protestans cette ville, regardée comme la citadelle du protestantisme. Le duc George de Mecklembourg commença la guerre contre elle le 17 septembre, en ravageant d'une manière épouvantable son territoire; il étoit toujours facile d'engager les princes à user de rigueur envers les villes libres, dont ils envioient la richesse et méprisoient la population roturière. Bientôt l'électeur Maurice de Saxe vint prendre le commandement de toutes les troupes impériales dirigées contre Magdebourg; et l'électeur de Brandebourg, les princes d'Anhalt, de Mecklembourg et de Brunswick, quoique tous protestans, vinrent servir durant ce siége sous ses ordres (1). Cependant, soit que Maurice désirât peu réduire cette ville, soit que l'enthousiasme religieux des habitans multipliât leurs moyens de défense, non seulement le siége se prolongea long-temps, mais dans des actions

---

(1) *Sleidan.* L. XXI, p. 374. — De Thou. L. VI, p. 553. — *Belcarius.* L. XXV, p. 813.

fréquentes et meurtrières, les assiégés remportèrent presque toujours l'avantage sur les assiégeans. (1)

Cette lutte obstinée d'une ville abandonnée par tous, contre tout un empire, laissoit aux protestans le temps d'apprécier le danger de leur situation. La réformation, au seizième siècle, paroissoit, comme celle du douzième ou des Albigeois, destinée à périr dans le sang ou dans la flamme des bûchers. En France, les tribunaux redoubloient de sévérité, et Henri II écrivoit lui-même, le 5 août, à son ambassadeur d'Urfé à Rome : « Qu'il n'avoit « que faire de demander un concile, parce que « son royaume n'en avoit point de besoin, « étant tous ses sujets bons catholiques, et très « obéissans à l'Église; et que s'il y en avoit au- « cuns dévoyans, ils étoient si bien châtiés que « les autres y devoient prendre exemple » (2). En Angleterre, quoique la réforme eût fait de grands progrès, le parti catholique étoit encore puissant; il paroissoit disposer de tout le peuple des campagnes, et l'héritière du trône, Marie, étoit catholique jusqu'au fanatisme. En Suisse, les deux religions étoient assez également balancées; toutefois les catholiques s'y étoient mon-

---

(1) *Sleidan.* L. XXII, p. 386. — De Thou. L. VI, p. 561.
(2) Ribier, Minute secrète, p. 279.

trés plus belliqueux que les protestans. En Allemagne enfin, les princes qui avoient adhéré à la confession d'Augsbourg paroissoient bien moins dirigés par la foi que par la politique. Le landgrave de Hesse étoit prêt à souscrire à tout pour recouvrer sa liberté ; Maurice ne sembloit pas moins prêt à tout faire pour empêcher que Jean Frédéric, l'ancien électeur de Saxe, ne recouvrât la sienne. L'électeur de Brandebourg demandoit l'évêché de Magdebourg pour son fils, et vendoit à ce prix sa conscience ; l'électeur Palatin étoit vieux et timide ; le duc de Wirtemberg savoit qu'il étoit question de lui enlever son héritage, et il se regardoit déjà comme perdu (1). Dans les villes impériales, Charles V poursuivoit lentement son système de persécution : il enlevoit aux ouailles leurs pasteurs ; il déclaroit vouloir faire cesser le scandale de prêtres vivant avec leurs femmes, et, sous ce prétexte, il exiloit au loin les théologiens protestans, en leur interdisant, sous les peines les plus graves, de correspondre avec leur famille (2). Il comptoit qu'au bout de peu d'années les fidèles, privés de l'instruction et de l'exemple, se soumettroient, ou au moins se

---

(1) Lettre de Marillac au roi, du 29 juillet 1550, dans Ribier, p. 281.

(2) *Sleidan*. L. XX, p. 356 ; et L. XXII, p. 398. — De Thou. L. VIII, p. 644.

cacheroient, et que dans la génération suivante l'inquisition feroit aisément le reste.

Mais pour mettre à exécution de si vastes projets, il falloit disposer de l'avenir; et Charles-Quint, âgé de cinquante ans, d'une constitution peu robuste, et affoibli par ses travaux, ses voyages, et de fréquentes attaques de goutte, ne se croyoit pas destiné à une longue vie. Il eût voulu laisser sa tâche à remplir à son fils Philippe, qui, plus fanatique et moins susceptible de pitié que lui, annonçoit déjà sa détermination de n'user d'aucun ménagement envers l'hérésie ; mais lui-même avoit écarté Philippe de l'empire en faisant nommer roi des Romains Ferdinand son frère, et depuis qu'il vouloit réparer cette erreur, et sollicitoit Ferdinand de renoncer à sa nomination, il trouvoit dans ce prince, jusqu'alors si plein de déférence, une obstination inattendue. Lorsque Granvelle avoit offert à Ferdinand des compensations territoriales en Allemagne, et entre autres le duché de Wirtemberg, il lui avoit répondu « que les « royaumes de ce monde étoient en la merci de « la fortune, qui les pouvoit ôter et transporter « selon qu'il plaisoit à Dieu..... Toutefois le « nom, titre et dignité étoient de telle qualité « qu'on n'en pouvoit dépouiller et priver les « hommes par force; et que de s'en démettre « de volonté, puisqu'il n'y avoit en ce monde

« chose si chère que la réputation et l'honneur, « il lui sembloit que cela procéderoit de grande « lâcheté et abjection de cœur. » (1)

Charles V, se résignant à ce que son frère lui succédât, vouloit au moins s'assurer que son fils viendroit ensuite, et il se flattoit d'engager les électeurs qu'il avoit réduits à une si grande dépendance, à nommer Philippe comme second roi des Romains. Pour y déterminer le fils de son frère Maximilien, dont il avoit fait son gendre et qui portoit déjà le titre de roi de Bohême, il le rappela d'Espagne à Augsbourg, où il fit venir aussi sa sœur Marie, reine de Hongrie et gouvernante des Pays-Bas. (2)

Mais Maximilien opposa aux désirs de son beau-père et de sa tante une volonté plus ferme encore que n'avoit fait son père, et Charles-Quint vit son projet de monarchie universelle échouer par la résistance même de sa famille. N'ayant plus rien à demander à la diète d'Augsbourg, par laquelle il avoit compté faire sanctionner ce changement à la constitution, il la congédia le 13 février 1551, et le 13 mars suivant il renvoya en Espagne Philippe et Maximilien; le premier, pour y être son lieutenant;

(1) Lettre de Charles de Marillac, archevêque de Vienne, ambassadeur auprès de l'empereur; du 29 juillet 1550. Ribier, p. 283.

(2) *Miñana*. L. IV, c. 2, p. 252.

le second, pour en retirer sa femme et son enfant, et les conduire en Bohême. (1)

Cependant la haine de la France commençoit enfin à rassembler un orage sur la tête de l'empereur ; et Henri II, malgré son fanatisme persécuteur, s'occupoit de sauver les protestans d'Allemagne. Toute sa correspondance diplomatique montre qu'il n'avoit d'autre pensée que de susciter des ennemis à Charles-Quint, de le faire attaquer par les Turcs, et d'allumer en même temps la guerre en Italie. Il avoit donné, dans ses ports de Provence, un asile au corsaire Dragut, qui infestoit les côtes de Sicile et d'Espagne ; Charles ayant chargé Doria et don Juan de Véga, vice-roi de Sicile, à la fin de l'année 1550, d'attaquer Dragut dans les deux villes d'Africa et de Monastir, au royaume de Tunis, dont ce corsaire avoit fait son refuge, d'Aramon, ambassadeur de France à la Porte, engagea Soliman II à dénoncer cette attaque comme une violation de la trêve entre la maison d'Autriche et l'empire ottoman (2). Le même d'Aramon animoit en Transylvanie des querelles dont il

___

(1) *Sleidan.* L. XXII, p. 388 et 396. — De Thou. L. VIII, p. 642, 644. — *Belcarius.* L. XXV, p. 816. — Ribier. T. II, p. 312.

(2) Lettre d'Aramon au roi, 27 septembre 1550. — Ribier, p. 290. — *Miñana.* L. IV, c. XI, p. 252, 254.

attendoit un résultat non moins avantageux. Elisabeth, veuve de Jean Zapolski, dernier roi de Hongrie, que son audacieux et habile ministre, le moine George Martinuzzi, avoit mise sous la protection des Turcs, avoit été reléguée par eux en Transylvanie, où elle régnoit avec son fils mineur, tandis que le sultan s'étoit emparé de Bude et de la plus grande partie de la Hongrie. Martinuzzi n'avoit point pardonné ce manque de foi à Soliman; il avoit résolu de ne pas favoriser davantage le progrès des Musulmans au levant de l'Europe, et, de concert avec les nobles Hongrois qui lui étoient attachés, il entra en négociation avec Ferdinand. La reine Elisabeth, au lieu de suivre les conseils de son ministre ou ceux de son frère Sigismond Auguste, roi de Pologne, avoit dénoncé le premier à la Porte, qui avoit envoyé des troupes contre Martinuzzi. D'Aramon, qui avoit rendu compte au roi de ces premières hotilités, ajoutoit, dans sa lettre d'Andrinople, du 13 décembre 1550:
« Voilà l'état des affaires de ce côté, qui pourroit
« produire, selon mon opinion, quelque beau
« jeu, lequel je m'efforcerai toujours d'avancer
« par tous les moyens que je verrai être à pro-
« pos ; jugeant qu'il n'y a chose plus importante
« pour votre service que de voir un chacun
« dans la guerre, et vous, sire, en repos ; pour

« y pouvoir entrer à votre avantage, et quand
« bon vous semblera. » (1)

D'Aramon avoit représenté à Soliman, ainsi qu'il écrivoit au roi, « que de telles menées et « inobservations de foi, dont usoit ledit empe- « reur envers lui, vous (Henri II) en aviez « reçu tel déplaisir, qu'un vrai et parfait ami « doit, et comme tel ne vouliez épargner chose « qui fût en votre pouvoir pour lui faire con- « noître l'assurance qu'il pouvoit avoir de votre « amitié, lui montrant la grande perte de répu- « tation que ce seroit audit grand-seigneur, en- « vers ses amis et ennemis, de ne s'en ressen- « tir » (2). Toutefois il avoit ajouté, après avoir reçu de nouvelles instructions, « qu'une attaque « des Turcs dans la Hongrie ou l'Allemagne ne « serviroit qu'à réunir tout l'empire à l'empe- « reur, et à empêcher les Allemands de tenter « ce qu'ils pourroient faire pour recouvrer leur « liberté. » Aussi demandoit-il au grand-seigneur d'employer sa flotte de préférence à son armée, parce qu'elle menaçoit à la fois toutes les posses- sions de Charles V sur la Méditerranée, et le forçoit à diviser entre elles ses soldats et ses dé- penses. Il recommandoit ou une attaque sur la Sicile, dans laquelle il affirmoit que la France

---

(1) Ribier, p. 293.
(2) *Ibid.*, p. 290.

avoit un parti nombreux, ou bien un débarquement dans la Pouille, dont la côte n'étoit éloignée que de soixante milles de la Valonne, où les Turcs pourroient s'assembler, ou enfin une attaque de Dragut sur les côtes du royaume de Tunis, pour y recouvrer sa ville d'Africa ou Adrumétum. Au commencement du printemps, d'Aramon revint en France pour se concerter avec son gouvernement sur la guerre, qui étoit enfin jugée imminente (1); et il fut presque aussitôt renvoyé à Constantinople avec des instructions signées par le roi le 17 mai, où il étoit chargé, « après les très cordiales et affectueuses
« recommandations de Sa Majesté au dit grand-
« seigneur, de lui dire.... que le roi, pour ne
« différer les choses qu'il a vu convenables pour
« l'entreprise du grand-seigneur, a bien voulu
« lui-même commencer à remuer ménage du
« côté de l'Italie..... ayant pris en sa protection
« Parme avec son duc, qui s'est jeté entre
« ses bras..... Le roi pour toute conclusion veut
« que ledit sieur d'Aramon fasse tout ce qu'il
« pourra pour faire rompre ledit grand-seigneur
« et le mettre en jeu. » (2)

L'intrigue de Parme, dont le roi rendoit compte au grand-seigneur, étoit en effet la se-

(1) Mémoire présenté par d'Aramon au roi, le 7 avril 1551. Ribier, p. 294.
(2) Instruction au sieur d'Aramon. Ribier, T. II, p. 297.

conde de ses menées pour susciter des embarras à Charles-Quint; et les projets ambitieux de l'empereur et de Ferdinand de Gonzague, son vice-roi à Milan, avoient offert à Henri l'occasion de se mêler avec avantage des affaires d'Italie. Les villes de Parme et de Plaisance s'étoient, en 1512, données à Jules II et à l'Église. Auparavant, elles avoient appartenu aux Sforza, puis à Louis XII, qui les regardoit comme faisant partie du duché de Milan. Aussi lorsque Charles-Quint s'empara de ce duché, il prétendit recouvrer le Parmesan et le Plaisantin comme en dépendant. De son côté le pape, Paul III, les considérant comme des fiefs de l'Église, en avoit disposé en faveur de son fils, Pierre-Louis Farnèse. Fernand de Gonzaga, après avoir contribué, en 1547, à l'assassinat de Farnèse, s'étoit emparé de Plaisance comme d'un fief de l'empire. Jules III avoit confirmé Parme au duc Ottavio, fils de Pierre-Louis, comme fief de l'Église, et l'un et l'autre cherchoient à faire valoir leurs prétentions diverses par des complots, non par la guerre. En même temps l'empereur offroit, en échange de Parme, d'abandonner la république de Sienne ou au pape, ou aux Farnèses. Jules III vouloit conserver la suzeraineté de l'Église sur Parme ; mais il prétendoit qu'il défendroit mieux cette ville que ne pourroit faire un feudataire plus foible, et il proposoit à Ottavio le petit duché de Camerino, en échange contre celui de Parme. Farnèse opposoit avec adresse le roi de France à l'empereur et au pape. Son frère, Horace, duc de Castro, devoit épouser Diane, fille naturelle de Henri II; il vivoit à la cour de France, et de concert avec les deux cardinaux ses frères, il s'efforçoit de sauver sa maison. Enfin Diégo de Mendoza, ambassadeur de l'empereur à Rome, et commandant en même temps de la garnison espagnole de Sienne, avoit annoncé au pape que Charles-Quint étoit prêt à se reconnoître vassal du saint-siége, et à payer un cens pour Parme et Plaisance si le pape lui livroit la première de ces deux villes; mais Jules III avoit répondu qu'il ne vouloit point d'un vassal auquel il ne pourroit pas commander. (1)

Toutefois, Jules III étoit d'un naturel timide; il prenoit peu d'intérêt aux Farnèses, et il auroit volontiers agrandi sa propre famille de leurs dépouilles; il n'osoit se confier aux Français, dont il craignoit de se voir ensuite abandonné. Diégo de Mendoza le menaçoit de la colère de l'empereur : M. d'Urfé, pour le maintenir dans une sorte d'équilibre, crut devoir le menacer à

---

(1) Lettre de d'Urfé au roi. Rome, 15 février 1551. Ribier, p. 316. — *Gio. Batt. Adriani*. L. VIII, p. 514. — *Bernardo Segni, Storia Fiorent.* L. XIII, p. 86.

son tour de celle du roi de France (1). Entre ces deux craintes la plus prochaine l'emporta, et Jules III se jeta entre les bras de l'empereur. Alors le duc Ottavio se mit avec toute sa maison sous la protection de la France par un traité signé le 27 mai 1551. Henri II lui promit de lui envoyer deux mille fantassins, deux cents chevaux et douze mille écus d'or par année pour l'aider à se défendre. (2)

Dès que Jules III eut connoissance de ce traité, il entra, contre Farnèse, dans une violente colère; il l'accabla de monitoires, de censures; le déclara rebelle et tous ses biens confisqués, et il fit marcher contre lui les troupes pontificales sous les ordres de Jean-Baptiste del Monte, son neveu, auquel il destinoit la plus grande partie de l'héritage des Farnèses. De son côté l'empereur fit séquestrer la dot de sa propre fille naturelle, Marguerite d'Autriche, femme d'Ottavio, et vers le milieu de juin, il chargea don Fernand de Gonzaga, gouverneur du Milanez, d'attaquer Parme. (3)

Il n'étoit pas facile à Henri II de faire parvenir au duc de Parme les secours qu'il lui avoit

(1) Lettre de d'Urfé. Ribier, p. 316.
(2) Mém. de Boyvin du Villars. T. XXXIII, p. 151.
(3) De Thou. L. VIII, p. 673. — Villars. T. XXXIII, p. 182. — Bern. Segni. L. XIII, p. 91. — *G. B. Adriani.* L. VIII, p. 525.

promis, ou de les introduire dans son petit duché, entouré de toutes parts de ses ennemis. M. de Termes, qui étoit destiné à commander dans Parme, et Pierre Strozzi, qui vouloit se rendre à la Mirandole pour y lever des troupes, parvinrent, déguisés, au terme de leur voyage, après avoir traversé la Suisse et les Grisons. Le roi avoit fait mettre 400,000 écus à leur disposition entre les mains de banquiers de Venise. Horace Farnèse, duc de Castro, voulut aussi aller joindre son frère, mais par mer et par l'état de Lucques. Débarqué à Pietrasanta, il tomba entre les mains du duc de Florence. Ce duc cependant le fit relâcher (1). La difficulté étoit de faire arriver aussi des soldats dans ces deux duchés. Le gouvernement de Piémont avoit été donné au mois d'août de l'année précédente, à Charles de Cossé Brissac, par le crédit de Diane de Poitiers, au moment où le prince de Melfi qu'il remplaçoit, étoit sur le point de mourir accablé de vieillesse. Le beau Brissac étoit un rival que Henri II étoit bien aise d'écarter; il le croyoit trop bien avec Diane sa maîtresse, et il n'avoit pas le courage d'en témoigner son mécontentement (2). Mais, d'autre part, Brissac, quoique doué de grands talens pour le gouver-

(1) B. Segni. L. XIII, p. 93.
(2) De Thou. L. VI, p. 531. — Brantôme. T. III, p. 70 et 87. — Villars. T. XXXIII, p. 152, 156.

nement et pour la guerre, étoit rarement écouté
lorsqu'il hasardoit un conseil, et il fut mal secondé par le roi, qui le laissa dépourvu de soldats
et d'argent. Montmorency, lorsqu'il voulut envoyer des soldats à Parme, fit donner l'ordre
à Brissac de casser cinq des vieilles bandes
italiennes qu'il commandoit ; et après avoir
payé la solde aux aventuriers qui les composoient, de les avertir de se rendre à Parme, où
leurs capitaines les engageroient de nouveau.
Brissac remontra en vain que cette ruse n'échap-
peroit point au vigilant Fernand de Gonzaga, qui
faisoit garder tous les passages. « Si est-ce que
« le maréchal ayant de longue main appris que
« le connétable ne se laissoit jamais vaincre par
« aucunes répliques sur les choses qu'il avoit
« déjà arrêtées, il délibéra d'obéir pour cette
« fois, et d'en attendre patiemment le coup » (1).
Fernand de Gonzaga, en effet, en fut aussitôt
averti; et sans porter aucune plainte, sans publier aucune défense de passer, avec cette férocité froide qui sembloit le caractère des ministres
de Charles-Quint, et en paroissant se complaire
dans un acte de barbarie comme dans un bon
tour à jouer à l'ennemi, « il dépêcha, dit Villars,
« quelques troupes commandées par le capitaine
« de justice, pour se rendre sur tous les grands

(1) Villars, p. 167.

« chemins qui entrent en Lombardie, et là, ar-
« rêter, tuer et massacrer tous ceux qu'ils trou-
« veroient en habit de soldats, n'ayant congé
« ou attestation des capitaines ou autres minis-
« tres impériaux, et spécialement tous ceux qui
« diroient avoir été cassés du service de France
« du côté du Piémont. » (1)

Malgré cet odieux guet-apens, qui coûta la vie à plus de mille braves soldats voyageant sans défiance, il se rassembla dans Parme sous de Termes, et à la Mirandole sous Pierre Strozzi, deux petites armées italiennes à la solde de France, qui, non seulement mirent ces deux villes à l'abri d'insulte, mais qui étendirent leurs ravages dans la partie de la Romagne plus rapprochée de la Mirandole. Gonzaga et Medichino, marquis de Marignan, deux des meilleurs généraux de l'empereur, étoient opposés à Termes et à Strozzi, et la petite guerre dans l'état de Parme, où la France prétendoit n'agir que comme alliée de Farnèse, l'empereur, comme allié du pape, sans enfreindre le traité de Crépy, se prolongea du mois de juin à celui de septembre, avec plus d'habileté militaire que de force. (2)

Henri II, résolu depuis long-temps d'allumer une guerre générale, fut bientôt fatigué du rôle

(1) Villars. L. II, p. 170.
(2) De Thou. L. VIII, p. 678. — B. Segni. L. XIII, p. 95.
— *G. B. Adriani.* L. VIII, p. 527.

d'auxiliaire du duc de Parme; et il envoya l'ordre à Brissac de commencer de toutes parts la guerre en Piémont, sans la déclarer auparavant. Le 3 de septembre, Brissac tenta de surprendre dans la même nuit les trois villes de Chierasco, San Damiano et Chieri. Les impériaux n'avoient plus de confiance dans la paix, et ils étoient sur leurs gardes; cependant ils ne réussirent à défendre que Chierasco. Montluc, qui combattoit alors en Piémont, raconte, dans son amusante gasconade, tous ces petits faits d'armes, où il s'attribue toujours le premier rôle, et pour la valeur et pour le bon conseil; mais ces combats sont sans importance pour l'histoire générale; ils ne peuvent même servir à l'avancement de l'art militaire, aujourd'hui que la guerre se fait avec plus de loyauté (1). La marquise de Montferrat, Anne d'Alençon, dont la fille avoit porté ce marquisat à la maison de Gonzaga, essaya vainement de profiter de sa parenté avec la maison royale pour engager les Français à considérer le Montferrat comme un pays neutre; Brissac répondit que les impériaux avoient été admis par elle dans toutes les places du Montferrat, et que son affaire à lui étoit de les en chasser. (2)

(1) Montluc. T. XXII, p. 349. — Villars. T. XXXIII, p. 198.
(2) Villars, p. 265.

1551.   Un grand nombre de jeunes gentilshommes de la cour, en apprenant que la guerre alloit commencer dans le Piémont, partirent pour y prendre part. « Celui-là, dit Villars, n'eût pas
« été estimé bon fils de bonne mère, qui ne fût
« délogé pour aller voir et servir en cette guerre.
« Et de fait, Sa Majesté ne se sut défendre de
« donner congé à M. le duc d'Enghien, au prince
« de Condé, aux ducs de Montmorency, de Ne-
« mours, d'Aumale, au marquis d'Elbeuf, au
« grand-prieur de France, à la Rochefoucauld,
« Rendan, Genlis, Senneterre, Contay, et autres,
« jusques au nombre de cinquante ou soixante,
« tous suivis d'un grand nombre de jeune no-
« blesse. De la venue desquels seigneurs, ayant
« le roi donné avis au maréchal, il n'y print pas
« grand plaisir, ayant de longue main expéri-
« menté que cette grande compagnie de sei-
« gneurs est mal aisée à contenir en règle, lors-
« qu'elle est destituée de la présence du maître.
« Cette nouvelle lui fut bien encore plus dés-
« agréable quand il entendit qu'ils s'en venoient
« tous en poste, sans armes ni chevaux; pré-
« voyant que cela les feroit renchérir en Pié-
« mont, au désavantage des gendarmes et che-
« vau-légers, et que d'ailleurs il seroit contraint
« par honnêteté les secourir des siens, chose
« qu'il faisoit fort à contre-cœur, combien que
« ce ne fût par chicheté ni avarice, mais par la

« difficulté qu'il y avoit à en rencontrer de
« bons. » (1)

La guerre maritime commença par la flotte turque. Henri II avoit chargé M. d'Aramon de demander qu'elle attaquât l'Italie, ou tout au moins les deux villes d'Africa et de Monastir (2). Dragut s'étant joint au capitan-pacha Sinan s'avança en effet dans la Méditerranée avec une flotte redoutable, qui répandit la terreur sur toutes les côtes de cette mer; ayant brûlé la ville d'Agosta en Sicile, il vint attaquer l'île de Malte, d'où il fut vaillamment repoussé par les chevaliers; il s'en vengea sur celle de Gozo, où il pilla et brûla tout ce qui étoit de quelque valeur; enfin, il entreprit, le 5 août, le siége de Tripoli d'Afrique, qui appartenoit à l'ordre de Saint-Jean. M. d'Aramon, qui alloit de France à Constantinople, se trouvoit justement à Malte. Il protesta que son maître, quoique ennemi de l'empereur, n'avoit point entendu armer les infidèles contre la religion de Saint-Jean; il offrit sa médiation, et se rendit à Tripoli; mais il ne put sauver cette place, qui ouvrit ses portes aux Turcs, le 15 août. Il ne réussit pas mieux à faire respecter la capitulation; il ramena dans Malte une quarantaine de chevaliers, et près

---

(1) Du Villars. T. XXXIII, p. 265.
(2) Ribier, p. 311.

de deux cents soldats, les autres furent massacrés par les Turcs. (1)

Une clameur universelle s'éleva contre les Français, accusés d'avoir appelé les Musulmans à Malte. Le chevalier qui commandoit à Tripoli étoit Français ; il fut mis en jugement comme ayant trahi son ordre ; d'Aramon fut soupçonné d'avoir été l'agent de cette trahison, et une lettre que le roi obtint du grand-maître, par laquelle celui-ci le déchargeoit de tout blâme, ne suffit point pour effacer cette impression dans le public (2). Le roi fit ensuite publier par ses ambassadeurs un mémoire dans lequel il protestoit « que l'empereur s'étoit lui-même at-
« tiré à dos cette armée de mer des Turcs; la-
« quelle avoit été préparée dès cet hiver en
« temps qu'il n'étoit question de Parme, pour
« l'assaillir ni pour la défendre, ou mettre en pro-
« tection du roi; qu'il ne s'attendoit ni ne pou-
« voit s'attendre lors à la guerre que l'on voit
« maintenant, parce qu'elle est survenue inopi-
« nément et contre tous les discours et jugemens
« du monde » (3). En comparant ce mémoire

---

(1) *G. B. Adriani.* L. VIII, p. 547. — *Muratori.* T. XIV, p. 383. — De Thou. L. VII, p. 632.

(2) Voyez dans Ribier, Lettre d'Aramon au roi, Malte, 26 août, p. 303; du roi au grand-maître, 30 septembre, 308; et du grand-maître au roi, 17 novembre, p. 309.

(3) Ribier, p. 358.

avec les instructions que le roi donnoit en même temps à son ambassadeur à Constantinople, on voit quelle foi on peut accorder aux protestations royales.

En même temps que le roi envoyoit l'ordre à Brissac d'attaquer les impériaux sans déclaration de guerre, il avoit cherché à surprendre les vaisseaux de ses ennemis. « En cette ouver-
« ture de guerre aussi improvisément faite, dit
« Villars, le baron de la Garde, général des ga-
« lères du roi, se mit en mer avec quarante ga-
« lères. En rôdant, il découvrit vingt-quatre na-
« vires tirant en Espagne, chargés de marchan-
« dises. Il envoya un brigantin vers eux, les
« priant de faire une belle salve de toute leur
« artillerie, à la reine de Bohême qui étoit dans
« ses galères. Les pauvres gens ignorant l'ou-
« verture de la guerre, et ajoutant trop crédu-
« lement foi à ses prières, le firent ainsi ; et lui
« cependant profitant de ce qu'il falloit long-
« temps alors pour charger de nouveau les ca-
« nons, les investit de telle furie, qu'il en em-
« porta les quinze, les autres se sauvant à la
« voile ; le butin en valoit plus de quatre cent
« mille écus ». (1). Un émigré florentin, Léon Strozzi, prieur de Capoue, frère de Pierre, prit ensuite le commandement de la flotte française.

(1). Villars. T. XXXIII, p. 207.

Jaloux de s'illustrer aux dépens d'André Doria, dont il étoit près d'égaler la réputation, il poursuivit ce vieux marin, qui s'étoit chargé de ramener d'Espagne en Italie Maximilien roi de Bohême : il le menaça, dans Barcelonne, et l'enferma dans le port de Villefranche près de Monaco. Mais pendant ce temps le connétable de Montmorency, qui le haïssoit, lui avoit nommé un successeur; et ce dernier, craignant que Strozzi ne passât au service de l'empereur, comme avoit agi Doria dans une circonstance semblable, résolut de le faire assassiner. Le prieur de Capoue fit arrêter J.-B. Corso, qui s'étoit chargé d'exécuter ce crime, et en ayant obtenu l'aveu, il prit aussitôt le parti d'abandonner la France, ses galères, sa fortune, et de se retirer à Malte, pour offrir ses services à la religion, dont il étoit un des grands dignitaires. Sa retraite mit fin aux exploits de la flotte française. (1)

La guerre de Henri II contre le pape avoit fait changer de langage au roi relativement au concile de Trente. Ce concile fut ouvert pour la seconde fois, le 1er mai 1551, par le légat du pape, assisté de deux nonces, et d'un petit nombre de prélats romains qu'il avoit amenés. Une assemblée si peu nombreuse sentit bien

---

(1) Sa lettre au roi, 5 novembre 1551. Ribier, p. 310. — De Thou. L. VIII, p. 691. — Villars. T. XXXIII, p. 303. — G. B. *Adriani.* L. VIII, p. 559.

qu'elle ne pouvoit se donner comme représentant l'Eglise universelle ; elle s'ajourna donc au 1ᵉʳ septembre, pour laisser aux autres évêques le temps d'arriver (1). A cette seconde session, Jacques Amyot, abbé de Bellozane, le même qui s'est rendu célèbre par sa traduction de Plutarque, se présenta au concile comme ambassadeur du roi de France. On hésita d'abord à recevoir les lettres de Henri II qu'il portoit, car ce prince avoit évité de donner à l'assemblée à laquelle il s'adressoit, le titre de concile (2). On parut croire néanmoins que c'étoit par une prétention recherchée de latinité classique; on les ouvrit et on les lut. Mais elles contenoient une protestation contre la convenance et la légalité du concile, protestation qu'Amyot motiva et développa dans un long discours. La France ne pouvoit, dit-il, regarder comme représentant l'Église universelle, une assemblée à laquelle ses prélats ne pourroient se rendre sans traverser des pays bouleversés par la guerre, et qui se trouvoient sous la puissance de l'empereur et du pape, tous deux ses ennemis. Le concile, qui étoit encore fort peu nombreux, s'ajourna jusqu'au 11 octobre. Cependant la France prenoit contre lui et contre la cour de Rome, des mesures toujours plus hostiles; le roi avoit ordonné

---

(1). *Frà Paolo*. L. IV, p. 322. — De Thou. L. VIII, p. 657.
(2) *Sanctissimis in Christo Patribus conventus Tridentini.*

à tous les évêques de retourner dans leur diocèse, et de s'y préparer à ce qu'il les assemblât bientôt en concile national. Le 7 septembre, il défendit de porter de l'argent à Rome, pour l'expédition d'aucun bénéfice; le 4 octobre, il ordonna au garde des sceaux d'interjeter un appel par-devant un futur concile, afin de se mettre en garde contre les censures et les interdictions que la cour de Rome pourroit fulminer contre le roi; le 18 décembre, il fit faire par de Termes, son ambassadeur à Rome, une nouvelle protestation; enfin il engagea les cantons suisses à refuser comme lui de reconnoître le concile de Trente. (1)

Tandis que ce même Henri II, zélé persécuteur des hérétiques, agissoit avec tant de vigueur contre le pape et le concile, il entroit avec les protestans d'Allemagne dans une correspondance mystérieuse. Maurice de Saxe avoit continué, pendant tout l'été, la guerre autour de Magdebourg; rassemblant dans son camp une armée nombreuse, presque uniquement composée de protestans, il la maintenoit dans une exacte discipline; mais il n'avoit presque éprouvé que des revers dans le siége d'une ville regardée par ses soldats mêmes comme le boulevard du protes-

(1) *Frà Paolo.* L. IV, p. 327. — Ribier, p. 317, 322, 332, 352. — De Thou. L. VIII, p. 657, 667. — *Sleidan.* L. XXII, p. 399, 405.

tantisme. Le 3 septembre 1551, il signa enfin avec les assiégés une trêve qui fut bientôt suivie d'un traité de paix. Les conditions qu'il accordoit aux bourgeois de Magdebourg étoient bien plus favorables que ceux-ci n'avoient osé l'espérer. Le 16 novembre, il entra dans leur ville, avec son armée; et sa modération ne s'y démentit point (1). Un profond mystère enveloppoit ses projets: l'empereur, auquel on l'avoit rendu suspect, avoit gagné deux de ses secrétaires, qui devoient lui rendre compte des actions les plus secrètes de leur maître. Mais Maurice, qui s'aperçut de leur trahison, en avoit profité pour tromper plus sûrement l'empereur, en leur faisant de fausses confidences. Cependant, dès le 5 octobre 1551, il signa son traité avec la France. (2)

1551.

Ce traité avoit été négocié par Jean de Fresse, évêque de Bayonne. Maurice avoit agi en son propre nom, et en celui de son cousin et pupille George-Frédéric, marquis de Brandebourg. Jean-Albert, duc de Mecklembourg, et Guillaume, landgrave de Hesse, s'étoient ensuite joints à eux. Ces princes déclaroient que, bien qu'ils eussent reconnu que l'empereur leur ennemi ne songeoit qu'à extirper

---

(1) De Thou. L. VIII, p. 649. — *Sleidan.* L. XXIII, p. 406.
(2) De Thou. L. VIII, p. 653. — Vieilleville T. XXIX, p. 246.

leur religion : « laquelle ils tenoient pour juste, « véritable, chrétienne et indubitable », ils s'en remettoient pour sa défense à la Providence. Leur alliance avec la France avoit un autre but : c'étoit de résister aux pratiques de l'empereur « employées pour faire tomber leur chère « patrie, la Germanie, en une bestiale, insuppor- « table et perpétuelle servitude, comme il a été « fait en Espagne et ailleurs » (1). A ces fins, comme aussi pour délivrer le landgrave de sa captivité, ils s'engageoient à attaquer l'empereur et tous ses adhérens, à ne faire avec lui ni paix ni trêve sans l'aveu du roi de France, à n'admettre dans leur ligue les enfans de l'ancien électeur de Saxe, Jean-Frédéric, ou lui-même, s'il venoit à recouvrer sa liberté, qu'autant qu'il renonceroit à l'électorat. Le roi promettoit de faire toucher à Bâle, aux princes alliés, le 25 février suivant, 240,000 écus, pour subvenir aux frais des trois premiers mois de la guerre, après quoi il y contribueroit par une subvention de 60,000 écus par mois. En même temps, il attaqueroit l'empereur dans les Pays-Bas. « On trouveroit aussi bon, ajoutoient les « princes, que ledit seigneur roi s'impatronisât « le plus tôt qu'il pourroit, des villes qui appar- « tiennent d'ancienneté à l'empire, et qui ne sont

---

(1) Traités de Paix. T. II, n° 105, p. 258.

« pas de la langue germanique, savoir de Cam-
« brai, Toul en Lorraine, Metz et Verdun, et
« autres semblables; et qu'il les gardât comme
« vicaire du saint empire, auquel titre nous
« sommes prêts de le promouvoir à l'avenir;
« en réservant toutefois audit saint empire les
« droits qu'il peut avoir sur lesdites villes, afin
« que par ce moyen elles soient ôtées des mains
« et puissance de l'ennemi. » Les princes allemands promettoient enfin d'aider Henri à recouvrer ses possessions patrimoniales hors de
l'empire, et d'agir de concert avec lui, le cas
échéant, dans l'élection d'un nouvel empereur.
Le roi ratifia ce traité à Chambord, le 15 janvier 1552. (1)

Maurice avoit été reconnu pour seul chef de
la nouvelle ligue protestante; ses alliés connoissoient son adresse autant que son courage, et ils
sentoient la nécessité de se soumettre à une
seule volonté. Pendant tout l'hiver, Maurice ne
parut occupé que de ses négociations avec l'empereur pour faire admettre au concile de Trente
les théologiens protestans, et pour leur procurer
des sauf-conduit qui garantissent leur sûreté.
Mélanchton et les autres docteurs s'étoient déjà
mis en route pour Trente; mais ils demandoient
qu'on leur donnât des sauf-conduit parfaite-

(1) Traités de Paix. T. II, p. 258. — Léonard. T. II, p. 484.

ment semblables à ceux que le concile de Bâle avoit accordés aux hussites : Maurice insistoit, pour les obtenir, auprès de la chancellerie impériale et auprès des pères du concile et des légats du pape; mais en même temps il protestoit si hautement de son dévouement à l'empereur et de sa confiance en lui, que le duc d'Albe n'avoit pu réussir à le rendre suspect à Charles-Quint. Le chancelier Granvelle, évêque d'Arras, demandoit avec mépris s'il étoit possible de croire que ces têtes allemandes, toujours prises de vin, pussent tromper les habiles négociateurs de l'Italie et de l'Espagne. L'empereur étoit lui-même l'un des politiques les plus déliés de son temps, mais il étoit trop sujet à laisser dominer sa pensée par le but qu'il avoit en vue. Sa tâche devenoit difficile en cette circonstance; car il se proposoit de soumettre les protestans à la cour de Rome et au concile, en même temps qu'il se conserveroit à lui-même une autorité illimitée sur l'Église. Il vouloit aussi que l'Allemagne lui servît à inspirer de la crainte au pontife, en même temps qu'il priveroit cette Allemagne de toute liberté civile et religieuse. Ces grands projets remplissoient tellement sa pensée qu'il ne voyoit et ne vouloit pas voir autre chose.

 Les prélats d'Allemagne cherchoient en vain à réveiller l'attention de l'empereur sur l'armée considérable que George de Mecklembourg tenoit réunie. Cette armée étoit composée en même temps des soldats que Maurice avoit commandés au siége de Magdebourg, et de ceux que les bourgeois de cette ville avoient employés à leur défense. George les avoit pris à sa solde, parce qu'il vouloit recouvrer, disoit-il, des mains de son frère, quelque partie de l'héritage de leur famille qu'il prétendoit devoir lui appartenir. En attendant, il les laissoit vivre aux dépens des sujets des églises voisines. Les prélats faisoient retentir de leurs plaintes la cour de l'empereur; mais comme celui-ci devoit beaucoup de soldes arriérées à ces mêmes soldats, et qu'il n'avoit aucune intention encore de les payer, il préféroit de fermer les yeux sur des désordres qui, d'ailleurs, étoient fréquens dans toutes les parties de ses États. Quant à Maurice, il ne s'étoit point exposé à exciter de telles plaintes; sûr de pouvoir rassembler en peu de jours ses troupes saxonnes au moment où il en auroit besoin, il les avoit licenciées après le siége de Magdebourg. (1)

Charles-Quint, au commencement de novembre, étoit venu s'établir à Inspruck. Il s'y trouvoit à trois journées de distance seulement de Trente, où la direction du concile étoit alors sa

---

(1) *Sleidani.* L. XXIII, p. 406. — De Thou. L. VIII, p. 670.

principale affaire. En même temps il étoit, plus qu'en aucun autre point de l'Allemagne, rapproché de Parme, de la Mirandole et du Piémont, seuls lieux où jusqu'alors ses troupes eussent eu à combattre les Français. Il étoit aussi à portée de la Hongrie, qui ne tarda pas à lui donner de nouvelles causes d'inquiétude. L'évêque de Waradin, George Martinuzzi, qui avoit travaillé avec tant d'énergie à maintenir l'indépendance de son pays; qui, en 1541, se mit sous la protection de la Turquie pour se dérober à l'ambition de la maison d'Autriche; et qui, depuis, trompé par Soliman, fut obligé de se rapprocher de Ferdinand, croyoit enfin avoir pourvu à la sûreté de la Hongrie : il s'étoit dérobé au poignard des assassins envoyés par le sultan; il avoit battu les troupes que lui opposoit la reine Élisabeth; mais n'oubliant, au milieu de la guerre civile, ni les intérêts de sa patrie, ni ses affections pour le premier maître qu'il avoit servi, il sut ménager une réconciliation entre Ferdinand, Élisabeth, et la noblesse hongroise : il assura au premier la couronne, à la seconde une principauté en Bohême, à la troisième ses priviléges. Ferdinand, comme pour lui témoigner sa reconnoissance, le nomma archevêque de Gran, gouverneur de Transylvanie, et le fit comprendre par le pape, le 12 octobre, dans le nombre des quatorze cardinaux que Jules III créa cette année. Cependant Ferdinand n'avoit point pardonné à ce vieillard d'avoir pu lui disputer, et moins encore de lui avoir donné ensuite la couronne. Il ordonna au général Castaldo, marquis de Piadena, qui partageoit avec George Martinuzzi le gouvernement de Transylvanie, de se défaire du cardinal son collègue; et Martinuzzi, alors âgé de soixante-dix ans, fut poignardé dans son château le 18 décembre 1551, par trois officiers espagnols. Ferdinand accepta la responsabilité de ce sacrilége, qui souleva contre lui la noblesse hongroise et la cour de Rome. (1)

Au moment où le meurtre du cardinal Martinuzzi renouveloit la guerre en Hongrie, Charles-Quint étoit retenu dans son lit à Inspruck par une violente attaque de goutte qui lui laissoit à peine l'esprit assez libre pour donner son attention à des affaires si compliquées. Dans ce même mois de décembre, cependant, il reçut à Inspruck une ambassade solennelle de Maurice de Saxe et de l'électeur de Brandebourg, pour réclamer la mise en liberté du landgrave de Hesse. L'électeur palatin, les ducs de Wirtemberg, Mecklembourg, Bavière, Lunebourg, Deux-

---

(1) *Sleidan.* L. XXIII, p. 404, 411. — De Thou. L. IX, T. II, p. 17, 23. — Ribier. T. II, p. 369. — *Raynaldi Ann. eccles.* 1551, §. 72. — *G. B. Adriani.* L. VIII, p. 558 et 569.

1551.

Ponts, les marquis de Bareuth et de Bade, le roi des Romains lui-même et celui de Danemark joignirent leurs sollicitations à celles de Maurice. Mais l'empereur s'étant accoutumé à regarder Maurice comme un docile instrument de ses vues ambitieuses, ne croyoit pas son opposition sincère ; il regardoit ses instances pour la liberté du landgrave comme destinées à tranquilliser ou sa femme, ou les membres de son Église ; et il répondit qu'il s'entendroit avec Maurice lorsque celui-ci arriveroit à Inspruck, où il étoit attendu de jour en jour. (1)

Ainsi s'écoula l'hiver sans que l'empereur se réveillât de sa sécurité. Maurice poursuivoit ses négociations relatives au concile, comme s'il y attachoit la plus haute importance. Il s'étoit enfin mis en chemin pour Inspruck, avec un de ses secrétaires qu'il savoit être vendu à l'empereur ; mais il s'arrêta tout à coup, alléguant que sa santé ébranlée souffroit de la rapidité du voyage ; il fit partir son secrétaire pour expliquer ce retard à l'empereur, puis retournant aussitôt en arrière vers la Thuringe, il se mit, le 18 mars 1552, à la tête de l'armée que George de Mecklembourg avoit maintenue à sa solde, et y joignant les Saxons qu'il avoit secrètement réunis, il eut alors sous ses ordres vingt mille hommes

1552.

(1) *Sleidan.* L. XXIII, p. 408, 411. — De Thou. L. IX, p. 41 ; L. X, p. 49. — *Robertson's.* B. X, p. 21, 57.

de pied et cinq mille chevaux ; il prit à leur tête
la route du Tyrol, publiant en même temps un
manifeste dans lequel il annonçoit qu'il se proposoit d'assurer aux protestans le libre exercice
de leur religion, de rendre à la Germanie ses
anciennes libertés, de terminer enfin la captivité
du landgrave de Hesse (1). Par des marches accélérées, il s'avança vers l'Allemagne méridionale : toutes les villes lui ouvrirent leurs portes,
reconnoissant avec joie, dans l'homme qu'elles
avoient tant redouté, un vengeur de leurs libertés et de leurs droits. Le 1er avril, il entra dans
Augsbourg ; à mesure qu'il avançoit, il rétablissoit partout les ministres dans leurs chaires, les
magistrats indépendans dans les emplois qui leur
avoient été enlevés par l'empereur. Lorsque la
nouvelle de la marche de Maurice et de la prise
d'Augsbourg fut apportée à Trente le 8 avril,
les théologiens protestans se hâtèrent de quitter
la ville ; les prélats italiens s'enfuirent vers l'Italie,
par l'Adige. Le légat du pape étoit malade, et
les nonces écrivirent à Rome pour demander
une bulle qui suspendît le concile ; il fut en effet
suspendu, et pour de longues années. (2)

1552.

(1) On trouve dans Sleidan, L. XXIV, le manifeste de
Maurice, p. 422 ; celui d'Albert de Brandebourg, p. 423 ; et
celui du roi, p. 424. — De Thou. L. X, p. 50. — *Robertson's*.
B. X, p. 63.

(2) *Sleidan*. L. XXIII, p. 420, et L. XXIV, p. 426. — De

Charles-Quint, qui n'avoit pas eu le moindre soupçon de cette attaque si habilement dissimulée, se trouvoit à Inspruck, perclus de goutte, sans armée et sans argent. Ne croyant courir aucun danger dans cette partie la plus reculée de ses Etats, il avoit envoyé successivement tous ses soldats espagnols et tout l'argent dont il pouvoit disposer en Italie, pour tenir tête aux Français, ou en Hongrie, pour s'opposer aux Turcs. Il étoit trop fier cependant pour faire des avances à celui qu'il regardoit comme un sujet rebelle, comme un courtisan qui le bravoit. Ferdinand, qui avoit conservé avec Maurice d'anciennes relations d'amitié, sauva à son frère cette humiliation. Il proposa au prince saxon une conférence à Lintz en Autriche; Maurice s'y rendit, tandis que son armée avançoit toujours. L'électeur, déjà maître d'une partie de l'Allemagne, reprit avec le frère de Charles V le langage d'un courtisan: il protesta de nouveau de son attachement à l'empereur, de son ardent désir de se réconcilier avec lui; mais en même temps il développa ses conditions, telles à peu près qu'il les avoit annoncées dans son manifeste. Ferdinand, qui ne songeoit qu'à gagner du temps, se déclara sans pouvoirs pour conclure; il avoit besoin

---

Thou. L. IX, p. 46; L. X, p. 55. — *Frà Paolo.* L. IV, p. 385. — *Robertson's.* B. X, p. 66.

d'aller consulter son frère, mais il promit d'être de retour à Passaw le 26 mai, et il demanda qu'un armistice eût lieu à dater de ce jour jusqu'au 10 juin, pendant lequel les deux princes se réuniroient dans une nouvelle conférence.

En retardant ainsi l'armistice, Ferdinand comptoit paralyser les opérations de Maurice, même avant que la trêve commençât. Maurice au contraire l'accepta, résolu de bien profiter du temps qu'on lui laissoit encore pour la guerre. Ayant rejoint, le 9 mai, son armée, il força, le 18, le passage de Fiessen, qui lui donnoit l'entrée du Tyrol, il s'empara du château d'Ehrenberg, dans lequel l'empereur avoit mis sa dernière espérance. Celui-ci fut averti au milieu de la nuit, que dans peu d'heures il alloit se trouver au pouvoir de Maurice et de son armée victorieuse. La pluie tomboit par torrens ; il étoit au lit, souffrant cruellement de la goutte. Il se fit néanmoins transporter dans une litière, et par des sentiers de montagne il se dirigea sur Villach en Carinthie, éclairé à travers les précipices par des flambeaux de paille, tandis que ses courtisans le suivoient comme ils pouvoient, sur de mauvais chevaux, des ânes ou à pied, et que le vieux électeur Jean-Frédéric, qu'il avoit mis en liberté pour embarrasser Maurice, se traînoit volontairement après son geôlier. Le 23 au matin, Maurice entra dans Inspruck avec son armée, et reconnut qu'il étoit trop tard de quelques heures; renonçant alors à sa poursuite, il repartit pour Passaw, où il arriva le 26, et où les conférences s'ouvrirent avec la trève. (1)

Mais une diversion aussi puissante et aussi inattendue avoit donné à Henri II un avantage immense dont il sut profiter. Dès le commencement de l'année, après avoir publié contre l'empereur un manifeste, dans lequel il récapituloit toutes les offenses qu'il en avoit reçues, et particulièrement le supplice de Wolfsperger et d'autres capitaines allemands, punis de mort pour avoir servi la France (2), il voulut aussi annoncer à une assemblée solennelle des premiers d'entre ses sujets ses motifs pour faire la guerre, et il vint tenir un lit de justice au parlement de Paris le 12 février 1552, accompagné par les grands officiers de la couronne. « Ce jour, « disent les registres du parlement, le roi étant « en son siége royal, paré comme de coutume, « a dit qu'il avoit bien voulu venir en sa cour « pour lui faire entendre les grands apprêts de « guerre que l'empereur fait contre lui et son « royaume par mer et par terre; ce qui le meut « de dresser armée suffisante, avec l'aide de

---

(1) *Sleidan.* L. XXIV, p. 430. — De Thou. L. X, p. 56, 58. — *Frà Paolo.* L. IV, p. 387. — *Robertson's.* B. X, p. 70. — *G. B. Adriani.* L. IX, p. 581. — *Miñiana.* L. IV, p. 258.

(2) Ribier. T. II, p. 371.

« Dieu, pour empêcher ses desseins, à quoi il
« ne veut épargner ni vie ni biens. Et s'il advient
« qu'il faille qu'il sorte hors de sondit royaume,
« pour la sûreté et défense d'icelui, il a voulu
« auparavant faire entendre les affaires de son
« État à ceux de sadite cour, comme à ses loyaux
« et bons sujets, et leur commander et enjoindre
« expressément trois choses: la première, qu'ils
« soient soigneux de ce qui appartient à la foi,
« et d'empêcher et ôter les erreurs par punition
« exemplaire des devoyés; la seconde, qu'ils
« soient diligens à faire bonne et briève justice
« à ses sujets, afin que son peuple soit en cela
« soulagé; la troisième, que, s'il s'en va, il lais-
« sera la reine sa femme régente, avec ses fils
« et son conseil, et veut qu'ils lui obéissent
« comme à sa propre personne.... Et pour ce
« que M. le connestable manie et a toute la
« charge des affaires de sondit État et de la
« guerre, il lui a commandé ce déclarer à la cour.
« M. le connestable s'est alors découvert et mis
« un genou devant le roi, qui l'a fait asseoir et
« se couvrir; et alors, il a, dans un très long dis-
« cours, exposé l'état des forces du royaume, et
« les chances probables de la guerre avec Charles-
« Quint et avec le pape. » (1)

1552.

(1) Isambert. T. XIII, p. 260. — Ribier, p. 376, en rend
compte en d'autres termes.

Le roi avoit donné l'ordre que son armée se rassemblât pour le 10 mars à Châlons-sur-Marne ; elle se composoit de quinze mille hommes d'infanterie française, presque toute de nouvelle levée, car il n'y avoit que deux mille hommes de vieilles bandes, récemment arrivés du Piémont ; de neuf mille landsknechts, et de sept mille Suisses, avec environ cinq mille cinq cents chevaux. Gaspard de Coligny commandoit l'infanterie française, le rhingrave l'allemande, et le duc d'Aumale la cavalerie (1). Tandis que le roi étoit à Joinville, la reine Catherine de Médicis, qui l'avoit accompagné jusque là, fut saisie d'une violente inflammation à la gorge, qui mit sa vie en danger. On remarqua combien Diane de Poitiers en fut troublée ; elle prévoyoit déjà un second mariage du roi, et une reine moins complaisante que n'avoit été Catherine. Quand celle-ci fut guérie, elle témoigna quelque mécontentement à l'amiral Annebault, auquel elle étoit associée pour la régence, de trouver ses pouvoirs bien plus limités que n'étoient ceux qui avoient été accordés en pareil cas par François Ier à sa mère Louise de Savoie. Annebault, de son côté, qui, pour la première fois, sous le nouveau règne, étoit appelé à un office de con-

---

(1) De Thou. L. X, p. 60. — Vieilleville. T. XXIX, p. 326. — Tavannes. T. XXVI, p. 113.

fiance, en sentoit toute la pesante responsabilité. (1)

La première recommandation du roi, de punir exemplairement les hérétiques, fut celle que l'on mit à exécution avec le plus de zèle. Un grand nombre de calvinistes furent brûlés à Agen, à Troyes, à Lyon, à Nîmes, à Paris, à Toulouse, à Bourg en Bresse et à Saumur. « Le « roi, dit Théodore de Bèze, tandis qu'il en- « troit en intelligence avec Maurice de Saxe, « vouloit ôter tout soupçon qu'il pût favoriser « ceux de la religion » (2). Dans le même but, dès le 27 juin précédent, il avoit publié à Châteaubriand un édit en quarante-six articles pour renouveler les persécutions. Il rappeloit dans le préambule tout ce qu'il avoit fait, ainsi que son père, pour supprimer l'hérésie. « Et n'y « voyons, dit-il, aucun amendement, ni espé- « rance d'y pouvoir remédier, sinon par un « extrême soin et diligence, et avec toutes les « rigoureuses procédures dont on doit user pour « repousser vivement l'injure et obstination « d'une telle malheureuse secte, et en purger « et nettoyer notre royaume. » Dans cette vue

---

(1) De Thou. L. X, p. 60. — Ribier. Lettre du 11 avril, p. 387. — Tavannes. T. XXVI, p. 112. — Rabutin. T. XXXVII, p. 178.

(2) Théod. de Bèze. L. II, p. 84. — *Sleidan.* L. XXII, p. 402.

il attribue, tant aux cours souveraines qu'aux juges présidiaux, la connoissance et la correction des hérétiques, en exigeant toutefois que les juges présidiaux appellent à eux dix conseillers, ou, à leur défaut, dix avocats de leur ressort, pour signer leurs sentences définitives; celles qui sont portées contre les hérétiques devant seules être exécutées, nonobstant appel (§. 1—5). Les précautions les plus sévères sont ensuite prescrites contre l'introduction des livres venant des lieux mal famés, et surtout de Genève, que Henri II paroît avoir constamment regardée comme le foyer de l'hérésie. Tous les livres imprimés sont soumis à la censure de la Sorbonne; les imprimeries clandestines sont interdites; la copie signée d'un manuscrit destiné à l'impression doit être laissée au censeur; tous les livres provenant d'un héritage doivent être soumis à ce censeur, pour qu'il en autorise la vente; il doit être appelé et se trouver présent à l'ouverture de tout ballot de librairie; il doit visiter deux fois, et à Lyon trois fois par année, tant l'imprimerie que les magasins des imprimeurs et libraires. Enfin ceux-ci doivent toujours tenir exposés dans leur boutique un catalogue des livres prohibés, qu'on ne peut acheter ni vendre sans crime, et un autre des livres qu'ils offrent au public (§. 6 à 22). D'autres précautions sont prises pour empêcher l'introduction de l'hérésie dans les écoles ou dans les tribunaux. Personne ne sera plus reçu aux fonctions de judicature, ni à celles de l'enseignement, sans une attestation que sa foi est orthodoxe (§. 23, 34-36). Tous ceux qui intercéderont auprès des tribunaux en faveur des hérétiques seront soumis à des peines sévères (§. 26). D'autres peines sont dénoncées contre ceux qui enverront ou de l'argent ou des lettres aux réfugiés à Genève, ou dans d'autres pays séparés de l'Église (§. 37). Tous les biens de ces réfugiés sont confisqués au profit du roi (§. 39). Enfin, pour encourager la délation, le tiers des biens meubles ou immeubles des condamnés est assuré aux délateurs (§. 31). (1)

Ce fut après avoir pris des mesures si rigoureuses contre les protestans de ses propres États que Henri II se mit en mouvement à la tête de son armée pour porter du secours aux protestans de l'empire. Il considéroit la réformation comme un fléau destructeur de la puissance royale, et plus il la craignoit dans son royaume, plus il se croyoit intéressé à la répandre parmi ses ennemis. De Joinville, il entra en Lorraine; il occupa Pont-à-Mousson, et se présenta le 10 avril devant Metz, grande et riche ville impériale très jalouse de sa liberté. Les princes

---

(1) Isambert, Lois françaises. T. XIII, p. 189-208.

protestans, en consentant que Henri II occupât Metz comme vicaire impérial, savoient bien qu'ils compromettoient fort son indépendance; ils avoient cependant stipulé la garantie de ses priviléges. Ce traité étoit secret, et le roi vouloit se rendre maître de Metz en trahison ; car tromper des bourgeois n'étoit point regardé par des gentilshommes comme contraire à l'honneur. Le cardinal de Lénoncourt, évêque de Metz, fut employé pour semer la division dans son troupeau et gagner par présens et promesses les habitans du quartier du Heu. « Le sieur de Tavannes y est
« envoyé (c'est le récit de son fils); il les harangue, les intimide, les remplit de promesses,
« tire parole d'eux de recevoir le connétable avec
« ses gardes, et une enseigne de gens de pied
« (moins de cinq cents hommes). Puisque le roi
« alloit pour la liberté d'Allemagne, il ne pou-
« voit moins qu'avoir son logis en leur ville. Il
« conduit les bourgeois au connétable; soudaine-
« ment tous les meilleurs hommes de l'armée (au
« nombre de cinq mille), sont mis sous une en-
« seigne et entrent en la ville de Metz, les deux
« maréchaux de camp à la tête. Le sieur de Bour-
« dillon s'avance en la place, le sieur de Tavan-
« nes demeure à la porte, que les bourgeois
« vouloient à tout coup fermer, voyant cette
« enseigne si accompagnée ; toujours il les en
« garde par belles paroles. Un capitaine suisse,

« à la solde de ceux de Metz, tenant les clés,
« ayant vu entrer plus de sept cents hommes,
« les jeta à la tête du sieur de Tavannes, avec
« le mot du pays, *tout est choué*, et quitta la
« porte, que le sieur de Tavannes tint jusques
« à ce que le connétable arriva. » (1)

1552.

Metz étoit pris, et les seigneurs de l'armée du roi étoient bien d'accord de ne jamais le rendre; cependant Vieilleville étoit d'avis de cacher encore quelque temps du moins la trahison, pour ne pas effaroucher les autres villes, dès le commencement d'une expédition où l'on se proposoit d'autres conquêtes à faire par les mêmes armes.
« M. de Vieilleville, auquel le roi offrit le gou-
« vernement de Metz, répondit, après l'avoir
« très humblement remercié, qu'il n'étoit pas
« d'avis que sa majesté y établît aucun gouver-
« neur, mais qu'il laissât cette charge aux maire et
« échevins; qu'il commandât en leur présence
« aux huit capitaines de vieilles bandes, qui y
« demeureroient avec leurs compagnies, de leur
« obéir; disant qu'il ne les met que pour faire filer
« les vivres de son armée, et pour la sûreté des
« allans et venans en France, principalement des
« courriers.... avec promesse de faire sortir les
« susdits capitaines, et toutes leurs troupes, en-

(1) Mém. de Tavannes. T. XXVI, c. 9, p. 114. — Rabutin. T. XXXVII, p. 180. — De Thou. L. X, p. 62. — Vieilleville. T. XXIX, c. 13, p. 325.

« semble tout ce qui sera du nom et de la nation
« française ; et leur faire accroire qu'il n'avoit
« entrepris cette protection sur autre volonté que
« pour faire rendre à tous les États du saint em-
« pire leur première et ancienne liberté. » Mais
Henri II ne put jamais comprendre cette politique ; il regardoit Metz comme sa conquête, et il en donna le gouvernement au sieur de Gonnor, frère de Brissac. Les bourgeois, cependant, en lui prêtant serment d'obéissance, ne laissèrent pas de réserver les droits de l'empire. (1)

Le roi ne montra pas plus de bonne foi dans sa conduite à l'égard de Christine de Danemark, nièce de l'empereur et duchesse douairière de Lorraine ; elle gouvernoit ce duché au nom de son fils Charles III, alors âgé de dix ans. Cette princesse comptant sur le crédit dont les princes lorrains jouissoient à la cour de France, étoit venue trouver Henri II à Joinville, pour assurer la neutralité des États de son fils. Elle y avoit été alors bien reçue ; mais, pendant ce temps, les troupes françaises entroient en Lorraine, et lorsque, le 14 avril, elles eurent pris possession de Nancy, Christine fut renvoyée en Allemagne, et la tutelle de son fils fut donnée au

---

(1) Vieilleville. T. XXIX, L. IV, c. 14, p. 330. — Traités de Paix. T. II, p. 261.

comte de Vaudemont; ce fils fut envoyé comme otage en France auprès du dauphin, avec promesse qu'on lui feroit épouser une fille de Henri II. Dès-lors toute la Lorraine fut ouverte aux armes françaises. Toul, la seconde des villes impériales de la province, fut occupée par les Français, le 13 avril; Verdun, la troisième, au retour seulement de l'armée française, le 12 juin. (1)

De Lunéville et de Sarrebourg Henri II conduisit son armée en Alsace, et il y entra le 3 mai par Saverne. « Nous passâmes toute la « Lorraine et le pays des Vosges, dit Vieilleville, « avec assez de commodité; .... mais quand nous « fûmes entrés dans les terres d'Allemagne, le « Français montra bien son insolence au premier « logis, ce qui effraya si bien tout le reste, que « nous ne trouvâmes jamais depuis un seul « homme à qui parler; et tant que le voyage « dura il ne se présenta personne avec sa denrée « sur le passage; il falloit faire cinq ou six lieues « pour aller aux fourrages et aux vivres, mais « avec bonne escorte, car dix hommes n'en re- « venoient pas; de quoi l'armée souffrit infinies « pauvretés. » (2) Cependant le connétable

---

(1) De Thou. L. X, p. 62. — Vieilleville. T. XXIX, p. 325. — Rabutin. T. XXXVII, p. 179.

(2) Vieilleville. T. XXX, L. IV, c. 16, p. 5.

comptoit s'emparer de Strasbourg par une tromperie à peu près semblable à celle qu'il avoit pratiquée à Metz. Il avoit demandé passage aux Strasbourgeois par leur ville, pour le roi, avec une compagnie fort petite, pour leur ôter tout soupçon; mais en même temps il chargea le sieur de Lésigny, munitionnaire général, qui étoit venu y acheter des vivres, de leur demander la permission, pour les ambassadeurs du pape, de Venise, de Florence et de Ferrare, d'entrer dans Strasbourg. « Il dit qu'ils avoient une extrême
« envie de voir la ville pour sa beauté, et qu'ils
« devoient partir le lendemain après dîné pour
« effectuer leur entreprise. Ce que ces magnifi-
« ques seigneurs accordèrent fort gracieusement,
« disant qu'ils seroient les très bien-venus en fa-
« veur de sa majesté. » Le connétable avoit composé, de deux cents de ses plus braves soldats, le cortége de ces prétendus ambassadeurs; un grand nombre de gentilshommes, empressés de se trouver à une affaire hasardeuse, s'y étoient joints sous prétexte de voir la ville. Mais les Strasbourgeois ayant été avertis de ce qu'on méditoit contre eux, la troupe arrivée à portée du canon, fut reçue par une salve d'artillerie qui en tua dix ou douze et força les autres à s'enfuir. Le connétable avoit dit au conseil du roi « qu'il entreroit dedans
« Strasbourg et les autres villes du Rhin comme
« dedans du beurre, et qu'ils n'étoient pas plus

« spirituels que ceux de Metz, étant tous de
« même pâte et nourriture. » Ces propos avoient
été rapportés dans la ville, aussi le magistrat
en congédiant Lésigny « le rembarra de grand'
« colère, disant que ceux de Metz, pour ce
« qu'ils parlent français, se sont laissés sur-
« prendre à des Français; mais ceux qui ne par-
« lent que allemand ne se veulent laisser tromper
« par des *Franzose*, et que le connétable ne
« pense pas avoir affaire à des bêtes qui laissent
« entrer six compagnies sous un drapeau; mais
« qu'il s'assure que le roi n'y entrera point avec
« plus de quarante gentilshommes; et qu'il ne
« pense pas faire sa troupe à part. Quant à
« lui, qu'il sorte incontinent avec ses muni-
« tionnaires; et que bien lui a servi d'user de
« diligence pour la dépêche de ses vivres,
« car il n'en eût pas eu si grande quantité pour
« une fois. Ils ne refusoient pas néanmoins
« d'en rafraîchir le camp du roi, peu à peu,
« en payant, tandis qu'il marchoit sur leur
« territoire. » (1)

Cependant la nouvelle de la surprise de Metz et de la tentative faite contre Strasbourg ne tarda pas à se répandre en Suisse et en Allemagne. Les cantons et les princes protestans alliés de la France, envoyèrent des ambassadeurs au

---

(1) Vieilleville. T. XXX, L. IV, c. 17, p. 9.

roi pour lui demander de ne pas commettre d'hostilités contre l'empire : les Suisses, en particulier, lui remontrèrent que les villes de Colmar, Schelestat, Einsishem et Strasbourg, étoient alliées avec eux : et le roi, qui tiroit de Suisse sa meilleure infanterie, n'avoit garde de les mécontenter. Étant entré dans Weissembourg et dans Haguenau, il s'y conduisit avec modération pour ne pas effaroucher davantage les Allemands. Cependant les vivres commençoient à lui manquer; il ne pouvoit plus espérer de surprise : il se détermina donc à la retraite. Il ordonna qu'on fît boire les chevaux de son armée dans les eaux du Rhin, en témoignage d'une expédition qui passoit pour lointaine et aventureuse, et il reprit, le 13 mai, le chemin de la Lorraine. (1)

L'armée souffrit beaucoup à son retour dans la traversée des Vosges. Le connétable se proposoit de la reconduire dans le Luxembourg pour tenir tête à Martin Van Rossem, maréchal de Gueldre, que la reine Marie de Hongrie, gouvernante des Pays-Bas, avoit chargé de faire une diversion en Champagne. Celui-ci s'étant réuni au comte de Mansfeld, avoit pris Stenay, qui lui

---

(1) De Thou. L. X, p. 66. — *Sleidan.* L. XXIV, p. 428. — Vieilleville. L. XXX, p. 20. — Rabutin. T. XXXVII, L. II, p. 218-225.

assuroit le passage de la Meuse; et avec douze ou quinze mille hommes de pied et trois mille chevaux il ravagea tout le pays environnant jusqu'à Grand-Pré, sur la rivière d'Aire, « où « il commit, dit Rabutin, des méchancetés et « malheuretés plus énormes, que les Turcs et « infidèles ne les voudroient attenter » (1). Cependant, lorsqu'il apprit que l'amiral Annebault rassembloit du monde à Châlons pour marcher contre lui, et que le roi ramenoit à grandes marches son armée pour le prendre par-derrière, il se replia sur Stenay. (2)

Le connétable ayant fait traverser à l'armée du roi la Lorraine et le duché de Deux-Ponts, entra dans le Luxembourg; il passa la Sarre le 23 juin, et deux jours après la Moselle, sur un pont de bateaux. Il attaqua et prit successivement Rodemarck, Yvoi, Damvilliers et Montmédy. Partout il usa, avec la dernière rigueur, de ce qu'on appelle les droits de la guerre; il livra les villes au pillage; mais au lieu de faire du butin une récompense pour ses soldats, seule excuse qu'on pût alléguer pour ce brigandage, il en gratifia ses courtisans : le butin de Damvilliers fut réservé à Coligny; celui d'Yvoi au

---

(1) Rabutin. L. III, p. 235.
(2) De Thou. L. X, p. 69. — *Sleidan.* L. XXIV, p. 429. — Vieilleville. L. IV, c. 26, p. 54.

connétable ; aussi ces capitaines recueillirent en même temps les malédictions des habitans et celles de leurs propres soldats. Le roi fit ensuite la conquête du duché de Bouillon, que l'empereur avoit ôté à la maison de la Marck pour le réunir à l'évêché de Liége. Henri le rendit à ses anciens maîtres; puis, fatigué de son expédition par des pluies opiniâtres qui avoient succédé à des chaleurs excessives, il donna le gouvernement du Luxembourg au duc de Nevers, et le 16 juin, après une campagne de trois mois, il licencia son armée. (1)

Henri II n'attachoit point, comme François I*er*, sa gloire à triompher en Italie, pour que ses victoires fussent célébrées par une nation civilisée. Quoique les hostilités eussent commencé autour de Parme et en Piémont, il avoit bientôt affoibli l'armée qui devoit défendre ces deux provinces, pour transporter toutes ses forces dans le nord. Cependant, quoiqu'il ne se fît rien d'important en Lombardie, on nous a conservé de volumineux récits des plus petits événemens militaires dans cette contrée, parce que chaque capitaine s'efforçoit d'écrire lui-même ou de faire écrire tout ce qu'il croyoit pouvoir

---

(1) De Thou. L. X, p. 70-75. — *Sleidan*. L. XXII, p. 429. — Vieilleville. T. XXX, p. 52, 69, 88. — Rabutin. T. XXXVII, p. 238, 248, 256, 271.

ajouter à sa réputation. Deux auteurs de mémoires, Vincent Carloix, secrétaire de Vieilleville, et François Rabutin, homme d'armes dans la compagnie du duc de Nevers, avoient suivi Henri II dans la campagne d'Alsace; deux autres, Blaise de Montluc, et François de Boivin, baron du Villars, secrétaire de Brissac, avoient combattu en Italie. Carloix est un bas flatteur de Vieilleville, et il n'a d'autre pensée que de faire valoir la noblesse, la haute réputation, le crédit à la cour, le bon conseil et la vaillance de son maître; ses dates sont souvent fausses, ses faits quelquefois controuvés : sa partialité ne permet pas de lui accorder une entière confiance; mais aucun ne fait mieux connoître la cour et les mœurs du temps par ses anecdotes piquantes et souvent dramatiques (1). François de Rabutin n'est qu'un soldat qui, non seulement n'a pas la prétention de comprendre la politique des cabinets, mais qui même ne cherche point à connoître les plans de campagne de ses chefs, ou la conduite de la guerre; mais doué d'un esprit observateur, il regarde le pays qu'il traverse, et il vous le fait voir avec lui; il est modeste et de bonne foi, il ne cherche

---

(1) Mémoires du maréchal de Vieilleville, composés par Vincent Carloix. T. XXVIII à XXXIII, édition de 1787. Notice des éditeurs, p. 93.

jamais à se rehausser lui-même, et n'altère point la vérité pour relever le mérite de son chef, le duc de Nevers (1). Blaise de Montluc, qui, dans sa vieillesse, écrivit ses mémoires, d'après ses seuls souvenirs, avec toute la rodomontade d'un Gascon, mais avec la naïveté et l'originalité d'un homme qui avoit accompli lui-même de grandes choses, prétend avoir voulu seulement instruire les jeunes guerriers par son expérience, tandis qu'il se place toujours en avant de la scène, et qu'il s'attribue tout l'honneur de chaque fait d'armes (2). Le baron du Villars enfin est plus homme d'état qu'aucun des précédens; et quoiqu'il ne perde aucune occasion de faire valoir ou le mérite du maréchal auquel il étoit attaché, ou ses propres services, il est surtout intéressant par la lumière qu'il jette sur les factions, l'incurie et l'incapacité de la cour. (3)

Le maréchal de Brissac avoit été averti de bonne heure que l'intention de don Fernand de Gonzaga étoit d'entreprendre la conquête du marquisat de Saluces, d'y fortifier Carmagnole

(1) Mémoires de François de Rabutin, gentilhomme de la compagnie du duc de Nevers. T. XXXVII à XXXIX, 1788. Notice à p. 105.

(2) Mémoires de Blaise de Montluc, maréchal de France. T. XXII à XXVI, 1786. Notice, p. 1.

(3) Mémoires de F. Boivin, baron du Villars. T. XXXIII à XXXVII, 1787. Notice, p. 95.

et Villefranche, et de menacer d'un côté le Dauphiné et la Provence, par les vallées dont il seroit maître, de l'autre le Piémont, où, dit Villars, « il auroit fallu aux Français avoir une « armée pour favoriser les semailles, les ven- « danges et les moissons, et presque une autre « ordinairement engagée à la conservation de « toutes ces places » (1). Cependant le connétable envoyoit à Brissac l'ordre de licencier six compagnies italiennes qui formoient ses meilleures troupes, et il ne lui annonçoit pour les remplacer que mille Gascons de nouvelles recrues. Alors même Brissac n'avoit que 12,418 hommes sous vingt-quatre enseignes, avec lesquels il devoit fournir douze grandes forteresses et vingt-deux châteaux, tous entremêlés parmi les places ennemies. A force d'insistance, Brissac parvint à faire connoître la vérité au roi, et à retenir ses six compagnies italiennes formant le quart de son armée.

Dès le milieu de janvier, la campagne commença en Piémont par la surprise de Lanzo, sur la Stura, que Brissac fit attaquer le 18; Montluc assure que le maréchal, arrivé devant la place, jugea impossible de planter de l'artillerie contre ses murs, mais que ce fut lui qui trouva le moyen de conduire, pendant la nuit, quatre

(1) Villars. T. XXXIII, p. 339.

pièces de canon au sommet d'une montagne, d'où il battit Lanzo et força en peu d'heures la place à se rendre (1). Montluc s'attribue encore tout l'honneur de la défense de Casal, place fort mauvaise et dont il entreprit de relever les fortifications. « Or, notre ordre, dit-il, dans la ville,
« étoit tel, que le matin tous généralement, tant
« capitaines, soldats, pionniers, qu'hommes et
« femmes de la ville, se rendoient devant le jour,
« chacun à son œuvre, sous peine de la vie,
« pour à quoi les contraindre je fis dresser des
« potences. J'avois, et ai toujours eu un peu
« mauvais bruit de faire jouer de la corde, tel-
« lement qu'il n'y avoit homme petit ni grand
« qui ne craignît mes complexions et mes hu-
« meurs de Gascogne. Donc, pour ce que c'étoit
« en hiver, et aux plus courts jours, l'on tra-
« vailloit depuis la pointe du jour jusques à onze
« heures; puis tout le monde s'en alloit dîner,
« et à midi chacun se rendoit à son œuvre, et
« travailloit-on jusques à l'entrée de la nuit. » (2)

Ni Brissac, ni son antagoniste Fernand de Gonzague, n'étoient en état de tenir la campagne; aussi la guerre se borna-t-elle à des tentatives pour surprendre des places; une des plus

---

(1) Montluc. T. XXII, p. 365; et XXIII, p. 1, 14, 23. — Villars. T. XXXII, p. 354.
(2) Montluc. T. XXIII, p. 28.

hardies fut une entreprise de Brissac, pour s'emparer du château de Milan, dans la nuit du premier dimanche de carême, par des hommes qu'il avoit fait filer, déguisés, l'un après l'autre, au travers du pays des Grisons, et cacher dans la maison d'un traître à Milan; elle échoua par une erreur de calcul dans la hauteur des murailles, et la longueur des échelles qui étoient préparées (1). Le roi entretenoit aussi des correspondances avec les mécontens du royaume de Naples; au mois de janvier, il envoya au cardinal de Tournon, à Rome, pour s'entendre avec lui, le duc de Somma, qui promettoit de s'emparer de deux places importantes dans ce royaume; et au mois d'août, il s'occupa d'engager les Vénitiens à seconder le prince de Salerne dans une attaque qu'il comptoit faire sur la ville même de Naples. (2)

Ce qui distingua surtout le maréchal de Brissac dans cette campagne, ce furent les efforts qu'il fit pour sauver le Piémont des ravages de la guerre. « Il jugea, dit Villars, que tout ainsi qu'il étoit « presque impossible de faire perdre le Piémont « au roi, par la voie des armes, c'étoit, par le « contraire, chose bien aisée à le faire par celle « des vivres, toutes les fois que l'ennemi l'eût

---

(1) Villars. T. XXXIV, p. 26.
(2) Ribier, p. 367, 378.

« ainsi reconnu, et qu'il eût voulu jouer au feu,
« et faire de ce côté-là la même cruelle guerre
« au laboureur et bétail qui étoit lors indifférem-
« ment pratiquée du côté de Picardie et de Cham-
« pagne; attendu qu'étant les vivres du Pié-
« mont gâtés, et le moyen de labourer ôté, il
« n'y avoit plus d'ordre d'en recouvrer d'ail-
« leurs (1).... C'est ce qui faisoit que le maré-
« chal s'abstenoit le plus qu'il pouvoit de porter
« le moindre dommage à la campagne et aux
« villages, jusques à ceux mêmes qui étoient
« possédés par les ennemis, punissant sévère-
« ment tous ceux qui faisoient le contraire. Cette
« même considération lui faisoit, contre son na-
« turel, couler sur les fautes de ses voisins, les-
« quels vinrent une fois brûler des métairies jus-
« qu'aux portes de Turin, sans en faire autre
« ressentiment que de paroles, afin de les attirer
« peu à peu à faire quelque convention et ac-
« cord pour la guerre du laboureur. Prévoyant
« aussi, outre les maux ci-devant discourus,
« que là où il en adviendroit autrement, il per-
« droit la commodité des moyens et des facultés
« du pays, qui lui pouvoient aider à soutenir
« la guerre, au cas que ceux du roi devinssent
« courts et débiles, comme ils firent depuis; à la
« vérité cette prévoyance et ce ménage le tirè-

(1) Villars. T. XXXII, p. 328.

« rent du depuis hors de grands dangers et de
« grandes difficultés (1). Avant la fin de la cam-
« pagne en effet, capitulation fut accordée entre
« le sieur don Fernand et le maréchal, pour la
« sûreté du labour de la campagne ; que la guerre
« ne se feroit au paysan, sinon lorsqu'il seroit
« trouvé menant vivres dans les forteresses, mais
« non au retour, à la sûreté duquel ceux qui
« tiroient secours d'eux devoient pourvoir. Et
« enfin que le soldat allant et venant, ne pour-
« roit prendre au paysan qu'un repas, de ce
« qu'il auroit chez lui, sans le contraindre à en
« aller chercher ailleurs. Cette capitulation, qui
« avoit été tant et tant désirée par le maréchal,
« fut cause du salut du Piémont. » (1)

La guerre de Parme et de la Mirandole étoit terminée. Le pape, effrayé des dépenses prodigieuses dans lesquelles il se voyoit engagé, de la suspension de tous les revenus qu'il tiroit de France, de la menace que faisoit le roi d'assembler un concile national, et du danger que le royaume ne fût soustrait à l'obéissance du saint-siège, avoit envoyé dès le mois de janvier le cardinal légat Vérallo, pour traiter de la paix. La mort de J.-B. del Monte, neveu de Jules III, tué dans une escarmouche devant la Mirandole,

(1) Villars. T. XXXII, p. 332.
(2) *Ibid.* T. XXXIV, p. 79.

le 14 avril, et la nouvelle de la prise d'Augsbourg par Maurice, et du danger où s'étoit trouvé l'empereur, augmentèrent encore son empressement. Le roi, de son côté, fut fort aise de le détacher de l'alliance de ses ennemis ; et un traité de trêve pour deux ans, entre le pape, Henri II, et le duc de Parme, fut signé à Rome, par le cardinal de Tournon, le 29 avril. (1)

L'argent amassé pour la guerre manquoit déjà presque entièrement à Henri II, et c'étoit le motif qui avoit le plus contribué à décider sa retraite du Luxembourg ; par la même raison il n'envoyoit point de secours à Brissac, et il étoit empressé de faire la paix avec le pape. Le garde des sceaux, Pierre Bertrandi, avoit été choisi comme l'homme le plus propre à trouver de l'argent par toute sorte d'expédiens, et comme ne devant point opposer aux édits bursaux les mêmes scrupules de conscience que le chancelier Olivier, qu'il remplaçoit. Une de ses premières opérations fut la création d'environ soixante siéges de présidiaux dans différentes villes du royaume, ce qui lui donnoit à la fois près de six cents offices de juges à vendre. Chaque présidial étoit composé d'un lieutenant civil, d'un lieutenant criminel, et de sept con-

---

(1) De Thou. L. X, p. 63. — *Muratori*. T. XIV, p. 385. — Ribier. p. 360, 363, 382, 386.

seillers pour le moins. Ils pouvoient prononcer sur la vie ou la mort dans les causes criminelles, mais leur compétence dans les causes civiles étoit bornée à 250 livres (1). Les tribunaux supérieurs se montroient bien plus jaloux de leur juridiction au civil qu'au criminel, parce que la première leur rapportoit de l'argent, et la seconde seulement de la fatigue. Aussi le parlement de Paris objecta-t-il surtout aux présidiaux qu'ils introduiroient dans les moindres villes l'esprit de chicane ; cependant il est probable que la création de ces cours nouvelles fut avantageuse aux justiciables, en rapprochant la justice de ceux qui avoient besoin de recourir à sa protection. Sept autres édits bursaux créèrent encore successivement un grand nombre d'offices ou de judicature ou de finances ; l'un entre autres divisa le royaume en dix-sept recettes générales, dans chacune desquelles devoit résider un trésorier général (2). Assez d'argent fut obtenu par la vente de ces offices, et la comptabilité en devint probablement aussi plus régulière.

Une opération plus importante fut celle que

---

(1) Isambert. T. XIII, p. 248, 271, 277.

(2) Édit de Blois, janvier 1552. — Isambert, p. 236-247. Les villes étoient Paris, Châlons, Amiens, Rouen, Caen, Bourges, Tours, Poitiers, Riom, Agen, Toulouse, Montpellier, Lyon, Nantes, Dijon, Aix et Grenoble. La Bretagne avoit son trésorier à part.

fit le chancelier avec le clergé. La juridiction ecclésiastique avoit été singulièrement restreinte par une ordonnance rendue en 1539, à la suggestion du chancelier Guillaume Poyet, et que les officiaux des évêques nommoient en conséquence la *guillelmine*. Les prélats regrettoient cette juridiction, soit parce qu'elle leur apportoit des avantages pécuniaires, soit parce qu'ils aimoient à distribuer toutes les places des officialités, et plus encore parce qu'ils tenoient jusqu'à un certain point dans leur dépendance tous ceux qui pouvoient un jour être appelés devant leurs tribunaux. Le désir du clergé de recouvrer dans toute son étendue son ancienne juridiction étoit si vif, qu'il offrit, par l'organe du cardinal de Bourbon, trois millions d'écus d'or payables en six mois, pour la révocation de la *guillelmine*. Le marché fut accepté, et les églises se défirent de presque toute leur argenterie pour payer cette somme énorme. (1)

Des subsides considérables avoient été avancés, au commencement de la guerre, au duc de Parme et à Maurice de Saxe, pour mettre sur pied leurs armées, l'une en Italie, l'autre en Allemagne; mais l'une et l'autre dépense n'avoit pas continué. Le duc de Parme étoit compris

---

(1) Garnier. T. XIII, p. 483 et 490. Je ne trouve nulle part ailleurs aucune trace de ces ordonnances.

dans la trève avec le pape, et Maurice de Saxe avoit signé une trève pour lui-même. Quoique ce dernier eût consenti à laisser occuper par Henri II les villes welches de l'empire, il ne regardoit cette occupation que comme temporaire, et il auroit cru violer ses devoirs d'électeur, s'il avoit donné les mains à leur aliénation. Il sentoit bien que cet acte de trahison envers le corps germanique lui feroit perdre, s'il étoit connu, tout crédit auprès de ses co-états dans l'empire. Il étoit donc impatient de faire la paix avec l'empereur; il s'étoit rendu à Passaw le 26 mai, pour y traiter avec Ferdinand; seulement il y amena Jean de Fresse, évêque de Bayonne, le même qui avoit signé avec lui son traité d'alliance avec la France. Cet évêque adressa le 3 juin à la conférence un long discours, dans lequel, après avoir rappelé l'ancienne alliance des Français avec les Allemands, et les offenses données par Charles-Quint à François Ier et à Henri II, il protesta « que le roi son maî-
« tre n'empêcheroit point qu'on traitât de la
« paix, pourvu que les plaies faites à la répu-
« blique fussent guéries, de manière à ne plus
« se rouvrir, que les princes prisonniers fussent
« mis en liberté suivant les conventions du traité
« de la ligue, et qu'enfin l'ancienne union de
« l'Allemagne avec la France et la nouvelle al-
« liance fussent confirmées, et demeurassent

1552.

« fermes et constantes » (1). Le roi cependant avoit employé d'autres agens pour détacher Albert de Brandebourg de Maurice, et pour décider le premier à déclarer qu'avec les aventuriers qu'il rassembleroit sous ses étendards, il continueroit la guerre pour son propre compte ; comme Henri n'avoit d'autre vue que de répandre l'anarchie en Allemagne pour avoir plus d'avantages contre l'empereur, l'alliance d'Albert de Brandebourg lui suffisoit ; elle lui coûtoit moins d'argent que celle de la ligue dont Maurice étoit chef ; aussi ne mit-il point d'obstacle aux conférences de Passaw. (2)

Ferdinand et les ambassadeurs de Charles-Quint, le duc de Bavière, les évêques de Saltzbourg et d'Aichstet, les envoyés des électeurs, et ceux des princes et des villes d'Allemagne s'étoient réunis à Passaw. Maurice y renouvela ses demandes sur le libre exercice de sa religion, le rétablissement des libertés de l'empire, et la fin de la captivité du landgrave de Hesse. Cependant chacun désiroit la paix. Maurice lui-même ne voyoit pas sans inquiétude que Charles-Quint cherchoit à susciter contre lui l'ancien électeur de Saxe Jean-Frédéric, ou que son allié, Albert de Brandebourg, avoit secoué son autorité. Tous les princes de

---

(1) De Thou. L. X, p. 80. — *Sleidan.* L. XXIV, p. 433.
(2) De Thou. L. X, p. 76. — *Robertson's.* B. X, p. 79.

l'Allemagne, catholiques et protestans, étoient également intéressés à circonscrire la puissance de l'empereur, qui en avoit si cruellement abusé depuis sa victoire sur la ligue de Smalkalde; Ferdinand lui-même craignoit son frère, depuis qu'il l'avoit vu s'efforcer de faire passer l'empire à don Philippe plutôt qu'à lui (1). Tous étoient alarmés des progrès des Turcs et des guerres civiles que le meurtre de Martinuzzi avoit allumées en Hongrie; aussi accueilloient-ils avec reconnoissance l'offre de Maurice, qui promettoit de marcher contre les Musulmans, dès qu'il auroit affermi l'état des protestans en Allemagne. L'empereur seul résistoit; car il s'agissoit pour lui de renoncer à ses projets les plus chéris, à ceux qu'il avoit poursuivis avec le plus de persévérance. Il commença par refuser avec hauteur les termes de Maurice, et par demander réparation, comme chef de l'empire, des injures qu'il avoit souffertes. Mais Maurice, à la nouvelle de ce message, quittant aussitôt Passaw, vint reprendre le commandement de son armée; il s'empara de la ville de Mergentheim, et mit, le 17 juillet, le siége devant Francfort, où trois mille soldats de l'empereur s'étoient enfermés. (2)

1552.

(1) *Sleidan*. L. XXIV, p. 433.
(2) *Sleidan*. L. XXIV, p. 436. — De Thou. L. X, p. 79, 86. — *Robertson's*. B. X, p. 79.

Charles-Quint se trouvoit en Autriche, sans armée, sans argent, séparé par ses ennemis de la Belgique et de l'Espagne, seuls pays où il pût assembler de nouveaux soldats ; entouré de mécontens, et s'apercevant enfin combien son joug étoit détesté dans l'Allemagne et l'Italie; il reconnut qu'il falloit céder, et le 2 août, le traité de Passaw fut signé. Ce *traité de la paix publique*, c'est le nom sous lequel il est connu, portoit que le landgrave de Hesse seroit immédiatement remis en liberté ; qu'une diète seroit réunie sous six mois pour chercher le moyen d'assoupir toutes les discordes de religion, soit par un concile général ou national, soit par un colloque ou par une diète ordinaire ; qu'elle agiroit d'après l'avis d'une commission composée d'un nombre égal de membres des deux religions. Jusqu'à leur conciliation, les deux religions devoient conserver tous leurs droits, une entière liberté pour leur culte, et une égalité parfaite en justice. La même diète devoit se charger de ramener l'entière exécution de la bulle d'or et des anciennes constitutions de l'empire; Ferdinand et son fils Maximilien prenoient l'engagement de faire valoir toutes les plaintes de la nation germanique contre les violations de ses libertés. Toutes les troupes devoient être congédiées avant le 12 août suivant; toutes les offenses données et reçues de part et d'autre devoient être oubliées ; et le roi de France, qui avoit secondé le rétablissement de la liberté religieuse en Allemagne, étoit invité à faire connoître ses griefs contre l'empereur, pour participer ensuite à la pacification générale. (1)

(1) Traités de Paix. T. II, p. 261. — Goldast. T. I, p. 566. — De Thou. L. X, p. 88. — *Sleidan.* L. XXIV, p. 438. — *Robertson's.* B. X, p. 94.

CHAPITRE XIII.

Suite de la guerre entre Henri II et Charles-Quint.— Metz défendu par le duc de Guise.— Strozzi et Montluc à Sienne. — Brissac en Piémont. — Le roi et le connétable dans les Pays-Bas. — Revers et découragement de Charles-Quint. — Son abdication. — 1552-1555.

1552. La cour de France ne parut pas craindre que la paix de Passaw interrompît le cours de ses prospérités. Henri II étoit jeune; il avoit le sentiment de sa vigueur, de son courage personnel, de son adresse dans les exercices du corps, et il se croyoit un héros : ses courtisans et ses maîtresses l'entretenoient dans cette confiance. D'autre part, ils ne cessoient de lui dire que Charles V, alors âgé de cinquante-deux ans, étoit tellement accablé par les infirmités, tellement vieilli d'esprit et de corps, qu'il lui seroit impossible de lutter contre son jeune rival. A plusieurs reprises on avoit même annoncé sa mort; mais lorsqu'on apprenoit qu'il étoit toujours en vie, on demandoit si cet homme cassé,

perclus de goutte, qui avoit peine à tenir une
épée et souvent même une plume, que les douleurs retenoient au lit plusieurs mois de l'année, qui ne pouvoit monter à cheval, ni suivre des armées autrement qu'en litière, étoit fait pour se mesurer avec le plus habile écuyer, le plus adroit joûteur d'une cour où l'on comptoit tant de braves. On auroit dit que la querelle entre les deux monarques étoit un duel où l'avantage devoit rester au plus vaillant des deux champions.

Une suite de revers dans les dernières années sembloit en effet annoncer que la fortune abandonnoit Charles-Quint. Le Piémont avoit été défendu par Brissac, presque sans troupes et sans argent, contre un des plus habiles lieutenans de l'empereur; le duc de Parme et le petit souverain de la Mirandole, quoique séparés l'un et l'autre et de la France et de la mer, avoient été soutenus contre de puissans ennemis; le pape avoit été forcé de demander la paix; le sultan des Turcs avoit répandu, par ses flottes formidables mises au service de la France, la terreur sur toutes les côtes de la Méditerranée; le concile de Trente, dont l'empereur comptoit se servir pour maîtriser l'Allemagne, avoit été dispersé par la peur; enfin, Charles lui-même s'étoit sauvé au travers des montagnes pour éviter de tomber au pouvoir d'un prince qui avoit long-temps paru son humble courtisan; et lorsque par la paix de Passaw la liberté politique et religieuse étoit rendue à l'empire, il avoit sanctionné lui-même la destruction de l'ouvrage auquel il attachoit depuis long-temps toute son ambition.

Mais Maurice de Saxe, en contraignant l'empereur à restituer à l'Allemagne tous ses priviléges, étoit loin de vouloir humilier ou affoiblir sa patrie. Son but, au contraire, paroît avoir été de recouvrer les droits politiques et les libertés religieuses de l'empire par une révolution si rapide, qu'elle suspendît à peine au-dedans l'action régulière des lois, et qu'elle ne mît point en danger au-dehors l'indépendance ou l'intégrité du territoire. Malgré son ambition démesurée et sa profonde dissimulation, Maurice de Saxe n'étoit dépourvu ni de vertus ni de patriotisme. Elevé parmi les conseillers perfides et les lieutenans féroces de Charles-Quint, il s'étoit accoutumé à penser que la politique se met au-dessus de la morale, et que le succès justifie tout. S'étant attaché à tromper les trompeurs, il avoit triomphé de Charles ou de Granvelle par leurs propres artifices. Mais la vigueur et la célérité avec lesquelles il conduisit sa courte campagne, tenoient à son désir de vaincre l'empereur sans briser le lien social; et quand il eut ensuite vu ce monarque s'efforcer de gagner du temps et de prolonger les négociations, il aima mieux renoncer à une grande partie des garanties qui étoient d'abord l'objet de ses vœux plutôt que de s'exposer, en prolongeant la guerre, à livrer de nouvelles provinces de l'Allemagne ou aux Turcs, ou aux Français. Une des premières conditions de la paix de Passaw étoit le désarmement général ; il le désiroit lui-même, et en sentoit la nécessité pour le soulagement des peuples opprimés : toutefois il ne vouloit pas non plus se livrer sans défense à l'empereur, qu'il venoit d'offenser si grièvement ; il préféra donc de conduire son armée, forte de 16,000 fantassins et de 5,000 cavaliers, en Hongrie contre les Turcs (1). Il n'y remporta point de si grands avantages qu'on auroit dû l'attendre de sa bravoure et de son habileté. Il se trouvoit associé, pour la défense du royaume, avec J.-B. Castaldo, marquis de Piadéna, lieutenant de Ferdinand, celui-là même qui s'étoit souillé par le meurtre de Martinuzzi. La nation hongroise avoit en horreur Castaldo et les Autrichiens : elle se défioit également des Saxons et de Maurice ; et Castaldo saisissoit toutes les occasions de nuire à un collègue dont la gloire l'offusquoit. A la fin de la campagne, ils se séparèrent pleins de ressentiment l'un contre l'autre. (2)

(1) De Thou. L. X, p. 90. — *G. B. Adriani.* L. IX, p. 609.
(2) De Thou. L. X, p. 96.

Maurice n'étoit point destiné à influer plus long-temps sur la politique française. L'année suivante il fut forcé de combattre Albert de Brandebourg, son ancien ami et son émule dans les combats; mais Albert avoit rejeté la paix de Passaw, et voulant maintenir son armée par le brigandage, il l'enrichissoit par le pillage des princes de l'Église et des villes impériales, et sembloit prendre à tâche de détruire en Allemagne le lien social, que Maurice avoit voulu sauver. Ils se livrèrent bataille, le 9 juillet 1553, près de Siverhausen, dans le duché de Brunswick. Maurice y fut victorieux; mais, blessé mortellement, il mourut le surlendemain, à l'âge de trente-deux ans, laissant la dignité électorale à son frère Auguste. (1)

C'étoit précisément le même motif qui avoit aliéné Maurice d'Albert de Brandebourg, et rapproché celui-ci de la France. Ce prince, chef de brigands, qui, comme les anciens *condottieri* de l'Italie, faisoit la guerre pour la guerre, sans principes, sans foi, sans se proposer aucun but, nourrissant ses soldats par le pillage, remplissant son trésor par les rançons des villes et des prélats, et se complaisant à être nommé le fléau des prêtres (2), étoit regardé par Maurice comme

(1) De Thou. L. XII, p. 148. — *Sleidan.* L. XXV, p. 449. — *Belcarius.* L. XXVI, p. 846.
(2) *Sleidan.* L. XXIV, p. 439.

un très mauvais Allemand; mais aux yeux de Henri II, il n'en étoit, pour la France, qu'un allié plus désirable. Il pilloit indifféremment et catholiques et protestans, il vivoit aux dépens d'amis et d'ennemis, et ruinoit ainsi cet empire sur lequel Henri méditoit ses conquêtes. En même temps, comme il s'entretenoit par le pillage, il avoit moins besoin qu'un autre de subsides pour maintenir une armée puissante. Après avoir menacé tour-à-tour Strasbourg, puis Mayence, Albert de Brandebourg étoit revenu avec une armée de 20,000 hommes, sur les bords de la Moselle, à Floranges, entre Thionville et Metz. (1)

Charles V, depuis qu'il s'étoit laissé surprendre à Inspruck, n'avoit pas cessé, au milieu de ses négociations de paix, de rassembler des troupes. Après avoir signé le traité de Passaw, il les dirigea vers le Rhin, annonçant qu'il vouloit châtier enfin les brigandages d'un prince qui venoit de piller Mayence et Spire, et d'accabler Trèves de contributions (2). Cependant on commença bientôt à soupçonner en France que son dessein étoit plutôt de recouvrer les trois évêchés de Metz, Toul et Verdun, et de rétablir dans la régence du duché de Lorraine la nièce de

---

(1) *Sleidan.* L. XXIV, p. 440. — De Thou. L. XI, p. 123. — Rabutin. T. XXXVII, L. IV, p. 291.

(2) De Thou. L. XI, p. 116. — *Sleidan.* L. XXIV, p. 441. — Rabutin. L. IV, p. 288.

Charles que Henri II en avoit chassée. Le roi qui, lorsqu'il occupa ces trois évêchés, avoit annoncé qu'il vouloit les garder pour l'empire, dont il prétendoit défendre les libertés, déclaroit, depuis qu'il en étoit maître, vouloir les réunir à sa monarchie, dont ils avoient été anciennement détachés, et il rappeloit qu'en effet toute la contrée jusqu'au Rhin avoit obéi aux rois de France Mérovingiens et Carlovingiens. Il songea donc de bonne heure à les mettre en état de défense, et, dès le 17 août 1552, François de Lorraine, duc de Guise, vint s'enfermer dans la ville de Metz. Beaucoup des jeunes seigneurs de la cour l'y suivirent, aspirant à se distinguer sous les yeux d'un favori qui en même temps étoit un habile général. (1)

Metz est située au confluent de la Seille avec la Moselle; cette ville, puissante dès les plus anciens temps de la monarchie, enrichie par son commerce et par sa liberté, prospérant sous une administration municipale qui lui conservoit tous les droits d'une république, avoit, à ce qu'on assuroit, neuf milles de circonférence: mais elle étoit à peine fortifiée : les deux rivières qui l'entouroient, lui tenoient lieu de remparts: dans l'espace qui les séparoit, la ville

---

(1) De Thou. L. XI, p. 119. — Rabutin. L. IV, p. 282. — *Sleidan.* L. XXIV, p. 442. — *Belcarius.* L. XXVI, p. 836.

étoit couverte, entre l'occident et le midi, par un grand bastion. Dès que le duc de Guise y fut entré, il s'occupa de compléter ces fortifications, et d'en élever de tous côtés de nouvelles; Pierre Strozzi, et l'ingénieur Camillo Marini en dirigeoient le tracé; les Italiens seuls unissoient alors les sciences exactes à l'art de la guerre, et s'étoient élevés à la théorie de l'attaque et de la défense des places. De son côté, Guise donnoit l'exemple du travail et de l'activité; souvent il portoit lui-même la hotte, et le marquis d'Elbeuf, Biron, La Rochefoucauld, Randan, Nemours, Gonnor, Martigues et le vidame de Chartres suivoient son exemple. En même temps il faisoit démolir les faubourgs, les maisons de plaisance, les églises qui pouvoient nuire à la défense; quelques unes de ces dernières étoient au nombre des plus illustres sanctuaires de France. Celle de Saint-Arnoul contenoit le tombeau de Louis-le-Débonnaire, de sa mère, et des principaux membres de sa famille. Avant de la raser on en transporta les ossemens dans l'église de Saint-Dominique, avec des cérémonies religieuses. Mais Guise traitoit les vivans avec plus de rudesse encore que les morts: la moitié de la ville étoit ruinée par la démolition de cinq des faubourgs, tous les citoyens avoient été contraints de travailler en personne aux fortifications, et lorsque leur œuvre fut terminée, Guise chassa de la ville les vieillards, les femmes, les enfans, et tous ceux des chefs de famille sur le dévouement desquels il ne croyoit pas pouvoir compter. (1)

L'empereur fit passer le Rhin à ses troupes, le 15 septembre; les calculs les plus modérés élevoient son armée à 60,000 hommes. Ses deux principaux lieutenans étoient le duc d'Albe et le marquis de Marignan; tous deux étoient plus renommés encore pour leur hauteur et pour leur férocité que pour leurs talens militaires. De son côté, Henri II assembloit son armée à Saint-Mihiel sur la Meuse, à dix grandes lieues à l'ouest de Metz. Le connétable, le duc de Nevers, Enghien, Condé, Aumale, Rohan, Saint-André, Châtillon, Villars et Bourdillon, y accompagnoient le roi; le rhingrave et Reckrod y avoient amené leurs landsknechts(2). On ne pouvoit encore décider si l'intention de Charles étoit d'attaquer Albert de Brandebourg, campé près de Thionville, ou la ville de Metz; mais lorsque, le 19 octobre, le duc d'Albe vint investir cette dernière ville, les généraux de Henri II firent sentir au roi qu'il devoit laisser son rival fati-

(1) De Thou. L. XI, p. 120-123. — *Belcarii.* L. XXVI, p. 837. — Relation du siége de Metz, par Bertrand de Salignac de la Mothe Fénelon. Fragmens. T. XXX, p. 435. La relation elle-même. T. XXXIX, p. 395, et XL, p. 1-172.

(2) Rabutin. L. IV, p. 294.

guer son armée à un long siége, dans une saison si défavorable, plutôt que de lui présenter la bataille. Vieilleville, qui avoit été nommé gouverneur de Verdun, le duc de Nevers, et le duc d'Aumale, se chargèrent, avec des corps détachés, d'inquiéter l'ennemi et de lui enlever ses convois. Charles-Quint s'étoit arrêté à Thionville, sa santé étant tout-à-fait délabrée, il ne pouvoit plus supporter la vie des camps : toutefois, dans son obstination, qu'il prenoit, comme il lui arrivoit souvent, pour de la force d'âme, il n'avoit écouté aucune des représentations de ses généraux contre les dangers d'un siége si tardif, et il pressoit l'attaque de Metz. (1)

De son côté, Albert de Brandebourg, resserré entre l'armée de l'empereur et la ville de Metz, commençoit à donner plus d'inquiétude encore aux Français qu'aux Impériaux ; il adressoit au duc de Guise chaque jour des demandes nouvelles : c'étoient tantôt des soldats fugitifs qu'il vouloit qu'on lui renvoyât, tantôt des vivres dont il avoit besoin, tantôt des malades qu'il vouloit faire recevoir dans les hôpitaux de la ville, tantôt une conférence qu'il désiroit avoir avec le général en chef. Dans le vrai, il négocioit secrètement avec l'empereur ; il de-

---

(1). Vieilleville raconte sa petite guerre. T. XXX, p. 119 à 207 ; et Rabutin, celle du duc de Nevers. L. IV, p. 334.

mandoit que Charles V, non seulement lui pardonnât ses précédentes déprédations, mais reconnût et confirmât les traités de rançon imposés à divers prélats et à différentes villes, de sorte qu'il pût continuer à en percevoir les arrérages; et pour rendre sa condition meilleure, il auroit voulu pouvoir livrer en trahison à l'empereur ou la ville de Metz, ou le général chargé de la défendre. Le duc de Guise se tenoit sur ses gardes, et avoit chargé son frère, le duc d'Aumale, de surveiller Albert avec son petit corps d'armée. Aumale ne s'attendoit pas néanmoins à des hostilités, lorsque Albert, ayant obtenu de Charles-Quint tout ce qu'il lui demandoit, tomba inopinément sur Aumale le 4 novembre, le défit, le fit prisonnier avec René de Rohan, Jean d'O, d'Aiguilly, et le baron d'Aguerre, tandis qu'il lui tua plus de cent cinquante gentilshommes. Albert de Brandebourg joignit ensuite l'empereur; il envoya en Allemagne Aumale, qui étoit blessé, et auquel il ne rendit deux ans plus tard la liberté qu'au prix de 60,000 écus d'or. (1)

Le siége de Metz continuoit cependant : la nombreuse artillerie du duc d'Albe ouvroit de larges brèches dans les murailles, mais derrière

---

(1) De Thou. L. XI, p. 128. — *Sleidan.* L. XXIV, p. 442. — *Belcarius.* L. XXVI, p. 841. — Vieilleville. T. XXX, L. V, c. 4, p. 118. — Rabutin. T. XXXVII, p. 316.

elles de nouveaux remparts avoient été élevés par avance sous les ordres du duc de Guise; quelquefois les assauts étoient repoussés avec perte; plus souvent les soldats impériaux se montroient tellement découragés, qu'on ne pouvoit pas même les décider à attaquer. Le 20 novembre, l'empereur se fit porter à son camp pour exciter ses troupes par sa présence; mais Enghien, Condé, les deux fils de Montmorency, et d'autres encore parmi les seigneurs de la cour, étoient venus joindre les assiégés, et dirigeoient les sorties. Empressés à se porter là où ils attendoient du danger, ils y couroient sans ordre ou malgré les ordres du duc de Guise, et nuisoient peut-être autant par leur indiscipline à la défense qu'ils la secondoient par leur valeur (1). Enfin, après avoir tiré onze mille coups de canon, Charles désespérant de vaincre, voyant ses soldats enfoncés dans la fange glacée, et moissonnés par les maladies, qui, assuroit-on, lui avoient coûté trente mille hommes, se résolut, le 1er janvier 1553, à lever le siége. (2)

« L'empereur, dit François de Rabutin, se
« voyant déchoir et diminuer de toutes choses,
« craignant le retour de l'armée du roi, et tomber

(1) *Belcarius.* L. XXVI, p. 841.
(2) De Thou. L. XI, p. 136. — *Belcarius.* L. XXVI, p. 843. — P. Miñana, *Historia de España.* L. IV, c. 13, p. 262.— *Ferreras.* T. XIII, p. 396.

« en plus grande honte et vitupère pour trop
« attendre, se retira des premiers, le premier
« jour de l'an, laissant au duc d'Albe toute
« charge pour départir son armée, et ordonner
« de la retraite. Sitôt qu'il fut su par le camp
« que le César étoit parti, les chemins et villages
« à l'entour furent couverts et pleins de ses sol-
« dats, qui se retiroient les uns en leurs quar-
« tiers, les autres où ils pouvoient, en si grande
« indigence et misère, que je ne fais point de
« doute que les bêtes mêmes, voire les plus
« cruelles, n'eussent eu quelque pitié de ces
« misérables soldats, tombans, chancelans par
« les chemins par extrême nécessité ; et le plus
« souvent mourant près des haies, et au pied
« des buissons pour être proie aux chiens et
« oiseaux.... Le duc d'Albe et Brabanson avec
« la plus grande partie de l'armée impériale
« étoient délogés en un désordre étrange....
« sans bruit de trompettes ou tambourins, lais-
« sant les tentes dressées, et grande quantité de
« toutes sortes de harnois et armes, de caques
« pleines de poudre à canon, un nombre infini
« de meubles et ustensiles ; ayant caché sous la
« terre une partie de leur artillerie ; demeurant
« pour hostages une multitude incroyable de
« pauvres malades, envers lesquels M. de Guise,
« les princes qui étoient dedans Metz, et généra-
« lement les autres, jusques aux simples soldats

« français, usèrent de charité très humaine, leur
« administrant toute nécessité, et tels soulage-
« mens que pauvres malades étrangers ont be-
« soin; non avec telle rigueur et austérité que
« peut-être ils eussent traité les sujets du roi,
« quand fussent tombés entre leurs mains à leur
« merci. » (1)

Ces actes d'humanité étoient si rares dans les guerres du seizième siècle, qu'on entendra sans doute avec plaisir un autre témoin oculaire, Vincent Carloix, secrétaire de Vieilleville, les attester. « Nous séjournâmes en la ville, dit-il,
« jusqu'au lundi, en très grande liesse, qui eût
« été comble et parfaite, sans les grandes pitié
« que nous vîmes au camp du duc d'Albe, qui
« étoient si hideuses qu'il n'y avoit cœur qui ne
« crevât de douleur. Car nous trouvions des
« soldats par grands troupeaux, de diverses na-
« tions, malades à la mort, qui étoient renversés
« sur la boue : d'autres assis sur grosses pierres,
« ayant les jambes dans les fanges, gelées jusques
« aux genoux, qu'ils ne pouvoient ravoir,
« crians miséricorde, et nous priant de les
« achever de tuer. En quoi M. de Guise exerça
« grandement la charité, car il en fit porter plus
« de soixante à l'hôpital pour les faire traiter et

(1) Mém. de Fr. de Rabutin. T. XXXVII, L. IV, p. 355-360.

« guérir, et, à son exemple, les princes et sei-
« gneurs firent de semblable, si bien qu'il en fut
« tiré plus de trois cents de cette horrible mi-
« sère; mais à la plupart il falloit couper les
« jambes, car elles étoient mortes et gelées. » (1)

La campagne en Piémont, durant la même année, et les petites expéditions qui eurent lieu autour de Parme et de la Mirandole, sont racontées avec des détails minutieux, soit par les historiens italiens, soit par Villars, secrétaire de Brissac, qui commandoit en Piémont, et par Montluc, qui y faisoit la guerre : celui-ci se regardant comme le modèle des capitaines, ne nous fait pas grâce d'une de ses escarmouches. Cependant cette guerre n'avoit que peu d'importance, parce que, de part et d'autre, Charles V et Henri II, occupés par de plus graves intérêts, loin d'envoyer des troupes et de l'argent à leurs deux lieutenans, Fernand de Gonzaga en Lombardie, et Brissac en Piémont, avoient au contraire rappelé d'Italie tous leurs vieux soldats. Emmanuel Philibert, prince de Piémont, qui commençoit alors à se distinguer dans les armes, y étoit venu au printemps servir l'empereur, dans l'espérance de contribuer à recouvrer l'héritage de ses pères; mais lorsque les meilleures troupes de Charles furent rappe-

(1) Mém. de Vieilleville. T. XXX, L. V, c. 27, p. 233.

lées d'Italie, il les suivit pour se trouver avec elles au siége de Metz; auparavant il avoit échoué dans une tentative sur Saint-Damien; il avoit pris Brà, et il avoit été repoussé devant Bene, par Montluc (1). Après son départ, Brissac reprenant l'offensive, s'empara du fort château de Verrua, puis de Crescentino et Ceva, qu'il reperdit ensuite; et, à la fin de la campagne, il se rendit maître de la ville d'Alba, où il mit deux mille hommes de garnison. (2)

Henri II n'avoit point renoncé à recouvrer le royaume de Naples, qui gémissoit alors sous la tyrannie de D. Pedro de Toledo, vice-roi de l'empereur. Il étoit encouragé dans son espérance par les anciens barons angevins, et plus encore par l'assemblée des nobles et des citoyens qui s'étoit formée à Naples sous le nom d'*Union*, pour prévenir l'introduction de l'inquisition dans le royaume. Les Napolitains n'avoient brillé ni par leur tolérance en matière religieuse, ni par leur intelligence de la liberté; cependant le nom seul de l'inquisition leur inspiroit une horreur universelle. Ferdinand San-Severino, prince de Salerne, et César Mormile, s'étoient mis à la

---

(1) Guichenon, Hist. de la maison de Savoie. T. II, p. 237.
(2) Villars. T. XXXIV, L. III, p. 91; L. IV, p. 104. — Montluc. T. XXIII, L. II, p. 1 à 38. — *G. B. Adriani*. L. IX, p. 619. — *Muratori*. T. XIV, p. 386. — De Thou. L. XI, p. 114.

tête de l'opposition, sans songer néanmoins à favoriser les réformés napolitains, qui s'étoient multipliés à l'école de Bernardino Occhini, et de Pietro Martire. Après une longue résistance légale, et après plusieurs insurrections du peuple, le prince de Salerne et Mormile avoient été obligés de chercher un refuge en France; alors Toledo avoit fait périr en grand nombre leurs associés et confisqué leurs biens, en sorte que le joug de l'empereur et de son vice-roi étoit l'objet d'une exécration générale (1). Henri II chargea le baron de la Garde, avec vingt-six galères, et deux mille soldats gascons, de seconder le prince de Salerne, qui vint s'embarquer à Marseille, tandis que César Mormile alloit à Rome pour donner plus d'activité aux intrigues secrètes. Cependant on comptoit moins sur les Français que sur les Turcs pour accomplir cette révolution. Le corsaire Dragut et le capitan-pacha Sinam arrivoient de Constantinople, avec une flotte sur laquelle l'ambassadeur français, M. d'Aramon, étoit monté, et qui portoit un grand nombre d'émigrés napolitains. Le gouvernement des Espagnols étoit devenu si oppressif, si sanguinaire, que tout le peuple des Deux-Siciles étoit prêt à accepter de

---

(1) Giannone, Hist. civile de Naples. T. IV, L. XXXII, c. 5, p. 110-136.

préférence le joug des Turcs. Le vieux André
Doria, qui, malgré son âge de quatre-vingt-
six ans, avoit pris de nouveau le commandement
de la flotte impériale, s'étoit trouvé le 15 juillet
près de l'île de Ponza, avec quarante galères au
milieu de la flotte turque ; il en avoit perdu sept,
et sept cents soldats, et il n'avoit sauvé le reste
qu'en faisant force de voiles et de rames. D. Pedro de Toledo n'échappa au danger que parce
qu'il réussit à séduire César Mormile par de
magnifiques promesses, et à tromper par son
aide les Turcs, auxquels il donna en même
temps 200,000 écus. Il parvint à les faire partir le 10 août du golfe de Naples : le prince de
Salerne y arriva le 18 août avec le baron de la
Garde et la flotte française. Désespérés d'apprendre le départ de leurs alliés, ils les suivirent
dans l'île de Scio, où ils passèrent l'hiver ensemble, et toute entreprise sur Naples fut
ajournée jusqu'à l'année suivante. (1)

Mais l'événement le plus important qui se
passa en Italie cette année, fut l'introduction
des Français dans Sienne, et le traité par lequel
cette république se mit sous leur protection.
Durant le temps de la plus grande prospérité des

---

(1) Lettres d'Aramon, dans Ribier, p. 402 et 406. — Giannone. L. XXXII, c. 6, p. 168. — De Thou. L. X, p. 101 ;
L. IX, p. 112. — *Muratori*, p. 389. — *G. B. Adriani*. L. IX,
p. 604.

républiques de Toscane, celle de Florence s'étoit toujours maintenue guelfe, et alliée de la France ; celle de Sienne avoit presque toujours été gibeline et dévouée à l'empereur. Mais les foibles ne doivent point compter sur la reconnoissance des puissans, et les bourgeois sur l'amitié des princes. Charles-Quint, sous prétexte de protéger la république de Sienne son alliée, l'avoit réduite à la plus cruelle dépendance : il l'avoit contrainte à déférer tous les pouvoirs de l'État à un Siennois qui étoit en même temps duc d'Amalfi dans le royaume de Naples, et qui s'entouroit d'une petite aristocratie vénale et sans patriotisme. Il avoit mis dans la ville une garnison espagnole qu'il ne payoit point, et qui vivoit de rapines aux dépens des citoyens ; cependant elle ne les défendoit pas, même contre les corsaires turcs, qui, en 1544, s'emparèrent de Télamone et de Porto-Ercole, deux ports de la Maremme siennoise. Le 4 mars 1545, cette garnison fut chassée par un soulèvement du peuple, mais elle rentra dans Sienne, le 29 septembre 1547, et D. Diégo Hurtado de Mendoza, alors ambassadeur de l'empereur à Rome, fut chargé de la commander. Cet homme, qui s'est placé au premier rang des restaurateurs des lettres en Castille, par ses poésies lyriques, son histoire de la guerre de Grenade, et son roman de Lazarille de Tormes, étoit cependant un de ces politiques froidement cruels, faux, cupides et impitoyables, que Charles-Quint avoit su choisir, et auxquels seuls il accordoit sa confiance. Les capitaines, qu'il laissoit toujours sans argent, avec la charge de faire vivre aux dépens des peuples leurs avides soldats, s'exerçoient sans cesse à inventer des moyens d'extorsion, à les appuyer par la terreur, à triompher de toute résistance par le parjure, le poison, le poignard, et à bien convaincre quiconque devoit leur obéir, qu'ils se rioient de la douleur d'autrui. L'empereur, accoutumé à regarder avec indulgence les crimes commis pour son service, ne croyoit pas devoir se montrer plus sévère pour ceux qui résultoient des passions privées de ses lieutenans ; il ne leur demandoit jamais compte ni de leur luxure, ni de leur cupidité, ni de leurs vengeances ; aussi les gouverneurs qu'il choisissoit dans un même but sembloient tous avoir un même caractère, et l'on ne savoit qui l'on devoit abhorrer davantage de Fernand de Gonzaga ou du marquis de Marignan, de Diégo de Mendoza, du duc d'Albe ou de D. Pedro de Toledo. Partout aussi son joug étoit également détesté, et l'horreur des peuples pour la soldatesque espagnole étoit le plus puissant auxiliaire des Français.

Mendoza, qui avoit fait désarmer les citoyens

1552.

de Sienne, et livré le gouvernement de la république à une junte peu nombreuse nommée par lui, avoit encore, malgré les instances des citoyens, jeté dans la ville les fondemens d'une citadelle qui eût achevé de les enchaîner s'il avoit pu la finir; mais, avec l'orgueil espagnol, il la traça sur le plus vaste des plans qui lui furent présentés; bientôt l'argent lui manqua, et les travaux furent suspendus avant qu'elle fût en état de défense. Cependant le vol, le rapt, le meurtre, les outrages de tout genre dont ses soldats se rendoient coupables, avoient poussé les citoyens à bout. Le 26 juillet 1552, trois mille émigrés ou insurgés de Sienne, qui s'étoient rassemblés à Castro et à Pitigliano, fiefs de l'Église, dont les seigneurs étoient attachés au parti français, se présentèrent le soir à la porte de Sienne en poussant le cri de liberté. Il n'y avoit que quatre cents Espagnols dans la ville; les autres étoient dans les ports de la Maremme, et Mendoza étoit à Rome. Le duc de Florence, Côme de Médicis, qui avoit éprouvé des vexations sans nombre de la part des Espagnols, mais qui aimoit bien mieux être humilié par un maître, que de sentir son trône ébranlé par l'exemple de la liberté dans une république, voulut d'abord porter des secours aux oppresseurs. Cependant c'étoit le moment où Charles-Quint, humilié, traitoit à Passaw. Côme reçut la nouvelle que Maurice avoit recommencé les hostilités, et attaqué Francfort; le duc craignit de s'attacher au vaisseau de l'empire, à l'instant même où il alloit être submergé. Il se fit le médiateur d'une capitulation, en vertu de laquelle les Espagnols évacuèrent Sienne le 3 août, tandis que le 11 août, Paul de Termes, qui commandoit alors à Parme pour Henri II, arriva suivi d'un bon nombre de cavaliers français à Sienne, et mit la république régénérée sous la protection du roi. (1)

Mais sitôt que la paix de Passaw fut signée, Charles-Quint crut devoir relever sa réputation en agissant avec une égale vigueur contre la France, en Lorraine par lui-même, en Toscane par ses lieutenans. Il donna ordre à D. Pedro de Toledo, vice-roi de Naples, d'amener contre Sienne toutes les forces de ce royaume, lui annonçant que Fernand de Gonzaga, gouverneur du Milanez, lui enverroit quatre mille Allemands pour le seconder. Charles avoit résisté à toutes les instances des Napolitains, qui demandoient le rappel de ce vieux et cruel vice-roi;

---

(1) *Malavolti, Storia di Siena.* P. III, L. IX, p. 153. — De Thou. L. XI, p. 105, 108. — Lettres des cardinaux de Tournon et de Ferrare au roi. Ribier, p. 424. — *Letter. de' Principi.* T. III, f. 131. — *G. B. Adriani.* L. IX, p. 598. — Montluc. T. XXIII, L. III, p. 106. — Républ. ital. T. XVI, c. 122, p. 124-134.

cependant il commençoit à craindre une rébellion générale, et il n'étoit pas fâché d'avoir une occasion honorable de l'éloigner. Tolédo, qui croyoit n'avoir plus rien à redouter des Turcs, s'embarqua sur la flotte de Doria, avec sa jeune femme, toute sa cour, et deux mille soldats espagnols, et il prit terre à Livourne, au commencement de l'année 1553. L'un de ses fils, D. Luis, démeuroit à Naples comme son lieutenant; un autre, D. Garcias, lui amenoit par terre les troupes italiennes, et les Allemands arrivoient de la Lombardie. Mais, au milieu des fêtes que le duc Côme donnoit à D. Pedro de Toledo, son beau-père, ce vieux vice-roi mourut de ses excès, à Florence, le 23 février (1). Au printemps, D. Garcias son fils prit le commandement de l'armée qui s'étoit rassemblée pendant l'hiver. On y comptoit six mille Espagnols, deux mille Allemands, et huit mille Italiens. Au mois de mars, elle attaqua Monticello, qui ne se rendit qu'après une vigoureuse résistance, puis successivement Luciniano, Monte-Fellonico, Pienza, et elle alla enfin mettre le siége devant Montalcino, que de Termes avoit soigneusement fortifié. Avant d'avoir pu réduire cette dernière ville, D. Garcias fut rap-

(1) De Thou. L. XII, p. 166. — *G. B. Adriani*. L. IX, p. 631.

pelé avec son armée, au mois de juin, par le
cardinal Pachéco, nouveau vice-roi de Naples.
La flotte turque s'approchoit, et menaçoit de
nouveau le royaume ; Côme de Médicis, se
voyant seul aux prises avec les Français, s'efforça de faire oublier qu'il avoit violé la neutralité après avoir promis de l'observer, ou qu'il
avoit fourni de l'artillerie et des munitions de
tout genre à l'armée impériale ; il demanda à de
Termes de vouloir bien reconnoître de nouveau
sa neutralité ; il lui remit, pour le rendre aux
Siennois, le château de Luciniano, que les
Espagnols avoient laissé entre ses mains, et il
s'obligea expressément à observer les règles de
la paix et du bon voisinage envers la république
de Sienne et les Français ses auxiliaires. (1)

La flotte turque, dont le retour inspiroit tant de
terreur dans les Deux-Siciles, en même temps
qu'elle procuroit un répit aux Siennois, étoit la
même que le baron de la Garde avoit jointe à
Scio avec vingt-six galères françaises. Après
avoir passé l'hiver dans le port de cette île, ils
revenoient ensemble sur les côtes d'Italie. Dragut-Rays ne ramenoit cependant que soixante
galères cette année, tandis que de nouveaux na-

---

(1) Malavolti. P. III, L. X, f. 159. — *G. B. Adriani.* L. IX.
p. 648. — *Scipione Ammirato., Histor. Fiorent.* L. XXXIII,
p. 497. — *Bern. Segni* L. XIII, p. 350. — De Thou. L. XII,
p. 167, 173.

vires français vinrent au commencement de juin se joindre dans le golfe de Lépante à la flotte française. La présence des chrétiens ne rendit pas la conduite des Turcs plus humaine ou plus modérée sur les côtes des Deux-Siciles. La flotte suivit d'abord l'extrémité de la Calabre, puis le Val di Noto en Sicile, faisant de place en place des débarquemens pour brûler les villes et les villages, couper les oliviers et enlever des paysans pour les attacher à la chaîne des galères ; arrivée dans la mer de Toscane, elle traita de la même manière les îles de Pianosa et d'Elba : dans la première île, elle ne laissa point d'habitans ; une partie de ceux de la seconde trouva un refuge à Porto-Ferraio. L'Italie étoit frappée de terreur; tout ce que Côme de Médicis avoit de soldats, tous ceux qu'il avoit pu obtenir de l'empereur, suffisoient à peine pour la garde de Pise, de Livourne et de Piombino. Paul de Termes, avec deux mille cinq cents hommes à la solde de France, mais la plupart Italiens, quitta Sienne pour venir s'embarquer à Orbitello et Porto Ercole, et joindre les Français et les Turcs. (1)

Depuis long-temps un soldat aventurier, nommé San-Pietro, né en Corse dans une condition obscure, et formé aux armes dans les

(1) *G. B. Adriani.* L. X, p. 656. — Lettres du baron de la Garde et de Paul de Termes, dans Ribier, p. 442, 452. — *Muratori.* T. XIV, p. 396.

bandes noires de Jean de Médicis, s'étoit distingué au service de France. Il avoit signalé sa valeur par plusieurs actions éclatantes dès l'an 1536, à la défense de Fossano; après la bataille de Cérisole, où il se fit encore remarquer parmi les plus braves, il fut nommé colonel de l'infanterie corse au service de France; sa fortune y avoit attiré en effet un grand nombre de ses compatriotes; et lors d'un voyage qu'il fit dans sa patrie, il y épousa l'héritière de la riche et noble maison Ornano, dont il porta dès-lors le nom. Les Génois cependant, qui étoient souverains de l'île de Corse, et qui exerçoient sur cette île une cruelle tyrannie, ayant conçu de la défiance contre un officier si distingué, le firent arrêter à Bastia. Henri II fut obligé d'user de menaces pour le faire remettre en liberté. San-Pietro Ornano contribua ensuite, en 1551, à la défense de Parme, et, en 1552, à celle de Sienne (1). En 1553, étant venu avec Paul de Termes sur la flotte du baron de la Garde, il lui persuada d'attaquer l'île de Corse, lui promettant l'assistance d'un puissant parti qu'il entretenoit dans cette île, impatiente de secouer le joug des Génois. Henri II n'étoit pas en guerre avec Gênes, mais il avoit à se plaindre de ce que cette république et son chef André Doria étoient entièrement dé-

1553.

---

(1) Biogr. universelle. T. XL, p. 264.

voués à l'empereur. Les Génois ayant, à différentes reprises, déféré la seigneurie de leur ville à la France, il en prit occasion pour revendiquer la souveraineté, non seulement de Gênes, mais de tout ce qui appartenoit aux Génois; il autorisa donc le baron de la Garde à venir attaquer la Corse conjointement avec Dragut. San-Pietro Ornano réussit à soulever ses compatriotes; Portovecchio, Bastia, Aiazzo et San Firenze ouvrirent successivement leurs portes à M. de Termes; Bonifazio fut livré par capitulation, et les Français mirent le siége devant Calvi. Mais Dragut prit querelle avec l'amiral français, qui lui refusoit le pillage de Bonifazio; au milieu de septembre, il enleva, non seulement tout le butin et l'artillerie de cette place, mais encore tous les habitans en état de manier la rame. Il se saisit aussi de plusieurs Français de distinction pour gage de l'argent qu'il prétendoit lui être dû, et il repartit pour le Levant. Après son départ, André Doria amena en Corse deux mille Espagnols et autant d'Allemands fournis à la république par l'empereur; et les Français commencèrent bientôt à reperdre les avantages qu'ils avoient si rapidement obtenus. (1)

(1) De Thou. L. XII, p. 176, 178. — Villars. T. XXXIV, L. IV, p. 189; et notes, 441-452. — *G. B. Adriani.* L. X, p. 658.

En Piémont la guerre avoit continué sans actions d'éclat : les deux généraux opposés l'un à l'autre étoient trop foibles et surtout trop pauvres pour pouvoir obtenir de grands succès. Brissac étoit entré en campagne le 30 avril; il avoit pris Ceva et ensuite Corteniglia : une trêve de quarante jours avoit alors été conclue entre les deux armées, afin de donner suite à quelques ouvertures de paix. Ce n'étoit pas en Italie néanmoins qu'elles pouvoient avoir un résultat, tandis que les deux souverains ennemis étoient en présence sur la frontière du nord. Elles furent suivies seulement de la *capitulation de bonne guerre*, signée le 16 août, qui, selon les vœux de Brissac, modéra pour les malheureux habitans du Piémont les horreurs de la guerre, et les déroba en partie à la cupidité et à la férocité du soldat (1). Un mois après que cette capitulation fut signée, le malheureux Charles III, duc de Savoie, mourut à Verceil d'une fièvre lente, le 16 septembre 1553, âgé de soixante-six ans. Il avoit porté pendant quarante-neuf années le titre de duc et de souverain; mais depuis dix-huit ans, le roi de France, son neveu, lui avoit enlevé les trois quarts de ses États, et l'empereur, son beau-frère, en prétendant défendre le reste, l'en avoit également

---

(1) Villars. L. IV, p. 182.

dépouillé. Il étoit mort depuis peu de jours, lorsque Brissac surprit Verceil par escalade, livra au pillage cette grande ville, s'empara entre autres de tout le mobilier du duc de Savoie, qu'on estimoit à cent mille écus, puis se retira en toute hâte, parce que la citadelle de Verceil étoit restée aux mains des impériaux, qui avoient déjà reçu du renfort. (1)

La cour de France ne s'étoit pas attendue que dans cette campagne la guerre prît sur la frontière du nord un caractère menaçant. La déconfiture de l'armée de l'empereur, après le siége de Metz, et les troubles qu'Albert de Brandebourg recommençoit à exciter en Allemagne, en attaquant tour à tour les évêques et les villes impériales, avoient fait croire à Henri II que Charles-Quint, qui, retiré à Bruxelles, y paroissoit affaissé par la maladie, et dont on avoit même annoncé la mort, se tiendroit heureux d'être laissé tranquille. Aussi le roi ne s'occupoit que de festins, de bals et de tournois, pour le mariage de Diane, sa fille naturelle, avec Horace Farnèse, duc de Castro, et frère du duc de Parme (2). Mais au milieu de ces réjouissances,

(1) Guichenon, Hist. de Savoie. T. II, p. 228 et 240. — Villars. L. IV, p. 197-213. — Montluc. T. XXIII, L. II, p. 78-92. — De Thou. L. XII, p. 171. — *G. B. Adriani.* L. IX, p. 639. — *Sleidan.* L. XXV, p. 461.

(2) De Thou. L. XII, p. 143, 155. — Fr. de Rabutin. T. XXXVIII, L. V, p. 4 et 8.

il apprit tout à coup, à la fin d'avril, que Charles-Quint avoit investi Térouenne, ville forte dans le comté de Ponthieu, avantageusement située près les sources de la Lys. Ses habitans étoient détestés dans les deux comtés voisins de Flandre et d'Artois, parce que, se trouvant à portée de pays riches et industrieux, avec lesquels ils étoient toujours en guerre, ils vivoient presque uniquement de rapine. Le connétable, comptant sur le caractère belliqueux des bourgeois, avoit laissé Térouenne presque sans garnison et sans munitions de guerre. Dès qu'il apprit cependant l'approche des impériaux, il chargea son fils, François de Montmorency, de se jeter dans la place; il invita aussi d'Essé de Montalembert, qui étoit alors dans ses terres de Poitou, encore convalescent d'une grande maladie, à s'y rendre de son côté. Essé, qui s'étoit précédemment distingué en Ecosse, répondit qu'il s'estimoit heureux d'échanger le lit de la maladie contre le lit d'honneur. Beaucoup de gentilshommes entrèrent dans la place avec Montmorency et d'Essé : le premier abandonna au second tout l'honneur du commandement; mais ce ne fut pas pour long-temps : la cour étoit retombée dans son indolence, et abandonnoit Térouenne à ses seules forces. Lalain de Binicourt, qui commandoit les impériaux, avoit amené la plus formidable artillerie : on assure que les assiégeans tirèrent contre la place quarante-deux mille coups de canon. Les gentilshommes se faisoient un devoir de se présenter sans cesse au lieu du plus grand danger, pour encourager les bourgeois ; d'Essé y fut tué avec la moitié de ceux qui l'accompagnoient, les autres étoient presque tous blessés ; de larges brèches avoient été ouvertes, et le fossé étoit comblé. François de Montmorency offrit enfin, le 20 juin, de capituler ; mais pendant qu'il disputoit sur les articles, les soldats impériaux montèrent d'eux-mêmes à l'assaut, sans l'ordre de leurs chefs, ils forcèrent les brèches, se répandirent dans la ville, et massacrèrent tout ce qui s'offrit devant eux. Montmorency, tombé avec un petit nombre de gentilshommes entre les mains des Espagnols, fut épargné par ceux-ci, qui se montrèrent reconnoissans de la générosité dont Guise avoit usé envers eux à la retraite de Metz ; mais les Allemands et les Flamands n'accordèrent de quartier à personne. La ville fut ensuite brûlée et rasée, et elle ne s'est plus relevée de ses ruines. (1)

Charles-Quint chargea ensuite Emmanuel Philibert, prince de Piémont, de venir prendre

---

(1) De Thou. L. XII, p. 155. — Rabutin. T. XXXVIII, L. V, p. 9-25. — *Sleidan.* L. XXV, p. 445. — *Miñana.* L. IV, c. 15, p. 269. — *Belcarius.* L. XXVI, p. 847.

le commandement de l'armée qui s'étoit emparée de Térouenne; il vouloit donner à ce prince, alors âgé de vingt-cinq ans, l'occasion de relever par ses exploits la fortune de sa maison, et en même temps de faire cesser toute rivalité entre ses lieutenans, en les soumettant à un chef d'une si haute naissance. Emmanuel Philibert vint attaquer Hesdin; la ville ne fut pas même défendue : le château, après une vigoureuse résistance, venoit de consentir à capituler, lorsque l'un des assiégés mit le feu à une mine qui fit périr quelques impériaux, mais qui en même temps abattit un pan de la muraille. Les assaillans se précipitèrent dans la place par cette brèche. C'étoit le 18 juillet. Ils massacrèrent presque toute la garnison, et tuèrent entre autres Horace Farnèse, qui, peu de semaines auparavant, avoit épousé la fille du roi; le duc de Bouillon, commandant de la place, Villars, Prié, et quelques autres, furent néanmoins faits prisonniers. (1)

Pendant ce temps le connétable de Montmorency rassembloit l'armée française sur la Somme; il ne voulut point hasarder de bataille jusqu'à ce qu'il eût été joint par les Suisses et les Grisons qu'il avoit envoyé enrôler : il attira toute-

1553.

---

(1) De Thou. L. XII, p. 158. — Rabutin. L. V, p. 29-35. — *Sleidan.* L. XXV, p. 450. — *Miñana.* L. IV, c. 15, p. 279. — *Belcarius.* L. XXVI, p. 848.

fois auprès de Dourlens les impériaux dans une embuscade, et leur tua environ huit cents hommes (1). Beaucaire assure que sa lenteur à se mettre en campagne, qui fut cause de la perte de Térouenne et de Hesdin, et sa résolution de ne point livrer de bataille, provenoient de ce qu'il avoit la conscience de son infériorité dans l'art militaire, et de ce qu'il ne vouloit pas donner à son maître, qui avoit en lui une confiance implicite, l'occasion de le juger. Cependant l'armée qu'il avoit enfin rassemblée et qui coûtoit des sommes immenses, sembloit en état de tout entreprendre. On y comptoit quinze mille fantassins français, dix mille Allemands, dix mille Suisses ou Grisons, quinze cents Anglais ou Écossais, et quatre à cinq mille hommes de cavalerie. Elle s'approcha de Bapaume avec l'intention d'en faire le siége, mais on ne trouva point d'eau dans les puits, qu'une longue sécheresse avoit épuisés. Le connétable, rebuté par cet obstacle, s'étoit à peine éloigné que des pluies abondantes détrempèrent le terrain du Cambrésis où il étoit entré. Il songeoit à assiéger Cambrai; mais l'empereur, qui s'étoit rapproché en litière de son armée, avoit fait entrer dans cette ville une forte garnison. Il fallut renoncer aussi à cette attaque.

(1) De Thou. L. XII, p. 159. — Rabutin. L. V, p. 36-39.

Une escarmouche assez forte entre les Français et les Impériaux s'engagea du côté de Valenciennes; elle n'eut pas de suite parce que Charles-Quint avoit intérêt à éviter la bataille, et que le connétable, temporiseur par caractère, n'osoit pas la hasarder; enfin, ce dernier tomba malade, et Henri II, qui se sentoit incapable de rien faire sans son conseil, congédia, le 21 septembre, son armée. (1)

Les révolutions survenues en Angleterre causoient à cette époque une vive inquiétude à Henri II. Le jeune Édouard VI, qui avoit gagné les affections de la nation anglaise par son aimable caractère, par ses progrès dans toutes les études et les vertus qu'il promettoit, mourut d'une phtisie pulmonaire, le 6 juillet 1553, avant d'avoir accompli sa seizième année (2). Il avoit déjà régné dix ans et demi, mais personne ne pouvoit le rendre responsable des sanglantes exécutions qui signalèrent cette période. Son enfance avoit d'abord été confiée à ses deux oncles, le duc de Sommerset, qui portoit le titre de protecteur ou régent, et son frère, sir

---

(1) De Thou. L. XII, p. 162. — Rabutin. L. V, p. 41-80. — *Belcarius*. L. XXVI, p. 849. — *G. B. Adriani*. L. X, p. 655. — *Miñana*. L. IV, c. 15, p. 271.

(2) De Thou. L. XII, p. 160; L. XIII, p. 198. — *Mackintosh*. T. II, p. 285. — Hume. T. VI, c. 35, p. 221. — Rapin Thoyras. T. VII, L. XVI, p. 79. — *Frà Paolo*. L. IV, p. 392.

Thomas Seymour, amiral d'Angleterre. Ces deux seigneurs, jaloux l'un de l'autre, aigris encore par leurs femmes, cherchèrent tour à tour à se supplanter ; enfin le duc fit périr sir Thomas, son frère, sur l'échafaud, le 20 mars 1548 (1). Les ennemis du duc, dont plusieurs siégeoient parmi les lords du conseil, se rangèrent alors autour de Dudley, comte de Warwick, qui fut ensuite duc de Northumberland. Ils le secondèrent si bien, que Sommerset fut déposé le 13 octobre 1549, et enfermé à la Tour ; toutefois il fut remis en liberté l'année suivante par une transaction entre les deux partis, et rappelé au conseil ; mais le duc de Northumberland s'étant affermi par de nouvelles alliances, le fit arrêter une seconde fois le 17 octobre 1551, et lui fit trancher la tête le 22 janvier 1552. (2)

Le duc de Northumberland demeura dès lors chef du gouvernement, et de même que Sommerset, auquel il succédoit, il se mit à la tête des protestans, et parut n'être occupé que des moyens d'assurer les progrès de la réforme dans tout le royaume ; cependant il confessa, au moment de sa mort, que dans son cœur il étoit toujours demeuré catholique. Lorsque le déclin ra-

---

(1) *Mackintosh*, p. 255. — Hume, c. 34, p. 179. — Rapin Thoyras. L. XVI, p. 36.

(2) *Mackintosh*, p. 265. — Hume, c. 35, p. 210. — Rapin Thoyras. L. XVI, p. 65.

pide de la santé d'Édouard VI fit prévoir sa mort prochaine, Northumberland prétendit être alarmé du danger que couroit la réforme; car, d'après un statut de Henri VIII, l'héritière du trône devoit être sa fille aînée, Marie, catholique ardente et fanatique, qui, se regardant comme persécutée en Angleterre, avoit mis toute sa confiance dans son oncle Charles-Quint, par les conseils duquel elle se conduisoit uniquement. Northumberland prétendit que le jeune roi avoit le même droit qu'avoit eu son père de régler l'ordre de la succession, et que c'étoit un devoir pour Édouard VI de sauver la religion du royaume et le sang des vrais chrétiens, en écartant du trône sa sœur Marie, dont il connoissoit le fanatisme. Les deux sœurs d'Édouard avoient été déclarées illégitimes par le parlement; le mariage de leurs deux mères avoit été cassé. Edouard ne pouvoit les reconnoître pour légitimes sans admettre, contre sa propre mère, une imputation grave qui élèveroit des doutes sur sa légitimité à lui-même. Il fut donc aisément amené à écarter ses deux sœurs. Après elles venoient les enfans des deux sœurs de son père. Marguerite l'aînée, femme de Jacques IV, roi d'Ecosse, n'avoit laissé qu'une petite fille; Marie, reine d'Ecosse, femme du dauphin de France, catholique, et que la religion ainsi que l'amour de l'indépendance britannique devoient exclure du trône d'Angleterre ; Marie la seconde, femme de Louis XII, et ensuite de Charles Brandon, duc de Suffolk, avoit laissé deux petites filles, dont l'aînée, Jeanne Grey, étoit de l'âge d'Edouard VI ; elle étoit son amie et la compagne de son enfance; elle étoit la plus belle, la plus sage, la plus vertueuse des jeunes filles de l'Angleterre : elle avoit autant de zèle qu'Edouard pour la foi protestante, et comme lui et avec lui elle avoit fait de fortes études de latin, de grec et de théologie. Le duc de Northumberland fit épouser lady Jeanne Grey à son fils, lord Guilford Dudley, en mai 1553, et c'est elle qu'il présenta à Edouard VI comme la personne qu'il devoit appeler à la couronne. Edouard donna, le 11 juin, en sa faveur, une déclaration qui fut souscrite, le 14, par quinze des lords du conseil et par neuf des grands juges d'Angleterre; elle devoit l'être ensuite par le parlement convoqué à cet effet, et alors elle seroit devenue la loi du pays; mais Edouard VI mourut avant que le parlement fût assemblé.(1)

Northumberland annonça seulement le 9 juillet, à sa belle-fille, la mort d'Edouard, et son élévation au trône; elle s'évanouit à cette nouvelle, se défiant de son droit, et repoussant

(1) *Mackintosh*. T. II, p. 280. — Hume, c. 35, p. 216. — Rapin Thoyras. L. XVI, p. 77. — De Thou. L. XIII, p. 196. — *Sleidan*. L. XXV, p. 451.

la couronne, qui fut cependant mise sur sa tête le même jour. En même temps, Marie, que le duc avoit en vain fait appeler, par son frère, à Londres, s'étoit entourée de ses partisans et de ceux de la religion catholique, à Norwich, où elle publia aussi, le 9 juillet, une proclamation pour soutenir son droit à la couronne, et promettre un pardon sans réserve à ceux qui abandonneroient sa rivale. La haine qu'inspiroit Northumberland, la défiance du sort des armes, et le respect pour le droit héréditaire de Marie, glacèrent le zèle des protestans et des partisans de Jeanne. Noailles, ambassadeur de Henri II en Angleterre, n'eut pas le temps de se prononcer en sa faveur. Après un règne de dix jours, Jeanne, abandonnée par ceux mêmes qui l'avoient proclamée, s'empressa de déposer les symboles de la royauté ; mais sa soumission ne la sauva point. Northumberland, le premier, eut la tête tranchée, le 22 août, avec deux de ses associés. Jeanne Grey fut ensuite condamnée à mort, le 3 novembre, avec son époux, qui étoit du même âge qu'elle. Tous deux furent exécutés, le 12 février 1554, quand Marie se sentit tout-à-fait affermie sur le trône (1). C'étoit la première souveraine qu'on voyoit pé-

___

(1) *Mackintosh*, p. 286, 305. — De Thou. L. XIII, p. 204, 215. — Hume, c. 36, p. 224, 243. — Rapin Thoyras. L. XVI, p. 96, 119. — *Sleidan*. L. XXV, p. 457.

rir sur l'échafaud; une autre reine et plus d'un roi devoient éprouver le même sort; mais aucun ne mérita plus de pitié, de respect et d'amour que Jeanne Grey.

L'exécution de Jeanne avoit été conseillée et sollicitée par Charles-Quint, qui avoit toujours regardé sa nièce Marie comme une seconde fille, et qui avoit, en effet, trouvé en elle une confiance et une obéissance filiales. Marie, alors âgée de trente-sept ans, sentoit cependant le besoin d'être dirigée par un habile politique dans l'œuvre difficile à laquelle elle se croyoit appelée, celle d'extirper l'hérésie de l'Angleterre. C'étoit le but vers lequel elle dirigeoit sa vie; toutefois, elle avoit commencé par déclarer, d'après les conseils de son oncle, qu'elle ne violenteroit point les consciences de ses sujets. Charles avoit un autre objet encore que celui de la religion; il vouloit s'assurer de l'Angleterre, et empêcher que Marie n'épousât ou le cardinal Pole, son parent, qu'il fit arrêter à Dillingen, comme ce prélat retournoit en hâte dans sa patrie, ou le jeune Courtenay, comte de Devonshire, qui appartenoit aussi à la famille royale. Le 20 septembre, il lui fit offrir son fils Philippe, veuf d'un premier mariage; et Marie, loin de se laisser détourner de cette union par les remontrances du parlement, engagea solennellement, le 30 octobre, sa foi à son cousin, en présence de l'ambassadeur d'Espagne, dans la chapelle de son palais. (1)

1553.

Henri II ne tarda pas à être averti que le royaume d'Angleterre alloit passer au pouvoir de cette maison d'Autriche, déjà si redoutable pour lui. En même temps, il jugeoit bien que la religion protestante alloit y être persécutée avec acharnement. Les protestans d'Allemagne, d'Angleterre et de Suisse avoient toujours été ses alliés; mais il les regardoit seulement comme pouvant nuire à ses ennemis; et, loin de prendre aucun intérêt à eux, il se croyoit appelé par sa religion à les détruire; aussi, dès qu'il vit qu'ils alloient être exposés à une persécution nouvelle, il sentit une sorte d'émulation qui le poussoit à les frapper le premier. L'année 1553 est signalée en France, par les réformés, comme la nouvelle ère des martyrs. Le cardinal de Tournon, alors archevêque de Lyon, chargea son vicaire de donner l'exemple : cinq réformés furent brûlés dans cette ville, le 16 mai; cinq autres dans le cours de l'année; trois furent brûlés à Paris, cinq entre Rouen, Évreux, Dijon et Toulouse; et chaque juge se plaisoit à inventer pour les suppliciés des tourmens plus atroces, ou un plus grand raffinement de cruauté; tandis

(1) *Mackintosh*, p. 292, 296, 299. — Hume, c. 36, p. 233. — Rapin Thoyras. L. XVI, p. 97. — De Thou. L. XIII, p. 211.

que c'étoit de l'échafaud que les martyrs prêchoient au peuple, quelquefois par des paroles pleines de zèle et de charité, quand leur langue étoit libre; plus souvent par l'exemple d'un courage et d'une patience héroïque quand on leur avoit arraché la langue; en sorte que chaque exécution étoit l'occasion de conversions nouvelles (1). Au reste, ce n'étoit pas le fanatisme seul qui avoit rallumé les bûchers. Les deux gendres de Diane de Poitiers, le duc d'Aumale et le duc de Bouillon, étoient prisonniers des ennemis; on leur demandoit une rançon ruineuse: Diane sollicita son amant de lui accorder, pour les racheter, les confiscations des hérétiques; et les flammes qui les dévoroient, n'étoient pour elle qu'un moyen de battre monnoie à leur profit. (2)

Les persécutions ordonnées par une cour corrompue et cruelle font horreur, mais n'étonnent pas; un sentiment plus profond de tristesse est excité par les persécutions qu'ordonnoient les réformateurs eux-mêmes, qui, ne se rendant pas compte de leur propre doctrine, recommandoient l'examen, et n'en reconnoissoient pas les conséquences. Ils s'acharnoient à détruire des erreurs dont quelques unes n'étoient

---

(1) Théod. de Bèze, Hist. ecclés. L. II, p. 88, 91. — De Thou. L. XII, p. 180. — *Sleidan.* L. XXV, p. 450.

(2) *Sleidan.* L. XXV, p. 454. — *Frà Paolo.* L. IV, p. 396.

que spéculatives, et ils avoient conservé la plus dangereuse, la plus fatale de celles de l'Eglise qu'ils abandonnoient ; car ils se faisoient toujours un devoir de défendre et de venger Dieu ; comme si c'étoit à nos foibles mains qu'il avoit confié le soin de garantir sa toute-puissance. Tous les réformateurs, cependant, s'étoient dit : « Nous irons jusque-là, mais qui va « plus loin est un impie ; il détruit les bases mê- « mes de la société. » Tous avoient prétendu que parmi les vérités religieuses il y en avoit qu'on ne pouvoit nier sans crime ; tous avoient senti et cherché à entretenir chez leurs sectateurs l'horreur pour des doutes qui affectoient l'essence même de la Divinité. En Angleterre, sous le règne même d'Édouard VI, le plus tolérant des monarques de ce siècle, Jeanne Bécher fut brûlée, le 2 mai 1550, et Von Panis, le 24 mai 1551, pour quelques erreurs sur la nature divine de Jésus-Christ (1). Une accusation semblable conduisit, le 27 octobre 1553, Michel Servet sur le bûcher, à Genève. Servet, né, en 1509, à Villanova d'Aragon, avoit étudié le droit à l'université de Toulouse, et, plus tard, la médecine à Paris : dès 1531, il fit imprimer, à Haguenau, en Alsace, un traité latin *sur les Erreurs de la Trinité;* et dès lors il s'étoit tou-

---

(1) *Mackintosh*, p. 274. — Hume, c. 34, p. 186.

jours montré ardent pour la controverse sur ce dogme. Calvin et lui s'étoient attaqués avec l'amertume commune alors à tous les controversistes; cependant Servet, s'évadant de Lyon pour se dérober à la persécution qu'excitoit le cardinal de Tournon, fut arrêté en Dauphiné, où l'on instruisit son procès. Échappé de prison, il fut brûlé en effigie à Vienne, le 17 juin 1553, et ensuite arrêté à Genève, comme il traversoit cette ville pour se réfugier en Italie. Le crime de son supplice devint commun à toutes les églises réformées de Suisse, car elles avoient été consultées sur sa condamnation, et elles l'approuvèrent. Mais ceux mêmes qu'un fanatisme cruel enivroit alors, eurent bientôt horreur du supplice qu'ils avoient infligé; et le bûcher du malheureux Servet est un forfait presque isolé dans l'histoire des calvinistes. (1)

Tandis que la guerre qui se faisoit sur toutes les frontières, multiplioit outre mesure les dépenses de l'État, le roi ni ses favoris ne vouloient abandonner aucune de leurs habitudes de luxe et de profusion; aussi les finances tomboient chaque jour davantage dans un état de désordre et de ruine; et les expédiens auxquels Henri avoit recours, d'après les conseils de son

---

(1) Spon, Hist. de Genève. L. III, p. 60. — De Thou. L. XII, p. 181. — *Sleidan.* L. XXV, p. 455. — *Frà Paolo.* L. IV, p. 396. — Biogr. universelle. T. XLII, p. 117.

garde des sceaux Bertrandi, pour faire rentrer de l'argent dans ses coffres, étoient tels qu'ils désorganisoient toute l'administration du royaume; ils détruisoient toute sécurité pour la propriété, surtout mobilière; ils dissipoient les capitaux réservés pour alimenter l'industrie, et ils inspiroient enfin aux riches le désir de s'échapper d'un pays où la fortune ne trouvoit dans les lois aucune garantie. D'une part, le roi grossissoit sans cesse le nombre des offices de judicature, d'administration ou de finances, et il les mettoit tous également à l'enchère; il nuisoit ainsi à leur considération, il diminuoit les bénéfices sur lesquels avoient dû compter ceux qui achetoient de lui les premiers emplois; il multiplioit enfin tellement les rouages que la machine s'en trouvoit arrêtée. Ce fut ainsi qu'en avril 1554 il rendit le parlement de Paris, et celui qu'il venoit de créer en Bretagne, semestriers, c'est-à-dire qu'une moitié des juges devoit exercer durant les six premiers mois de l'année, et l'autre durant les six derniers mois, après quoi ils étoient condamnés alternativement au repos (1). D'autre part, le roi vouloit emprunter tout l'argent qui dans le royaume se trouveroit

---

(1) Isambert. T. XIII, p. 375. — De Thou. L. XIII, p. 246. — *Belcarius*. L. XXVI, p. 855. — Don Taillandier, Hist. de Bretagne. L. XVII, p. 263. — Actes de Bretagne. T. III, p. 1103.

1553. disponible, et dans ce but il publia, le 19 janvier 1553, un édit par lequel il interdisoit aux notaires de passer aucun contrat de prêt entre particuliers, avant que ceux qui avoient de l'argent à placer lui eussent prêté à lui-même, jusqu'à la concurrence de 490,000 livres de rente. Comme il avoit néanmoins fort peu de crédit, et que les prêteurs ne se pressoient point de venir à lui, il jugea plus expédient encore de s'adresser aux emprunteurs; le 3 mai 1553 il créa, dans chaque bailliage, un greffier des insinuations, obligé d'insérer dans son registre tout contrat affectant la propriété ou portant hypothèque. C'étoit le premier germe de l'institution très utile d'un conservateur des hypothèques. Mais le but du garde des sceaux étoit moins de procurer à de nouveaux prêteurs la connoissance des charges antérieures reposant sur les fonds, que de se procurer à lui-même un tableau de tout l'argent prêté dans le royaume. Aussi le roi rendit-il peu après un édit par lequel il déclaroit rachetables au denier vingt toutes les rentes perpétuelles et tous les droits seigneuriaux; seulement il se mettoit au lieu et à la place du prêteur: c'étoit au roi ou entre les mains de ses receveurs généraux que le capital devoit être rendu; et le roi se chargeoit à l'avenir d'en servir les intérêts. Enfin un emprunt forcé sur les bonnes villes, et la vente au denier dix des domaines de la couronne en Piémont, complétoient ces mesures financières. (1)

Par ces moyens violens, et si ruineux pour ses sujets, Henri II remplit de nouveau son trésor ; il put passer, suivant sa coutume, l'hiver dans les fêtes, et continuer ses prodigalités. Au commencement de l'été de 1554, il lui fut aussi possible de rentrer en campagne, soit en Belgique soit en Italie, avec des forces assez imposantes. Il n'en étoit pas de même de son rival Charles-Quint. Cet empereur avoit sans aucun doute des talens fort supérieurs à ceux, soit de François Ier, soit de Henri II. C'étoit lui-même qui avoit conçu dans son esprit le vaste projet d'une monarchie universelle ; c'étoit lui qui dirigeoit vers un but commun les forces de tous ses États répandus sur la surface de l'Europe et de l'Amérique. Il étoit vraiment le maître, et ses ministres ne faisoient qu'exécuter ses ordres ; tandis qu'en France, s'il y avoit dans le gouvernement une pensée dirigeante, ce n'étoit du moins pas chez le roi qu'il falloit la chercher. Charles-Quint entroit dans tous les détails de ses propres affaires ; il ne sacrifioit ses trésors ni à des goûts de luxe et de plaisir, ni à de vaines idées de magnificence. Mais plus il avoit

1553.

1554.

---

(1) Isambert. T. XIII, p. 301, 312, 323, 335, 339, 359. — Garnier. T. XIII, p. 538. — Ribier, p. 519.

554. étendu sa domination, plus il s'étoit suscité d'ennemis, plus il avoit augmenté ses embarras. Partout à la fois il avoit la guerre, partout ses généraux lui demandoient de l'argent, et partout, au lieu de leur en fournir, il les laissoit vivre aux dépens des peuples. Nul souverain ne poussa plus loin que Charles l'indifférence aux souffrances publiques, le sacrifice de toute prospérité nationale, et présente et future, à ses projets de domination. Aucun, avec autant de talent pour se donner des lieutenans habiles, ne les choisit si constamment avides et impitoyables ; aucun ne ruina plus rapidement et plus complétement tous les pays qui lui furent soumis ; en sorte que des royaumes qui, autrefois indépendans, avoient placé leurs chefs parmi les plus riches et les plus puissans princes de l'Europe, la Castille, l'Aragon, les Deux-Siciles, la Lombardie, la Hongrie, la Bohême, l'Autriche, les Pays-Bas, une fois réunis en sa main, ne suffisoient plus, ni à payer leur administration et leur défense, ni à subvenir à la moindre des dépenses de leur souverain. Dans ce même temps, Charles V étoit retenu par la goutte comme captif dans les Pays-Bas; ses souffrances étoient extrêmes : après de longs accès qui le forçoient à garder le lit, il ne recouvroit plus assez de forces pour se faire transporter autrement qu'en litière, ses médecins lui interdisoient toute contention d'esprit. « Le roi a

« nouvelles certaines » (mandoit Henri II au sieur d'Aramon, son ambassadeur à Constantinople) « que l'empereur est en telle nécessité de sa santé « qu'il a perdu une des mains, deux doigts de « l'autre, et une des jambes rétrécie, sans espoir « de convalescence; qu'il est tellement affligé « de l'esprit, qu'on ne lui communique plus « rien, ou bien peu; et ne s'amuse plus qu'à « monter ou démonter des horloges, dont sa « chambre est toute pleine, y employant tout « le jour et la nuit, où il n'a aucun repos, de « sorte qu'il est en apparent danger de perdre « bientôt l'entendement; ce que les reines ses « sœurs et ses principaux serviteurs connoissent « bien. » (1)

Lorsque Charles-Quint pouvoit vaquer à ses affaires, celle qui l'occupoit le plus étoit de terminer le mariage de son fils avec Marie d'Angleterre, et d'amener les Anglais à reconnoître ce monarque étranger. Les premiers actes de Marie avoient rétabli le culte public sur le même pied où il avoit été réglé dans la dernière année de Henri VIII. Elle étoit entrée secrètement en correspondance avec Rome; mais elle n'avoit pas encore réuni son royaume à l'Église quand son parlement prit l'alarme sur les premières

(1) 20 janvier 1554. — Ribier, p. 485.

rumeurs du mariage espagnol (1). Philippe, destiné à être le monarque le plus puissant de l'Europe, étoit déjà renommé pour sa sévérité, sa bigoterie, son zèle persécuteur et ses habitudes de despotisme. L'état où se trouvoient réduits tant d'opulens royaumes successivement soumis par Charles-Quint, et tous privés également de leur liberté, tous voyant déchoir avec la même rapidité leur population et leurs richesses, enseignoit aux Anglais ce qu'ils avoient à craindre du prince espagnol. Jamais, en effet, les droits de l'Angleterre et son indépendance ne furent exposés à un plus imminent danger. Charles V emprunta 1,200,000 écus aux villes impériales d'Allemagne, pour corrompre par des présens les ministres de Marie et les membres du parlement. Le comte d'Egmont, chef d'une ambassade qui étala la plus grande magnificence, vint demander la main de la reine, à laquelle il fut présenté le 2 janvier 1554 ; elle étoit laide, et de onze ans et demi plus âgée que son futur époux. Cependant Egmont avoit ordre de se montrer empressé et facile sur toutes les conditions. Tandis que la reine devoit exercer seule le gouvernement de son royaume, qui conserveroit ses lois, et qui n'admettroit aux emplois que

---

(1) *Mackintosh*, p. 295.

des sujets anglais; les Pays-Bas devoient être irrévocablement unis à la couronne d'Angleterre, en faveur des enfans qui proviendroient de ce mariage. Don Carlos, fils aîné de Philippe, hériteroit seulement de l'Espagne et de l'Italie (1). Les Anglais savoient cependant combien de pareilles conventions seroient aisément éludées, et combien la reine elle-même étoit désireuse d'abandonner toute son autorité à son mari. Aussi une vaste conspiration se forma-t-elle pour empêcher le mariage; Navailles, ambassadeur de Henri II, promit l'aide de son maître, et crut aussi s'être assuré qu'Élisabeth prêteroit son appui aux conjurés. Mais la découverte de leurs projets les força de prendre les armes avant le temps; sir Thomas Wyatt, qui s'étoit mis, le 25 janvier, à la tête de l'insurrection dans le comté de Kent, fut battu et fait prisonnier aussi-bien que le duc de Suffolk; tous deux périrent sur l'échafaud : Élisabeth, que sa sœur avoit voulu faire périr, fut enfermée à la Tour, et ensuite à Woodstock; et Philippe, débarquant à Southampton, le 19 juillet, avec la suite la plus brillante de seigneurs espagnols et flamands, et quatre mille soldats, fut marié à la reine le 25 du même mois. L'Angleterre fut solennellement réconciliée à l'Église catholique le 29 no-

---

(1) Rymer. T. XV, p. 377.

vembre, et en même temps un acte du parlement remit en vigueur tous les anciens statuts qui condamnoient au feu les hérétiques. On ne tarda pas à en faire de fréquentes et d'effroyables applications. (1)

L'empereur n'avoit point voulu permettre au cardinal Pole, que le pape avoit nommé son légat en Angleterre, de se rendre dans ce royaume jusqu'à ce que le mariage de Philippe eût été célébré. Il craignoit l'affection de sa cousine pour le cardinal, et peut-être ses sentimens anglais d'indépendance. Pole, retenu d'abord à Dillingen, puis à Bruxelles, profita de ce retard forcé pour entamer des négociations de paix entre Charles V et Henri II. Il se rendit à la cour de France vers la fin du carême; il y fut reçu avec distinction par Henri, qui lui témoigna son regret de ne l'avoir pas porté sur la chaire de Saint-Pierre; il eut ensuite plusieurs conférences avec le connétable et le cardinal de Lorraine; mais le ministre français savoit à peine ce qu'il vouloit, ce qu'il pouvoit attendre de la guerre; ses réponses aux ouvertures qui lui furent faites n'étoient que des récriminations injurieuses, qui n'offroient aucune base sur laquelle on pût

---

(1) *Mackintosh*, p. 300-316. — *Robertson's*. B. XI, p. 142. — Hume, c. 36, p. 249. — Rapin Thoyras. L. XVI, p. 111-126. — *Sleidan*. L. XXV, p. 456. — Ribier, p. 480, 498.

traiter (1), et Pole fut obligé de se retirer sans avoir fait aucun progrès dans ses négociations. « Cependant il n'avoit vu, dit de Thou, que « misère et désolation sur l'une et l'autre fron- « tière ; la terre y fumoit encore des funestes « embrasemens que la guerre avoit allumés ; « les habitans avoient pris la fuite ; on ne trou- « voit partout que d'affreuses solitudes, on ne « voyoit plus que des vieillards, des femmes et « des enfans, que leur foiblesse avoit empêchés « d'abandonner leurs maisons, d'où ils sortirent « tous à l'arrivée de Pole, qu'on leur avoit an- « noncé comme un messager de paix, pour par- « semer de fleurs le chemin par où il passoit. » (2)

Dès que les négociations furent rompues, Henri II ordonna que son armée se rassemblât à Cressy en Laonnois pour le 18 juin. Elle étoit composée de vingt-cinq compagnies françaises et d'autant de compagnies suisses, de deux régimens allemands, et de trois mille cinq cents hommes de cavalerie ; celle-ci seule étoit toute française ; quant à l'infanterie, Henri, de même que son père, n'avoit de confiance que dans celle qu'il soldoit à l'étranger. Le connétable et le maréchal de Saint-André commandoient cette armée ; mais d'autres corps moins considérables

---

(1) Ribier, p. 477.
(2) De Thou. L. XIII, p. 220. — Rabutin. L. VI, p. 83.

se réunissoient le long de la frontière, sous les ordres du prince de la Roche-sur-Yon, de Rockendolf, du prince de Condé, du duc de Nevers et d'Antoine de Bourbon, duc de Vendôme; afin que l'ennemi ne pût prévoir de quel côté il seroit attaqué (1). Bientôt Vendôme s'étant réuni à Saint-André, ils marchèrent sur Marienbourg, qu'ils firent capituler le 28 juin, tandis que le duc de Nevers pénétroit dans le pays de Liége, et la Roche-sur-Yon dans l'Artois. Le 30, le roi arriva à l'armée avec le duc de Guise et tous les seigneurs de la cour. On prit alors Bovines, où l'on fit un très grand carnage. « Une partie des « habitans, dit de Thou, se noya dans le fleuve, « et ceux qui le passèrent à la nage ayant été « pris par le duc de Nevers, furent pendus, « suivant les lois de la guerre, pour avoir voulu « témérairement essuyer le feu du canon. » (2) Dinant, après quelques jours de siége, capitula; mais les Allemands au service de France ne tinrent aucun compte de la capitulation, ils pillèrent et massacrèrent les habitans, et pendant tout un jour on les laissa faire (3). Le duc de

---

(1) De Thou. L. XIII, p. 230. — *Sleidan*. L. XXV, p. 462. — Rabutin. L. VI, p. 87. — *Belcarius*. L. XXVI, p. 856.

(2) De Thou. L. XIII, p. 233. — Rabutin. L. VI, p. 103, 106, 108.

(3) De Thou. L. XIII, p. 234. — Rabutin. L. VI, p. 113. — *Belcarius*. L. XXVI, p. 858.

Nevers passa ensuite la Meuse, pour se réunir à l'armée, qui, le 13 juillet, marcha en avant, comme si elle vouloit attaquer ou Bruxelles, ou Namur.

1554.

Charles V, épuisé par les dépenses faites pour son fils, n'avoit point une armée suffisante pour défendre les Pays-Bas, et il pouvoit craindre d'être lui-même enlevé dans leur capitale. Il avoit alors auprès de lui deux officiers italiens, qui s'étoient fait également remarquer par leur férocité et par leurs talens, savoir, Fernand de Gonzaga, le tyran du Milanez, et J.-B. Castaldo, celui de la Hongrie. Le second conseilloit à Charles de céder à l'orage, et de se retirer à Anvers; le premier, au contraire, l'encourageoit à faire bonne contenance avec les huit mille hommes qu'il pouvoit avoir sous ses ordres, l'assurant que par des marches habiles, il réussiroit à couvrir toutes ses places sans livrer de bataille. Quoique Charles-Quint ne pût être transporté qu'en litière, il suivit ce dernier conseil. L'armée française avoit cependant tourné à gauche; elle passa la Sambre, et entra en Hainaut : « Ainsi, dit Rabutin, demeura abusé le « pauvre populaire, se confiant que leur armée « ne nous permettroit traverser la Sambre sans « être combattus; et fut une grande partie sur« pris dans les maisons, avec gros nombre de « bétail et divers meubles, non sans grande

« pitié, étant tout ce plat pays mis en feu et « proye.... Le lendemain, 20 de ce mois, l'ar- « mée française commença à faire son entrée « dans le pays de Hainaut si furieusement, « qu'étant ruinée et mise à perdition toute la « contrée, brûloit et détruisoit tous les bourgs, « châteaux et villages, et sans qu'il y en eût un « seul qui osât faire résistance. » Étant arrivée à Binche, où la reine de Hongrie avoit un superbe palais, enrichi d'anciennes statues et d'excellens tableaux, et orné de sculptures et de tapisseries, la ville se rendit à discrétion le 21 juillet; Henri la livra au pillage et la réduisit en cendres, après avoir fait enlever du palais ce qui lui parut le plus à sa convenance. Cette atroce manière de faire la guerre étoit surtout pratiquée par les armées que le roi conduisoit en personne; il considéroit toute résistance, même de la part de ses ennemis, comme un outrage à la majesté royale, et il attachoit une sorte de gloire « à laisser toujours après lui, pour ses bri- « sées, feux, flammes, fumées, et toute cala- « mité. » (1)

Charles-Quint avoit mis Philibert-Emmanuel, duc de Savoie, à la tête de ses troupes; elles suivoient les Français à une journée de distance,

---

(1) Fr. de Rabutin. L. VI, T. XXXVIII, p. 126-128. — De Thou. L. XIII, p. 236. — *Belcarii*. L. XXVI, p. 859.

pour enlever du moins les traîneurs. Henri, en longeant la frontière, se dirigeoit toujours à l'ouest; des pluies opiniâtres avoient fait déborder un ruisseau qu'il devoit traverser proche du Quesnoy; le duc de Savoie tomba sur ceux qui devoient le passer les derniers, et en tua un grand nombre. Le roi continuoit cependant sa marche par le Cambrésis, l'Artois, et le comté de Saint-Pol, détruisant tout ce qu'il trouvoit sur son passage, jusqu'à Renty, place devant laquelle il mit le siége. L'empereur, qui avoit rejoint son armée, fit quelques efforts pour délivrer Renty, et engagea, le 13 août, une escarmouche qui devint générale, dans les marais au milieu desquels cette place est située. Les impériaux eurent du désavantage; toutefois ils maintinrent leur position, et le roi, dont l'armée commençoit à souffrir de maladies et de manque de vivres, leva le siége le 15 août, rentra dans son royaume, et congédia ses soldats. Charles, de son côté, dont les douleurs s'étoient fort aggravées, retourna à Bruxelles; mais le duc de Savoie s'avança du côté de Montreuil, jusqu'à la rivière d'Authie, et il traita ce pays avec une barbarie pareille à celle que les Français avoient exercée dans les Pays-Bas. (1)

(1) De Thou. L. XIII, p. 243, 245. — Rabutin. L. VI, p. 165, 168. — *Belcarius.* L. XXVI, p. 860. — *Miñana.* L. IV, c. 16, p. 275.

1554.

Plus les efforts du roi avoient été énergiques du côté des Pays-Bas, moins ils pouvoient l'être en Italie. Il avoit accepté la protection de la république de Sienne, et promis de la seconder vigoureusement pour recouvrer son indépendance. Les Siennois avoient déployé ce patriotisme qu'on ne trouve que dans les républiques aux abois, patriotisme qui fait taire tous les sentimens personnels, et qui sacrifie la famille comme la fortune à une affection plus chère encore; qui ramène les hommes de toute condition comme de tout âge à l'exercice des armes, et les prépare tous également aux dernières privations. Les Siennois affrontoient avec joie la puissance accablante qu'on leur opposoit, se confiant dans la loyauté du roi de France, qui étoit en état de les secourir. Ils n'avoient pas encore appris que les Français ne les regardoient que comme faisant une diversion utile, qu'ils les encourageoient à prolonger leur défense, à se résigner aux dernières douleurs pour gagner des mois ou des semaines; mais que dès le commencement ils les destinoient à périr, et que jamais on ne songeoit à chercher dans les conseils de Henri II les moyens d'amener leur lutte à une heureuse issue.

Dès le mois de novembre 1552, le cardinal de Ferrare, Hippolyte d'Este, étoit arrivé à Sienne comme lieutenant du roi de France, tandis que

Paul de Termes y commandoit les gens de guerre. Italien lui-même, le cardinal de Ferrare entendoit mieux que les Français les usages, les mœurs et les opinions d'une ville italienne; mais d'autre part, il y avoit apporté le luxe, la mollesse, la dissipation et les petites intrigues d'un homme d'église, et il ne tarda pas à se brouiller avec M. de Termes. (1)

Lorsque celui-ci passa en Corse, Henri II envoya, pour le remplacer dans l'état de Sienne, Pierre Strozzi, qu'il avoit nommé maréchal de France. Strozzi, émigré florentin, dont le père, Philippe, avoit péri dans les prisons de Côme de Médicis en invoquant un vengeur (2), n'avoit d'autre pensée, d'autre désir dans la vie, que d'être ce vengeur. Il consacroit à ce seul objet son immense fortune, ses talens militaires, ses liaisons avec tous les hommes marquans de l'Italie. Aucun homme ne pouvoit conduire la guerre en Toscane avec plus de zèle et de talent. Il combattoit pour sa propre cause; et les sentimens de chacun de ses compatriotes lui étoient connus; mais aussi nul ne pouvoit exciter à un égal degré la défiance de Côme de Médicis, avec lequel il importoit à la république de

(1) *Malavolti, Storia di Siena.* P. III, L. IX, f. 153; L. X, f. 159, 160.
(2) La veille de sa mort il écrivit sur les murs de sa prison : *Exoriare aliquis nostris ex ossibus ultor.*

Sienne et à la France de demeurer en paix (1). Celui-ci, ne doutant plus que Strozzi n'eût formé le projet d'exciter une révolution à Florence, résolut d'être le premier à rompre le traité qui le lioit. Il engagea l'empereur à mettre à son service Jean-Jacques Médicis, marquis de Marignan, aventurier milanais d'une famille obscure, mais qu'il feignit de reconnoître pour son parent; et dans la nuit du 27 janvier 1554, Marignan, avec des troupes florentines, surprit un fort situé en avant de la porte Camullia de Sienne. Les bourgeois cependant coururent aux armes, garnirent leurs murailles, et repoussèrent l'attaque de Côme, tandis que Strozzi, après avoir prolongé de deux ans la trève avec le pape, revint de Rome pour se mettre à leur tête. (2)

Le duc de Florence, qui, bien que riche lui-même, accabloit sans mesure d'impositions ses riches sujets, rassembla une armée dans laquelle il compta jusqu'à vingt-quatre mille fantassins et mille cavaliers; une moitié des premiers étoient des Allemands et des Espagnols, qui lui avoient été envoyés de Lombardie ou de Naples par l'empereur. Pierre Strozzi, de son côté, leva des troupes italiennes dans l'état romain et

(1) De Thou. L. XIV, p. 252. — Ribier, p. 474. — *Malavolti*. L. X, f. 161.

(2) De Thou. L. XIV, p. 253. — Répub. italiennes, c. 122, T. XVI, p. 140.

à la Mirandole ; il reçut aussi des renforts et de France et de l'île de Corse, où les places conquises l'année précédente par les Français étoient successivement évacuées ; mais son armée demeura toujours fort inférieure en forces à celle de Marignan ; aussi, malgré son activité et sa valeur, il se vit enlever les uns après les autres les châteaux et les villages fortifiés de l'état de Sienne. Côme de Médicis avoit donné l'ordre de dompter cette république par la violence et la terreur. Son général faisoit le plus souvent pendre tous les habitans de chacun des lieux forts qu'il soumettoit l'un après l'autre ; mais ces atrocités ne diminuèrent point le zèle des paysans siennois, qui, dans chaque château, renouveloient la même résistance, prêts à mourir pour leur patrie. Marignan, le bourreau de l'état de Sienne, est comptable envers la postérité de l'état de désolation où demeure encore aujourd'hui cette belle partie de l'Italie. Après qu'il en eut détruit la population, l'air s'y est corrompu ; et les colons qu'on a cherché dès lors à y introduire y ont péri les uns après les autres. C'est ainsi que furent massacrés tous les habitans d'Aiuola, Turrita, Asinalunga, la Tolfa, Scopeto, la Chiocciola, et bien d'autres bourgs, alors florissans, qui, pour la plupart, sont aujourd'hui déserts. (1)

1554.

(1) *G. B. Adriani.* L. X, p. 693. — *Scip. Ammirato.*

Cependant Pierre Strozzi engagea son frère Léon, prieur de Capoue, à quitter Malte pour rentrer au service de France et prendre part à la guerre qu'il faisoit au meurtrier de son père. Henri II ayant levé quelques troupes dans les Grisons, leur donna l'ordre de se rendre par le Modénois en Toscane; il avoit aussi fait choix de Montluc pour commander dans la place de Sienne, tandis que Strozzi tiendroit la campagne. Montluc, que le connétable avoit déclaré n'être pas bon pour cette charge, « parce qu'il « étoit trop bizarre, fâcheux et colère » (1), étoit alors malade à Agen, et les médecins l'assuroient qu'il n'étoit pas en état de faire le voyage; cependant il partit aussitôt pour joindre en Corse le baron de la Garde, qui vint ensuite le débarquer à Scarlino. Mais pendant son voyage tout avoit mal tourné en Toscane. Le prieur Strozzi, qui l'attendoit devant Scarlino avec deux galères, fut tué par un paysan caché dans des roseaux, deux jours avant l'arrivée de la flotte française. Son frère, parti de Sienne le 11 juin, pour aller au-devant des Grisons, ayant traversé toute la Toscane pour aller les joindre dans l'état de Lucques, les avoit ramenés à Sienne en sûreté. Il avoit ensuite tenté de

---

L. XXXIV, p. 507 et 516. — *B. Segni.* L. XIV, p. 363. — *Lett. de' Principi.* T. III, f. 149.

(1) Montluc. T. XXIII, L. III, p. 110.

transporter la guerre dans le Val de Chiana ; mais il essuya un échec à Marciano, et ensuite, le 2 août, une déroute complète à Lucignano : il y perdit plus de quatre mille hommes, et y fut lui-même grièvement blessé. (1)

1554.

Tandis que Strozzi se faisoit panser de ses blessures, on vint lui annoncer que Montluc étoit mort à Sienne de la maladie dont il étoit atteint avant de quitter Agen. Il rentra donc dans cette ville tout foible qu'il étoit, et malgré le danger qu'il couroit de tomber aux mains de Côme de Médicis. Il y apprit qu'il avoit été mal informé, et que Montluc commençoit à se rétablir ; il en ressortit aussitôt pour chercher à rassembler des vivres dans la Maremme et les faire entrer dans Sienne, que Marignan avoit entrepris de bloquer. La guerre se trouvoit alors réduite à de très petits faits d'armes ; mais elle étoit plus que jamais signalée par les atroces cruautés de Marignan, qui, dans le cours de cette guerre, fit périr cinquante mille habitans de l'état de Sienne (2). Dans la même année, en Corse, de Termes, qui avoit perdu, au mois de juin, le château de Corte, le recouvra au mois d'octobre. En Piémont, Brissac continuoit le

(1) De Thou. L. XIV, p. 276, 283. — Montluc. L. III, p. 118, 136. — *G. B. Adriani.* L. XI, p. 783. — *Lett. de' Principi.* T. III, f. 154. — *Orl. Malavolti.* L. X, f. 163.

(2) Montluc. L. III, p. 170. — *B. Segni.* L. XIV, p. 377.

1554.
siége de Valfenières, qu'il chercha en vain à réduire par la famine. Les plaintes des Lombards avoient enfin engagé Charles-Quint à ôter le gouvernement du Milanez à Fernand de Gonsaga, et à le remplacer, vers la fin de mars, par Suarez de Figueroa. Ce nouveau commandant se laissa, dans le mois de décembre, enlever par M. de Brissac, Ivrée, puis Bielle et Santia. (1)

Strozzi avoit cependant dépêché à Brissac un envoyé de la république de Sienne et un émigré florentin, son ami, pour demander avec instance que le maréchal s'avançât lui-même s'il vouloit délivrer cette malheureuse ville. On estimoit qu'avec une armée de seize mille hommes, moitié Français, moitié Suisses et Italiens, il n'éprouveroit point d'obstacle en suivant la route de Fornovo et de Pontremoli; et que Marignan, dont l'armée étoit épuisée par une longue guerre, se retireroit à son approche. Villars fut envoyé par Brissac à la cour pour obtenir son autorisation, et en même temps un renfort de sept à huit mille hommes. Mais le connétable ne voulut point laisser à un général dont il étoit jaloux la chance d'acquérir tant de gloire. Il suffisoit, suivant lui, que les Siennois prolongeassent la guerre encore quelques mois en

(1) De Thou. L. XV, p. 298, 302. — Villars. T. XXXIV, L. V, p. 279.

Toscane pour épuiser toujours plus l'empereur; il leur donna les plus belles assurances qu'il leur feroit passer incessamment des secours, et de Corse et de l'état pontifical; mais il défendit à Brissac de quitter le Piémont, que son absence pourroit compromettre. (1)

Le blocus de Sienne cependant continua pendant l'hiver : vers la fin de janvier 1555, les Siennois furent avertis que le duc avoit fait partir de Florence vingt-six ou vingt-huit canons pour battre leurs murailles en brèche. « Nos « Allemands, dit Montluc, commençoient fort « à pâtir du vin et le pain bien petit, car de « chair il ne s'en parloit plus, sinon de quelque « cheval ou quelque âne qu'on mettoit en vente « à la boucherie, et d'argent il ne s'en parloit « plus du tout. » Montluc craignoit, d'une part, que ses Allemands ne le trahissent et ne livrassent la ville à l'empereur; d'autre part, que les Siennois, pour éviter ce danger, ou les horreurs de la famine et ceux d'une ville prise d'assaut, ne consentissent à capituler. « Or là, dit-il, il ne « me falloit pas faire le mauvais, car ils étoient « plus forts que moi; il falloit toujours gagner « ces gens-là avec remontrances et persuasions « douces et honnêtes, sans parler de se courrou-« cer.... tant y a que Dieu me fit la grâce, qui

(1) Villars. L. V, p. 269-276; et notes, p. 474.

« suis Gascon, prompt, colère, fâcheux et mau-
« vais patient, de me comporter si bien parmi
« cette nation soupçonneuse et défiante, qu'il
« n'y eut citadin qui se pût craindre de moi. »

Montluc supposoit que ce qui porteroit le plus les Siennois à capituler, étoit l'état de foiblesse extrême où ils le voyoient. « Or, j'étois encore,
« dit-il, si très exténué de ma maladie, et le
« froid étant grand et âpre, j'étois contraint
« d'aller si enveloppé le corps et la tête de four-
« rures, que quand l'on me voyoit aller par la
« ville, nul ne pouvoit avoir espérance de ma
« santé, ayant opinion que j'étois gâté dans le
« corps, et que je me mourois à vue d'œil. Que
« ferons-nous, disoient les dames et les peureux,
« car en une ville il y en a d'uns et d'autres ;
« que ferons-nous si notre gouverneur meurt ?
« nous sommes perdus : toute notre fiance après
« Dieu est en lui ; il n'est possible qu'il en
« échappe.... Ayant donc accoutumé aupara-
« vant d'être ainsi embéguiné, et voyant le re-
« gret que le peuple avoit de me voir ainsi
« malade ; je me fis bailler des chausses de ve-
« lours cramoisi, que j'avois apportées d'Alba,
« couvertes de passemens d'or, et fort découpées
« et bien faites ; car au temps que je les avois
« fait faire j'étois amoureux. Nous étions lors
« de loisir en notre garnison, et n'ayant rien à
« faire il le faut donner aux dames. Je prins le

« pourpoint tout de même; une chemise ouvrée
« de soie cramoisie et de filet d'or bien riche (en
« ce temps-là on portoit les collets de chemise
« un peu avalés); puis prins un collet de buffle,
« et me fis mettre le hausse-col de mes armes,
« qui étoient bien dorées. En ce temps-là je por-
« tois gris et blanc, pour l'amour d'une dame de
« qui j'étois serviteur lorsque j'avois le loisir.
« Et avois encore un chapeau de soie grise fait
« à l'allemande, avec un grand cordon d'argent,
« et des plumes d'aigrettes bien argentées. Les
« chapeaux en ce temps-là ne couvroient pas,
« grands comme ils font à cette heure. Puis me
« vêtis un casaquin de velours gris, garni de
« petites tresses d'argent à deux petits doigts
« l'une de l'autre, et doublé de toile d'argent,
« tout découpé entre les tresses, lequel je por-
« tois en Piémont sur les armes. Or, avois-je
« encore deux petits flacons de vin grec, de
« ceux que M. le cardinal d'Armagnac m'avoit
« envoyés; je m'en frottai un peu les mains,
« puis m'en lavai fort le visage, jusques à ce
« qu'il eût pris un peu de couleur rouge, et en
« bus, avec un petit morceau de pain, trois
« doigts, puis me regardai au miroir. Je vous
« jure que je ne me connoissois pas moi-même,
« et me sembloit que j'étois encore en Piémont,
« amoureux comme j'avois été ; je ne me pus

« contenir de rire, me semblant que tout à coup
« Dieu m'avoit donné tout un autre visage. » (1)

La scène à laquelle Montluc se préparoit, comme pour une comédie, eut un plein succès ; il se rendit au conseil, et encouragea les Siennois à une défense obstinée ; il jura, et fit jurer à tous ses officiers, de mourir pour la défense de leur liberté ; il renouvela l'assurance des prochains secours du roi, et ranimant leur enthousiasme, il parvint à les faire consentir graduellement à la diminution de leurs rations de nourriture, en même temps que tous travailloient en personne aux fortifications ; puis au renvoi de quatre mille quatre cents malheureux, femmes, malades, vieillards, qu'on déclara bouches inutiles, et qu'on mit hors de la ville ; mais pendant huit jours Marignan leur refusa le passage, et ils moururent presque tous au pied des murs. Enfin la population de Sienne, de trente mille âmes, s'étoit réduite à dix mille, et il ne restoit plus de vivres d'aucune espèce, lorsque Montluc consentit à laisser traiter la seigneurie. La ville fut livrée aux troupes de Côme de Médicis le 21 avril 1555. Les plus ardens défenseurs de la liberté se retirèrent à Montalcino, où ils conservèrent, quatre ans

(1) Blaise de Montluc. T. XXIII, L. III, p. 193-199.

encore, une ombre de la république de Sienne, tandis que les Français continuèrent à occuper les ports de la Maremme siennoise. (1)

Sur la frontière de Flandre, l'hiver avoit été marqué par quelques petits faits d'armes entre Jacques de Savoie, duc de Nemours, général de Henri II, et le chef de sa maison, Philibert-Emmanuel, duc de Savoie (2). En Lorraine, le gouvernement de Metz avoit été donné à Vieilleville. Celui-ci, qui, au commencement de la guerre, avoit tant recommandé de ne pas effaroucher les Allemands, ne continua pas long-temps à respecter les libertés de cette ville impériale : tous les ordres de citoyens regrettoient les franchises dont ils jouissoient sous la protection de l'empire, et le père Léonard, gardien du couvent des Cordeliers, s'engagea dans une conspiration pour chasser les Français de la ville ; ayant introduit des armes dans son couvent, dont les hautes murailles étoient susceptibles de défense, il y avoit caché des soldats qui devoient s'unir à ses moines ; il étoit convenu avec le gouverneur de Thionville, pour l'empereur, que celui-ci feroit avancer un corps de troupes auxquelles les portes seroient livrées,

(1) Montluc. L. III, p. 242-283. — De Thou. L. XV, p. 307-313. — *G. B. Adriani*. L. XII, p. 864. — *Malavolti*, L. X, f. 166. — *B. Segni*. L. XIV, p. 380.

(2) De Thou. L. XV, p. 320.

tandis que pour augmenter le trouble des Français, les moines mettroient le feu à la ville, dans plusieurs quartiers à la fois. Vieilleville, averti qu'on avoit vu un cordelier en conférence, à plusieurs reprises, avec le gouverneur de Thionville, visita tout à coup leur couvent, qu'il avoit fait entourer de troupes ; il y découvrit les soldats cachés, il surprit à la porte de la ville le gardien, qui revenoit de Thionville, et le força par la terreur et les promesses, à lui confesser que les troupes impériales étoient déjà en marche pour entrer à Metz cette nuit même. Vieilleville, se mettant alors à la tête de sa garnison, attaqua dans sa marche, à l'improviste, ce corps de troupes, et le mit en pièces ; il jeta ensuite les vingt cordeliers, auxquels il avoit promis leur grâce, dans les cachots de la tour d'Enfer. Mais bientôt après il fit un voyage à la cour pour laisser agir le prévôt contre eux ; celui-ci, ayant résolu de les faire périr, les enferma tous dans la même salle, la nuit avant leur supplice, pour qu'ils se confessassent les uns aux autres. Mais, loin de s'occuper de pensées religieuses, tous ces moines accablèrent de reproches le père gardien, et ses quatre plus anciens conseillers, qui les avoient engagés dans ce complot. Des invectives ils passèrent bientôt aux coups. Lorsqu'on entra dans la prison, le matin, on trouva que le père gardien avoit été tué, que les quatre plus anciens moines avoient plusieurs membres rompus ; le prévôt les fit pendre cependant aussitôt, avec dix de leurs confrères; il ne fit grâce qu'aux dix plus jeunes, qu'il exila après leur avoir fait faire amende honorable. (1)

Cependant le pape avoit chargé le cardinal Pole de chercher à rétablir la paix; et celui-ci désiroit d'autant plus ardemment y réussir qu'il avoit vu de plus près la désolation des deux frontières. La reine Marie d'Angleterre s'offrit comme médiatrice : elle s'affligeoit d'être obligée d'observer la paix, tandis que son mari étoit en guerre; elle auroit voulu aussi que rien ne vînt la distraire de la tâche qu'elle s'étoit imposée, de purifier par le feu l'Angleterre, en y détruisant tout soupçon d'hérésie. Sa médiation fut acceptée : la bourgade de Marcq, dans la terre d'Oye, à une distance presque égale de Gravelines, d'Ardres et de Calais, fut désignée pour le lieu des conférences. L'empereur nomma pour ses commissaires le duc d'Albe, auquel il substitua plus tard celui de Médina Céli, son chancelier Granvelle évêque d'Arras, et trois hommes de loi. De son côté, le roi nomma le cardinal de Lorraine, le connétable, les évêques de Vannes et d'Orléans, et le secrétaire d'état

---

(1) Mém. de Vieilleville. T. XXX, L. V, c. 31, p. 257; L. VI, c. 22, p. 376 et suiv. T. XXXI, L. VI, c. 36, p. 33. — De Thou. L. XV, p. 321. — *Robertson's*. B. XI, p. 167.

d'Aubépine. Enfin le cardinal Pole, Gardiner, nouveau chancelier d'Angleterre, et les lords Arundel et Paget, devoient agir comme médiateurs. Les commissaires s'assemblèrent pour la première fois le 23 mai; mais bientôt on put reconnoître que, malgré la souffrance des peuples, l'un et l'autre souverain ne pensoit pas sérieusement à la paix. Tous deux demandoient la restitution de ce qu'ils avoient perdu par la guerre, ou même de ce à quoi ils avoient renoncé par plusieurs traités, encore que l'expérience leur eût appris depuis long-temps qu'ils n'étoient point assez forts pour le recouvrer par les armes. Le connétable demanda au chancelier Olivier un mémoire sur les droits de la France; et dans ce mémoire toutes les prétentions de la couronne sur le royaume de Naples, le Milanez, le comté d'Asti, la seigneurie de Gênes, la suzeraineté sur la Flandre et l'Artois, même le royaume d'Aragon, et l'héritage de la maison de Savoie, sont représentées comme incontestables (1). Le roi demandoit encore que le royaume de Navarre fût rendu à son allié Henri d'Albret, et le duché de Plaisance au duc de Parme, Octave Farnèse. De leur côté, les ministres impériaux demandoient la restitution du

---

(1) Traités de Paix. T. II, p. 267. — Lettre du connétable au chancelier. Ribier, p. 613.

Piémont, celle des trois évêchés, et celle de tout ce que la France détenoit dans le Montferrat et dans la Corse; enfin le rétablissement de la duchesse douairière de Lorraine dans la régence des États de son fils. En insistant sur ses propres prétentions, ni l'un ni l'autre ne vouloit tenir aucun compte de celles de son adversaire ; seulement les ministres impériaux consentoient à transiger par un double mariage, sur les objets en dispute; ils demandoient que Marguerite, sœur du roi, apportât en dot au prince de Piémont les droits litigieux de son aïeule Louise de Savoie, et que la fille du roi, Elisabeth, apportât de même à don Carlos, fils de Philippe, les droits de la France sur le duché de Milan. Les Français ne trouvèrent point que l'avantage de marier deux princesses fût une compensation suffisante pour l'abandon de toutes leurs prétentions, et, malgré les efforts du cardinal Pole, les négociations furent rompues avant la fin de juin. (1)

Le pape, qui avoit député le cardinal Pole à cette conférence, et qui paroissoit apporter un grand zèle à la pacification de la chrétienté, ne vivoit plus quand elle s'ouvrit. Jules III mourut le 29 mars 1555, à l'âge de soixante-sept ans,

(1) De Thou. L. XV, p. 323. — *Sleidan.* L. XXVI, p. 472. — Rabutin. L. VII, p. 197. — *Belcarius.* L. XXVI, p. 869. — Garnier. T. XIV, p. 10-19.

pour avoir, à ce qu'on assure, changé trop brusquement de régime, et abandonné tout à coup les plaisirs de la table, auxquels il s'étoit trop livré. Selon les uns, c'étoit pour se débarrasser de la goutte, selon d'autres, il feignoit seulement d'être malade, pour se dispenser d'assembler le consistoire, comme on le lui demandoit (1). Marcel Cervino de Montepulciano, qui lui fut donné pour successeur, le 9 avril, et qui garda son nom et se fit appeler Marcel II, mourut le 30 avril, après vingt-deux jours de pontificat seulement. A cet homme qu'on disoit vertueux, et de qui la chrétienté attendoit de salutaires réformes, le sacré conclave substitua le 23 mai Jean-Pierre Caraffa, vieillard d'une illustre famille napolitaine, déjà parvenu à l'âge de soixante-dix-neuf ans. On le nommoit le cardinal Théatin, d'après son évêché de Chieti (en latin *Theatœa*); et vingt-sept ans auparavant il avoit donné le même nom à l'ordre religieux des Théatins, qu'il avoit fondé. On célébroit depuis long-temps sa piété, son savoir, sa probité, sa vie régulière, et l'on ne savoit pas encore combien il étoit ardent dans toutes ses actions, colère, dur et inflexible. Le pouvoir absolu, et la croyance dans sa propre infaillibilité, achevèrent

---

(1) De Thou. L. XV, p. 315. — *Muratori, Annal.* T. XIV, p. 404. — Ribier, p. 604.

bientôt de lui tourner la tête : il prit le nom de Paul IV. (1)

Les hostilités n'avoient point été suspendues par les conférences pour la paix, et la campagne de 1555 ajouta encore aux calamités de presque tous les peuples de l'Europe. En Toscane, le marquis de Marignan, après la capitulation de Sienne, avoit attaqué les petites places relevant de cette république. Il s'empara successivement de Piensa, Orbitello, Campiglia, et enfin de Porto-Ercole ; Pierre Strozzi s'étoit enfermé dans cette dernière place, mais il en sortit avant la reddition, qui eut lieu le 16 juin. Cependant vingt-huit émigrés florentins qui y étoient restés eurent le sort que lui avoit réservé le duc Côme ; ils furent conduits à Florence, où ils périrent par la main du bourreau (2). Ce duc seul étoit assez riche pour continuer la guerre avec quelque activité : il se flattoit que l'état de Sienne, qu'il avoit conquis à ses frais, lui demeureroit en toute souveraineté ; mais bientôt il apprit avec dépit que Charles-Quint en avoit fait don à son fils Philippe, ainsi que de Naples, de la Sicile et du duché de Milan ; don François de To-

---

(1) De Thou. L. XV, p. 319, 325. — *Frà Paolo.* L. IV, p. 399. — Ribier, p. 609. — *Muratori.* T. XIV, p. 406. — *G. B. Adriani.* L. XIII, p. 890.

(2) De Thou. L. XV, p. 330. — *G. B. Adriani.* L. XIII, p. 883. — *Muratori*, p. 408.

lède vint en effet prendre possession de Sienne, et pour faire disparoître les derniers souvenirs de la liberté perdue, il traita cette malheureuse ville avec tout le despotisme et la férocité espagnole.

En même temps Brissac continuoit à déployer ses talens et son habileté dans le gouvernement du Piémont, mais il falloit qu'il s'y soutînt par ses propres ressources, car la cour de France ne lui envoyoit ni argent ni soldats. Villars, son secrétaire et son lieutenant, raconte « qu'il entretenoit près de lui une cinquantaine « de capitaines qui avoient été tous voleurs, « brigands ou meurtriers, et qui craignoient « plus les mains de la justice de France que les « armes des ennemis du Piémont; et quand on « lui disoit qu'il ne devoit être suivi de telles « gens, il répondoit toujours : Je les entretiens « comme méchans, pour le salut des gens de « bien; car je ne saurois rien commander de si « hasardeux à ceux-ci, qu'ils ne fassent tête « baissée, ce que je ne voudrois pas commander « à autres » (1). Villars assure que dans les occasions les plus périlleuses on voyoit ces bandits se jeter dans les tranchées « de même gaîté qu'on « va à noces. » Le souvenir des forfaits passés est loin d'être une garantie du courage ; mais

---

(1) Villars. T. XXXIV, L. V, p. 359.

les généraux de ce siècle avoient plus besoin encore d'hommes sans pitié et sans scrupules, que de braves, pour exécuter leurs projets. Les surprises des villes ne s'effectuoient le plus souvent que par des trahisons ; il falloit séduire des misérables pour les engager à livrer leur patrie, arracher des secrets par d'horribles tortures, se déguiser, mentir, préparer la mort au milieu des fêtes, et montrer au besoin au moins autant de perfidie que de résolution. Ce fut ainsi que Brissac s'empara de Casal de Montferrat, le 10 mars 1555, jour de mardi gras, par la trahison d'un maître d'école, et peu après il se rendit maître encore de la citadelle. (1)

Charles-Quint avoit remplacé Ferdinand de Gonzaga dans le gouvernement du Milanez par Ferdinand Alvarez de Tolède, duc d'Albe, qui arriva, le 12 juin, à Milan. Les États d'Italie ayant été cédés à Philippe, c'étoit l'un de ses favoris que le fils de l'empereur choisit pour l'y représenter ; l'autre, Ruy Gomez de Sylva, avoit contribué à cette nomination, empressé qu'il étoit à éloigner de la cour son rival. Le duc d'Albe annonça qu'en vingt jours il feroit la conquête de tout le Piémont ; il fit répandre le bruit que son armée étoit forte de trente mille hommes de pied, six mille chevaux et trente-

(1) Villars L. V, p. 341, 366.

cinq canons; et s'étant rendu maître de Frassineto, sur le Pô, il en fit pendre le gouverneur, passer au fil de l'épée les soldats italiens, et attacher les Français à la chaîne des galères, se figurant que, par ces actes de cruauté, il glaceroit ses ennemis de terreur (1). Brissac n'avoit guère plus de dix mille hommes, divisés en dix-sept compagnies françaises, huit allemandes, et six de Suisses, mais toutes incomplètes. Cependant il réussit, par son activité, à faire partout tête à l'ennemi : il soutint les attaques des Espagnols auprès de Valence, et les força de se retirer. Il ne put il est vrai empêcher le duc d'Albe de passer la Dora, ce qui l'obligea, le 22 juillet, à lever le siége de Vulpiano ; mais bientôt de nouveaux renforts lui arrivèrent de France. Le duc d'Aumale, le comte d'Enghien, le prince de Condé, le duc de Nemours, le vidame de Chartres, Bonnivet, Vassy, Gonnor, Birague et Montluc, accoururent de la cour, dans l'espérance de se trouver à une bataille. Brissac, quoique fort inférieur en forces au duc d'Albe, contraignit cependant celui-ci à lever le siége de Santia, et recommença lui-même, à la fin d'août, celui de Vulpiano. Il tailla en pièces un corps de troupes qu'Emmanuel de Luna vouloit introduire dans

(1) De Thou. L. XV, p. 332. — *G. B. Adriani*. L. XIII, p. 885. — *Muratori*. T. XIV, p. 409. — *Robertson's*. B. XI, p. 165. — *Belcarius*. L. XXVII, p. 874.

cette ville; il la força de capituler, le 20 septembre, après dix-neuf jours de tranchée ouverte, et il termina enfin la campagne à son avantage, le 7 octobre, par la prise de Montecalvo. Le duc d'Albe, qui s'étoit annoncé avec tant de fanfaronnade, ne signala sa présence en Italie que par des revers; et le marquis de Marignan, qui avoit été rappelé de Toscane à Milan, pour le seconder de sa vieille expérience, y tomba bientôt malade, et y mourut le 7 ou le 8 novembre. (1)

L'arrivée de la flotte des Turcs dans la mer de Toscane avoit un peu relevé les affaires et le courage des garnisons françaises répandues dans les places de la Maremme siennoise. Cette flotte, forte de quatre-vingts galères, vint canonner Piombino le 12 juillet; trois mille janissaires firent ensuite une descente à Populonia, et ne purent néanmoins prendre la citadelle de cette ville déserte; ils ravagèrent ensuite l'île d'Elbe. Enfin les Turcs firent voile vers la Corse, pour joindre le baron de la Garde. Celui-ci, avec vingt-huit galères et quinze cents hommes de débarquement, avoit entrepris, le 10 août, le siége de Calvi; il donna trois assauts à la place, et fut autant de fois repoussé. Les Turcs, de-

(1) De Thou. L. XV, p. 336; et L. XVI, p. 360. — Montluc. T. XXIII, L. IV, p. 329-346. — *G. B. Adriani.* L. XIII, p. 901, 904, 910, 922.

meurés spectateurs du combat, voulurent, le lendemain, tenter eux-mêmes l'aventure; ils s'approchèrent avec des hurlemens effrayans; mais ils s'arrêtèrent avant de s'exposer à un danger réel. Les Turcs montrèrent moins de dispositions encore à seconder les Français dans une attaque contre Bastia. Enfin les deux flottes se séparèrent, et le baron de la Garde rentra dans les ports de Provence, assez mécontent de ses amis musulmans, auxquels il avoit si long-temps fait la cour. (1)

Sur la frontière du Nord, le duc de Nevers avoit réussi, au mois de juin, à ravitailler Mariembourg, par une marche difficile à travers un pays ennemi. On assuroit que l'armée impériale comptoit vingt mille hommes de pied et quatre mille chevaux; mais Charles V, toujours manquant d'argent, avoit fait payer leur solde aux seuls Espagnols. Parmi les soldats des autres nations, plusieurs étoient morts de misère ou de maladies contagieuses, d'autres avoient déserté, d'autres enfin s'étoient mutinés. Le maréchal Saint-André, qui en fut averti, crut qu'il auroit bon marché de cette armée. Il l'attaqua, le 15 juillet à Germigny, et le 16 à Givet; mais les vieilles bandes impé-

(1) De Thou. L. XV, p. 340. — *G. B. Adriani*. L. XIII, p. 899.

riales retrouvoient, au jour du combat, leur ancienne discipline comme leur ardeur ancienne, et les Français ne réussirent point à les rompre. Les hostilités continuèrent sur cette frontière sans aucune action d'éclat; on remarqua seulement, plus tard, qu'on y avoit vu aux prises, pour la France, l'amiral Gaspard de Coligni, et pour l'empire, le prince d'Orange, qui, tous deux, étoient destinés à acquérir bientôt une autre célébrité dans les guerres de religion. (1)

La campagne finissoit, et c'étoit la cinquième depuis le renouvellement des hostilités. La France n'avoit point été entamée; mais les armées qu'elle entretenoit au-dehors n'avoient eu de succès nulle part. Au-dedans, les mesures violentes du fisc avoient ruiné la plupart des capitalistes; le commerce et les manufactures languissoient, les propriétaires de terres étoient accablés d'impôts, les paysans opprimés et ruinés. Le nombre infini des emplois auxquels l'exemption de la taille étoit attachée, la faisoit retomber, d'une manière toujours plus onéreuse, sur les pauvres; en même temps que les nouveaux titulaires, méprisés pour leur incapacité, pour l'argent même qu'ils avoient payé,

---

(1) De Thou. L. XVI, p. 364, 367 et 372. — Rabutin. L. VII, p. 214, 233 et 267. — *Belcarius*. L. XXVII, p. 876.

portoient le désordre dans toutes les branches de l'administration. La cour étoit divisée par des factions, le roi étoit prodigue et inattentif, ses favoris manquoient de capacité, chaque gouverneur de province, chaque lieutenant, savoit qu'il ne devoit compter sur aucune des promesses du gouvernement, qu'à l'instant où il avoit fini de parler, il étoit déjà oublié. Enfin la corruption de l'Église, celle de la nation, le nombre croissant des sectaires, et l'atrocité des persécutions exercées contre eux, annonçoient assez vers quels périls, vers quels malheurs la France se précipitoit.

Mais si l'avenir étoit menaçant pour la France, il sembloit l'être davantage encore pour Charles-Quint. Celui-ci, depuis le commencement de son règne, n'avoit été servi que par des hommes cupides et impitoyables, doués, il est vrai, de grands talens, mais d'une volonté de fer, et qui sacrifioient sans hésitation, sans remords, le bonheur, l'existence même des générations à l'ambition de leur maître. On ne savoit lequel devoit inspirer le plus d'horreur de Pescaire ou d'Avalos, de Leyva ou de Gonzaga, de Marignan ou de Tolède, du duc d'Albe ou du marquis de Piadena; et en Amérique, de Pizarre ou d'Almagro. Tous ces hommes sanguinaires, ayant également usé l'avenir au profit du présent, avoient long-temps rendu tout facile à leur maître, parce que tant que dans le pays où ils commandoient il restoit une pièce d'argent, ils étoient sûrs de l'obtenir par la torture; mais lorsqu'ils avoient extorqué le dernier écu, tout effort nouveau étoit devenu impossible.

Charles-Quint ne trouvoit plus dans ses royaumes, autrefois si prospères, ni hommes, ni richesses; il sentoit que chacun de ses vastes projets avoit échoué à son tour entre ses mains. Ses royaumes d'Espagne avoient le moins souffert, n'ayant point été exposés à l'invasion, ni gouvernés par des généraux étrangers; cependant, depuis qu'il y eut détruit toute liberté, l'ancienne énergie nationale avoit sans cesse décliné, les richesses s'étoient dissipées sans se renouveler, et il étoit réellement bien moins puissant et moins opulent que les rois d'Aragon ou les rois de Castille dont il avoit réuni les États. Le royaume de Naples, qui, avant lui, mettoit un si grand poids dans la balance de l'Italie, celui de Sicile, qui, au moins, avoit toujours suffi à se défendre lui-même, courbés désormais sous l'oppression de vice-rois qu'ils détestoient, étoient sans cesse ravagés par les Turcs, auxquels ils tendoient les bras; car ils auroient encore préféré le joug des musulmans à celui de leurs maîtres. La riche Lombardie, qui, entre les mains des Visconti ou des Sforza, étoit en état de tenir tête aux empereurs ou aux rois de

1555. France, ruinée, désolée, ne respirant que rage et livrée au désespoir, ne pouvoit se préserver même des incursions des petites garnisons françaises du Piémont. Tous les États qui se disoient encore indépendans en Italie, mais que l'empereur traitoit en vassaux, épuisés par les contributions forcées qu'il levoit chez eux, et par la marche de ses troupes, étoient réduits à la même misère et à la même impuissance. Les Français et les Turcs débarquoient chaque jour dans l'Italie centrale; la moitié de la Toscane étoit changée en désert. Le pape enfin, qui venoit d'être élu, Paul IV, avoit reçu de la faction française la tiare, et déjà il manifestoit avec la fougue qui lui étoit propre sa haine contre les impériaux. (1)

Les Pays-Bas avoient été constamment ravagés par la guerre, et elle s'étoit faite sur cette frontière avec une férocité dont les généraux impériaux avoient souvent donné l'exemple, mais qui avoit attiré sur le pays natal de l'empereur de sévères représailles. Non seulement les villes prises d'assaut, mais celles qui se rendoient à discrétion, celles qui avoient attendu pour se rendre, le canon du roi, étoient pillées, brûlées, et leurs habitans pendus; les capitula-

---

(1) Voyez les lettres de Rome, de Lansac, d'Avallon, des cardinaux de Lorraine et de Tournon. Ribier, p. 615-620.

tions elles-mêmes étoient rarement respectées, les villages étoient rasés, les moissons fauchées, le bétail égorgé, et le pays changé en désert. En même temps, le commerce maritime étoit ruiné par les corsaires. D'Espineville d'Harfleur commandoit à lui seul dix-neuf vaisseaux et six brigantins armés à Dieppe, avec lesquels il attaqua, vers la fin d'août, une flotte hollandaise de vingt-deux vaisseaux, qui longeoit la côte d'Angleterre. Dans un combat de six heures, l'incendie gagna l'une et l'autre flotte; mais les Français n'en devinrent que plus ardens pour s'élancer à l'abordage; d'Espineville y périt au milieu de la victoire, car la flotte hollandaise fut détruite, à la réserve de cinq vaisseaux qui furent amenés à Dieppe. (1)

La Hongrie avoit été en entier enlevée à Ferdinand; les nobles de ce royaume préférèrent le joug des Turcs à celui d'un monarque souillé par l'assassinat du cardinal George Martinuzzi; ils détestoient l'avarice, la cruauté, la perfidie de son ministre Castaldo, marquis de Piadena. Ils rappelèrent Isabelle, veuve de leur dernier roi, et ils la remirent avec son fils Jean Scépus, en possession de la Transylvanie. Vers ce temps même la peste s'étoit déclarée dans cette con-

---

(1) De Thou. L. XVI, p. 370. — *Belcarius.* L. XXXVII, p. 877.

trée, et elle servit de prétexte à Ferdinand pour en retirer ses armées. (1)

Ce Ferdinand, frère de l'empereur, que Charles avoit d'abord considéré comme un lieutenant fidèle et dévoué, ne lui paroissoit plus que comme un rival, depuis qu'il s'étoit refusé à renoncer au titre de roi des Romains, et à transmettre à Philippe la succession de l'empire. Charles V avoit encore dans l'année renouvelé ses propositions, et cherché à ébranler Ferdinand par des offres avantageuses. De son côté, Henri II avoit recherché Maximilien, fils de celui-ci, qui portoit le titre de roi de Bohême; il lui avoit envoyé le comte de Rockandolf pour l'engager à ne point renoncer ni laisser renoncer son père à la première couronne de la chrétienté, et il lui promettoit son appui pour l'obtenir (2). Ferdinand passoit pour avoir un caractère plus conciliant et plus humain que son frère; il étoit seulement plus foible et plus faux. Animé de la même haine contre les protestans, il les traitoit dans ses États héréditaires avec la même rigueur. Il venoit alors même de chasser de la Bohême deux cents ministres. Partout où il l'osoit, il fouloit aux pieds les droits des peuples et les

---

(1) De Thou. L. XII, p. 184. — Lettres de Codignac, ambassadeur à Constantinople, dans Ribier, p. 407, 488, 563.
(2) Instructions du 24 janvier 1555. Ribier, p. 507.

constitutions (1). Mais, pour résister à son frère, il sentit le besoin de s'appuyer sur les États de l'empire, et de faire même la cour aux protestans.

D'après le traité de Passaw, une diète auroit dû être assemblée six mois après sa signature, pour terminer les arrangemens relatifs à la paix publique ; mais les violences d'Albert de Brandebourg, la mort de Maurice de Saxe, et les guerres civiles d'Allemagne, l'avoient retardée jusqu'au commencement de l'année 1555. Les affaires et les maladies qui accabloient Charles V l'engagèrent à la laisser présider par son frère. Peu de princes cependant, ou même de leurs délégués, se rendirent à Augsbourg, où elle étoit convoquée : aussi Ferdinand eut-il soin de répandre dans toute l'Allemagne le discours d'ouverture qu'il y avoit prononcé. Il y annonçoit que, d'après son jugement, on ne devoit plus attendre d'un concile œcuménique une paix de religion que celui de Trente n'avoit pu établir ; qu'il seroit plus difficile encore d'amener les ecclésiastiques allemands à une transaction équitable dans un concile national ; que c'étoit donc à la diète elle-même ou à des commissaires nommés par elle, qu'il falloit demander cette

---

(1) *Sleidan.* L. XXV, p. 467 ; L. XXVI, p. 488. — *Frà Paolo.* L. IV, p. 391. — *Robertson's.* B. XI, p. 178.

œuvre de prudence et de charité. Ce langage étoit si peu d'accord avec la conduite de Ferdinand qu'il inspira d'abord aux protestans beaucoup de défiance, et qu'ils signèrent même à Naumbourg une nouvelle confédération par laquelle ils s'engageoient à maintenir la religion protestante dans leurs États respectifs (1). Cependant ils finirent par reconnoître que Ferdinand étoit de bonne foi. Au mois de mars, la diète se trouva à peu près complète : elle prit alors en considération l'état de la religion. Les deux partis ne se refusoient plus à reconnoître les deux religions là où elles étoient déjà établies ; mais ils eurent une peine infinie à s'entendre sur les conséquences des conversions. Enfin il fut convenu que les États protestans et catholiques exerceroient librement leur culte à leur manière, et promettroient de ne se point molester réciproquement pour les affaires de religion ; que le clergé catholique renonceroit à toute juridiction spirituelle sur les États professant la confession d'Augsbourg ; que les biens ecclésiastiques saisis avant le traité de Passaw seroient confirmés à leurs possesseurs actuels ; mais qu'à l'avenir tout prélat catholique renonçant à sa religion, devroit renoncer en même temps à ses bénéfices ;

(1) *Sleidan.* L. XXV, p. 465, 470. — *Frà Paolo.* L. IV, p. 397. — *Belcarii.* L. XXVI, p. 867. — *Robertson's.* B. XI, p. 174.

que le pouvoir civil de chaque État y régleroit
la doctrine et le culte ; mais qu'il seroit tenu de
laisser à tout Allemand qui ne voudroit pas se
conformer à ses réglemens, la liberté de se retirer en paix où il voudroit avec ses biens. Telles
sont les dispositions fondamentales du recès de la
diète d'Augsbourg du 25 septembre 1555, sur
lequel repose la paix de religion en Allemagne. (1)

Ce recès étoit le dernier coup qui devoit frapper
l'empereur ; il faisoit échouer définitivement les
projets que ce prince avoit si long-temps et si habilement conduits pour priver à la fois l'empire
de ses libertés civiles et religieuses, pour opposer
la diète au concile, le concile au pape, et assurer
en même temps l'unité de l'Église et sa dépendance de lui seul. A cette époque même, Charles,
toujours plus accablé par la goutte, ne pouvoit
que rarement quitter le lit. Obligé de renoncer
à l'inspection immédiate de ses affaires, parce
que la fatigue d'esprit et l'incapacité de travail
étoient le résultat de ses continuelles douleurs,
il étoit toutefois persuadé que tout dépérissoit
quand il ne le voyoit pas par lui-même : il se
sentoit avec dépit sous l'ascendant de son jeune
rival, Henri II, auquel il ne reconnoissoit d'autre mérite que l'adresse et la vigueur d'un corps

---

(1) *Sleidan.* L. XXVI, p. 481. — De Thou. L. XVI, p. 384.
— *Belcarius.* L. XXVI, p. 868. — *Frà Paolo.* L. IV, p. 402.
— *Robertson's.* B. XI, p. 181.

robuste uni à un esprit épais, à un caractère sans énergie. En même temps il étoit impatienté par le favoritisme de son fils Philippe, qui à tous ses vieux ministres opposoit des préventions étroites et des préférences injurieuses. Il avoit fait revenir d'Angleterre Philippe pour le dérober et aux tendresses conjugales d'une reine pour laquelle celui-ci n'avoit point d'affection, et à la haine et la défiance d'un peuple qu'il irritoit par sa hauteur; déjà depuis long-temps il méditoit le grand sacrifice qu'il alloit faire en sa faveur : il l'avoit communiqué aux reines de Hongrie et de France, ses sœurs, qui lui avoient promis de ne point l'abandonner. La nouvelle enfin de la mort de Jeanne-la-Folle, sa mère, survenue à Tordesillas le 3 avril 1555, acheva de l'y déterminer. Quoique captive et incapable de se conduire, elle étoit toujours considérée par les Espagnols comme reine régnante, et son fils n'auroit pu disposer de sa couronne. (1)

Charles-Quint avoit convoqué à Bruxelles, pour le 25 octobre, les États des Pays-Bas.

« Après le dîner, dit le P. Miñana, il passa
« dans la grande salle du palais, accompagné par
« tout le sénat, et par un concours extraordi-

---

(1) De Thou. L. XVI, p. 391. — *Sleidan.* L. XXVI, p. 472. — *Robertson's.* B. XI, p. 206. — *G. B. Adriani.* L. XIII, p. 903. — *Miñana.* L. V, c. 1, p. 278. — *Ferreras.* T. XIII, p. 424.

« naire d'ambassadeurs, de grands et de nobles.
« Il s'assit entre les rois don Philippe et Maxi-
« milien, aux côtés desquels étoient les reines
« Marie de Hongrie, Léonore de France et Ma-
« rie de Bohême; et aux derniers siéges, Chris-
« tine de Lorraine, et Philibert de Savoie. Tous
« gardoient le silence, quand l'empereur or-
« donna à son conseiller, Philibert de Bruxelles,
« de lire à haute voix une cédule écrite en la-
« tin qu'il lui remit; il y annonçoit son intention
« et la détermination qu'il avoit prise de se re-
« tirer, ajoutant les motifs qui l'y avoient fait
« résoudre. En même temps, il y transmettoit
« à don Philippe, son fils, sa souveraineté de
« Bourgogne et de Flandre, et il ordonnoit aux
« habitans de lui prêter serment de fidélité, les
« déliant de celui qu'ils lui avoient fait à lui-
« même. Charles se leva ensuite, appuyant sa
« main droite sur l'épaule de Scipion, et la gau-
« che sur celle du prince d'Orange, et il lut un
« papier qu'il avoit écrit pour soulager sa mé-
« moire, dans lequel il récapituloit toutes ses
« actions dès l'âge de dix-sept ans. Désormais il
« sentoit que ses forces, brisées par les infirmités
« et les travaux, n'étoient plus suffisantes pour
« soutenir le poids d'un si grand empire, il avoit
« résolu, pour le bien public, de renoncer à ses
« royaumes, et de substituer à un vieillard déjà
« voisin du tombeau, un jeune homme robuste,

« exercé, dès l'âge le plus tendre, à gouverner
« les peuples : tandis que lui-même, séparé des
« affaires du siècle, il consacreroit ce qui lui
« restoit de vie aux exercices de piété, et à se
« préparer à une mort qui ne pouvoit être éloi-
« gnée. Il les exhorta tous à conserver à son fils
« la fidélité et l'amour qu'ils lui avoient porté
« jusqu'alors, à défendre avec constance la re-
« ligion catholique et l'Église; et il les prioit de
« lui pardonner avec bonté les fautes et les er-
« reurs qu'il avoit commises dans le gouverne-
« ment. Se tournant ensuite vers son fils, il lui
« recommanda, avec tendresse, la défense de
« la religion catholique, comme devant être sa
« première pensée, l'observance des lois et de
« la justice, et l'amour des peuples, qui lui as-
« sureroient le succès dans toutes ses entreprises.
« Don Philippe, s'étant découvert la tête et mis
« à genoux à ses pieds, dit, avec beaucoup de
« respect, que, se confiant dans le secours divin,
« et instruit par les conseils d'un père chéri, il
« chercheroit à répondre à ses espérances; il lui
« baisa ensuite la main droite. Charles l'em-
« brassa, lui mit la main sur la tête, et le pro-
« clama prince de Flandre avec la formule ac-
« coutumée, en faisant le signe de la croix au
« nom de la très sainte Trinité. L'empereur ne
« put alors contenir ses larmes ; et tous les as-
« sistans laissant échapper des sanglots, il leur

« dit qu'il pleuroit sur son fils chéri, qui pre-
« noit sur ses épaules un poids si énorme. Don
« Philippe, debout, adressa alors quelques pa-
« roles en français à l'assemblée ; il chargea en-
« suite l'évêque d'Arras de parler pour lui, et
« d'assurer ses fidèles Flamands de son affection,
« comme étant les plus anciens sujets de sa fa-
« mille » (1). Donna Maria de Hongrie abdiqua
en même temps le gouvernement de Flandre,
qu'elle avoit exercé vingt-cinq ans; et, le 16 janvier de l'année suivante, dans la même salle, en
présence de tous les grands d'Espagne, Charles-
Quint transmit également à son fils Philippe tous
les royaumes d'Espagne, tandis qu'il résigna
l'empire à son frère, seulement le 27 août 1556,
en lui en envoyant le sceptre et la couronne par
le prince d'Orange.

(1) *Miñana, Historia de España.* L. V, c. 2, p. 284. — *Ferreras.* T. XIII, p. 431. — De Thou. L. XVI, p. 391-394. — *F. Belcarii.* L. XXVII, p. 878. — *Sleidan.* L. XXVI, p. 475. — Villars. T. XXXV, L. V, p. 65. — Rabutin. T. XXXVIII, L. VIII, p. 330. — *Robertson's.* B. XI, p. 202-213. — Acte de cession. Traités de Paix, II, 275.

FIN DU TOME DIX-SEPTIÈME.

TABLE CHRONOLOGIQUE

ET ANALYTIQUE

DU TOME DIX-SEPTIÈME.

SUITE DU RÈGNE DE FRANÇOIS PREMIER.

Chapitre VIII. *Nouveau système politique de François Ier.* — *Il veut s'unir à Charles-Quint contre tous ses anciens alliés. L'empereur traverse pacifiquement la France, puis se brouille de nouveau avec le roi.* — *Procès de tous les anciens favoris de François.* — *Celui-ci se résout de nouveau à la guerre.* — 1538-1541.

1538. François Ier, à quarante-quatre ans, déjà considéré comme un vieux roi.......... *page* 1

Passion de François pour recouvrer le duché de Milan................................ 2

Il s'étoit allié, par politique, à ceux qu'il détestoit le plus, les bourgeois, les protestans, les Turcs............................... 3

Ligue proposée, par Montmorency, contre les libertés civiles, les hérésies, l'islamisme.... 5

Charles V désire, dans le même but, l'amitié de François, et est prêt à l'acheter à haut prix. 6

Les deux monarques s'étoient séparés à Nice, probablement plus d'accord qu'il ne sembloit................................... 8

14 juillet. L'empereur, avec sa flotte, en vue d'Aigues-Mortes. François l'attendoit...... 9

1538. Conférence des deux monarques à Aigues-Mortes ; nouvelles persécutions des protestans. *page* 10
Maladie honteuse du roi ; pouvoir absolu de Montmorency.................................. 11
Hauteur et rudesse de Montmorency ; sa passion de s'enrichir................................ 13
Avidité de Montmorency ; comment il acquiert l'héritage de Chateaubriand............... 14
Montmorency unit le roi plus étroitement à l'empereur, et le brouille avec Henri VIII..... 15
Dispute sur les paiemens à faire à Henri ; négociations pour un quatrième mariage....... 17
L'ambassadeur d'Angleterre traité en France avec peu d'égards........................... 19
L'empereur et le roi rompent également avec Henri VIII..................................... 20
Les protestans, alarmés sur les Turcs, sont en même temps menacés par la France...... 22
Ant. Rincon, résident de France auprès de Soliman ; irritation de celui-ci contre la France. 23
1539. Ambassade française à Tolède ; propositions de mariage............................... 25
Projets hostiles, contre l'Angleterre, de Réginald Pole et de l'ambassadeur français..... 26
Charles persuade à François d'attaquer les protestans d'Allemagne les premiers........... 28
Le cardinal Pole, abandonné, renonce à son expédition..................................... 29
Alarme que tous les anciens alliés de la France conçoivent de ses nouveaux projets...... 30
5 août. Mission de l'élu d'Avranches à l'empereur ; invitation répétée de passer par la France... 32

1539. Le roi déclare qu'il ne tient pas au duché de Milan, mais l'empereur le lui promet. *page* 33
Désordres dans les armées de Charles V, à Milan, à la Goletta, et en Sicile............ 35
Opposition que rencontre l'empereur dans les cortès de Castille et les États de Flandre... 36
Les Gantois offrent de se soumettre à François Ier, qui les refuse................ 38
François livre leur correspondance à l'empereur, en l'invitant à passer par la France... 39
Le roi accusé, par les historiens, de duperie, et l'empereur de fraude.............. 40
L'offre du passage au travers de la France étoit peu avantageuse à l'empereur............ 42
Charles accepte cette invitation; il entre en France, et refuse des otages............. 43
Ses entrées triomphales à Bayonne, Bordeaux, Poitiers et Orléans.................. 44
Luxe des provinces; habitudes despotiques de la cour........................... 45

1540. 1er janvier. Entrée de Charles V à Paris, apparente amitié avec le roi.............. 47
Anecdotes qui montrent qu'on pensoit au danger que couroit l'empereur............. 48
Charles, ayant mis trois mois à traverser la France, arrive à Gand et punit cette ville.... 49
Offres de Charles aux Français, pour une alliance intime, et un double mariage....... 50
Il veut reconstituer l'ancienne maison de Bourgogne en faveur de son gendre.......... 51
Politique de Charles; il veut concentrer la puissance de son fils dans le Midi............ 52

1540.	Le roi refuse ces propositions; étonnement de l'empereur.................... *page*	54
	L'empereur presse de nouveau le roi; notes échangées entre eux...................	56
	Note du connétable pour rompre toute négociation...............................	58
	Les deux monarques se regardent cependant toujours comme liés par la trêve de Nice...	59
	Changemens dans l'administration; Guillaume Poyet, chancelier..................	61
	Procès intenté à l'amiral Chabot; Poyet s'efforce de le perdre...................	62
	Diverses ordonnances fiscales du chancelier Poyet.............................	63
	Ordonnances sur la loi civile, du même; ordonnance de Villers-Cotterets............	64
	Formation des deux maisons du dauphin et du duc d'Orléans.....................	67
	Le dauphin amoureux de Diane de Poitiers; railleries de la duchesse d'Étampes sur son âge.	69
	Le dauphin avoit choisi une vieille maîtresse et un vieil ami, Montmorency...........	70
	Le caractère du roi s'aigrit; procès de divers favoris; Galliot de Genouilhac..............	71
	Suite du procès de l'amiral Chabot..........	73
	Irrégularités du procès de Chabot; dépositions du roi contre lui.....................	74
1541.	8 février. Sentence contre Chabot, mêlée de dispositions législatives.................	75
	La sentence n'est pas exécutée; Chabot obtient des lettres de grâce...................	77
	Disgrâce du connétable et du chancelier Poyet.	78

TABLE CHRONOLOGIQUE

1541. Changement dans la politique; négociations contradictoires à Venise.............. *page* 79

Traîtres gagnés à Venise, et punis malgré la protection de l'ambassadeur français......... 80

1540. 15 juillet. Mariage du duc de Clèves avec l'héritière de Navarre...................... 81

Prétentions de Ferdinand à la Hongrie, qui attirent sur lui les armes des Turcs......... 84

1541. 28 juillet. Recès de Ratisbonne, pour maintenir la paix religieuse................. 85

Les protestans d'Allemagne s'aliènent toujours plus de la France..................... 87

Les persécutions continuent en France avec atrocité............................. 88

Fondation de l'ordre des jésuites............. 90

Tous les ambassadeurs et les commandans de provinces, ennemis de l'empereur........ 91

Souffrance et oppression du Piémont; le duc de Savoie recourt à la diète de l'empire...... 92

Assaut d'intrigues, de violences et de trahisons en Piémont, entre del Guasto et Langey.... 94

Rincon vient de Constantinople en France, et s'obstine à y retourner par la Lombardie... 96

3 juillet. Rincon assassiné sur le Pô, par ordre du marquis del Guasto................. 97

François demande vengeance de cet assassinat, comme violant le caractère d'ambassadeur.. 100

Charles V passe en Italie, avec l'intention d'attaquer Barberousse à Alger............. 101

18 octobre. Charles V, avec une puissante armée, met à la voile de Maïorque......... 104

31 octobre. Il se rembarque pour l'Europe avec les débris de son armée, détruite par les tempêtes................................... 105

CHAPITRE IX. *Dernière guerre de François Ier. — Campagnes de Luxembourg et de Roussillon. — Barberousse, appelé en Provence, assiége Nice avec les Français. — Abandon du duc de Clèves. — Défense de Landrecies. — Victoire de Cérisoles. — Danger de Paris, menacé par Charles V et Henri VIII. — Paix de Crépy. 1542-1544*... page 106

1542. Depuis la rupture des négociations de Bruxelles, François étoit résolu à la guerre............ *ibid.*
Charles V désiroit la paix avec la France; François vouloit se relever d'une humiliation.... 107
François auroit dû sentir qu'il pouvoit se défendre, et non attaquer..................... 109
Février. Diète de Spire; discours de l'ambassadeur français; soupçons qu'il excite........ 110
Le capitaine Paulin envoyé à Constantinople; ses négociations avec Soliman............. 111
Traités d'alliance avec le Danemark, 29 novembre 1541, et avec la Suède, 10 juillet 1542............................... 113
Alliance intime avec Guillaume de La Marck, duc de Clèves, prétendant à la Gueldre...... 115
Le maréchal de Gueldre attaque les Pays-Bas; le roi déclare la guerre après l'avoir commencée................................ 116
Rassemblement simultané de cinq armées différentes................................. 118
Armée du dauphin, destinée au Roussillon, et du duc d'Orléans au Luxembourg......... 119
10 juin, fin août. Conquête du duché de Luxembourg par le duc d'Orléans............. 121
Septembre. Orléans licencie son armée, et accourt dans le Midi; le Luxembourg reperdu. 123

1542. 26 août. Le dauphin investit Perpignan; les Espagnols, avertis d'avance, s'étoient préparés................................ *page* 125

4 octobre. Le dauphin forcé à lever le siége; il rentre en France........................ 127

Humeur de François Ier; le cercle de ses confidens se resserre chaque jour............. 128

1er août. Le chancelier Poyet arrêté en punition de ce qu'il avoit fait son devoir............ 129

Réforme de la gabelle pour rendre le prix du sel égal dans tout le royaume............. 131

Mécontentement des provinces exemptes; priviléges de La Rochelle violés.............. 132

Surprise de La Rochelle par Tavannes; le roi menace les mécontens..................... 134

31 décembre. Jugement des habitans de La Rochelle et des îles; le roi leur fait grâce...... 135

Nouvelles persécutions contre les protestans... 139

Le roi averti que Barberousse lui amènera en Provence la flotte turque................ 140

Préparatifs de l'empereur pour une nouvelle campagne, avant de quitter l'Espagne...... 141

Campagne de Henri VIII contre Jacques V; mort de celui-ci, le 14 décembre......... 143

1543. 11 février. Traité d'alliance entre Charles V et Henri VIII............................. 145

24 mars. Victoire de van Rossem à Sittard, dans le duché de Juliers...................... 146

Fin mai, fin juillet. Campagne de François Ier autour de Landrecies..................... 147

Mai et juin, l'empereur en Italie; juillet et août, il traverse l'Allemagne; séjour à Spire. 148

1543. 22 août. Charles attaque et prend d'assaut Dueren. Soumission du duc de Clèves..... *page* 149

Septembre. Campagne de François en Luxembourg ; le mariage de Jeanne d'Albret avec Clèves rompu........................ 152

Charles assiége Landrecies ; belle défense du capitaine Lalande...................... 154

30 octobre. François ravitaille Landrecies, puis il se retire de nuit le 2 novembre.......... 155

Succès des Turcs en Hongrie ; le comte d'Enghien vient attendre Barberousse en Provence.... 156

28 avril-juillet. La flotte de Barberousse ravage l'Italie ; elle arrive à Marseille............ 158

Les Français n'étoient point prêts à seconder les Turcs ; 10 août, ils attaquent Nice, de concert avec eux............................ 160

8 septembre. Le siége du château de Nice levé ; Barberousse passe l'hiver à Toulon......... 161

Indignation générale contre les Français, appelant les Turcs au sein de l'Europe.......... 163

1544. Préparatifs en France pour une troisième campagne................................ 165

Le roi n'estimoit que les fantassins étrangers ; besoin d'argent pour en solder............ 166

Le roi crée de nouvelles charges de judicature, qu'il met en vente..................... 168

20 février. Charles invite la diète de Spire à la guerre contre la France................. 170

La diète refuse les ambassadeurs français ; le Danemark renonce à l'alliance de France... 171

Succès du marquis del Guasto en Piémont ; projet d'une attaque sur Lyon par la Savoie. 173

1544. Le comte d'Enghien remplace Boutières en Piémont; renforts qu'il reçoit............ *page* 175
Enghien assiége Carignan; efforts de del Guasto pour délivrer cette place................ 176
Enghien fait demander au roi la permission de livrer bataille.......................... 178
Montluc appelé à assister au conseil du roi, ses conseillers le dissuadent d'une bataille...... 179
Montluc presse le roi de permettre la bataille.. 181
Le roi consent à la bataille; les jeunes courtisans courent en Piémont pour s'y trouver.... 183
13 avril. Del Guasto veut passer le Pô, d'Enghien se trouve sur son chemin, tous deux se retirent................................ 184
14 avril. Bataille de Cérisoles; del Guasto occupe le premier les hauteurs................ 186
Attaque des landsknechts de Guasto sur l'aile gauche et le centre d'Enghien; ils sont rompus. 188
D'Enghien, avec sa gendarmerie, traverse deux fois l'aile gauche ennemie............... 189
Fuite de l'aile droite française, cependant les Français gagnent la bataille............. 190
Projets d'Enghien et de Strozzi sur le Milanez. François rappelle ses troupes et perd les fruits de la victoire........................ 192
Fin d'avril. Insolence de Barberousse en Provence; il repart pour Constantinople...... 195
Fin mai. Charles va joindre en Lorraine son armée, portée à quarante mille hommes.... 196
Juin. Le duc de Norfolk, uni au comte de Bure, assiége Montreuil...................... 197
8 juillet, 16 août. Siége de Saint-Dizier par l'empereur; belle résistance de cette ville.... 199

1544. Fantassins brûlés à Vitry; mort du prince d'O-
rande et de Lalande.................. *page* 201
Charles V et Henri VIII disposés à traiter séparément avec François.................. 203
Charles V s'approche de Paris; dangers de la
France; terreur et fuite des Parisiens...... 205
18 septembre. La paix signée à Crépy en Valois. 206

CHAPITRE X. *Paix de Crépy.* — *Concile de Trente.* — *Massacre des Vaudois de Provence à Mérindol et à Cabrières.*
— *Fin de la guerre d'Angleterre.* — *Succès de l'empereur
contre la ligue de Smalkalde.* — *Renouvellement des persécutions en France contre les protestans.* — *Mort de François Ier.* — 1544 à 1547...................... 208

1544. Danger prodigieux dont la France avoit été
sauvée par la paix de Crépy............ *ibid.*
L'orgueil français se refuse à l'admettre, et voit
une trahison dans cette paix............ 209
La paix de Crépy n'étoit que l'accomplissement
du désir constant de Charles V.......... 211
Elle n'ôtoit rien à la France, mais laissoit Charles
libre de se tourner contre les protestans..... 212
Conditions de la paix de Crépy; dot promise à
la femme du duc d'Orléans............. 213
Tout honorable que fût cette paix, le dauphin
proteste contre, le 12 décembre.......... 215
Négociations avec Henri VIII pour une paix
séparée, avant même celle de Crépy....... 216
20 septembre. Offres du roi, rupture des négociations avec l'Angleterre............... 218
30 septembre. Henri dissout son armée et quitte
le continent; camisade de Boulogne....... 219

1544. Les Français battus à Boulogne; ils n'ont que
des revers contre les Anglais........ *page* 221
Désorganisation de l'armée française; ruine de
la Picardie.................................. 222
Conduite odieuse des soldats tant Français qu'Allemands, ruine de la Champagne.......... 224
Novembre. Le duc d'Orléans à Bruxelles; intrigues pour grossir son apanage.......... 225
Embarras que cause le pape à l'empereur, convocation du concile de Trente (22 mai 1542). 226
25 août. Lettre hautaine du pape à l'empereur,
en le pressant de faire la paix............ 228
19 novembre. Seconde convocation du concile
de Trente pour détruire l'hérésie......... 230
L'empereur commence à sévir contre les hérétiques...................................... 231
Émulation de François dans la persécution; Vaudois établis en Provence.................. 232
Leurs rapports avec les réformateurs, leur proscription suspendue quatre ans............ 234
Divers répits accordés par le roi aux Vaudois.. 235
1545. 1ᵉʳ janvier. Le roi ordonne au parlement de
Provence de mettre son arrêt à exécution... 237
Une expédition militaire préparée contre les
Vaudois en secret par le baron d'Oppède.... 238
13 avril. Entrée des troupes dans le pays Vaudois; massacre des habitans, destruction des
richesses.................................. 240
18 et 19 avril. Massacres à Mérindol, Cabrières
et la Coste................................ 241
24 avril. Le parlement défend de donner des
vivres aux fugitifs; ils meurent de faim...... 243

1545. Le roi approuve cette exécution; son humeur; poids des contributions............ *page* 244
Soulèvement du Périgord, son châtiment; bandes de malfaiteurs dans les provinces.......... 246
Procès du chancelier Poyet devant une commission.................................. 248
24 avril. Condamnation de Poyet.......... 250
Colère du roi de ce qu'il n'est pas condamné à mort; François Olivier chancelier......... 251
Diète de Worms; mécontentement des protestans, Maurice de Saxe se sépare d'eux..... *ibid.*
Conduite des Français au concile de Trente et à la diète de Worms................. 253
François d'accord avec Charles V, sa jalousie du dauphin............................ 255
Sa colère contre le dauphin, qui avoit promis des emplois à ses favoris................ 256
Factions à la cour de Marie, reine d'Écosse, appui que donne la France aux persécuteurs. 257
De Lorge en Écosse, Annebault avec la flotte française menacent l'Angleterre.......... 259
Les flottes anglaise et française se canonnent, puis rentrent dans leurs ports sans résultat.. 260
Campagne du maréchal du Biez autour de Boulogne................................ 261
9 septembre. Le duc d'Orléans meurt de la peste. 262
Novembre. Le roi fait proposer un nouveau traité à l'empereur, qui le refuse.......... 264
François change de politique, et cherche à nuire à l'empereur......................... 265
1546. Grande mortalité dans l'armée française devant Boulogne........................... 266

1546. 7 juin. Traité de paix entre la France et l'Angleterre.................................. *page* 268

Divers édits sur les lieutenans-généraux, les suppressions d'office, le port d'armes........... 270

Trève entre la maison d'Autriche et le sultan, décision du concile de Trente............. 272

18 février. Mort de Luther. 26 juin. Ligue du pape et de l'empereur contre les protestans.. 274

Défiance des protestans, commencement des hostilités................................ 275

Zèle des peuples protestans, l'électeur de Saxe et le landgrave ne savent pas en profiter... 277

Novembre. Maurice de Saxe trahit les protestans et les force à dissoudre leur armée......... 279

François renouvelle les persécutions en France; les protestans de Meaux................. 281

8 septembre. Arrestation de soixante réformés, leur procès au parlement de Paris.......... 282

7 octobre. Supplice de quatorze d'entre eux; autres supplices dans toute la France....... 283

1547. Les protestans d'Allemagne se relèvent quelque peu pendant l'hiver.................. 286

François songe de nouveau à les appuyer, mais son énergie étoit diminuée............... 288

Février. Mort du comte d'Enghien, qu'on crut victime de la jalousie du dauphin......... 289

Dernières cruautés de Henri VIII. Sa mort le 29 janvier. Chagrin de François........... 290

Activité des négociations pour seconder les protestans d'Allemagne..................... 291

11 mars. Nouveau traité avec Édouard VI, roi d'Angleterre............................. 293

1547. Maladie du roi; ses voyages; sa mort à Rambouillet, le 31 mars.................. page 294
Caractère de François d'après Ferronius et d'après Tavannes........................ 296

RÈGNE DE HENRI II. CHAPITRE XI. *Caractère du nouveau roi Henri II. — Charles-Quint subjugue les protestans d'Allemagne. — Complots en Italie. — Guerres civiles d'Écosse. — Persécutions en France. — Révolte de la Guienne. — Henri II recouvre Boulogne des mains des Anglais. — 1547-1550.*................................. 298

1547. Prédilection des Français pour François Ier... *ibid.*
Joie des courtisans du dauphin pendant l'agonie de François Ier........................ 300
Exhortations de François à Henri II; caractère de celui-ci.............................. 301
Le jeune roi se livre le jour même au connétable; changement du ministère............... 303
Organisation des conseils; crédit de la grande-sénéchale, Diane de Poitiers........... 304
Prodigalités du roi à son avénement au trône. Renvoi des cardinaux à Rome............ 306
Nouveaux maréchaux et nouveaux cardinaux.. 308
Tableau hideux de la cour; avidité des favoris du roi, d'après Vieilleville............. 309
23 mai. Obsèques de François Ier et de ses deux fils; sentimens de Henri II................ 312
La duchesse d'Étampes exilée de la cour; on lui reprend les présens du feu roi............ 314
10 juillet. Duel de Jarnac et de la Châtaigneraie, conséquence d'un propos du roi........ 315
27 juillet. L'empereur sommé de paroître au sacre; jalousie du roi contre lui............ 316

1547. 13 avril au 23. Campagne de l'empereur contre l'électeur de Saxe, qu'il fait prisonnier. *page* 317

18 juin. Soumission du landgrave de Hesse; Charles le retient aussi captif............ 319

Oppression de l'Allemagne par Charles V, et de la Bohême par Ferdinand son frère......... 321

Henri II presse Soliman d'attaquer de nouveau l'empereur; intrigues en Italie............ 323

2 janvier. Conjuration de J.-L. de Fieschi à Gênes; il y périt.................................. 324

Mai. Soulèvement à Naples, que les Français excitent et ne secondent pas............... 326

Intrigues avec le pape; il transfère le concile de Trente à Bologne........................ 327

10 septembre. Pierre-Louis Farnèse assassiné par des conjurés qu'appuie l'empereur..... 328

La France refuse de s'allier au pape pour venger son fils.................................. 330

Faveur des Guises; ils intéressent le roi aux affaires d'Écosse, et contre l'Angleterre..... 331

Progrès de la réformation en Angleterre et en Écosse; les catholiques s'attachent aux Français.. 332

La France réduit en Écosse les meurtriers du cardinal Beatoun; défaite des Écossais à Musselburg.................................... 334

Les Écossais proposent leur reine en mariage pour le fils aîné du roi de France......... 336

9 septembre. Charles V à la diète d'Augsbourg; elle promet de se soumettre au concile...... 337

1548. Le pape fait échouer les projets de l'empereur; celui-ci propose aux Allemands *l'intérim*... 339

1548. 15 mai. Publication de l'*intérim*; cette transaction mécontente tous les partis....... *page* 340

Fanatisme persécuteur de Henri II et de tous ses favoris.................................... 343

Henri II persécute les protestans en France, et leur offre son appui en Allemagne......... 344

Henri II à Turin; il saisit le marquisat de Saluces; complot de Jules Cibo; sa mort..... 345

Nombreux complots en Italie, favorisés par Henri II.................................. 347

Révolte de la Guienne à l'occasion de la gabelle; massacre des employés................ 349

Les violences des paysans effraient les bourgeois, qui se séparent des insurgés............ 350

Soulèvement de Bordeaux; massacre de Monneins; la ville se soumet d'elle-même...... 351

Dureté de Montmorency; châtiment de la ville de Bordeaux; supplices horribles.......... 353

Impuissance d'une multitude pour se défendre quand elle s'est séparée des gens éclairés... 356

Premières théories de la liberté; ouvrage de la Boétie, encore jeune.................... 357

Analyse du livre de la servitude volontaire; le peuple prête sa force aux tyrans.......... 358

Recherche d'un pouvoir qui sache, qui puisse, et qui veuille faire avancer la société....... 361

Retour du roi en France; mariage de la princesse de Navarre; extinction des branches royales. 362

Ambition des Guises; hostilités entre les Anglais et les Français autour de Boulogne........ 364

Les Écossais repoussent toutes les offres des Anglais, et veulent s'unir à la France....... 365

1548. 18 juin. Armée de Montalembert d'Essé en Écosse; la jeune Marie emmenée en France..... *page* 366

Mauvaise conduite des Français en Écosse; d'Essé rappelé.......................... 368

Charles V aspire à la monarchie universelle; état de l'Espagne, qui perd ses libertés..... 370

État de l'Italie; cupidité et cruauté des vice-rois de Charles V............................ 371

Ménagemens auxquels l'empereur étoit encore obligé pour l'Allemagne................. 373

Charles veut faire renoncer son frère au titre de roi des Romains pour le transmettre à son fils.................................. 375

1549. D. Philippe, appelé dans les Pays-Bas, offense les peuples par sa morgue............... 376

Juin. Couronnement de Catherine de Médicis; fêtes à Paris........................... 377

Vœu de poursuivre l'hérésie; exécution où assiste le roi; procédures plus sévères......... 378

Comment les favoris du roi se disputoient les confiscations des hérétiques.............. 380

21 décembre. Mort de Marguerite de Navarre; procès du maréchal du Biez.............. 382

Le roi excite les juges contre du Biez et Vervins; leur condamnation à mort............. 383

Le chancelier Olivier; sévérité de ses ordonnances................................. 385

Henri II profite des troubles d'Angleterre pour attaquer Boulogne sans déclaration de guerre. 386

10 novembre. Mort du pape Paul III; élection de Jules III, le 8 février suivant........... 388

1550. 24 mars. Paix avec l'Angleterre; Boulogne rendue à la France........................ 390

Chapitre XII. *Henri II se prépare à la guerre contre Charles-Quint ; ses négociations avec les Turcs et les protestans. — Guerre de Parme. — Guerre en Piémont et en Alsace. — Charles V, à Inspruck, échappe avec peine aux protestans. — Paix publique de Passaw.* 1550-1552. *page* 392

1550. Incapacité de Henri II ; sa bonne grâce et son goût pour les exercices du corps.......... *ibid.*

Son activité ; manière dont il remplissoit son temps................................. 393

Montmorency, chef du gouvernement ; mort des deux anciens Guises................... 395

Les nouveaux Guises font disgracier le premier président Liset....................... 397

Disgrâce du chancelier Olivier ; abaissement du parlement ; lois d'Olivier............. 398

Il rend plus redoutable la justice prévôtale ; jalousie du roi contre les ministres de son père.................................. 399

Révision de l'affaire des Vaudois de Provence ; leurs persécuteurs déclarés innocens...... 401

Dangers que cause à la France la grandeur croissante et l'ambition de Charles-Quint...... 403

Avances de Henri II aux protestans étrangers, aux Suisses, à Édouard VI d'Angleterre.... 404

Il recherche les protestans allemands ; persécutions de Charles V en Belgique........... 406

26 juillet. Diète armée d'Augsbourg ; Charles se confie en Maurice de Saxe ; mort de Granvelle................................... 407

Charles demande que le concile soit ramené à Trente ; Jules III y consent............. 410

1550. Magdebourg rejette l'*intérim*; Charles fait assiéger cette ville par Maurice.......... *page* 412

Danger du protestantisme dans toute l'Europe; foiblesse de la plupart des princes........ 413

Charles veut en vain assurer la succession de son fils Philippe à l'empire................ 415

1551. Intrigues de la France en Turquie, pour rallumer la guerre; affaires de Hongrie....... 417

Le roi presse Soliman d'attaquer l'Italie, de peur qu'une attaque en Allemagne n'y réunisse les partis................................ 419

Situation critique d'Ottavio Farnèse, duc de Parme, menacé par l'empereur, abandonné par le pape............................ 420

27 mai. Ce duc se met sous la protection de la France; guerre contre le pape............ 422

Brissac, gouverneur de Piémont, chargé d'envoyer des secours à Parme............. 423

Les soldats qu'il y fait passer, massacrés; 3 septembre, premières hostilités en Piémont.... 425

Arrivée de beaucoup de gentilshommes en Piémont; désordre qu'ils y causent........... 428

La flotte turque brûle Agosta, menace Malte, et prend Tripoli....................... 429

Guerre maritime; captures du baron de La Garde; Léon Strozzi quitte le service de France............................. 431

1er septembre. Henri II charge Jacques Amyot de protester contre le concile de Trente.... 433

3 septembre. Trêve de Maurice avec Magdebourg; 5 octobre, son traité secret avec la France............................. 434

1551. Conditions du traité; le roi nommé vicaire de l'empire dans les villes welches...... *page* 435
Adresse de Maurice pour tromper l'empereur; ses négociations avec le concile............ 437
Charles-Quint à Inspruck; ses négociations avec le concile; affaires de Hongrie........... 439
18 décembre. Martinuzzi poignardé par ordre de Ferdinand; Charles V malade de la goutte. 440

1552. 18 mars. Maurice se met à la tête d'une armée qui marche contre l'empereur............ 442
Fuite des pères du concile de Trente; danger de Charles V; médiation de Ferdinand à Lintz.................................... 443
23 mai. Maurice entre dans Inspruck, d'où l'empereur venoit de s'enfuir............ 445
12 février. Lit de justice de Henri II, pour annoncer la guerre; 10 mars, il joint son armée à Châlons.......................... 446
Renouvellement des persécutions; édit de Chateaubriand contre les protestans........... 449
Grandes précautions pour arrêter l'introduction des livres hérétiques.................. 450
10 avril. Henri II s'empare de Metz par trahison................................... 451
Henri donne un gouverneur à Metz; il envoie en France le jeune duc de Lorraine, et chasse la duchesse............................ 453
3 mai. Henri entre en Alsace par Saverne; il cherche à surprendre Strasbourg par tromperie.................................. 455
13 mai. Le roi n'ayant plus rien à espérer en Alsace, se retire en Lorraine............. 457

1552. Diversion de van Rossem en Champagne; conquêtes du roi dans le Luxembourg... *page* 458

Auteurs de mémoires sur cette époque, Vieilleville, Rabutin, Montluc et Villars............ 460

Foiblesse de Brissac en Piémont; que le connétable vouloit affoiblir encore................ 462

Prise de Lanzo; défense de Casal; tentative sur le château de Milan, et sur Naples........ 463

Brissac engage Ferrand de Gonzaga à un compromis, pour faire bonne guerre en Piémont.. 465

29 avril. Trêve pour deux ans entre Henri II, Jules III, et le duc de Parme; le roi manque d'argent.. 467

Expédiens de Bertrandi pour trouver de l'argent; présidiaux, recettes générales, don du clergé... 468

3 juin. L'évêque de Bayonne déclare à Passaw que le roi consent à la paix des princes.... 471

Conférences de Passaw; 17 juillet, Maurice renouvelle les hostilités..................... 473

2 août. Paix publique de Passaw; les deux religions en Allemagne sur un pied d'égalité... 474

CHAPITRE XIII. *Suite de la guerre entre Henri II et Charles-Quint. — Metz défendu par le duc de Guise.— Strozzi et Montluc à Sienne. — Brissac en Piémont. — Le roi et le connétable dans les Pays-Bas. — Revers et découragement de Charles V. — Son abdication.* 1552-1554...... 476

1552. Confiance de Henri II en lui-même, dans sa lutte contre Charles V......................... *ibid.*

Politique de Maurice de Saxe : contraindre l'empereur sans affoiblir l'empire............. 478

1552. Guerre de Maurice en Hongrie; puis contre Albert de Brandebourg; sa mort....... *page* 479
Alliance de la France avec Albert de Brandebourg; marche de Charles-Quint vers le Rhin. 480
17 août. Le duc de Guise entre à Metz; ses préparatifs de défense................. 481
15 septembre. L'empereur passe le Rhin avec soixante mille hommes. 19 octobre, le duc d'Albe investit Metz................... 484
4 novembre. Aumale fait prisonnier par Albert de Brandebourg, qui se joint aux impériaux. 486
1553. 1er janvier. Charles lève le siége; ruine de son armée; misère de ses soldats; humanité de Guise................................. 487
1552. Détails minutieux sur la campagne de Piémont, dans Villars et Montluc................ 490
Union à Naples pour repousser l'inquisition; le prince de Salerne appuyé par la France.... 491
Les flottes turque et française envoyées pour le seconder ne se rencontrent pas.......... 492
Oppression de Sienne par les Espagnols et D. Diégo de Mendoza................. 493
26 juillet. Révolution à Sienne; les Espagnols chassés. 11 août, entrée des Français dans Sienne.............................. 495
1553. Mort de D. Pedro de Tolède, chargé de soumettre Sienne; attaque des Espagnols; leur retraite............................. 497
La flotte française, unie à la flotte turque, ravage les côtes de la Méditerranée............. 499
San Pietro Ornano engage les Français à attaquer la Corse; leurs succès; retraite des Turcs. 500
Capitulation de bonne guerre en Piémont; mort

de Charles III, duc de Savoie ; pillage de Verceil.................... *page* 503

1553. Fin d'avril. Charles V investit Térouanne ; 20 juin, la ville est prise et rasée......... 504

18 juillet. Prise et ruine de Hesdin, par le prince de Piémont............................ 506

Le connétable menace Bapaume, puis Cambrai; il congédie son armée le 21 septembre..... 507

6 juillet. Mort d'Édouard VI, roi d'Angleterre; événemens de sa minorité................. 509

Le duc de Northumberland fait appeler à la couronne Jeanne Grey, sa belle-fille.......... 511

Règne de dix jours, déposition et supplice de Jeanne Grey; Marie Tudor lui succède..... 512

Marie promet sa main à son cousin Philippe d'Autriche; persécutions en Angleterre et en France................................. 514

Les protestans persécutent à leur tour; deux sociniens brûlés en Angleterre, Michel Servet à Genève.............................. 516

Expédiens ruineux de Bertrandi pour lever de l'argent; parlement semestrier............ 518

Emprunts forcés; le roi se fait rembourser à lui-même les prêts d'autrui.............. 520

1554. Embarras des finances de Charles-Quint, son administration ruine tous ses États....... 521

État de santé de Charles-Quint; inquiétude que cause aux Anglais le mariage de son fils.... 522

Conditions du mariage; Noailles pousse les Anglais à la révolte; 24 juillet, le mariage s'accomplit................................. 524

Négociations du cardinal Pole pour la paix, désolation des frontières qu'il traverse....... 526

1554. Campagne de Henri II sur la Meuse; Charles V couvre les Pays-Bas.................. *page* 527

Ravages et cruautés de Henri II dans le Hainaut, le Cambrésis et l'Artois.................. 529

Courage et dévouement des Siennois, les Français ne les regardent que comme faisant diversion.................. 532

Pierre Strozzi envoyé à Sienne; jalousie de Côme de Médicis, qui recommence les hostilités... 533

Guerre dans l'État de Sienne; férocité de Marignan, qui en détruit la population........ 534

1555. Montluc commandant à Sienne; mort de Léon Strozzi; défaite de Pierre Strozzi, 2 août.... 536

Détresse des Siennois; Henri II ne permet pas à Brissac de marcher à leur secours.......... 538

Montluc, accablé de maladie, vient au conseil des Siennois en grande toilette............ 540

Après d'horribles souffrances, Sienne capitule le 21 avril.................. 542

Faits d'armes en Flandre; complots des cordeliers de Metz, leur supplice.............. 543

Conférences de Marcq pour la paix, sous la médiation du cardinal Pole.............. 545

29 mars. Mort de Jules III; court pontificat de Marcel II; élection de Paul IV, Caraffa..... 547

Suite de la guerre en Toscane et en Piémont, où Brissac prend Casal de Montferrat...... 549

12 juin. Le duc d'Albe en Italie; ses cruautés, ses revers; mort de Marignan............ 551

Juillet. Flotte des Turcs dans la mer de Toscane, unie au baron de la Garde en Corse....... 553

Campagne au nord, sous les ordres de Nevers

et Saint-André; actions de Givet et de Germigny............................. page 554

1555. Épuisement de la France; ruine plus grande encore des États de l'empereur........... 555

Déclin de l'Espagne, des Deux-Siciles, du Milanez; désolation des Pays-Bas; flotte hollandaise brûlée........................... 557

La Hongrie soumise aux Turcs; Ferdinand se défie de son frère Charles V............... 559

Ferdinand recherche les protestans; diète d'Augsbourg, recès du 25 septembre pour la tolérance............................... 560

Tous les projets de Charles V renversés; son état de maladie, son découragement....... 563

25 octobre. Assemblée des États de Flandre; Charles V abdique la souveraineté des Pays-Bas..................................... 564

Il abdique la couronne d'Espagne le 16 janvier, et celle de l'empire le 27 août 1556....... 567

FIN DE LA TABLE.

DE L'IMPRIMERIE DE CRAPELET,
RUE DE VAUGIRARD, N° 9.